BIBLIOTECA BÁSICA ESPÍRITA

O Livro dos Espíritos

Título do original francês
Le Livre des Esprits (Paris, 1857)
Copyright by © Petit Editora e Distribuidora Ltda. 1999-2023
27-01-22-5.000-257.800
(106.600 brochura/75.000 de bolso/76.200 espiral/5.000 capa dura)

Coordenação editorial:
Ronaldo A. Sperdutti
Assistente editorial:
Larissa Wostog Ono
Tradução:
Renata Barboza da Silva
Simone T. N. Bele da Silva
Capa:
Flávio Machado
Diagramação:
Estúdio Design do Livro
Preparação:
Sheila Tonon Fabre
Revisão:
Sandra Regina Fernandes
Leticia Castello Branco Braun
Impressão:
Mundial Gráfica

Dados Internacionais de Catalogação na Publicação (CIP)
(Câmara Brasileira do Livro, SP, Brasil)

Kardec, Allan, 1804-1869.
 O Livro dos Espíritos / Allan Kardec; traduzido por Renata Barboza da Silva, Simone T. Nakamura Bele da Silva. – São Paulo : Petit, 1999.

 1. Espiritismo 2. Espiritismo – Filosofia. I. Título.

99-1622   CDD–133.9

Índices para catálogo sistemático:
1. Doutrina Espírita **133.9**
2. Espiritismo : Filosofia **133.9**
3. Filosofia espírita **133.9**

Direitos autorais reservados. É proibida a reprodução.
Impresso no Brasil.

BIBLIOTECA BÁSICA ESPÍRITA

Filosofia espiritualista

O Livro dos Espíritos

Contendo
Os princípios da Doutrina Espírita

Sobre a imortalidade da alma, a natureza dos Espíritos e suas relações com os homens, as leis morais, a vida presente, a vida futura e o futuro da humanidade; *segundo os ensinamentos dados pelos Espíritos Superiores por intermédio de diversos médiuns*

Recebidos e coordenados por
ALLAN KARDEC

petit®
editora

Av. Porto Ferreira, 1031 - Parque Iracema
CEP 15809-020 - Catanduva-SP
17 3531.4444
www.petit.com.br | petit@petit.com.br
www.boanova.net | boanova@boanova.net

CONFORME
NOVO ACORDO
ORTOGRÁFICO

ALLAN KARDEC

Allan Kardec ou Hippolyte Léon Denizard Rivail nasceu em Lyon, na França, em 3 de outubro de 1804, e desencarnou em 1869.

Antes de se dedicar à codificação do Espiritismo, exerceu, durante 30 anos, a missão de educador. Foi discípulo de Pestalozzi, tendo publicado diversas obras didáticas.

A partir de 1855 começou a estudar os fenômenos das manifestações dos Espíritos que se revelavam pelas mesas girantes, grande atração pública da época na França.

Em 1858, fundou a Sociedade Parisiense de Estudos Espíritas e a *Revista Espírita,* lançando na prática o Espiritismo, não apenas em Paris, mas em toda a França, alcançando a Europa inteira e todo o mundo, incluindo a América Latina.

Alguns anos depois de sua morte, foi editado o livro *Obras Póstumas,* publicado por seus fiéis continuadores, contendo, entre outros escritos inéditos, a sua própria iniciação e base para a história do Espiritismo no mundo.

OBRAS COMPLETAS DE ALLAN KARDEC

■ **O LIVRO DOS ESPÍRITOS** 1857
Princípios da Doutrina Espírita no seu aspecto filosófico.

■ **REVISTA ESPÍRITA** 1858
Publicada mensalmente de 1858 a 1869, sob a direção de Kardec, constituindo hoje uma coleção, em 12 volumes, com todas as edições originais deste período.

■ **O QUE É O ESPIRITISMO?** 1859
Resumo dos princípios da Doutrina Espírita e respostas às principais objeções.

■ **O LIVRO DOS MÉDIUNS** 1861
Teoria dos fenômenos espíritas. Aspecto científico-experimental e prático da Doutrina.

■ **O ESPIRITISMO EM SUA EXPRESSÃO MAIS SIMPLES** 1862
Exposição sumária dos ensinamentos dos Espíritos.

■ **O EVANGELHO SEGUNDO O ESPIRITISMO** 1864
Ensinamentos morais do Cristo, sua concordância com o Espiritismo e a revelação da natureza religiosa da Doutrina.

■ **O CÉU E O INFERNO** 1865
A Justiça Divina segundo o Espiritismo.

■ **A GÊNESE** 1868
Os milagres e as predições segundo o Espiritismo.

■ **VIAGEM ESPÍRITA DE 1862**
Série de discursos de Allan Kardec, proferidos durante visita às cidades do interior da França, em sua primeira viagem a serviço do Espiritismo.

■ **OBRAS PÓSTUMAS** 1890
Escritos e estudos do codificador, com anotações preciosas sobre os bastidores da fundação do Espiritismo.

S·U·M·Á·R·I·O

Introdução 9

Princípios Básicos 41

PARTE PRIMEIRA
AS CAUSAS PRIMÁRIAS

Capítulo 1 **DEUS** 44
Deus e o infinito – Provas da existência de Deus –
Atributos da Divindade – Panteísmo

Capítulo 2 **ELEMENTOS GERAIS DO UNIVERSO** 49
Conhecimento do princípio das coisas – Espírito e matéria –
Propriedades da matéria – Espaço universal

Capítulo 3 **CRIAÇÃO** 54
Formação dos mundos – Formação dos seres vivos –
Povoamento da Terra. Adão – Diversidade das raças
humanas – Pluralidade dos mundos – Considerações e
concordâncias bíblicas a respeito da Criação

Capítulo 4 **PRINCÍPIO VITAL** 62
Seres orgânicos e inorgânicos – A vida e a morte –
Inteligência e instinto

PARTE SEGUNDA
MUNDO ESPÍRITA OU DOS ESPÍRITOS

Capítulo 1 **DOS ESPÍRITOS** 67
Origem e natureza dos Espíritos – Mundo normal primitivo –
Forma e ubiqüidade dos Espíritos – Perispírito – Diferentes ordens
de Espíritos – Escala Espírita – Terceira ordem - Espíritos
imperfeitos – Segunda ordem - Bons Espíritos – Primeira ordem -
Espíritos puros – Progressão dos Espíritos – Anjos e demônios

Capítulo 2 **ENCARNAÇÃO DOS ESPÍRITOS** 84
Objetivo da encarnação – A alma – Materialismo

Capítulo 3 **RETORNO DA VIDA CORPORAL À VIDA ESPIRITUAL** 91
A alma após a morte – Separação da alma e do corpo –
Perturbação espiritual

Capítulo 4 **PLURALIDADE DAS EXISTÊNCIAS** 97
A reencarnação – Justiça da reencarnação – Encarnação nos
diferentes mundos – Transmigração progressiva – Destinação das
crianças após a morte – Sexo nos Espíritos – Parentesco,
filiação – Semelhanças físicas e morais – Idéias inatas

Capítulo 5 **CONSIDERAÇÕES SOBRE A PLURALIDADE DAS EXISTÊNCIAS** 113

Capítulo 6 **VIDA ESPÍRITA** 121
Espíritos errantes – Mundos transitórios –
Percepções, sensações e sofrimentos dos Espíritos –
Ensaio teórico sobre a sensação nos Espíritos –
Escolha das provas – Relações após a morte –
Relações de simpatia e antipatia dos Espíritos.
Metades eternas – Lembrança da existência corporal –
Comemoração dos mortos. Funerais

Capítulo 7 **RETORNO À VIDA CORPORAL** 149
Prelúdio do retorno – União da alma e do corpo.
Aborto – Faculdades morais e intelectuais do homem –
Influência do organismo – Os deficientes mentais e
a loucura – Infância – Simpatias e antipatias terrenas –
Esquecimento do passado

Capítulo 8 **DA EMANCIPAÇÃO DA ALMA** 167
O sono e os sonhos – Visitas espíritas entre
pessoas vivas – Transmissão oculta do pensamento –
Letargia, catalepsia, mortes aparentes – Sonambulismo –
Êxtase – Dupla vista – Resumo teórico do sonambulismo,
do êxtase e da dupla vista

Capítulo 9 **INTERVENÇÃO DOS ESPÍRITOS NO MUNDO CORPORAL** ... 185
Como os Espíritos podem penetrar nossos pensamentos –
Influência oculta dos Espíritos sobre nossos pensamentos
e nossas ações – Possessos – Convulsivos – Afeição dos
Espíritos por certas pessoas – Anjos de guarda; Espíritos
protetores, familiares ou simpáticos – Pressentimentos –
Influência dos Espíritos sobre os acontecimentos da vida –
Ação dos Espíritos sobre os fenômenos da natureza –
Os Espíritos durante os combates – Pactos –
Poder oculto. Talismãs. Feiticeiros – Bênção e maldição

Capítulo 10 **OCUPAÇÕES E MISSÕES DOS ESPÍRITOS** 210

Capítulo 11 **OS TRÊS REINOS** 217
Os minerais e as plantas – Os animais e o homem –
Metempsicose

PARTE TERCEIRA
LEIS MORAIS

Capítulo 1 **LEI DIVINA OU NATURAL** 227
Características da lei natural – Origem e conhecimento
da lei natural – O bem e o mal – Divisão da lei natural

Sumário

Capítulo 2 LEI DE ADORAÇÃO 235
Objetivo da adoração – Adoração exterior –
Vida contemplativa – Prece – Politeísmo – Sacrifícios

Capítulo 3 LEI DO TRABALHO 243
Necessidade do trabalho – Limite do trabalho. Repouso

Capítulo 4 LEI DE REPRODUÇÃO 246
População do globo – Sucessão e aperfeiçoamento
das raças – Obstáculos à reprodução –
Casamento e celibato – Poligamia

Capítulo 5 LEI DE CONSERVAÇÃO 250
Instinto de conservação – Meios de conservação –
Prazeres dos bens da terra – Necessário e supérfluo –
Privações voluntárias. Mortificações

Capítulo 6 LEI DE DESTRUIÇÃO 256
Destruição necessária e destruição abusiva –
Flagelos destruidores – Guerras – Assassinato –
Crueldade – Duelo – Pena de morte

Capítulo 7 LEI DE SOCIEDADE 265
Necessidade da vida social – Vida de isolamento.
Voto de silêncio – Laços de família

Capítulo 8 LEI DO PROGRESSO 268
Estado natural – Marcha do progresso –
Povos degenerados – Civilização – Progresso da legislação
humana – Influência do Espiritismo sobre o progresso

Capítulo 9 LEI DE IGUALDADE 278
Igualdade natural – Desigualdade das aptidões –
Desigualdades sociais – Desigualdade das riquezas –
Provas de riqueza e de miséria – Igualdade dos direitos
do homem e da mulher – Igualdade diante do túmulo

Capítulo 10 LEI DE LIBERDADE 284
Liberdade natural – Escravidão – Liberdade de pensar –
Liberdade de consciência – Livre-arbítrio – Fatalidade –
Conhecimento do futuro – Resumo teórico da
motivação das ações do homem

Capítulo 11 LEI DE JUSTIÇA, AMOR E CARIDADE 298
Justiça e direitos naturais – Direito de propriedade.
Roubo – Caridade e amor ao próximo –
Amor maternal e filial

Capítulo 12 PERFEIÇÃO MORAL 304
As virtudes e os vícios – Paixões –
Egoísmo – Características do homem de bem –
Conhecimento de si mesmo

PARTE QUARTA
ESPERANÇAS E CONSOLAÇÕES

Capítulo 1 **PENALIDADES E PRAZERES TERRENOS** 315
Felicidade e infelicidade relativas – Perda de pessoas amadas – Decepção. Ingratidão. Afeições destruídas – Uniões antipáticas – Medo da morte – Desgosto da vida. Suicídio

Capítulo 2 **PENALIDADES E PRAZERES FUTUROS** 329
O nada. Vida futura – Intuição das penalidades e prazeres futuros – Intervenção de Deus nas penalidades e recompensas – Natureza das penalidades e prazeres futuros – Penalidades temporais – Expiação e arrependimento – Duração das penalidades futuras Ressurreição da carne – Paraíso, inferno e purgatório

Conclusão 354
Nota Explicativa 367
Glossário 372

I·N·T·R·O·D·U·Ç·Ã·O

AO ESTUDO DA DOUTRINA ESPÍRITA

1
PALAVRAS NOVAS

*P*ara designar coisas novas são necessárias palavras novas; assim exige a clareza de uma língua, para evitar a confusão que ocorre quando uma palavra tem múltiplo sentido. As palavras *espiritual*, *espiritualista*, *espiritualismo* têm um significado bem definido, e acrescentar-lhes uma nova significação para aplicá-las à Doutrina dos Espíritos seria multiplicar os casos já tão numerosos de palavras com duplo sentido. De fato, o espiritualismo é o oposto do materialismo, e qualquer um que acredite ter em si algo além da matéria é espiritualista, embora isso não queira dizer que creia na existência dos Espíritos ou em suas comunicações com o mundo material. Em vez das palavras *espiritual*, *espiritualismo*, utilizamos, para designar a crença nos Espíritos, as palavras *espírita e Espiritismo*, que lembram a origem e têm em si a raiz e que, por isso mesmo, têm a vantagem de ser perfeitamente inteligíveis, reservando à palavra *espiritualismo* sua significação própria. Diremos que a *Doutrina Espírita* ou o *Espiritismo* tem por princípio a relação do mundo material com os Espíritos ou seres do mundo espiritual. Os adeptos do Espiritismo serão os *espíritas* ou, se quiserem, os *espiritistas*.

Como especialidade, *o Livro dos Espíritos* contém a Doutrina Espírita; como generalidade, liga-se ao *espiritualismo* num dos seus aspectos. Esta é a razão por que traz, no início de seu título, as palavras: "filosofia espiritualista".

2
A ALMA[1]

Há outra palavra sobre a qual devemos igualmente nos entender, por constituir em si um dos *fechos de abóbada*[2], isto é, a sustentação de toda

---

1 - É extraordinária a clareza com que Allan Kardec se refere à alma como ponto de partida para a discussão em torno de assunto tão relevante. Poderia ter dito que a alma é *a base;* mas, não. Diz que é o fecho de abóbada, a cúpula. O cimo, o mais alto, o mais importante, sobre o qual se deve estruturar tudo (Nota do Editor).
2 - **Fecho de abóbada**: pedra angular e principal de uma abóbada ou arco, na qual se sustenta toda a estrutura e as cargas externas. Neste caso: a questão primordial, a mais importante (N. E.).

a doutrina moral, e que se tornou objeto de muitas controvérsias por falta de um significado que a defina com precisão determinada. É a palavra *alma*. A divergência de opiniões sobre a natureza da alma resulta da aplicação particular que cada um faz dessa palavra. Uma língua perfeita, em que cada idéia tivesse sua representação por um termo próprio, evitaria muitas discussões; com uma palavra para cada coisa, todos se entenderiam.

Segundo alguns, a alma é o princípio da vida material orgânica, não tem existência própria e termina com a vida: é o materialismo puro. É nesse sentido e por comparação que se diz de um instrumento rachado quando não emite mais som: não tem alma. De acordo com essa opinião, a alma seria um efeito e não uma causa.

Outros pensam que a alma é o princípio da inteligência, agente universal do qual cada ser absorve uma porção. De acordo com esse pensamento, haveria para todo o universo apenas uma única alma que distribui suas centelhas entre os diversos seres inteligentes durante a vida. Após a sua morte, cada centelha retornaria à fonte comum, onde se misturaria no todo, como as águas dos riachos e dos rios retornam ao mar de onde saíram. Essa opinião difere da anterior apenas em que, nessa hipótese, há no corpo mais do que a matéria e que resta alguma coisa depois da morte; mas é quase como se não restasse nada, uma vez que, incorporando-se ao todo de onde veio, perde a individualidade e, assim, não teríamos mais consciência de nós mesmos. De acordo com essa opinião, a alma universal seria Deus e cada ser, uma porção da divindade. Essa é uma variante do *panteísmo*[3].

E por fim, segundo outros, a alma é um ser moral, distinto e independente da matéria, que conserva sua individualidade após a morte. Essa concepção é, indiscutivelmente, a mais generalizada, visto que, sob um nome ou outro, a idéia desse ser que sobrevive ao corpo se encontra como crença instintiva e independentemente de qualquer ensinamento, entre todos os povos, seja qual for o grau de sua civilização. Essa doutrina, segundo a qual a alma *é a causa e não o efeito, é a dos espiritualistas*.

Sem discutir o mérito dessas opiniões, considerando apenas o lado lingüístico da questão, diremos que as três aplicações da palavra *alma* constituem três idéias distintas e que, para serem claramente expressas, cada uma precisaria de um termo diferente. A palavra tem, portanto, uma tríplice significação e cada uma tem razão em seu ponto de vista, na definição que lhe dá. O problema é a língua ter apenas uma palavra para designar três idéias. Para evitar qualquer equívoco, seria preciso aplicar o significado da palavra alma a uma dessas três idéias. Escolher qualquer

---

3 - **Panteísmo:** doutrina filosófica segundo a qual só Deus é real. Tudo o que existe é a manifestação de Deus, que por sua vez é a soma de tudo o que existe (N. E.).

uma é indiferente, é uma questão de ajuste de opiniões; o importante é que nos entendamos. Acreditamos mais lógico tomá-la na sua concepção mais comum; é por isso que denominamos ALMA *o ser imaterial e individual que existe em nós e que sobrevive ao corpo*. Ainda que esse ser não existisse e fosse apenas um produto da imaginação, seria preciso assim mesmo um termo para designá-lo.

Na falta de uma palavra especial para cada uma das outras duas idéias, denominamos *princípio vital* o princípio da vida material e orgânica, qualquer que lhe seja a origem, e que é comum a todos os seres vivos, desde as plantas até o homem. Podendo existir vida sem depender da capacidade de pensar, o princípio vital é assim uma propriedade distinta e autônoma[4]. A palavra *vitalidade* não daria a mesma idéia. Para alguns, o princípio vital é uma propriedade da matéria, um efeito que se produz quando a matéria se encontra em determinadas circunstâncias. Segundo outros, e esta é a idéia mais comum, ele se encontra num fluido especial, universalmente espalhado e do qual cada ser absorve e assimila uma parte durante a vida, como vemos os corpos inertes absorverem a luz. Este seria, então, *o fluido vital*, que, segundo algumas opiniões, seria o fluido elétrico animalizado, designado também sob os nomes de fluido magnético, fluido nervoso etc.

O que quer que ele seja, há um fato que não se poderá contestar, porque é resultante da observação: é que os seres orgânicos têm em si uma força íntima que produz o fenômeno da vida, enquanto essa força dure; que a vida material é comum a todos os seres orgânicos e é independente da inteligência e do pensamento; que a inteligência e o pensamento são capacidades próprias de algumas espécies orgânicas; e que, enfim, entre as espécies orgânicas dotadas de inteligência e de pensamento, há uma que é dotada de um senso moral especial que lhe dá uma incontestável superioridade sobre as outras: é a espécie humana.

Concebe-se assim que nem o materialismo nem o panteísmo excluem em suas teorias a noção de alma por causa do significado abrangente que se lhe pode atribuir. Mesmo o espiritualista pode entender muito bem a alma segundo uma das duas primeiras definições, sem reduzir o ser imaterial distinto ao qual dará um nome qualquer. Assim, a palavra alma não representa uma idéia única; é um Proteu[5] que cada um acomoda a seu gosto, daí a fonte de tantas disputas intermináveis.

Ao se utilizar da palavra alma em qualquer dos três casos, teríamos uma idéia clara ao lhe acrescentar um qualificativo que especificasse o ponto de vista a que se refere, ou a aplicação que se faz dela. Seria,

---

4 - **Autônoma:** que se realiza sem a intervenção de agentes externos; independente, livre (N. E.).
5 - **Proteu:** aquele que muda constantemente de opinião ou de sistema (N. E.).

então, uma palavra genérica, representando ao mesmo tempo o princípio da vida material, da inteligência e do sentido moral, mas que se diferenciaria por um atributo, como o gás, por exemplo, que se distingue quando lhe acrescentamos as palavras *hidrogênio*, *oxigênio* ou *azoto*. Assim é que deveríamos compreender a *alma vital* para designar o princípio da vida material; a *alma intelectual* para o princípio da inteligência que se expressa enquanto há vida e a *alma espírita* para o princípio de nossa individualidade após a morte. Como se vê, tudo isso é uma questão de palavras, mas uma questão muito importante para entender. De acordo com isso, a *alma vital* seria comum a todos os seres orgânicos: plantas, animais e homens; a *alma intelectual* seria própria dos animais e dos homens; e a *alma espírita*, apenas do homem.

Acreditamos dever insistir nessas explicações, porque a Doutrina Espírita baseia-se naturalmente na existência em nós de um ser independente da matéria e que sobrevive à morte do corpo. Como a palavra alma deve aparecer freqüentemente no decorrer desta obra, é importante saber o exato sentido que lhe damos, a fim de evitar qualquer equívoco.

Vamos, agora, ao ponto principal desta instrução preliminar.

3

A HISTÓRIA

A Doutrina Espírita, como toda idéia nova, tem seus adeptos e seus opositores. Vamos tentar responder a algumas das objeções, examinando o valor dos motivos em que se apóiam, sem termos, entretanto, a pretensão de convencer a todos, porque há pessoas que acreditam que a luz tenha sido feita exclusivamente para elas. Dirigimo-nos às pessoas de boa-fé, sem idéias preconcebidas ou obstinadas e sinceramente desejosas de se instruir, e demonstraremos que a maior parte das objeções à Doutrina provém de uma observação incompleta dos fatos e de um julgamento feito com muita leviandade e precipitação.

Lembremos primeiramente e em poucas palavras a série progressiva dos fenômenos que deram origem à Doutrina Espírita.

O primeiro fato observado foi o de que diversos objetos se movimentavam; de maneira geral, chamaram-no de *mesas girantes* ou *dança das mesas*. Esse fenômeno, observado primeiramente nos Estados Unidos, ou melhor, que se repetiu e foi anunciado naquele país, porque a história prova que remonta à mais alta Antiguidade, se produziu acompanhado de circunstâncias estranhas, como barulhos anormais, pancadas sem causa aparente ou conhecida. Dos Estados Unidos se propagou rapidamente pela Europa e em seguida por todo o mundo. A princípio houve muita incredulidade, mas a multiplicidade das experiências não mais permitiu duvidar da realidade.

Se o fenômeno tivesse ficado restrito ao movimento dos objetos materiais, poderia ser explicado por uma causa puramente física. Estamos longe de conhecer todos os agentes ocultos da natureza e todas as propriedades daqueles que conhecemos; a eletricidade, aliás, multiplica a cada dia ao infinito os recursos que ela proporciona ao homem e *parece destinada*[6] a iluminar a ciência com uma nova luz. Não haveria, portanto, nada de impossível se a eletricidade, modificada por algum fator ou qualquer outro agente desconhecido, fosse a causa desse movimento. A reunião de muitas pessoas, aumentando o poder da ação, parecia apoiar essa teoria, porque se podia considerar todo o conjunto como uma pilha múltipla cujo potencial estava em razão do número de elementos.

O movimento circular não apresentaria nada de extraordinário, está na natureza, todos os astros se movem em círculos; poderíamos ter um pequeno reflexo do movimento geral do universo, ou melhor, uma causa até então desconhecida poderia produzir acidentalmente, com pequenos objetos e em determinadas circunstâncias, uma corrente parecida à que faz girar os mundos.

Ocorre que o movimento nem sempre era circular; muitas vezes era brusco, desordenado; outras vezes o objeto era violentamente sacudido, derrubado, levado numa direção qualquer e, contrariamente a todas as leis da estática[7], levantado do chão e mantido no espaço. Ainda não havia nada nesses fatos que não pudesse ser explicado pelo poder de um agente físico invisível. Não vemos a eletricidade derrubar edifícios, destruir árvores, lançar ao longe os mais pesados corpos, atraí-los ou repeli-los?

Os ruídos anormais, as pancadas, supondo-se que não fossem um dos efeitos normais da dilatação da madeira ou de qualquer outra causa acidental, poderiam muito bem ser produzidos pelo acúmulo de um fluido oculto: a eletricidade não produz os ruídos mais violentos[8]?

Até aí, como se vê, tudo podia ocorrer no domínio dos fatos puramente físicos e fisiológicos. Sem sair desse círculo de idéias, havia matéria para estudos sérios e dignos de fixar a atenção dos sábios. Por que isso não aconteceu? É lamentável dizer, mas isso se prende a causas que provam, entre mil fatos semelhantes, a leviandade do espírito humano. Por se tratar de um objeto comum, no caso a mesa que serviu de base às primeiras experiências, provocou a estranheza e a indiferença dos sábios. Que influência, muitas vezes, não tem uma palavra sobre as coisas mais

---

6 - Kardec escreveu "parece destinada" porque referia-se aos primeiros inventos relacionados à eletricidade, como a lâmpada, que estava, na época, em pesquisas e ainda era desconhecida (N. E.).
7 - **Estática**: ciência que estuda o equilíbrio dos corpos sob a ação das forças (N. E.).
8 - Os trechos "não vemos a eletricidade derrubar edifícios..." e "a eletricidade não produz os ruídos mais violentos" referem-se às descargas elétricas provocadas pelos relâmpagos, trovões e raios (N. E.).

sérias? Sem considerar que o movimento poderia ser dado a um outro objeto qualquer, a idéia das mesas prevaleceu, sem dúvida, porque esse era o objeto mais cômodo e ao redor de uma mesa as pessoas se sentam com mais naturalidade do que ao redor de qualquer outro móvel. Portanto, os homens de inteligência superior são, algumas vezes, tão pretensiosos que não seria nada impossível considerar que inteligências de elite tenham acreditado que se rebaixariam caso se ocupassem daquilo que foi convencionado chamar *a dança das mesas*. É mesmo provável que se o fenômeno observado por Galvani[9] o tivesse sido por homens comuns e ficasse conhecido por um nome simples, ainda estaria rebaixado ao mesmo plano da varinha mágica. Qual é, de fato, o sábio que não teria julgado uma indignidade se ocupar da *dança das rãs*[10]?

Entretanto, alguns sábios, bastante modestos por admitir que a natureza poderia muito bem não lhes ter dito sua última palavra, quiseram ver, para tranqüilizar as suas consciências. Mas aconteceu que o fenômeno nem sempre correspondeu à expectativa que tinham, e como o fato não se produziu conforme a sua vontade e segundo seu modo de experimentação, concluíram pela negativa. Apesar do que decretaram, as mesas continuaram a girar, e podemos dizer como Galileu: "Todavia elas se movem!" Diremos mais: "É que os fatos se multiplicaram de tal modo que hoje têm direito à cidadania e que não se trata senão de achar-lhes uma explicação racional".

Pode-se deduzir algo contra a realidade de um fenômeno pelo fato de ele não se produzir de um modo sempre idêntico, atendendo à vontade e às exigências do observador? Acaso não estão os fenômenos da eletricidade e da química também subordinados a certas condições? Deve-se negá-los porque não se produzem fora dessas condições? Portanto, não há nada de surpreendente em que o fenômeno do movimento dos objetos pelo fluido humano também tenha suas condições para se realizar e deixe de se produzir quando o observador, colocando-se em seu próprio ponto de vista, pretende fazer com que ele se realize conforme o seu capricho ou submetê-lo às leis dos fenômenos conhecidos, sem considerar que para os fatos novos pode e deve haver novas leis? Portanto, para conhecer essas leis é preciso estudar as circunstâncias em que os fatos se produzem, e esse estudo só pode ser fruto de uma observação perseverante, atenta e às vezes muito longa.

Mas algumas pessoas alegam que muitas vezes há fraudes evidentes. Em primeiro lugar, devemos perguntar se estão bem certas disso e se não

---

9 - Luigi Galvani: médico e físico italiano (N. E.).
10 - Dança das rãs: Galvani notou que as rãs dissecadas, expostas em pedaços sobre uma superfície de ferro, davam pulos. Dessa observação a ciência caminhou para o conhecimento do fluido nervoso e mais tarde da pilha elétrica (N. E.).

tomaram por fraudes os efeitos que não conseguiram entender, como o camponês que confundiu um sábio professor de física realizando experiências como um mágico habilidoso. Mas, mesmo supondo que a fraude pudesse acontecer algumas vezes, seria razão para negar o fato? Deve-se negar a física porque há ilusionistas e mágicos que dão a si mesmo o título de físicos? Aliás, é preciso levar em conta o caráter das pessoas e o interesse que podiam ter em enganar. Então seria um gracejo? Admite-se que uma pessoa possa se divertir por um instante, mas uma brincadeira indefinidamente prolongada seria tão cansativa para o mistificador[11] quanto para o mistificado. De resto, numa mistificação que se propaga de um lado a outro do mundo e entre pessoas mais sérias, mais veneráveis e mais esclarecidas, haveria algo tão extraordinário quanto o próprio fenômeno.

4
O MÉTODO

Se os fenômenos de que nos ocupamos ficassem restritos ao movimento dos objetos, estariam dentro, como dissemos, do domínio das ciências físicas. Mas não foi isso que aconteceu: estavam destinados a nos colocar no caminho de fatos de uma natureza estranha. Acreditou-se descobrir, não sabemos por iniciativa de quem, que a impulsão dada aos objetos não era somente produto de uma força mecânica cega, mas que havia nesse movimento a intervenção de uma causa inteligente. Esse caminho, uma vez aberto, revelou um campo totalmente novo de observações: era o véu levantado de sobre muitos mistérios. Há, de fato, um poder inteligente? Essa é a questão. Se esse poder existe, qual é ele, qual é a sua natureza, sua origem? Ele está acima da humanidade? Essas são as outras questões decorrentes da primeira.

As primeiras manifestações inteligentes aconteceram por meio de mesas se levantando e batendo, com um dos pés, um número determinado de pancadas e respondendo desse modo *sim* ou *não*, segundo fora convencionado, a uma questão proposta. Até aí, não havia nada de convincente para os céticos[12], porque se podia acreditar num efeito do acaso. Obtiveram-se, em seguida, respostas mais desenvolvidas por meio das letras do alfabeto: o objeto móvel, batendo um número de vezes correspondente ao número de ordem de cada letra, chegava a formular palavras e frases respondendo às perguntas propostas. A precisão das respostas e sua correlação com a pergunta causaram espanto. O ser misterioso que assim respondia, quando interrogado sobre sua natureza, declarou que era um *Espírito* ou *gênio*, deu o seu nome e forneceu diversas informações

---

11 - **Mistificador:** enganador; que abusa da credulidade; burlador (N. E.).
12 - **Cético:** que duvida de tudo, descrente (N. E.).

a seu respeito. Aqui há um fato muito importante que convém ressaltar: ninguém havia imaginado os Espíritos como um meio de explicar o fenômeno. Foi o próprio fenômeno que se revelou. Muitas vezes, nas ciências exatas, formulam-se hipóteses para se ter uma base de raciocínio, mas isso não ocorreu nesse caso.

Esse meio de comunicação era demorado e incômodo. O Espírito, e isso ainda é uma circunstância digna de nota, indicou um outro processo. Foi um desses seres espirituais que ensinou a prender um lápis a um pequeno cesto ou a um outro objeto. Esse cesto, colocado sobre uma folha de papel, foi posto em movimento pelo mesmo poder oculto que fazia mover as mesas; mas, em vez de um simples movimento regular, o lápis traçou, por si mesmo, letras formando palavras, frases e discursos inteiros de muitas páginas, tratando das mais altas questões da filosofia, da moral, da metafísica, da psicologia etc., e isso com tanta rapidez como se fosse escrito à mão.

Esse conselho foi dado simultaneamente nos Estados Unidos, na França e em diversos países. Eis os termos em que foi dado em Paris, no dia 10 de junho de 1853, a um dos mais fervorosos adeptos da Doutrina, que desde 1849 se ocupava com a evocação dos Espíritos: "Vá pegar no quarto ao lado o pequeno cesto; prenda-lhe um lápis, coloque-o sobre um papel e ponha os dedos sobre a borda". Alguns instantes depois, o cesto se pôs em movimento, e o lápis escreveu esta frase muito claramente: "O que eu vos digo aqui eu vos proíbo expressamente de dizer a alguém. A próxima vez que eu escrever, escreverei melhor".

O objeto ao qual se adaptava o lápis era apenas um instrumento, sua natureza e forma não tinham importância. Procurou-se sua disposição mais cômoda, por isso muitas pessoas fazem uso de uma pequena prancheta.

O cesto ou a prancheta apenas podem ser colocados em movimento sob a influência de algumas pessoas dotadas, para esse fim, de um poder especial e que são designadas como *médiuns*, isto é, intermediários entre os Espíritos e os homens. As condições de que se origina esse poder especial têm causas ao mesmo tempo físicas e morais ainda desconhecidas, visto que se encontram médiuns de todas as idades, de ambos os sexos e em todos os graus de desenvolvimento intelectual. Essa faculdade[13], esse dom, se desenvolve pelo exercício.

5
O SURGIMENTO DA PSICOGRAFIA

Mais tarde se reconheceu que o cesto e a prancheta, na realidade, eram apenas um substituto da mão, e o médium, pegando diretamente o

---

13 - **Faculdade:** capacidade, aptidão (N. E.).

lápis, pôs-se a escrever por um impulso involuntário e quase febril. Dessa forma, as comunicações tornaram-se mais rápidas, fáceis e completas. Hoje é o meio mais empregado, tanto é que o número de pessoas dotadas dessa aptidão é muito grande e multiplica-se todos os dias. A experiência fez conhecer outras variedades da faculdade mediúnica e constatou-se que as comunicações poderiam igualmente ter lugar pela fala, pela audição, pela visão, pelo tato etc. e até mesmo pela escrita direta dos Espíritos, ou seja, sem a interferência da mão do médium nem do lápis.

Comprovado o fato, era preciso estabelecer e demonstrar um ponto essencial: qual era o papel do médium nas respostas e a parte que poderia nelas tomar, mecânica e moralmente. Duas circunstâncias fundamentais, que não poderiam escapar a um observador atento, podem resolver a questão. A primeira é a maneira pela qual o cesto se movia sob influência do médium, somente pela imposição dos dedos sobre a borda. O exame demonstra a impossibilidade de que o médium pudesse lhe impor qualquer direção. Essa impossibilidade torna-se mais evidente quando duas ou três pessoas colocam ao mesmo tempo as pontas dos dedos nas bordas de um mesmo cesto. Seria preciso uma concordância de movimentos entre elas verdadeiramente fenomenal, e ainda seria preciso mais, a concordância de seus pensamentos para que pudessem se entender quanto à resposta a dar à questão formulada. Um outro fato, não menos importante, ainda vem se juntar à dificuldade: é a mudança radical que se constata na caligrafia, conforme o Espírito que se manifesta; porém, cada vez que o mesmo Espírito retorna, sua escrita se reproduz. Seria preciso, portanto, que o médium fosse capaz de mudar sua própria escrita de 20 maneiras diferentes e, principalmente, que pudesse se lembrar da que pertence a este ou àquele Espírito.

A segunda circunstância resulta da própria natureza das respostas que são, na maioria, principalmente quando se trata de questões abstratas[14] ou científicas, notoriamente fora dos conhecimentos e algumas vezes além da capacidade intelectual do médium, que não tem consciência do que escreve sob influência do Espírito. Com freqüência, o médium não ouve ou não compreende a questão proposta, uma vez que pode ser feita numa língua que lhe é estranha, ou mesmo mentalmente; e a resposta pode ser dada por escrito ou falada nessa mesma língua. Enfim, acontece que muitas vezes o cesto escreve espontaneamente, sem pergunta prévia, sobre um assunto qualquer e inteiramente inesperado.

Essas respostas, em alguns casos, têm uma tal marca de sabedoria, profundidade e oportunidade, revelam pensamentos tão elevados, tão sublimes, que somente podem proceder de uma inteligência superior,

---

14 - Questões abstratas: de difícil compreensão, vagas e obscuras (N. E.).

fundamentada na mais pura moralidade. Outras vezes, são tão levianas, tão fúteis e até mesmo tão vulgares que a razão se recusa a acreditar que possam proceder de uma mesma fonte. Essa diversidade da linguagem e dos ensinamentos somente se pode explicar pela diversidade das inteligências que se manifestam. Estarão essas inteligências na humanidade ou fora dela? Esse é o ponto a esclarecer, para o qual se encontrará a explicação completa nesta obra, exatamente como foi revelada pelos próprios Espíritos.

Eis que os efeitos ou fenômenos evidentes e incontestáveis que se produzem fora do círculo habitual de nossas observações não se processam misteriosamente, mas sim à luz do dia, e todos podem vê-los e constatá-los, porque não são privilégio de um único indivíduo, uma vez que milhares de pessoas os repetem todos os dias à vontade. Esses efeitos têm necessariamente uma causa, e a partir do momento que revelam a ação de uma inteligência e de uma vontade saem do domínio puramente físico.

Muitas teorias foram anunciadas a esse respeito. Elas serão examinadas em seguida e veremos se podem fornecer a razão de todos os fatos que se produzem. Admitamos, em princípio, antes de chegar até lá, a existência de seres distintos da humanidade, uma vez que esta é a explicação fornecida pelas inteligências que se revelam, e vejamos o que nos dizem.

6
RESUMO DOS PRINCIPAIS PONTOS DA DOUTRINA ESPÍRITA

Os seres que se comunicam designam-se, a si mesmos, como o dissemos, sob o nome de Espíritos ou de Gênios, tendo pertencido, pelo menos alguns, a homens que viveram na Terra. Eles constituem o mundo espiritual, como nós constituímos, durante nossa vida, o mundo corporal.

Resumimos assim, em poucas palavras, os pontos mais importantes da Doutrina que eles nos transmitiram, a fim de respondermos mais facilmente a algumas objeções.

"Deus é eterno, imutável, imaterial, único, todo-poderoso, soberanamente justo e bom."

"Criou o universo, que compreende todos os seres animados e inanimados, materiais e imateriais."

"Os seres materiais constituem o mundo visível ou corporal; os seres imateriais, o mundo invisível ou espírita, ou seja, dos Espíritos."

"O mundo espírita é o mundo normal, primitivo, eterno, preexistindo e sobrevivendo a tudo."

"O mundo corporal é apenas secundário, poderia deixar de existir ou nunca ter existido, sem alterar a essência do mundo espírita."

"Os Espíritos vestem temporariamente um corpo material perecível, cuja destruição pela morte lhes devolve a liberdade."

"Entre as diferentes espécies de seres corporais, Deus escolheu a espécie humana para a encarnação dos Espíritos que atingiram um certo grau de desenvolvimento, o que lhe dá a superioridade moral e intelectual sobre os outros."

"A alma é um Espírito encarnado, sendo o corpo apenas o seu envoltório."

"Há três coisas no homem: 1ª) o corpo ou ser material semelhante ao dos animais e animado pelo mesmo princípio vital; 2ª) a alma ou ser imaterial, Espírito encarnado no corpo; 3ª) o laço que une a alma ao corpo, princípio intermediário entre a matéria e o Espírito.

"Assim, o homem tem duas naturezas: pelo corpo participa da natureza dos animais, dos quais tem os instintos; pela alma participa da natureza dos Espíritos."

"O laço ou perispírito que une o corpo e o Espírito é uma espécie de envoltório semimaterial. A morte é a destruição do envoltório mais grosseiro. O Espírito conserva o segundo, que constitui para ele um corpo etéreo, invisível para nós no estado normal, mas que pode tornar-se algumas vezes visível e mesmo tangível, como ocorre no fenômeno das aparições."

"O Espírito não é, portanto, um ser abstrato, indefinido, que somente o pensamento pode conceber; é um ser real, definido, que, em alguns casos, pode ser reconhecido, avaliado pelos sentidos da *visão*, da *audição* e do *tato*."

"Os Espíritos pertencem a diferentes classes e não são iguais em poder, inteligência, saber e nem em moralidade. Os da primeira ordem são os Espíritos superiores, que se distinguem dos outros por sua perfeição, seus conhecimentos, sua proximidade de Deus, pela pureza de seus sentimentos e seu amor ao bem: são os anjos ou Espíritos puros. Os das outras classes não atingiram ainda essa perfeição; os das classes inferiores são inclinados à maioria das nossas paixões: ao ódio, à inveja, ao ciúme, ao orgulho etc. Eles se satisfazem no mal; entre eles há os que não são nem muito bons nem muito maus, são mais trapaceiros e importunos do que maus, a malícia e a irresponsabilidade parecem ser sua diversão: são os Espíritos desajuizados ou levianos."

"Os Espíritos não pertencem perpetuamente à mesma ordem. Todos melhoram ao passar pelos diferentes graus da hierarquia espírita. Esse progresso ocorre pela encarnação, que é imposta a alguns como expiação[15]

---

15 - **Expiação**: nova oportunidade de reparar as faltas e os erros de vidas passadas. É a Lei de Causa e Efeito (N. E.).

e a outros como missão. A vida material é uma prova que devem suportar várias vezes, até que tenham atingido a perfeição absoluta. É uma espécie de exame severo ou de depuração, de onde saem mais ou menos purificados."

"Ao deixar o corpo, a alma retorna ao mundo dos Espíritos, de onde havia saído, para recomeçar uma nova existência material, depois de um período mais ou menos longo, durante o qual permanece no estado de Espírito errante[16]."

"O Espírito deve passar por várias encarnações. Disso resulta que todos nós tivemos muitas existências e que ainda teremos outras que, aos poucos, nos aperfeiçoarão, seja na Terra, seja em outros mundos."

"A encarnação dos Espíritos se dá sempre na espécie humana; seria um erro acreditar que a alma ou o Espírito pudesse encarnar no corpo de um animal*."

"As diferentes existências corporais do Espírito são sempre progressivas e o Espírito nunca retrocede, mas o tempo necessário para progredir depende dos esforços de cada um para chegar à perfeição."

"As qualidades da alma[17], isto é, as qualidades morais, são as do Espírito que está encarnado em nós; desse modo, o homem de bem é a encarnação do bom Espírito, e o homem perverso a de um Espírito impuro."

"A alma tinha sua individualidade antes de sua encarnação e a conserva depois que se separa do corpo."

"Na sua reentrada no mundo dos Espíritos, a alma reencontra todos aqueles que conheceu na Terra e todas as suas existências anteriores desfilam na sua memória com a lembrança de todo o bem e de todo o mal que fez."

"O Espírito, quando encarnado, está sob a influência da matéria. O homem que supera essa influência pela elevação e pela depuração de sua alma aproxima-se dos bons Espíritos, com os quais estará um dia. Aquele que se deixa dominar pelas más paixões e coloca todas as alegrias da sua existência na satisfação dos apetites grosseiros se aproxima dos Espíritos impuros, porque nele predomina a natureza animal."

"Os Espíritos encarnados habitam os diferentes globos do universo."

"Os Espíritos não encarnados ou errantes não ocupam uma região determinada e localizada, estão por todos os lugares no espaço e ao nosso lado, vendo-nos numa presença contínua. É toda uma população invisível que se agita ao nosso redor."

---

16 - **Espírito errante:** que está na erraticidade, período entre uma e outra encarnação, como está explicado nesta obra, na questão 223 e seguintes (N. E.).

* Há entre a doutrina da reencarnação e a da metempsicose, tal como a admitem certas seitas, uma diferença característica que é explicada na seqüência da obra. Para saber sobre metempsicose, consulte as questões 222, 611 e seguintes (Nota de Kardec).

17 - **Alma:** dizemos do espírito quando está no corpo, encarnado (N. E.)

"Os Espíritos exercem sobre o mundo moral e o mundo físico uma ação incessante. Eles agem sobre a matéria e o pensamento e constituem uma das forças da natureza, causa determinante de uma multidão de fenômenos até agora inexplicável ou mal explicada e que apenas encontram esclarecimento racional no Espiritismo."

"As relações dos Espíritos com os homens são constantes. Os bons Espíritos nos atraem e estimulam para o bem, sustentando-nos nas provações da vida e ajudando-nos a suportá-las com coragem e resignação. Os maus nos sugestionam para o mal; é um prazer para eles nos ver fracassar e nos assemelharmos a eles."

"As comunicações dos Espíritos com os homens são ocultas ou ostensivas. As comunicações ocultas ocorrem pela influência boa ou má que exercem sobre nós sem o sabermos; cabe ao nosso julgamento discernir as boas das más inspirações. As comunicações ostensivas ocorrem por meio da escrita, da palavra ou outras manifestações materiais, muitas vezes por médiuns que lhes servem de instrumento."

"Os Espíritos se manifestam espontaneamente ou por evocação. Podem-se evocar todos os Espíritos, tanto aqueles que animaram homens simples como os de personagens mais ilustres, qualquer que seja a época em que viveram, os de nossos parentes, amigos ou inimigos, e com isso obter, por meio das comunicações escritas ou verbais, conselhos, ensinamentos sobre sua situação depois da morte, seus pensamentos a nosso respeito, assim como as revelações que lhes são permitidas nos fazer."

"Os Espíritos são atraídos em razão de sua simpatia pela natureza moral do ambiente em que são evocados. Os Espíritos superiores se satisfazem com reuniões sérias em que dominam o amor pelo bem e o desejo sincero de receber instrução e aperfeiçoamento. A sua presença afasta os Espíritos inferiores que, caso contrário, encontrariam aí livre acesso e poderiam agir com toda a liberdade entre as pessoas levianas ou guiadas somente pela curiosidade. Em todos os lugares onde se encontram maus instintos, longe de obter bons conselhos, ensinamentos úteis, devem-se esperar apenas futilidades, mentiras, gracejos de mau gosto ou mistificações, visto que, freqüentemente, eles tomam emprestado nomes veneráveis para melhor induzir ao erro."

"Distinguir os bons dos maus Espíritos é extremamente fácil. A linguagem dos Espíritos superiores é constantemente digna, nobre, repleta da mais alta moralidade, livre de toda paixão inferior; seus conselhos exaltam a sabedoria mais pura e sempre têm por objetivo nosso aperfeiçoamento e o bem da humanidade. A linguagem dos Espíritos inferiores, ao contrário, é inconseqüente, muitas vezes banal e até mesmo grosseira; se por vezes dizem coisas boas e verdadeiras, dizem na maioria das vezes coisas falsas e absurdas por malícia ou por ignorância. Zombam da credulidade e se divertem à custa daqueles que os interrogam ao incentivar a vaidade, alimentando seus desejos com falsas esperanças. Em resumo, as comunicações sérias, no verdadeiro sentido da palavra, apenas acontecem nos centros sérios, cujos membros estão unidos por uma íntima comunhão de pensamentos, visando ao bem."

"A moral dos Espíritos superiores se resume, como a de Cristo, neste ensinamento evangélico: 'Fazer aos outros o que quereríamos que os outros nos fizessem', ou seja, fazer o bem e não o mal. O homem encontra neste princípio a regra universal de conduta, mesmo para as suas menores ações."

"Eles nos ensinam que o egoísmo, o orgulho e a sensualidade são paixões que nos aproximam da natureza animal, prendendo-nos à matéria; que o homem que se desliga da matéria já neste mundo, desprezando as futilidades mundanas e amando o próximo, se aproxima da natureza espiritual; que cada um de nós deve se tornar útil segundo as capacidades e os meios que Deus nos colocou nas mãos para nos provar; que o forte e o poderoso devem apoio e proteção ao fraco, pois aquele que abusa de sua força e de seu poder para oprimir seu semelhante transgride a Lei de Deus. Enfim, ensinam que no mundo dos Espíritos nada pode ser escondido, o hipócrita será desmascarado e todas as suas baixezas descobertas; que a presença inevitável, em todos os instantes, daqueles com quem agimos mal é um dos castigos que nos estão reservados; que ao estado de inferioridade e de superioridade dos Espíritos equivalem punições e prazeres que desconhecemos na Terra."

"Mas também nos ensinam que não há faltas imperdoáveis que não possam ser apagadas pela expiação. Pela reencarnação, nas sucessivas existências, mediante os seus esforços e desejos de melhoria no caminho do progresso, o homem avança sempre e alcança a perfeição, que é a sua destinação final."

Este é o resumo da Doutrina Espírita, resultante do ensinamento dado pelos Espíritos superiores. Vejamos agora as objeções que lhe fazem.

7
A DOUTRINA ESPÍRITA E A CIÊNCIA

Para muitas pessoas, a oposição de cientistas, se não é uma prova, é pelo menos uma forte opinião contrária. Não somos dos que se levantam contra os sábios, porque não queremos que digam que nós os insultamos; nós os temos, ao contrário, em grande estima e ficaríamos muito honrados de estar entre eles. Porém, suas opiniões não podem ser em todas as circunstâncias um julgamento irrevogável.

Quando a ciência sai da observação material dos fatos e procura apreciar e explicar esses fatos, o campo está aberto às hipóteses e às suposições; cada um defende seu pequeno sistema na intenção de fazê-lo prevalecer e o sustenta com firmeza. Não vemos todos os dias as opiniões mais divergentes alternativamente acatadas e rejeitadas, repelidas como erros absurdos, ou proclamadas como verdades incontestáveis? Os fatos, eis o verdadeiro critério de nossos julgamentos, o argumento incontestável. Na ausência de fatos, a dúvida é opinião sábia e prudente.

Para as coisas de conhecimento de todos, a opinião dos sábios deve ser respeitada, e com razão, porque sabem mais e melhor do que a maioria das pessoas comuns; mas na questão de novos princípios, de coisas desconhecidas, sua maneira de ver é sempre e apenas uma suposição, porque não estão mais do que quaisquer outros livres de preconceitos. Direi até mesmo que o sábio talvez tenha mais preconceitos, porque uma tendência natural leva-o a submeter tudo ao ponto de vista em que se especializou: o matemático apenas vê a prova numa demonstração algébrica, o químico relaciona tudo à ação dos elementos etc. Todo homem que se dedica a uma especialização subordina a ela todas as suas idéias. Fora do seu campo, muitas vezes se perderá, por querer submeter tudo ao seu modo de ver; é uma conseqüência da fraqueza humana. Consultarei, de bom grado e com toda a confiança, um químico sobre uma questão de análise de uma substância, um físico sobre a energia elétrica, um mecânico sobre a força motriz; mas eles me permitirão, sem que isso desmereça o respeito que sua especialização merece, considerar suas opiniões negativas sobre o Espiritismo idênticas ao conceito de um arquiteto sobre uma questão de música.

As ciências gerais se apóiam nas propriedades da matéria, que pode ser manipulada e experimentada à vontade; os fenômenos espíritas se fundamentam na ação das inteligências que têm vontade própria e nos provam a cada instante que não estão à disposição dos nossos caprichos. As observações, em vista disso, não podem ser feitas da mesma maneira; requerem condições diferenciadas, especiais e um outro ponto de partida. Querer submetê-las aos nossos processos comuns de investigação é querer estabelecer e forçar semelhanças que não existem. A ciência propriamente dita, como ciência, é incompetente para pronunciar-se na questão do Espiritismo; ela não tem que se ocupar com isso, e qualquer que seja seu julgamento, favorável ou não, não tem nenhuma importância. O Espiritismo pode vir a ser uma convicção pessoal que os sábios possam ter como indivíduos, sem considerar a sua qualidade de sábios, isto é, a sua especialização e o seu saber científico. Contudo, querer conceder a questão à ciência equivaleria a decidir a existência da alma por uma assembléia de físicos ou astrônomos. De fato, o Espiritismo está inteiramente fundamentado na existência da alma e na sua situação depois da morte; contudo, é extremamente ilógico pensar que um homem deve ser um grande psicólogo porque é um grande matemático ou um grande anatomista. O anatomista, ao dissecar o corpo humano, procura a alma, e como o seu bisturi não a encontra, como encontra um nervo, ou porque não a vê sair volátil como um gás, conclui que ela não existe, porque se coloca sob um ponto de vista exclusivamente material. Resultará que ele tenha razão contra a opinião universal? Não. Vemos, portanto, que o Espiritismo não é da competência da ciência.

Quando a crença espírita estiver bastante difundida, quando for aceita pelas massas, e, a se julgar pela rapidez com que se propaga, esse tempo não está longe, acontecerá com o Espiritismo o que ocorre com todas as idéias novas que encontraram oposição: os sábios irão se render à evidência. Chegarão a ela por si sós e pela força das coisas. Até lá, é inoportuno desviá-los de seus trabalhos especiais, para obrigá-los a se ocupar de uma coisa estranha ao seu mundo, que não está nem nas suas atribuições, nem nos seus programas. Enquanto isso não ocorre, aqueles que, sem um estudo prévio e aprofundado da matéria, pronunciam-se pela negativa e zombam de todos os que não estão de acordo com a sua opinião, esquecem que o mesmo ocorreu com a maior parte das grandes descobertas que honram a humanidade. Eles se expõem a ver seus nomes incluídos na extensa lista dos ilustres contestadores das idéias novas e inscritos ao lado dos membros da erudita assembléia que, em 1752, acolheu com zombaria e muitos risos o relatório de Franklin[18] sobre os pára-raios, julgando-o indigno de figurar ao lado das comunicações que eram apreciadas; e desse outro que fez a França perder o benefício da iniciativa do motor a vapor, declarando que o sistema de Fulton[19] era um sonho irrealizável. Entretanto, essas eram questões da sua competência. Se essas assembléias, que contavam em seu seio com a elite dos sábios do mundo, apenas tiveram a zombaria e o sarcasmo por idéias que não compreendiam e que alguns anos mais tarde deveriam revolucionar a ciência, os costumes e a indústria, como esperar que uma questão estranha aos seus trabalhos obtenha melhor acolhimento?

Esses erros lamentáveis de alguns homens de comprovada sabedoria, indignos de sua memória, não tiraram dos sábios os títulos com que, em outros campos de ação, se fazem respeitar. Mas acaso é necessário um diploma oficial para se ter bom senso, e fora das poltronas acadêmicas somente há tolos e imbecis? Que se observem os adeptos da Doutrina Espírita, e que avaliem se entre eles somente há ignorantes, e se o número imenso de homens de mérito que a abraçaram permite nivelá-la à categoria das crendices populares. Pelo caráter e pelo saber desses homens, vale

---

18 - **Benjamin Franklin:** estadista norte-americano que inventou o pára-raios (N. E.).
19 - **Robert Fulton:** mecânico norte-americano que inventou a propulsão, o motor a vapor (N. E.).

bem a pena dizer: uma vez que eles afirmam, é certo pelo menos que há alguma coisa.

Repetimos ainda que se os fatos de que nos ocupamos ficassem reduzidos ao movimento mecânico dos objetos, a procura da causa física desse fenômeno entraria no campo da ciência; mas, desde que se trata de uma manifestação fora das leis dos homens, ela escapa da competência da ciência material, porque não se pode exprimir nem por algarismos, nem pela força mecânica. Quando surge um fato novo que não se situa no círculo de alguma ciência conhecida, o sábio, para estudá-lo, deve despojar-se de seu saber e considerar que é um estudo novo que não se pode fazer com idéias preconcebidas.

O homem que considera que o seu saber é infalível está bem perto do erro. Mesmo os que defendem as mais falsas idéias apóiam-se sempre na sua razão, e é em virtude disso que rejeitam tudo que lhes parece impossível. Aqueles que antigamente repeliram as admiráveis descobertas de que hoje a humanidade se honra faziam apelo à razão para as rejeitar; porém, o que se chama razão é, muitas vezes, somente orgulho disfarçado, e quem quer que se acredite infalível se coloca como igual a Deus. Dirigimo-nos, portanto, àqueles que são bastante ponderados para duvidar do que não viram e que, julgando o futuro pelo passado, não acreditam que o homem tenha chegado ao seu apogeu, nem que a natureza tenha virado para ele a última página de seu livro.

8
A SERIEDADE DA DOUTRINA

Acrescentamos que o estudo de uma doutrina, como a Doutrina Espírita, que nos lança de repente e em cheio numa ordem de coisas tão novas e grandiosas, somente pode ser feito por homens sérios, perseverantes, isentos de prevenções e movidos por uma firme e sincera vontade de chegar a um resultado esclarecedor. Não podem ser considerados assim os que julgam, a priori[20], levianamente e sem ter visto tudo; que não dão a seus estudos nem a seqüência, nem a regularidade, nem a cautela necessária; e muito menos certas pessoas que, para não perder a pose de sua reputação de homens de espírito[21], se empenham em encontrar um lado ridículo nas coisas mais verdadeiras, ou assim julgadas, por pessoas cujo saber, caráter e convicções fazem jus ao respeito de quem se tem na conta de ser bem-educado. Aqueles que não julgarem os fatos espíritas dignos de si e de sua atenção que se calem; ninguém tenciona violentar sua crença, mas que saibam respeitar a dos outros.

---

20 - **A priori:** diz-se do conhecimento, afirmação, verdade etc. anterior à experiência (N. E.).
21 - **Homens de espírito:** inteligentes, geniais (N. E.).

O que caracteriza um estudo sério é a seqüência que se dá a esse estudo. Deve causar estranheza o fato de não se obter, muitas vezes, nenhuma resposta sensata às questões, sérias por si próprias, quando são feitas ao acaso e lançadas à queima-roupa no meio de enxurradas de perguntas absurdas? Uma questão, aliás, é muitas vezes complexa e requer, para ser esclarecida, indagações preliminares ou complementares. Quem quer aprender uma ciência deve fazer um estudo metódico dela, começar pelo início e seguir o encadeamento e o desenvolvimento das idéias. Aquele que sem mais nem menos pergunta a um sábio algo sobre a ciência da qual nada sabe acaso obterá algum proveito? E o próprio sábio poderá, com a melhor boa vontade, dar uma resposta satisfatória? Essa resposta isolada será forçosamente incompleta e, muitas vezes, por isso mesmo, ininteligível, ou poderá parecer absurda e contraditória. Acontece exatamente o mesmo nas relações que estabelecemos com os Espíritos. Se quisermos nos instruir na sua escola, é preciso fazer um curso com eles, mas proceder exatamente como entre nós: selecionar os professores e trabalhar com constância.

Dissemos que os Espíritos superiores apenas vêm às reuniões sérias e, em especial, àquelas em que reina uma perfeita comunhão de pensamentos e de sentimentos pelo bem. A leviandade e as questões inúteis os afastam, como, entre os homens, afastam as pessoas racionais; o campo fica, então, livre à multidão de Espíritos mentirosos e fúteis, sempre à espreita de ocasiões para zombar e se divertir à nossa custa. O que devemos esperar de uma reunião dessa natureza quando desejamos resposta a uma questão séria? Será respondida? Sim, será, mas respondida por quem? É como se no meio de um bando de gozadores lançássemos estas questões: o que é a alma? O que é a morte? E outras também de igual tom recreativo. Se quereis respostas sérias, sede sérios no verdadeiro sentido da palavra e colocai-vos de acordo com todas as condições que se requerem. Somente assim obtereis grandes coisas. Sede mais laboriosos e perseverantes em vossos estudos; sem isso os Espíritos superiores vos abandonarão, como faz um professor com seus alunos negligentes.

9
A DOUTRINA E OS SEUS CONTESTADORES

O movimento dos objetos é um fato comprovado. A questão é saber se, nesse movimento, há ou não uma manifestação inteligente e, caso haja, qual é a origem dessa manifestação.

Não trataremos somente do movimento inteligente de alguns objetos, nem de comunicações verbais, nem mesmo das diretamente escritas pelo médium. Esse gênero de manifestação, clara e evidente para aqueles que viram e se aprofundaram no assunto, não é à primeira vista muito convincente para um observador novato, por não a entender como independente da vontade do médium. Trataremos somente da escrita obtida com a ajuda de um objeto qualquer munido de um lápis, como o cesto, a prancheta etc. A maneira como os dedos do médium ficam colocados sobre o objeto desafia, como já dissemos, a habilidade mais consumada de poder participar de qualquer modo que seja no traçado das letras. Mas admitamos ainda que, por efeito de uma habilidade maravilhosa, o médium possa enganar o olhar mais atento. De que maneira explicar a natureza das respostas, quando estão muito além de todas as idéias e de todos os conhecimentos do médium? E, que se note bem, não se trata de respostas monossilábicas, mas muitas vezes de numerosas páginas escritas com a mais espantosa rapidez, seja espontaneamente, seja sobre um assunto determinado. Pela mão do médium, mais alheio e avesso à literatura, nascem, algumas vezes, poesias de uma sublimidade e pureza irrepreensíveis, que os melhores poetas se dignariam em assinar. O que acrescenta ainda mais estranheza a esses fatos é que acontecem em todos os lugares, e que os médiuns se multiplicam ao infinito. Esses fatos são reais ou não? Para isso, apenas temos uma resposta: vede e observai, ocasiões não faltarão; mas observai repetidamente, por um período e obedecendo às condições determinadas.

Diante da evidência, o que respondem os opositores? "Sois", dizem, "vítimas do charlatanismo ou joguete de uma ilusão." Diremos, primeiramente, que é preciso separar a idéia de *charlatanismo* de onde não há lucro; os charlatães não fazem seu trabalho de graça. Isso seria, então, uma mistificação. Mas por que estranha coincidência tantos mistificadores teriam combinado em harmonia e concordância para, de um canto a outro do planeta, agir da mesma forma, produzir os mesmos efeitos e dar sobre os mesmos assuntos e em tão diversas línguas respostas idênticas, se não quanto às palavras, pelo menos quanto ao sentido? E o que levaria pessoas sérias, honradas, instruídas a se prestar a semelhantes artimanhas e com que objetivo? Como encontrar entre as crianças a paciência e a habilidade necessárias para esse fim? Porque, se esses médiuns não são instrumentos passivos, será preciso reconhecer neles habilidade e conhecimentos incompatíveis com a idade infantil e com certas posições sociais.

Então, dizem que, se não há trapaças, os dois lados podem ser *vítimas de uma ilusão*. Numa avaliação lógica, a qualidade dos testemunhos tem grande valor; portanto, é o caso de se perguntar se a Doutrina Espírita, que hoje conta com milhões de seguidores, apenas os recruta entre os ignorantes? Os fenômenos em que se apóia são tão extraordinários que compreendemos a dúvida, mas não se pode admitir a pretensão de alguns incrédulos que julgam ter o privilégio exclusivo do bom senso e que, sem respeito pela decência ou o valor moral de seus adversários, tacham, sem cerimônia, de tolos todos que não estão de acordo com as suas opiniões. Aos olhos de toda pessoa sensata, ajuizada, a opinião das pessoas esclarecidas, que por muito tempo viram, estudaram e meditaram um fato, constituirá sempre, se não uma prova, pelo menos uma probabilidade em seu favor, uma vez que pôde prender a atenção de homens sérios que não têm interesse em propagar erros, nem tempo a perder com futilidades.

10
OBJEÇÕES

Dentre as objeções, há algumas sedutoras, pelo menos na aparência, que podem induzir ao erro por serem tiradas da observação dos fenômenos espíritas e serem feitas por pessoas respeitáveis.

Uma delas é que a linguagem de alguns Espíritos não parece digna da elevação que se supõe em seres sobrenaturais. Mas, se considerarmos o resumo da Doutrina que apresentamos, seguramente se concluirá o que os próprios Espíritos nos ensinam: eles não são iguais nem em conhecimento, nem em qualidades morais, e que não se deve tomar ao pé da letra tudo o que dizem. Cabe às pessoas sensatas distinguir o bom do mau. Seguramente, os que, em função disso, concluem que apenas temos contato com seres maldosos, cuja única ocupação é a de mistificar, não têm conhecimento das comunicações que se recebem nas reuniões, onde apenas se manifestam Espíritos Superiores; caso contrário, não pensariam assim. É lastimável que a casualidade os tenha levado a ver apenas o lado mau do mundo espírita, pois é difícil imaginar que por uma tendência de simpatia tenham atraído para si Espíritos maus, mentirosos ou aqueles cuja linguagem é revoltante de tão grosseira, em vez dos bons Espíritos. No máximo, poderíamos concluir que a solidez dos princípios dos opositores da Dourina Espírita não é bastante poderosa para afastar o mal e que, encontrando um certo prazer em satisfazer sua curiosidade, os maus Espíritos aproveitam a oportunidade para se introduzir entre eles, enquanto os bons se afastam.

Julgar a questão dos Espíritos por esses fatos seria tão pouco lógico quanto julgar o caráter de um povo pelo que se diz e se faz numa reunião de alguns amalucados ou de pessoas de má fama, e da qual não participam nem os sábios, nem as pessoas sensatas. Essas pessoas se encontram na situação de um estrangeiro que, chegando a uma grande capital pelo mais pobre e feio subúrbio, julgasse todos os habitantes pelos costumes e a linguagem desse bairro ínfimo. No mundo dos Espíritos, há também uma sociedade de bons e de maus. Portanto, que os opositores da Doutrina estudem bem o que se passa entre os Espíritos Superiores e ficarão convencidos de que a cidade celeste encerra outra coisa além da ralé do povo, a camada mais baixa da sociedade. Mas, perguntam, os Espíritos Superiores vêm até nós? A isso respondemos: Não fiqueis no subúrbio; vede, observai e julgai. Os fatos estão aí para todos, a menos que sejam a elas que se apliquem essas palavras de Jesus: "Têm olhos e não vêem, ouvidos e não ouvem".

Uma variante dessa opinião consiste em ver somente nas comunicações espíritas, e em todos os fenômenos a intervenção de um poder diabólico, novo Proteu que se revestiria de todas as formas para melhor nos enganar. Não a consideramos à altura de um exame sério, por isso não nos deteremos nela; encontra-se respondida por aquilo que dissemos; acrescentaremos somente que, se fosse assim, seria preciso convir que o diabo é algumas vezes muito sábio, razoável e, sobretudo, muito moral, ou, então, que há também bons diabos.

Como acreditar, de fato, que Deus somente permita ao Espírito do mal se manifestar para nos perder, sem nos dar, por contrapeso, os conselhos dos bons Espíritos? Se Ele não o pode impedir, é impotente; se o pode e não o faz, é incompatível com sua bondade; qualquer destas suposições seria uma blasfêmia. Notai que admitir a comunicação dos maus Espíritos é reconhecer em princípio as manifestações; portanto, a partir do momento que elas existem, isso somente pode acontecer com a permissão de Deus; como acreditar sem impiedade que Ele permita o mal com a exclusão do bem? Semelhante doutrina seria contrária às mais simples noções do bom senso e da religião.

11
QUE ESPÍRITOS?

Um fato interessante, dizem, é que somente se fala com Espíritos de pessoas conhecidas e pergunta-se por que só eles se manifestam. Essa afirmativa é um erro proveniente, como muitos outros, de uma observação superficial. Entre os Espíritos que se comunicam espontaneamente há para nós muito mais desconhecidos do que ilustres. Eles se designam por um nome qualquer e, muitas vezes, por um nome figurado ou característico. Quanto aos que se evocam, a menos que não seja um parente ou um amigo, é bastante natural evocar os que são conhecidos. O nome das pessoas ilustres impressiona mais, é por isso que são mais notados.

Considera-se estranho também que Espíritos de homens ilustres venham familiarmente ao nosso chamado e se ocupem, por vezes, de coisas insignificantes em comparação com as que realizaram durante a sua vida. Não há nada de espantoso para aqueles que sabem que o poder ou a consideração que esses homens desfrutaram na Terra não lhes dá nenhuma supremacia no mundo espiritual; os Espíritos confirmam nisso as palavras do Evangelho: "Os grandes serão rebaixados e os pequenos elevados", o que se deve entender como a categoria que cada um de nós virá a ocupar. Assim aquele que foi o primeiro na Terra pode ser um dos últimos no mundo espiritual; aquele diante do qual curvávamos a cabeça numa vida pode vir entre nós agora como o mais humilde operário, porque ao deixar a vida, deixou toda a sua grandeza, e o mais poderoso monarca talvez possa estar abaixo do último de seus soldados.

12
A IDENTIDADE DOS ESPÍRITOS

Um fato que a observação demonstrou e foi confirmado pelos próprios Espíritos é que os Espíritos inferiores apresentam-se, muitas vezes, com nomes conhecidos e respeitados. Quem pode nos assegurar que aqueles que dizem ter sido, por exemplo, Sócrates, Júlio César, Carlos Magno, Fénelon, Napoleão, Washington etc. tenham realmente animado esses personagens? Essa dúvida existe entre alguns adeptos fervorosos da Doutrina Espírita; admitem a intervenção e a manifestação dos Espíritos, mas se perguntam como comprovar sua identidade. Essa comprovação é, de fato, muito difícil de estabelecer, já que não pode ser apurada de uma maneira tão prática e simples como por meio de um documento de identidade. Pode, entretanto, ser feita por alguns indícios.

Quando o Espírito de alguém que conhecemos pessoalmente se manifesta, seja de um parente ou de um amigo, por exemplo, especialmente se morreu há pouco tempo, ocorre, em geral, que sua linguagem está em perfeita relação com o seu caráter; isso já é um indício de identidade. Mas não há mais dúvida quando esse Espírito fala de coisas particulares, lembra de fatos de família apenas conhecidos pelo interlocutor. Um filho não se equivocaria certamente com a linguagem de seu pai ou de sua mãe, nem os pais com a de seu filho. Algumas vezes, nessas evocações, acontecem coisas surpreendentes, de forma a convencer o mais incrédulo. O cético mais endurecido fica, então, maravilhado com as revelações inesperadas que lhe são feitas.

Uma outra circunstância muito característica vem fundamentar a identidade do Espírito. Dissemos que a letra do médium muda geralmente com o Espírito evocado, e que essa escrita se reproduz exatamente igual a cada vez que o mesmo Espírito se apresenta. Constatou-se, muitas vezes, que para as pessoas mortas há pouco tempo, essa escrita tem uma semelhança marcante com a da pessoa quando viva; têm-se visto assinaturas de uma exatidão perfeita. Estamos longe de dar esse fato, embora observado, como regra e, principalmente, como uma regra constante; nós o mencionamos como algo digno de nota.

Somente os Espíritos que atingiram um certo grau de purificação estão desligados de toda influência corporal. Porém, quando não estão completamente desmaterializados (é essa a expressão da qual se servem), conservam a maior parte das idéias, das tendências e até mesmo das *manias* que tinham na Terra, o que demonstra o meio de os reconhecermos; como também numa grande quantidade de fatos e detalhes, que somente uma observação atenta e firme pode revelar. Vêem-se escritores discutir suas próprias obras ou suas doutrinas, aprovar ou condenar certas partes; outros Espíritos a lembrar fatos ignorados ou pouco conhecidos de sua vida ou de sua morte; enfim, detalhes que são pelo menos provas morais de identidade, as únicas a que se pode recorrer quando se trata de coisas abstratas, isto é, que estão fora da realidade.

Se, portanto, a identidade do Espírito evocado pode ser, até certo ponto, estabelecida em alguns casos, não há razão para que não o seja em outros, e se, em relação às pessoas cuja morte ocorreu há mais tempo, não há os mesmos meios de controle, tem-se sempre o da linguagem e do caráter que revelam, porque, seguramente, o Espírito de um homem de bem não falará como um perverso ou um devasso. Quanto aos Espíritos que se apresentam exibindo nomes respeitáveis, logo se traem pela linguagem e pelos ensinamentos. Aquele que dissesse ser Fénelon, por exemplo, e embora acidentalmente ofendesse o bom senso e a moral, mostraria, por esse simples fato, a fraude. Se, ao contrário, os pensamentos que exprimisse fossem sempre puros, sem contradições e constantemente à altura do caráter de Fénelon, não haveria motivos para duvidar de sua identidade. De qualquer maneira, seria preciso supor que um Espírito que apenas prega o bem pode conscientemente empregar a mentira, e isso sem utilidade. A experiência nos ensina que os Espíritos da categoria, do mesmo caráter e animados pelos mesmos sentimentos se reúnem em grupos ou em famílias; que o número de Espíritos é incalculável e estamos longe de conhecê-los todos; e que até mesmo a maior parte deles não tem nome para nós. Um Espírito da mesma categoria de Fénelon pode vir em seu lugar, muitas vezes, enviado a seu pedido; apresentar-se sob seu nome, pois lhe é idêntico, e substituí-lo, porque precisamos de um nome para fixar nossas idéias. Mas o que importa, em definitivo, que um Espírito seja realmente ou não o de Fénelon? A partir do momento que somente diz coisas boas e que fala como o próprio Fénelon falaria, é um bom Espírito; o nome com que se apresenta é indiferente e, muitas vezes, é apenas um meio de fixar nossas idéias. O mesmo não seria admissível nas evocações dos familiares; mas aí, como dissemos, a identidade pode ser estabelecida por provas de alguma forma evidentes.

Contudo, é certo que a substituição dos Espíritos pode ocasionar uma série de enganos e resultar em erros e, muitas vezes, em mistificações;

essa é uma dificuldade do *Espiritismo prático*. Mas nunca dissemos que fosse algo fácil, nem que se pudesse aprendê-lo brincando, como não se faz com qualquer outra ciência. Nunca será demais repetir que ele pede um estudo assíduo e, freqüentemente, bastante prolongado; não podendo provocar os fatos, é preciso esperar que se apresentem por si mesmos e, freqüentemente, são conduzidos por circunstâncias com as quais nem ao menos se sonha. Para o observador atento e paciente, os fatos se produzem e então ele descobre milhares de detalhes característicos que representam fachos de luz. É assim também nas ciências comuns, enquanto o homem superficial vê numa flor apenas uma forma elegante, o sábio descobre nela tesouros para o pensamento.

13
CONTRADIÇÕES ENTRE OS ESPÍRITOS

As observações nos levam a dizer algumas palavras a respeito de uma outra dificuldade, a da divergência na linguagem dos Espíritos.

Como os Espíritos são muito diferentes uns dos outros nos conhecimentos e na moralidade, é evidente que a mesma questão pode ser por eles explicada com sentidos opostos, conforme a categoria que ocupam, como se ela fosse proposta, entre os homens, ora a um sábio, ora a um ignorante ou a um gracejador de mau gosto. O ponto essencial, já o dissemos, é saber a quem se dirige.

Mas, dizem os críticos: como se explica que os Espíritos reconhecidos por seres superiores não estejam sempre de acordo? Diremos, primeiramente, que além da causa que acabamos de assinalar há outras que podem exercer uma certa influência sobre a natureza das respostas, independentemente da qualidade dos Espíritos. Este é um ponto importante cuja explicação somente será dada pelo estudo. É por isso que dizemos que esses estudos requerem uma atenção firme, uma observação profunda e, principalmente, como em todas as ciências humanas, continuidade e perseverança. São necessários anos para fazer um médico medíocre, três quartos da vida para fazer um sábio; como pretender, em algumas horas, adquirir a ciência do infinito? Portanto, não nos enganemos: o estudo do Espiritismo é imenso, toca em todas as questões da metafísica[22] e da ordem social, é todo um mundo que se abre diante de nós; será de espantar que seja preciso tempo, e muito tempo, para o adquirir?

A contradição, aliás, não é sempre tão evidente quanto pode parecer. Não vemos, todos os dias, homens que, ensinando a mesma ciência,

---

22 - **Metafísica**: é parte da filosofia, um conjunto de conhecimentos racionais (e não de conhecimentos revelados) em que se procura determinar as regras fundamentais do pensamento, e que nos dá a chave do conhecimento do real em oposição à aparência (N. E.).

divergem quanto à definição de uma coisa, seja ao empregar termos diferentes, seja ao encará-la sob um outro ponto de vista, ainda que a idéia fundamental permaneça a mesma? Que se conte, se possível, o número de definições que foram dadas pela gramática! Acrescentamos ainda que a forma da resposta depende, muitas vezes, da forma da pergunta. Seria ingenuidade encontrar uma contradição onde há apenas uma diferença de palavras. Os Espíritos Superiores não se prendem de nenhum modo à forma; para eles, o fundo do pensamento é tudo.

Tomemos por exemplo a definição da alma. Por essa palavra comportar várias significações, os Espíritos podem, assim como nós, divergir na definição que lhe dão: um poderá dizer que é o princípio da vida; um outro, chamá-la de centelha anímica[23]; um terceiro, dizer que é interna; um quarto, que é externa etc., e todos terão razão em seu ponto de vista. Poderíamos até mesmo acreditar que alguns deles, em vista da sua definição, ensinassem teorias materialistas e, entretanto, não é assim. Ocorre o mesmo em relação a Deus; Ele será: o Princípio de todas as coisas, o Criador do universo, a Soberana inteligência, o Infinito, o Grande Espírito etc., etc. e decisivamente será sempre Deus. Citamos, por fim, a classificação dos Espíritos. Eles formam uma escala contínua desde o grau inferior até o superior; portanto, a classificação não é rígida: um poderia estabelecer três classes; um outro, cinco, dez ou vinte, à vontade, sem estar, por isso, em erro. Também as ciências humanas nos oferecem o exemplo: cada sábio tem o seu sistema, os sistemas mudam, mas a ciência não. Que se aprenda botânica pelo sistema de Lineu, de Jussieu ou de Tournefort[24] e não será menos botânica. Deixemos de dar, portanto, às coisas de pura convenção mais importância do que merecem, para nos ocupar daquilo que é verdadeiramente sério, e a reflexão nos fará descobrir, muitas vezes, naquilo que parece mais contraditório, uma semelhança que nos havia escapado à primeira vista.

14
MANEIRAS E MÉTODOS/ERROS DE GRAFIA

Não nos deteríamos sobre a objeção de alguns críticos às falhas de grafia de alguns Espíritos, se ela não nos permitisse fazer, sobre o fato, uma observação essencial. A grafia deles, é preciso dizer, nem sempre é impecável; mas é necessário não ter mais nenhum argumento para fazer disso objeto de uma crítica séria, alegando que, uma vez que os Espíritos

---

23 - **Centelha anímica:** princípio da vida espiritual; corpo espiritual; o Espírito (N. E.).
24 - **Lineu, Jussieu e Tournefort:** naturalistas e botânicos, sendo o primeiro sueco e os outros dois franceses (N. E.).

sabem tudo, devem saber ortografia. Poderíamos apontar numerosos pecados desse gênero cometidos por mais de um sábio da Terra, o que não lhes tira em nada o mérito; entretanto, há nesse fato uma questão mais importante: para os Espíritos e principalmente para os Espíritos Superiores, a idéia é tudo, a forma não é nada. Desligados da matéria, sua linguagem é rápida como o pensamento, uma vez que é o próprio pensamento que se comunica sem intermediário; em vista disso, devem sentir-se constrangidos, pouco à vontade, quando são obrigados, para se comunicar conosco, a se servir de formas longas e confusas da linguagem humana, agravadas pela insuficiência e imperfeição dessa linguagem para exprimir todas as idéias; é o que eles próprios dizem. É curioso também ver os meios que empregam para atenuar esse inconveniente. Certamente faríamos o mesmo se tivéssemos que nos exprimir numa língua mais longa em palavras e expressões e mais pobre do que aquela que nos é usual. É o embaraço que experimenta o homem de gênio, como podemos imaginar, se impacientando com a lentidão de sua caneta, que está sempre atrás de seu pensamento. Concebe-se, por essa razão, que os Espíritos dêem pouca importância ao detalhe da pobreza das regras ortográficas, quando se trata especialmente de um ensinamento sério. Já não é maravilhoso, aliás, que eles se exprimam indiferentemente em todas as línguas e as compreendam todas? Entretanto, não devemos concluir que a correção convencional da linguagem lhes seja desconhecida; eles a observam quando necessário. É assim, por exemplo, que a poesia ditada por eles, muitas vezes, desafia a crítica mais meticulosa, e isso *apesar da ignorância do médium*.

15
A LOUCURA E O ESPIRITISMO

Há também pessoas que vêem perigo em todos os lugares e em tudo o que não conhecem e rapidamente apontam uma conseqüência desfavorável no fato de algumas pessoas, ao estudar a Doutrina Espírita, terem perdido a razão. Como é que homens de bom senso podem ver nesse fato uma objeção séria? Não ocorre o mesmo com todas as preocupações intelectuais sobre um cérebro fraco? Sabe-se lá o número de loucos e maníacos produzidos pelos estudos matemáticos, médicos, musicais, filosóficos e outros? É preciso, por causa disso, banir esses estudos? O que prova esse fato? Muitas vezes os trabalhos corporais deformam ou mutilam os braços e as pernas, que são os instrumentos da ação material; pode acontecer que os trabalhos da inteligência danifiquem o cérebro, o instrumento pelo qual o pensamento se expressa. Mas se o instrumento está quebrado, o Espírito está intacto, e quando se libertar do corpo vai se achar de posse e na plenitude de suas capacidades. É dessa maneira, como homem, um mártir do trabalho.

Qualquer uma das grandes preocupações do Espírito pode ocasionar a loucura: as ciências, as artes e a própria religião mostram-nos vários casos. A loucura tem como causa principal uma predisposição orgânica do cérebro, que o torna mais ou menos acessível a algumas impressões. Se houver predisposição para a loucura, ela assume um caráter de preocupação principal, se transformando em idéia fixa, podendo tanto ser a dos Espíritos, em quem com eles se ocupou, como poderá ser a de Deus, dos anjos, do diabo, da fortuna, do poder, de uma arte, de uma ciência, da maternidade ou a de um sistema político-social. É provável que um louco religioso se tornasse um louco espírita, se o Espiritismo fosse sua preocupação dominante, como um louco espírita o teria sido sob uma outra forma, segundo as circunstâncias.

Digo, portanto, que o Espiritismo não tem nenhum privilégio nessa relação; e digo mais, afirmo que, se bem compreendido, o Espiritismo é uma defesa contra a loucura.

Entre as causas mais comuns de superexcitação cerebral, ou seja, do desequilíbrio mental, estão as decepções, as infelicidades, as afeições contrariadas, que são, ao mesmo tempo, as causas mais freqüentes de suicídio. Assim é que o verdadeiro espírita vê as coisas deste mundo de um ponto de vista mais elevado; elas lhe parecem tão pequenas, tão mesquinhas, diante do futuro que o espera; a vida é para ele tão curta, tão passageira, que as tribulações são, a seus olhos, apenas incidentes desagradáveis de uma viagem. O que em qualquer outro produziria uma violenta emoção pouco o afeta; sabe, além de tudo, que os desgostos da vida são provas que servem para o seu adiantamento, se as suporta sem lamentar, porque será recompensado segundo a coragem com que as tiver suportado. Suas convicções lhe dão uma resignação que o protege do desespero e, por conseqüência, de uma causa freqüente de loucura e suicídio. Ele sabe, por outro lado, por observar as comunicações com os Espíritos, o destino dos que encurtaram voluntariamente seus dias, e esse quadro é muito sério para fazê-lo refletir; também o número de pessoas que por causa disso se detiveram sobre essa inclinação fatal é considerável. Esse é um dos resultados do Espiritismo. Que os incrédulos riam dele quanto quiserem. Desejo-lhes as consolações que ele proporciona a todos que se dão ao trabalho de sondar-lhe as misteriosas profundezas.

Ao número das causas de loucura é preciso ainda adicionar o dos temores, e entre estes o medo do diabo, que provocou o desequilíbrio de mais de um cérebro. Sabe-se lá o número de vítimas que se fez ao amedrontar as fracas imaginações com esse quadro que se procura tornar sempre mais pavoroso com terríveis detalhes? O diabo que, dizem, apenas mete medo às criancinhas, é um freio para torná-las ajuizadas, como o bicho-papão e o lobisomem. Contudo, quando não têm mais medo deles, tornam-se piores; e esse belo resultado não é levado em conta no número das epilepsias[25] causadas pelo abalo em cérebros delicados. A religião seria bem fraca se não gerasse medo, sua força correria risco, seria abalada. Felizmente não é assim, há outros meios de ação sobre as almas; o Espiritismo lhe aponta os mais eficazes e os mais sérios, se souber usá-los com proveito; mostra a realidade das coisas e com isso neutraliza os efeitos desastrosos de um temor exagerado.

16
TEORIAS ENGANADORAS

Resta-nos examinar duas objeções; as únicas que merecem verdadeiramente esse nome, porque são baseadas em teorias racionais. Ambas admitem a realidade de todos os fenômenos materiais e morais, mas excluem a intervenção dos Espíritos.

A primeira dessas teorias diz que todas as manifestações atribuídas aos Espíritos não seriam outra coisa senão efeitos magnéticos. Os médiuns entrariam num estado que se poderia chamar de sonambulismo acordado, fenômeno do qual toda pessoa que estudou o magnetismo pôde verificar e testemunhar. Nesse estado, as capacidades intelectuais adquirem um desenvolvimento anormal; o círculo das percepções intuitivas se estende além dos limites de nossa concepção normal. Dessa maneira, o médium tiraria de si mesmo e por efeito de sua lucidez tudo o que diz e todas as noções que transmite, mesmo sobre assuntos que lhe são completamente desconhecidos quando se acha no seu estado normal.

Não seremos nós que contestaremos a força do sonambulismo, do qual vimos os extraordinários fenômenos e os estudamos em todas as fases durante mais de 35 anos. Concordamos, de fato, que muitas manifestações espíritas podem se explicar por ele, mas uma observação paciente e atenta mostra uma multidão de fatos em que a intervenção do médium, a não ser como instrumento passivo, é materialmente impossível. Àqueles que partilham dessa opinião diremos como aos outros: vede e observai, pois seguramente não vistes tudo. Em seguida propomos duas considerações tiradas de sua própria doutrina. De onde veio a teoria espírita? É um sistema imaginado por alguns homens para explicar os fatos? De

---

25 - **Epilepsia:** distúrbio do cérebro (sistema nervoso); disritmia cerebral que provoca contração muscular involuntária e convulsões (N. E.).

modo algum. Quem a revelou? Precisamente esses mesmos médiuns dos quais exaltais a lucidez. Se, portanto, essa lucidez é exatamente como a supondes, por que teriam eles atribuído aos Espíritos o que possuíam em si mesmos? Como dariam esses ensinamentos tão precisos, lógicos e sublimes sobre a natureza dessas inteligências extra-humanas? De duas coisas, uma: ou são lúcidos ou não o são; se o são e se se pode confiar em sua veracidade, não haveria como, sem contradição, admitir que não estão com a verdade. Em segundo lugar, se todos os fenômenos tivessem origem no médium, seriam idênticos no mesmo indivíduo e não se veria a mesma pessoa manifestar-se em linguagens diferentes e exprimir alternativamente as mais polêmicas idéias. Essa falta de unidade nas manifestações obtidas por um mesmo médium prova a diversidade das fontes; se, portanto, não se pode encontrá-las todas no médium, é preciso procurá-las fora dele.

Uma outra opinião diz que o médium é a fonte das manifestações, mas, em vez de as tirar de si mesmo, assim como o pretendem os partidários da teoria sonambúlica, as tira do meio ambiente. Assim sendo, o médium seria uma espécie de espelho refletindo todas as idéias, pensamentos e conhecimentos das pessoas que o rodeiam; não diria nada que já não fosse conhecido pelo menos por alguns. Não se poderia negar, e isso é mesmo um princípio da Doutrina, a influência exercida pelos assistentes sobre a natureza das manifestações. Porém, essa influência é diferente da que os opositores supõem existir, e daí a ser o médium o eco dos pensamentos daqueles que o rodeiam há uma grande distância, visto que milhares de fatos demonstram indiscutivelmente o contrário. Portanto, há nisso um erro grave que atesta, uma vez mais, o perigo das conclusões prematuras. Essas pessoas, não podendo negar a existência de um fenômeno que a ciência comum não pode explicar e não querendo admitir a presença dos Espíritos, o explicam a seu modo. Esta teoria, embora enganosa, seria atraente se pudesse abraçar todos os fatos, mas não é assim. Quando se lhes demonstra com a clareza mais lógica que algumas comunicações do médium são completamente estranhas ao pensamento, aos conhecimentos, às próprias opiniões de todos os assistentes, que essas comunicações são, muitas vezes, espontâneas e contradizem todas as idéias preconcebidas, eles não recuam e nem se dão por convencidos. A irradiação, dizem, estende-se muito além do círculo imediato que nos rodeia; o médium é o reflexo de toda a humanidade, de forma que, se não tira suas inspirações das coisas que estão ao seu redor, vai procurá-las fora, na cidade, no país, em todo o globo e mesmo em outras esferas.

Não creio que se encontre nessa teoria uma explicação mais simples e mais provável que a do Espiritismo, embora revele uma causa bem mais maravilhosa. Porém, a idéia de que seres inteligentes povoam os espaços e que, estando em contato permanente conosco, nos comunicam seus pensamentos, nada tem que choque mais a razão do que se supor que essa irradiação universal vinda de todos os pontos do universo possa concentrar-se no cérebro de um indivíduo.

Ainda uma vez, e esse é um ponto importante sobre o qual nunca é demais insistir: tanto a teoria sonambúlica quanto a que se poderia chamar *refletiva* foram imaginadas por alguns homens; são opiniões individuais criadas para explicar um fato, enquanto a Doutrina dos Espíritos não é de concepção humana. Foi ditada pelas próprias inteligências que se manifestaram quando ninguém sequer a concebia e que a própria opinião geral a repelia. Portanto, perguntamos: de onde os médiuns foram tirar uma doutrina que não existia no pensamento de ninguém na Terra? E perguntamos mais: por que estranha coincidência milhares de médiuns espalhados por todos os pontos do globo, que nunca se viram, combinaram dizer a mesma coisa? Se o primeiro médium que apareceu na França revelou a influência das mesmas opiniões já aceitas nos Estados Unidos, por que razão teria ido procurar essas idéias a 2000 léguas além dos mares, entre um povo de costumes e linguagem estranhos, em vez de procurá-las ao seu redor?

Mas há uma outra particularidade sobre a qual não se tem pensado o suficiente. É que as primeiras manifestações, tanto na França quanto nos Estados Unidos, não ocorreram pela escrita, nem pela fala, mas por pancadas que concordavam com as letras do alfabeto formando palavras e frases. Foi por esse meio que as inteligências que se revelavam declararam ser Espíritos. Se pudermos, portanto, supor que haja a intervenção do pensamento dos médiuns nas comunicações verbais ou escritas, o mesmo não pode ter ocorrido com as pancadas, cuja significação não poderia ser conhecida com antecedência.

Poderíamos citar muitos outros fatos que demonstram, na inteligência que se manifesta, uma individualidade evidente e uma independência absoluta de vontade. Remetemos, entretanto, os discordantes a uma observação mais atenta, e se querem estudar sem prevenção e não concluir antes de terem visto tudo, reconhecerão a fragilidade de sua teoria para explicar os fatos. Nós nos limitaremos a colocar as questões seguintes: por que a inteligência que se manifesta, seja ela qual for, recusa-se a responder a algumas questões sobre assuntos perfeitamente conhecidos, como, por exemplo, sobre o nome ou a idade do interrogador, sobre o que tem na mão, o que fez na véspera e o que fará no dia seguinte etc.? Se o médium é de fato o espelho do pensamento dos assistentes, nada haveria de ser mais fácil do que dar essas respostas.

Os adversários retrucam o argumento ao perguntar, por sua vez, por que os Espíritos, que devem saber tudo, não podem responder a coisas tão simples, de acordo com o axioma[26] *Quem pode o mais pode o menos*, concluindo, daí, que não são respostas dos Espíritos. Se um ignorante ou um zombador se apresentasse diante de uma assembléia de sábios e perguntasse, por exemplo, por que faz dia em pleno meio-dia, acredita-se que alguém se desse ao trabalho de responder seriamente? Seria razoável por isso concluir, pelo silêncio ou desdém que se desse ao interrogador, que os componentes dessa assembléia são tolos? Portanto, é precisamente porque os Espíritos são superiores que não respondem às questões inúteis e ridículas e não querem se pôr em evidência, é por isso que se calam ou dizem se ocupar com coisas mais sérias.

Perguntaremos, por fim, por que os Espíritos vêm e vão freqüentemente num dado momento, e por que, passado esse momento, não há preces nem súplicas que os possam trazer de volta? Se o médium somente agisse como um reflexo do impulso mental dos assistentes, é evidente que, nessa circunstância, o concurso de todas as vontades reunidas deveria estimular sua clarividência. Se não cede ao desejo da assembléia, fortalecido também por sua própria vontade, é porque obedece a uma influência estranha a ele mesmo e aos que estão à sua volta, e que essa influência demonstra, por esse fato, sua independência e sua individualidade.

17
A DOUTRINA E AS OBRAS DE DEUS

A descrença com que se têm referido à Doutrina Espírita, quando não é o resultado de uma oposição sistemática interesseira, tem quase sempre origem no conhecimento incompleto dos fatos, o que não impede algumas pessoas de abordar e decidir a questão como se a conhecessem perfeitamente. Pode-se ser muito inteligente, ter muita instrução e não se ter bom senso; portanto, o primeiro indício de falta de discernimento quando se julga é acreditar ser infalível. Muitas pessoas também vêem as manifestações espíritas somente como curiosidade; esperamos que pela leitura deste livro elas encontrem nesses extraordinários fenômenos outra coisa além de um simples passatempo.

A ciência espírita compreende duas partes: uma experimental, sobre as manifestações em geral, e outra filosófica, sobre as manifestações inteligentes. Todo aquele que somente observou a primeira está na posição de quem conhece a física apenas por experiências recreativas, sem ter penetrado a fundo na ciência. A verdadeira Doutrina Espírita está no ensinamento dado pelos Espíritos, e os conhecimentos que esse

---

26 - **Axioma:** princípio evidente que é aceito como universalmente verdadeiro, sem exigência de demonstração (N. E.).

ensinamento comporta são muito sérios para serem adquiridos de qualquer outro modo que não seja por um estudo atencioso e contínuo, feito no silêncio e no recolhimento, porque somente nessa condição pode-se observar um número infinito de fatos e de detalhes que escapam ao observador superficial e permitem firmar uma opinião. Se este livro não tivesse outra finalidade que não fosse mostrar o lado sério da questão e de provocar estudos nesse sentido, para nós já seria bastante honroso e ficaríamos felizes por ter realizado uma obra a que não pretendemos, de resto, nos atribuir mérito pessoal, uma vez que seus princípios não são de nossa criação e o seu mérito é inteiramente dos Espíritos que a ditaram. Esperamos que ela tenha um outro resultado: o de guiar os homens desejosos de se esclarecer, mostrando-lhes nestes estudos um objetivo grande e sublime: o do progresso individual e social, e de lhes indicar o caminho a seguir para atingi-lo.

Concluímos com uma última consideração. Os astrônomos, ao sondar os espaços, encontraram na distribuição dos corpos celestes lacunas não justificadas e em desacordo com as leis do conjunto. Eles supuseram que essas lacunas deveriam estar ocupadas por globos que escapavam à sua observação, mas, ao mesmo tempo, observaram alguns efeitos cuja causa desconheciam e concluíram: "Aí deve haver um mundo, porque essa lacuna não pode existir e esses efeitos devem ter uma causa". Analisando, então, a causa pelo efeito, puderam calcular os elementos, e mais tarde os fatos vieram justificar suas previsões. Apliquemos esse mesmo raciocínio a uma outra ordem de idéias. Se observarmos todas as criaturas, verificaremos que formam uma cadeia, sem interrupção, desde a matéria bruta até o homem mais inteligente. Mas entre o homem e Deus, o alfa e o ômega[27] de todas as coisas, que imensa lacuna! É racional pensar que terminem no homem os elos dessa cadeia? Ou que ele possa transpor de uma vez a distância que o separa do infinito? A razão nos diz que entre o homem e Deus deve haver outros escalões, como disse aos astrônomos que entre os mundos conhecidos devia haver outros mundos desconhecidos. Qual é a filosofia que preencheu essa lacuna? O Espiritismo a mostra ocupada por seres de todas as categorias do mundo invisível, e esses seres não são outros senão os Espíritos dos homens que atingiram os diferentes graus que conduzem à perfeição; então, tudo se liga, tudo se encaixa, desde o alfa até o ômega. Vós que negais a existência dos Espíritos, preenchei, portanto, o vazio que eles ocupam; e vós que rides deles, ousai rir das obras de Deus e de seu grande poder!

Allan Kardec

---

27 - **Alfa e ômega**: respectivamente a primeira e a última letra do alfabeto grego. Neste caso, o princípio e o fim (N. E.).

Princípios Básicos

Os fenômenos que estão além das leis da ciência comum se manifestam por toda parte e revelam na causa que os produz a ação de uma vontade livre e inteligente.

A razão diz que um efeito inteligente deve ter como causa uma força inteligente, e os fatos provaram que essa força pode entrar em comunicação com os homens por meio de sinais materiais.

Essa força, interrogada sobre sua natureza, declarou pertencer ao mundo dos seres espirituais que se libertaram do corpo carnal do homem. Foi assim que a Doutrina dos Espíritos foi revelada.

As comunicações entre o mundo espírita e o mundo corporal estão na ordem natural das coisas e não constituem nenhum fato sobrenatural, é por isso que seus vestígios são encontrados entre todos os povos e em todas as épocas e hoje são comuns e evidentes para todos.

Os Espíritos anunciam que os tempos marcados pela Providência para uma manifestação universal chegaram e que, sendo os mensageiros de Deus e os agentes de sua vontade, sua missão é instruir e esclarecer os homens ao abrir uma nova era para a regeneração da humanidade.

Este livro contém os seus ensinamentos, foi escrito por ordem e sob o ditado dos Espíritos Superiores para estabelecer os fundamentos de uma filosofia racional, isenta dos preconceitos sistemáticos; não contém nada que não seja a expressão do pensamento deles e que não tenha sido submetido ao seu controle. Somente a ordem e a distribuição metódica das matérias, assim como as notas e a forma de algumas partes da redação, são obra daquele que recebeu a missão de publicá-lo.

Entre os Espíritos que concorreram para a realização desta obra, muitos viveram em diversas épocas na Terra, onde pregaram e praticaram a virtude e a sabedoria; outros não pertencem, pelo nome, a nenhum personagem cuja lembrança a história tenha guardado, mas sua elevação é atestada pela pureza dos seus ensinamentos e sua união com aqueles que trazem nomes venerados.

Eis em que termos nos deram por escrito, e por intermédio de muitos médiuns, a missão de escrever este livro:

"Ocupa-te com zelo e perseverança do trabalho que empreendeste com a nossa cooperação, porque esse trabalho é nosso. Nele pusemos as bases do novo edifício que se eleva e deve um dia reunir todos os homens num mesmo sentimento de amor e de caridade; mas antes de o publicares, nós o reveremos em conjunto, a fim de verificar todos os seus detalhes.

Estaremos contigo todas as vezes que o pedires e para te ajudar em todos os outros trabalhos, porque isso é somente uma parte da missão que te foi confiada e que já te foi revelada por um de nós.

Entre os ensinamentos que te são dados, há alguns que deves guardar somente para ti, até nova ordem. Nós vamos te indicar quando o momento de publicá-los tiver chegado. Enquanto esperas, examina-os e medita sobre eles, para estares pronto quando o dissermos.

Coloca no início do livro a cepa de vinha que te desenhamos*, como emblema do trabalho do Criador; todos os princípios materiais que podem melhor representar o corpo e o Espírito estão nela reunidos: o corpo é a cepa; o Espírito é o licor; a alma ou o Espírito unido à matéria é o bago da uva. O homem purifica o Espírito pelo trabalho e tu sabes que é somente pelo trabalho do corpo que o Espírito adquire conhecimento.

Não te deixes desencorajar pela crítica. Encontrarás opositores ferozes, especialmente entre as pessoas interessadas nos abusos. Irás encontrá-los, também, mesmo entre os Espíritos, porque aqueles que não são completamente desmaterializados freqüentemente procuram semear a dúvida pela malícia ou ignorância; mas continua sempre, acredita em Deus e marcha com confiança: aqui estaremos para te sustentar e está próximo o tempo em que a Verdade brilhará por toda parte.

A vaidade de alguns homens que acreditam saber tudo e querem explicar tudo à sua maneira fará surgir opiniões divergentes, mas todos que tiverem em vista o grande princípio de Jesus vão se irmanar num mesmo sentimento de amor ao bem e se unir por um laço fraternal que abrangerá o mundo inteiro. Eles deixarão de lado as disputas mesquinhas de palavras para apenas se ocupar das coisas essenciais, e a Doutrina será sempre a mesma, quanto ao fundo, para todos aqueles que receberem as comunicações dos Espíritos Superiores.

---

* A cepa (ramo de parreira) que se vê na pág. 41 é a reprodução fiel da que foi desenhada pelos Espíritos (Nota de Kardec).

É com a perseverança que chegarás a recolher o fruto de teus trabalhos. O prazer que experimentarás ao ver a Doutrina se propagar e ser compreendida será uma recompensa da qual conhecerás todo o valor, talvez mais no futuro do que no presente. Não te inquietes, portanto, com os espinhos e as pedras que os incrédulos ou os maus semearão no teu caminho; conserva a confiança: com a confiança chegarás ao objetivo e merecerás ser sempre ajudado.

Lembra-te que os bons Espíritos somente assistem aos que servem a Deus com humildade e desinteresse e repudiam todo aquele que procura no caminho do céu um degrau para conquistar as coisas da Terra; eles se distanciam dos orgulhosos e ambiciosos. O orgulho e a ambição serão sempre uma barreira entre o homem e Deus; são um véu lançado sobre as claridades celestes, e Deus não pode se servir do cego para fazer compreender a luz."

São João Evangelista, Santo Agostinho, São Vicente de Paulo, São Luís, O Espírito da Verdade, Sócrates, Platão, Fénelon, Franklin, Swedenborg etc.

PARTE PRIMEIRA

As Causas Primárias

Capítulo 1

DEUS

Deus e o infinito –
Provas da existência de Deus –
Atributos da Divindade – Panteísmo

DEUS E O INFINITO

1 O que é Deus?
– Deus é a inteligência suprema, causa primária de todas as coisas.[1]

2 O que devemos entender por infinito?
– O que não tem começo nem fim; o desconhecido; tudo o que é desconhecido é infinito.

3 Poderíamos dizer que Deus é o infinito?
– Definição incompleta. Pobreza da linguagem dos homens, que é insuficiente para definir as coisas que estão acima de sua inteligência.

◆ *Deus é o infinito em suas perfeições, mas o infinito é uma abstração. Dizer que Deus é o infinito é tomar o atributo[2] de uma coisa por ela própria, é definir uma coisa que não é conhecida por uma outra igualmente desconhecida.*

PROVAS DA EXISTÊNCIA DE DEUS

4 Onde podemos encontrar a prova da existência de Deus?
– Num axioma que aplicais às vossas ciências: não há efeito sem causa. Procurai a causa de tudo o que não é obra do homem, e a vossa razão vos responderá.

◆*Para acreditar em Deus, basta ao homem lançar os olhos sobre as obras da criação. O universo existe, portanto ele tem uma causa. Duvidar*

---

1 - O texto colocado após o travessão na seqüência das perguntas é a resposta que os Espíritos deram. O sinal ◆ indica que é um comentário de Kardec às respostas dos Espíritos (N. E.).
2 - **Atributo:** qualidade de um ser, aquilo que lhe é próprio. Neste caso, ser infinito é uma das qualidades de Deus entre todas as demais, mas não é só isso, ou não é o bastante para O concebermos (N. E.).

da existência de Deus seria negar que todo efeito tem uma causa e admitir que o nada pôde fazer alguma coisa.

5 Que conclusão podemos tirar do sentimento intuitivo que todos os homens trazem em si mesmos da existência de Deus?
– A de que Deus existe; de onde lhes viria esse sentimento se repousasse sobre o nada? É ainda uma conseqüência do princípio de que não há efeito sem causa.

6 O sentimento íntimo que temos em nós da existência de Deus não seria o efeito da educação e das idéias adquiridas?
– Se fosse assim, por que vossos selvagens teriam também esse sentimento?

✦*Se o sentimento da existência de um ser supremo fosse o produto de um ensinamento, não seria universal. Somente existiria naqueles que tivessem recebido esse ensinamento, como acontece com os conhecimentos científicos.*

7 Poderemos encontrar a causa primária da formação das coisas nas propriedades íntimas da matéria?
– Mas, então, qual teria sido a causa dessas propriedades? Sempre é preciso uma causa primária.

✦ *Atribuir a formação primária das coisas às propriedades íntimas da matéria seria tomar o efeito pela causa, porque essas propriedades são elas mesmas um efeito que deve ter uma causa.*

8 O que pensar da opinião que atribui a formação primária a uma combinação acidental e imprevista da matéria, ou seja, ao acaso?
– Outro absurdo! Que homem de bom senso pode conceber o acaso como um ser inteligente? E, além de tudo, o que é o acaso? Nada.

✦ *A harmonia que regula as atividades do universo revela combinações e objetivos determinados e, por isso mesmo, um poder inteligente. Atribuir a formação primária ao acaso seria um contra-senso, porque o acaso é cego e não pode produzir os efeitos que a inteligência produz. Um acaso inteligente não seria mais um acaso.*

9 Onde é que se vê na causa primária a manifestação de uma inteligência suprema e superior a todas as inteligências?
– Tendes um provérbio que diz: "Pela obra reconhece-se o autor." Pois bem: olhai a obra e procurai o autor. É o orgulho que causa a incredulidade. O homem orgulhoso não admite nada acima dele; é por isso que se julga um espírito forte. Pobre ser, que um sopro de Deus pode abater!

✦ *Julga-se o poder de uma inteligência por suas obras. Como nenhum ser humano pode criar o que a natureza produz, a causa primária é, portanto, uma inteligência superior à humanidade.*

Quaisquer que sejam os prodígios realizados pela inteligência humana, essa inteligência tem ela mesma uma causa e, quanto mais grandioso for o que ela realize, maior deve ser a causa primária. É essa inteligência superior que é a causa primária de todas as coisas, qualquer que seja o nome que o homem lhe queira dar.

ATRIBUTOS DA DIVINDADE

10 O homem pode compreender a natureza íntima de Deus?
– Não, falta-lhe, para isso, um sentido.

11 Um dia será permitido ao homem compreender o mistério da Divindade?
– Quando seu Espírito não estiver mais obscurecido pela matéria e, pela sua perfeição, estiver mais próximo de Deus, então o verá e o compreenderá.

✦ *A inferioridade das faculdades do homem não lhe permite compreender a natureza íntima de Deus. Na infância da humanidade, o homem O confunde muitas vezes com a criatura, da qual lhe atribui as imperfeições; mas, à medida que o senso moral nele se desenvolve, seu pensamento compreende melhor o fundo das coisas e ele faz uma idéia de Deus mais justa e mais conforme ao seu entendimento, embora sempre incompleta.*

12 Se não podemos compreender a natureza íntima de Deus, podemos ter idéia de algumas de suas perfeições?
– Sim, de algumas. O homem as compreende melhor à medida que se eleva acima da matéria. Ele as pressente pelo pensamento.

13 Quando dizemos que Deus é eterno, infinito, imutável, imaterial, único, todo-poderoso, soberanamente justo e bom, não temos uma idéia completa de seus atributos?
– Do vosso ponto de vista, sim, porque acreditais abranger tudo. Mas ficai sabendo bem que há coisas acima da inteligência do homem mais inteligente e que a vossa linguagem, limitada às vossas idéias e sensações, não tem condições de explicar. A razão vos diz, de fato, que Deus deve ter essas perfeições em grau supremo, porque se tivesse uma só de menos, ou que não fosse de um grau infinito, não seria superior a tudo e, por conseguinte, não seria Deus. Por estar acima de todas as coisas, Ele não pode estar sujeito a qualquer instabilidade e não pode ter nenhuma das imperfeições que a imaginação possa conceber.

✦ *Deus é eterno. Se Ele tivesse tido um começo teria saído do nada, ou teria sido criado por um ser anterior.* É assim que, de degrau em degrau, remontamos ao infinito e à eternidade.

É imutável; se estivesse sujeito a mudanças, as leis que regem o universo não teriam nenhuma estabilidade.

É imaterial, ou seja, sua natureza difere de tudo o que chamamos matéria; de outro modo não seria imutável, porque estaria sujeito às transformações da matéria.

É único; se houvesse vários deuses, não haveria unidade de desígnios, nem unidade de poder na ordenação do universo.

É todo-poderoso, porque é único. Se não tivesse o soberano poder, haveria alguma coisa mais ou tão poderosa quanto Ele; não teria feito todas as coisas e as que não tivesse feito seriam obras de um outro Deus.

É soberanamente justo e bom. A sabedoria providencial das Leis Divinas se revela nas menores como nas maiores coisas, e essa sabedoria não permite duvidar de sua justiça nem de sua bondade.

PANTEÍSMO

14 Deus é um ser distinto, ou seria, segundo a opinião de alguns, resultante de todas as forças e de todas as inteligências do universo reunidas?

– Se fosse assim, Deus não existiria, porque seria o efeito e não a causa; Ele não pode ser ao mesmo tempo uma e outra coisa.

Deus existe, não podeis duvidar disso, é o essencial. Crede em mim, não deveis ir além, não vos percais num labirinto de onde não podereis sair, isso não vos tornaria melhores, mas talvez um pouco mais orgulhosos, porque acreditaríeis saber e na realidade não saberíeis nada. Deixai de lado todos esses sistemas; tendes muitas coisas que vos tocam mais diretamente, a começar por vós mesmos. Estudai vossas próprias imperfeições a fim de vos desembaraçar delas, isso vos será mais útil do que querer penetrar no que é impenetrável.

15 O que pensar da opinião de que todos os corpos da natureza, todos os seres, todos os globos do universo, seriam parte da Divindade e constituiriam, pelo seu conjunto, a própria Divindade, ou seja, o que pensar da doutrina panteísta?

– O homem, não podendo se fazer Deus, quer pelo menos ser uma parte d'Ele.

16 Aqueles que acreditam nessa doutrina pretendem nela encontrar a demonstração de alguns atributos de Deus. Sendo os mundos infinitos, Deus é, por isso mesmo, infinito; não havendo o vazio ou o nada em nenhuma parte, Deus está, portanto, em toda parte; Deus, estando por toda parte, uma vez que tudo é parte integrante de Deus, dá a todos os fenômenos da natureza uma razão de ser inteligente. O que se pode opor a esse raciocínio?

– A razão. Refleti maduramente e não vos será difícil reconhecer o absurdo disso.

✦ *Esta doutrina faz de Deus um ser material que, embora dotado de uma inteligência suprema, seria em tamanho grande o que nós somos em tamanho pequeno. Uma vez que a matéria se transforma sem parar, se assim for, Deus não teria nenhuma estabilidade, estaria sujeito a todas as mudanças e variações, a todas as necessidades da humanidade, e lhe faltaria um dos atributos essenciais da Divindade: a imutabilidade. Não se pode imaginar que são as mesmas as propriedades da matéria e a essência de Deus, sem O rebaixar na nossa concepção. Todas as sutilezas do sofisma[3] não conseguirão resolver o problema na sua natureza íntima. Não sabemos tudo o que Deus é, mas sabemos o que não pode deixar de ser, e a teoria do panteísmo está em contradição com suas propriedades mais essenciais; ela confunde o criador com a criatura, exatamente como se afirmasse categoricamente que uma máquina engenhosa fosse parte integrante do mecânico que a concebeu.*

A inteligência de Deus se revela em suas obras como a de um pintor em seu quadro, mas as obras de Deus não são o próprio Deus, assim como o quadro não é o pintor que o concebeu e executou.

---

3 - **Sofisma:** argumento falso, enganoso, feito de propósito para induzir ao erro (N. E.).

CAPÍTULO

2

ELEMENTOS GERAIS DO UNIVERSO

Conhecimento do princípio das coisas –
Espírito e matéria – Propriedades da matéria –
Espaço universal

CONHECIMENTO DO PRINCÍPIO DAS COISAS

17 É permitido ao homem conhecer o princípio das coisas?
– Não, Deus não permite que tudo seja revelado ao homem aqui na Terra.

18 O homem penetrará um dia no mistério das coisas que lhe são ocultas?
– O véu se levanta para ele à medida que se depura; mas, para compreender algumas coisas, precisa de faculdades, dons, que ainda não possui.

19 O homem não pode, pelas investigações das ciências, penetrar em alguns dos segredos da natureza?
– A ciência lhe foi dada para seu adiantamento em todas as coisas, mas não pode ultrapassar os limites fixados por Deus.

✦ *Quanto mais é permitido ao homem penetrar pelo conhecimento nesses segredos, maior deve ser sua admiração pelo poder e sabedoria do Criador; mas, seja pelo orgulho ou fraqueza, sua própria inteligência o torna, muitas vezes, joguete da ilusão. Amontoa sistemas sobre sistemas e cada dia que passa lhe mostra quantos erros tomou por verdades e quantas verdades rejeitou como erros. São outras tantas decepções para o seu orgulho.*

20 Fora das investigações da ciência, é permitido ao homem receber comunicações de uma ordem mais elevada sobre o que escapa ao alcance dos seus sentidos?
– Sim, se Deus julgar útil, pode revelar o que a ciência não consegue apreender.

✦ *É por essas comunicações que o homem obtém, dentro de certos limites, o conhecimento de seu passado e de sua destinação futura.*

ESPÍRITO E MATÉRIA

21 A matéria existe desde o princípio, como Deus, ou foi criada por Ele em determinado momento?

– Somente Deus o sabe. Entretanto, há uma coisa que a vossa razão deve deduzir: é que Deus, modelo de amor e caridade, nunca esteve inativo. Por mais remoto que possa vos parecer o início de sua ação, acaso o podereis imaginar por um segundo sequer na ociosidade?

22 Define-se, geralmente, a matéria como sendo o que tem extensão, o que pode causar impressão aos nossos sentidos, o que é impenetrável. Essas definições são exatas?

– Do vosso ponto de vista são exatas, visto que somente falais do que conheceis. Mas a matéria existe em estados que para vós são desconhecidos. Pode ser, por exemplo, tão etérea e sutil que não cause nenhuma impressão aos vossos sentidos; entretanto, é sempre matéria, embora para vós não o seja.

22 a Que definição podeis dar da matéria?

– A matéria é o laço que prende o Espírito; é o instrumento de que ele se serve e sobre o qual, ao mesmo tempo, exerce sua ação.

✦ *De acordo com essa idéia, pode-se dizer que a matéria é o agente, o intermediário, com a ajuda do qual, e sobre o qual, atua o Espírito.*

23 O que é o Espírito?

– Espírito é o princípio inteligente do universo[1].

23 a Qual é a natureza íntima do Espírito?

– Não é fácil explicar o Espírito com a vossa linguagem. Para vós, ele não é nada, visto que o Espírito não é algo palpável, mas para nós é alguma coisa. Sabei bem: o nada não é coisa nenhuma, o nada não existe.

24 Espírito é sinônimo de inteligência?

– A inteligência é um atributo essencial do Espírito, mas ambos se confundem num princípio comum, de modo que, para vós, são a mesma coisa.

25 O Espírito é independente da matéria ou é apenas uma propriedade dela, como as cores são propriedades da luz e o som uma propriedade do ar?

– Ambos são distintos, mas é preciso a união do Espírito e da matéria para que a inteligência se manifeste na matéria.

25 a Essa união é igualmente necessária para a manifestação do Espírito? (Entendemos, aqui, por espírito o princípio inteligente, e não as individualidades designadas sob esse nome).

– Ela é necessária para vós, porque não sois organizados para perceber o Espírito sem a matéria; vossos sentidos não são feitos para isso.

26 Pode-se conceber o Espírito sem a matéria e a matéria sem o Espírito?

---

1 - Compare essa resposta com a da questão 76. Aqui trata-se do Espírito, princípio inteligente, e não a individualidade. Veja a questão 25-a (N. E.).

Capítulo 2 – Elementos Gerais do Universo

– Pode-se, sem dúvida, pelo pensamento.

27 Haveria, assim, dois elementos gerais do universo: a matéria e o Espírito?

– Sim, e acima de tudo Deus, o Criador, o Pai de todas as coisas. Deus, Espírito e matéria são o princípio de tudo o que existe, a trindade universal. Mas ao elemento material é preciso acrescentar o fluido universal, que faz o papel de intermediário entre o Espírito e a matéria propriamente dita, muito grosseira para que o Espírito possa ter uma ação sobre ela. Ainda que sob certo ponto de vista se possa incluí-lo no elemento material, ele se distingue por propriedades especiais. Se o fluido universal fosse matéria, não haveria razão para que o Espírito não o fosse também. Ele está colocado entre o Espírito e a matéria; é fluido, como a matéria é matéria; suscetível, por suas inumeráveis combinações com ela e sob a ação do Espírito, de poder produzir uma infinita variedade de coisas das quais conheceis apenas uma pequena parte. Esse fluido universal, primitivo, ou elementar, sendo o agente que o Espírito utiliza, é o princípio sem o qual a matéria estaria em perpétuo estado de dispersão e nunca adquiriria as propriedades que a força da gravidade lhe dá.

27 a Seria esse fluido o que designamos sob o nome de eletricidade?

– Dissemos que ele é suscetível de inumeráveis combinações; o que chamais fluido elétrico, fluido magnético, são modificações do fluido universal, que é, propriamente falando, uma matéria mais perfeita, mais sutil e que se pode considerar como independente.

28 Uma vez que o próprio Espírito é alguma coisa, não seria mais exato e menos sujeito a confusões designar esses dois elementos gerais pelas palavras: *matéria inerte* e *matéria inteligente*?

– As palavras pouco nos importam; cabe a vós formular vossa linguagem de maneira a vos entenderdes. Vossas controvérsias surgem quase sempre do que não compreendeis sobre as palavras que usais, porque vossa linguagem é incompleta para as coisas que os vossos sentidos não percebem.

✦ *Um fato notório domina todas as hipóteses: vemos matéria sem inteligência e vemos um princípio inteligente independente da matéria. A origem e a ligação dessas duas coisas nos são desconhecidas. Se elas vêm ou não de uma fonte comum, se há pontos de contato entre elas, se a inteligência tem sua existência própria ou se é uma propriedade, um efeito ou mesmo, conforme a opinião de alguns, se é uma emanação da Divindade, é o que ignoramos. Elas nos aparecem distintas, é por isso que nós as admitimos como formando dois princípios que constituem o universo. Vemos acima de tudo isso uma inteligência que domina todas as outras e as governa, que se distingue por seus atributos essenciais. É a essa inteligência suprema que chamamos Deus.*

PROPRIEDADES DA MATÉRIA

29 A ponderabilidade[2] é um atributo essencial da matéria?
– Da matéria, assim como a entendeis, sim; mas não da matéria considerada como fluido universal. A matéria etérea e sutil que forma esse fluido é imponderável para vós, mas nem por isso deixa de ser o princípio de vossa matéria pesada.

✦ *A gravidade[3] é uma propriedade relativa. Fora das esferas de atração dos mundos, não há peso, do mesmo modo que não há nem acima, nem abaixo.*

30 A matéria é formada de um único ou de vários elementos?
– De um único elemento primitivo. Os corpos que considerais simples não são verdadeiros elementos, mas transformações da matéria primitiva.

31 De onde vêm as diferentes propriedades da matéria?
– São modificações que as moléculas[4] elementares sofrem por sua união e em determinadas circunstâncias.

32 Diante disso, os sabores, os odores, as cores, o som, as qualidades venenosas ou salutares dos corpos apenas seriam modificações de uma única e mesma substância primitiva?
– Sim, sem dúvida, e que apenas existem pela disposição dos órgãos destinados a percebê-los.

✦ *Esse princípio é demonstrado pelo fato de que nem todo mundo percebe as qualidades dos corpos da mesma maneira: um acha uma coisa agradável ao gosto, outro a acha ruim; uns vêem azul o que outros vêem vermelho; o que é um veneno para uns é inofensivo ou salutar para outros.*

33 A mesma matéria elementar é suscetível de passar por todas as modificações e adquirir todas as propriedades?
– Sim, e é o que se deve entender quando dizemos que tudo está em tudo*.

---

2 - **Ponderabilidade:** que se pode medir, pesar, quantificar (N. E.).
3 - **Gravidade:** lei da Física, atração que os planetas e os corpos celestes exercem uns sobre os outros (N. E.).
4 - **Molécula:** agrupamento de um ou mais átomos que forma uma substância; a menor quantidade de matéria (N. E.).
* Esse princípio explica o fenômeno conhecido de todos os magnetizadores e que consiste em dar, pela vontade, a uma substância qualquer, à água, por exemplo, propriedades muito diversas: um gosto determinado e mesmo as qualidades ativas de outras substâncias. Uma vez que há apenas um elemento primitivo e que as propriedades dos diferentes corpos são somente modificações desse elemento, resulta que a substância mais inofensiva tem o mesmo princípio que a mais prejudicial. Assim, a água, que é formada de uma parte de oxigênio e de duas de hidrogênio, torna-se corrosiva duplicando-se a proporção de oxigênio. Uma transformação semelhante pode se produzir pela ação magnética dirigida pela vontade (N. K.).

CAPÍTULO 2 – ELEMENTOS GERAIS DO UNIVERSO

✦ *O oxigênio, o hidrogênio, o azoto, o carbono e todos os corpos que consideramos como simples são somente modificações de uma substância primitiva. Na impossibilidade em que nos encontramos até o presente de conhecer, a não ser pelo pensamento, essa matéria primitiva, esses corpos são para nós verdadeiros elementos e podemos, sem maiores conseqüências, considerá-los assim, até nova ordem.*

33 a E essa teoria parece dar razão à opinião daqueles que só admitem na matéria duas propriedades essenciais, a força e o movimento, e pensam que todas as outras propriedades são apenas efeitos secundários, variando de acordo com a intensidade da força e a direção do movimento?

– Essa opinião é exata. É preciso também acrescentar: conforme a disposição das moléculas, como vês, por exemplo, num corpo opaco, que pode tornar-se transparente, e vice-versa.

34 As moléculas têm uma forma determinada?

– Sem dúvida, as moléculas têm uma forma, que não é perceptível para vós.

34 a Essa forma é constante ou variável?

– Constante para as moléculas elementares primitivas e variável para as moléculas secundárias, que são somente aglomerações das primeiras; porque aquilo que chamais molécula ainda está longe da molécula elementar.

ESPAÇO UNIVERSAL

35 O espaço universal é infinito ou limitado?

– Infinito. Supondo que fosse limitado, devíeis perguntar: o que haverá além de seus limites? Isso confunde a razão, bem o sei, e, entretanto, a própria razão diz que não pode ser de outro modo. Essa é a idéia do infinito em todas as coisas, e não é na vossa pequena esfera que podeis compreendê-lo.

✦ *Supondo-se um limite ao espaço, por mais distante que o pensamento possa concebê-lo, a razão diz que além desse limite há alguma coisa, e, assim, sucessivamente, até o infinito; porém, se essa alguma coisa fosse o vazio absoluto, ainda seria espaço.*

36 O vazio absoluto existe em alguma parte no espaço universal?

– Não, nada é vazio. O que imaginais como vazio é ocupado por uma matéria que escapa aos vossos sentidos e aos vossos instrumentos.

Capítulo 3

CRIAÇÃO

Formação dos mundos – Formação dos seres vivos – Povoamento da Terra. Adão – Diversidade das raças humanas – Pluralidade dos mundos – Considerações e concordâncias bíblicas a respeito da Criação

FORMAÇÃO DOS MUNDOS

✦ *O universo abrange a infinidade dos mundos que vemos e aqueles que não vemos, todos os seres animados e inanimados, todos os astros que se movem no espaço e os fluidos que o preenchem.*

37 O universo foi criado ou existe desde toda a eternidade, como Deus?

– Sem dúvida, ele não se fez a si mesmo. Se existisse de toda a eternidade, como Deus, não poderia ser obra de Deus.

✦ *A razão nos diz que o universo não se fez por si só e que, não podendo ser obra do acaso, deve ser obra de Deus.*

38 Como Deus criou o universo?

– Para me servir de uma expressão usual: pela Sua vontade. Nada revela melhor essa vontade Todo-Poderosa do que estas belas palavras da *Gênese*: "E Deus disse: 'Que se faça a luz'. E a luz se fez".

39 Poderemos conhecer o modo da formação dos mundos?

– Tudo o que se pode dizer e o que podeis compreender é que os mundos se formam pela condensação da matéria espalhada no espaço.

40 Os cometas seriam, como se pensa atualmente, um começo da condensação da matéria, mundos em processo de formação?

– Isso é exato, mas o absurdo é acreditar na influência deles. Quero dizer, na influência que lhes é atribuída vulgarmente, porque todos os corpos celestes influem em certos fenômenos físicos.

41 Um mundo completamente formado pode desaparecer e a matéria que o compõe ser espalhada de novo no espaço?

– Sim, Deus renova os mundos como renova os seres vivos.

42 Podemos saber o tempo de duração da formação dos mundos, da Terra, por exemplo?

– Não posso te dizer, somente o Criador sabe, e bem louco seria quem pretendesse saber ou conhecer o número dos séculos dessa formação.

FORMAÇÃO DOS SERES VIVOS

43 Quando a Terra começou a ser povoada?
– No início tudo era o caos, os elementos estavam desordenados. Pouco a pouco, cada coisa tomou seu lugar. Então apareceram os seres vivos apropriados ao estado do globo.

44 De onde vieram os seres vivos da Terra?
– A Terra continha os germes que aguardavam o momento favorável para se desenvolverem. Os princípios orgânicos se agregaram desde que cessou a força que os mantinha separados, e eles formaram os germes de todos os seres vivos. Aqueles germes ficaram em estado latente[1], de inércia, como a crisálida e as sementes das plantas, até chegar o momento propício para o aparecimento de cada espécie. Então os seres de cada espécie se reuniram e se multiplicaram.

45 Onde estavam os elementos orgânicos antes da formação da Terra?
– Eles se encontravam, por assim dizer, no estado de fluido no espaço, no meio dos Espíritos, ou em outros planetas, à espera da criação da Terra para começar uma nova existência em um novo globo[2].

✦ *A química nos mostra as moléculas dos corpos inorgânicos se unindo para formar cristais de uma regularidade constante, segundo cada espécie, desde que se encontrem nas condições adequadas. A menor alteração dessas condições basta para impedir a reunião dos elementos ou, pelo menos, mudar a disposição regular que constitui o cristal. Por que não ocorreria o mesmo com os elementos orgânicos? Conservamos durante anos sementes de plantas e de animais que somente se desenvolvem a uma temperatura certa e em ambiente propício; vimos grãos de trigo germinar depois de muitos séculos[3]. Há, portanto, nessas sementes, um princípio latente da vitalidade que apenas espera uma circunstância favorável para se desenvolver. O que se passa diariamente sob nossos olhos não pode também ter existido desde a origem do globo? Essa formação dos seres vivos partindo do caos pela força da própria natureza diminui em alguma coisa a grandeza de Deus? Longe disso: responde melhor à*

---

1 - **Estado latente:** neste caso, período entre um estímulo e a reação por ele provocada, em que há falta de atividade. Espécie de dormência dos elementos (N. E.).
2 - Essa afirmativa, no tempo de Kardec, deve ter causado espanto e estranheza. Atualmente há uma corrente científica que afirma isso categoricamente e aponta como indício o fato de que no fundo dos oceanos ainda se encontra uma placa de limo que teria contido o protoplasma e na qual se encontravam esses primeiros elementos orgânicos, que viriam a constituir a origem da vida de tudo o que existe no planeta (N. E.).
3 - Kardec se refere aos grãos de trigo encontrados nas Pirâmides do Egito, que depois de muitos séculos germinaram (N. E.).

idéia que fazemos de Seu poder se exercendo sobre mundos infinitos pela ação de leis eternas. Esta teoria não resolve, é verdade, a questão da origem dos elementos vitais; mas Deus tem seus mistérios e colocou limites às nossas investigações.

46 Ainda há seres que nascem espontaneamente?
– Sim. Mas o germe primitivo já existia em estado latente. Todos os dias vós mesmos sois testemunhas desse fenômeno. Não dormitam, em estado latente, tanto no homem quanto no animal, bilhões de germes de uma multidão de vermes aguardando o momento de despertar para iniciarem a putrefação que vai provocar a decomposição cadavérica indispensável à sua existência? Este é um pequeno mundo que dorme e se cria.

47 A espécie humana se encontrava entre os elementos orgânicos contidos no globo terrestre?
– Sim, e veio a seu tempo. Foi o que levou a dizer que o homem foi formado do limo da Terra.

48 Podemos conhecer a época do aparecimento do homem e de outros seres vivos sobre a Terra?
– Não, todos os vossos cálculos são hipotéticos, suposições.

49 Se o germe da espécie humana se encontrava entre os elementos orgânicos do globo, por que não se formam mais espontaneamente os homens, como na sua origem?
– O princípio das coisas está nos segredos de Deus. Entretanto, pode-se dizer que os homens, uma vez espalhados pela Terra, absorveram os elementos necessários para a própria formação da espécie, para transmiti-los de acordo com as leis da reprodução. Ocorreu o mesmo com as diferentes espécies de seres vivos.

POVOAMENTO DA TERRA. ADÃO

50 A espécie humana começou por um único homem?
– Não; aquele a quem chamais Adão não foi nem o primeiro, nem o único que povoou a Terra.

51 Podemos saber em que época viveu Adão?
– Mais ou menos na que assinalais: por volta de 4000 anos antes de Cristo.

✦ *O homem cuja tradição se conservou sob o nome de Adão foi um dos que sobreviveram, numa região, após alguns dos grandes cataclismos que abalaram a superfície do globo em diversas épocas e veio a originar uma das raças que o povoam hoje. As leis da natureza se opõem à opinião de que os progressos da humanidade, observados muito antes de Cristo, tenham se realizado em alguns séculos, caso o homem tivesse aparecido* na Terra somente a partir da época assinalada para a existência de Adão. Para muitos, Adão é considerado, e com muita razão, mais um mito, uma alegoria, personificando os primeiros tempos do mundo.

DIVERSIDADE DAS RAÇAS HUMANAS

52 De onde vêm as diferenças físicas e morais que distinguem as variedades de raças humanas na Terra?
– Do clima, da vida e dos costumes. Aconteceria o mesmo com dois filhos de uma mesma mãe que, se educados longe um do outro e de maneira diferente, não se pareceriam em nada quanto ao moral.

53 O homem apareceu em muitos pontos do globo?
– Sim, e em diversas épocas. Esta é uma das causas da diversidade das raças. Depois, os homens, ao se dispersarem sob diferentes climas e ao se misturarem os de raças diferentes, formaram novos tipos.

53 a Essas diferenças constituem espécies distintas?
– Certamente que não, todas são da mesma família. Por acaso, diferentes variedades de um mesmo fruto deixam de pertencer à mesma espécie?

54 Se a espécie humana não procede de um só indivíduo, os homens devem deixar por isso de se considerarem irmãos?
– Todos os homens são irmãos perante Deus, porque são animados pelo Espírito e tendem para o mesmo objetivo. Por que razão deveis sempre tomar as palavras ao pé da letra?

PLURALIDADE DOS MUNDOS

55 Todos os globos que circulam no espaço são habitados?
– Sim, e o homem da Terra está longe de ser, como pensa, o primeiro em inteligência, bondade e perfeição. Entretanto, há homens que se julgam superiores a tudo e imaginam que somente este pequeno globo tem o privilégio de ter seres racionais. Orgulho e vaidade! Acreditam que Deus criou o universo só para eles.

✦ *Deus povoou os mundos com seres vivos, todos convergindo para o objetivo final da Providência. Acreditar que só existem seres vivos no planeta que habitamos seria colocar em dúvida a sabedoria de Deus, que não faz nada inútil. A cada um desses mundos Deus deve ter dado uma destinação mais séria do que divertir as nossas vistas. Nada, aliás, nem pela posição, nem pelo volume, nem pela constituição física da Terra, pode razoavelmente fazer supor que seja a única a ter o privilégio de ser habitada, com exclusão de tantos milhares de mundos semelhantes.*

56 A constituição física dos diferentes globos é a mesma?
– Não. Não se assemelham em nada.

57 Como a constituição física dos mundos não é a mesma, podemos concluir que os seres que os habitam têm corpos e uma organização diferente?

– Sem dúvida, como entre vós os peixes são feitos para viver na água e os pássaros, no ar.

58 Os mundos mais afastados do Sol são privados da luz e do calor, já que o Sol apenas se mostra para eles com a aparência de uma estrela?

– Acreditais então que não há outras fontes de luz e de calor além do Sol, e não considerais o valor e a importância da eletricidade que, em alguns mundos, desempenha um papel que vos é desconhecido e muito mais importante do que na Terra? Aliás, já dissemos que os seres desses mundos não são nem da mesma matéria nem têm os órgãos dispostos como os vossos.

✦ *As condições de existência dos seres que habitam os diferentes mundos devem ser apropriadas ao meio em que vivem. Se nunca tivéssemos visto peixes, não compreenderíamos que seres pudessem viver na água. É assim em outros mundos, que contêm, sem dúvida, elementos que nos são desconhecidos. Não vemos, na Terra, longas noites polares iluminadas pela eletricidade das auroras boreais*[4]*? O que há de impossível em que, em certos mundos, a eletricidade seja mais abundante do que na Terra e tenha aplicações e funções, cujos efeitos não podemos compreender? Esses mundos podem, portanto, conter em si mesmos as fontes de calor e de luz necessárias aos seus habitantes.*

CONSIDERAÇÕES E CONCORDÂNCIAS BÍBLICAS A RESPEITO DA CRIAÇÃO

59 ✦ *Os povos formaram idéias muito divergentes a respeito da Criação, conforme o grau de seus conhecimentos. A razão, apoiada na ciência, reconheceu a impossibilidade e a contradição de algumas teorias. O ensinamento dos Espíritos a esse respeito confirma a opinião desde há muito tempo admitida pelos homens mais esclarecidos.*

A objeção que se pode fazer a essa teoria é que está em contradição com o texto dos livros bíblicos, mas um exame sério fará reconhecer que essa contradição é mais aparente do que real e resulta da interpretação dada a certas passagens dos textos que em geral têm um sentido alegórico, figurado.

A questão do primeiro homem, Adão, ter sido a única fonte que originou a humanidade não é o único ponto sobre o qual as crenças religiosas tiveram que se modificar. O movimento da Terra pareceu, em certa época,

---

4 - **Aurora boreal:** fenômeno observado no Pólo Norte em que a claridade é produzida pela ação de energia magnética. É uma luz fortíssima e de grande beleza (N. E.).

Capítulo 3 – Criação

de tal modo oposto ao texto bíblico que não houve forma de perseguição da qual essa teoria não tenha sido o pretexto e, entretanto, a Terra gira, apesar dos anátemas[5], e ninguém hoje poderia contestá-lo sem depreciar a sua própria razão e submeter-se ao ridículo.

A Bíblia diz igualmente que o mundo foi criado em seis dias e fixa a época da criação por volta de 4000[6] anos antes da Era Cristã. Antes disso, a Terra não existia, ela foi tirada do nada; o texto é formal, é claro. Mas, eis que a ciência positiva, a ciência inabalável, vem provar o contrário. A formação do globo está gravada em caracteres nítidos e indiscutíveis no mundo fóssil[7], e está provado que os seis dias da criação representam períodos que podem constituir-se, cada um, de centenas de milhares de anos. Isso não é um sistema, doutrina, ou opinião isolada; é um fato tão constatado quanto o movimento da Terra, que a teologia[8] não pode recusar-se a admitir, prova evidente do erro em que se está sujeito a cair por tomar ao pé da letra as expressões de uma linguagem freqüentemente figurada. Devemos por isso concluir que a Bíblia está errada? Não. Mas podemos concluir que os homens, em muitos pontos, se enganaram ao interpretá-la.

A ciência, ao escavar os arquivos da Terra, descobriu a ordem em que os diferentes seres vivos apareceram na sua superfície, e essa ordem está de acordo com a que é indicada no Gênese[9], com a diferença de que toda a Criação, em vez de ter saído miraculosamente das mãos de Deus em algumas horas, conforme está escrito no Gênese, se realizou sempre pela Sua vontade, mas de acordo com a lei das forças da natureza, em alguns milhões de anos. Deus é por isso menor e menos poderoso? Sua obra é menos sublime por não ter o prestígio da instantaneidade? Evidente que não. Seria preciso fazer da Divindade uma idéia bem mesquinha para não reconhecer Seu grande poder nas leis eternas que estabeleceu para reger os mundos. A ciência, longe de diminuir a obra divina, mostra-a sob um aspecto mais grandioso e mais em conformidade com as noções que temos do poder e da majestade de Deus, em razão de ter se realizado sem anular as leis da natureza.

A ciência, neste ponto concordante com Moisés, coloca o homem em último lugar na ordem da criação dos seres vivos; mas, enquanto Moisés, no

---

5 - **Anátema:** maldição, excomunhão, reprovação, expulsão da Igreja (N. E.).
6 - **A criação em 4000 anos:** a ciência comprova que a idade da Terra é de aproximadamente 4,6 bilhões de anos (N. E.).
7 - **Fóssil:** resto petrificado ou endurecido de seres vivos que habitaram a Terra, há milhares de anos, e que conservaram suas características mais importantes (N. E.).
8 - **Teologia:** estudo das questões referentes ao conhecimento da divindade e suas relações com os homens; estudo dos dogmas e dos textos sagrados (N. E.).
9 - **Gênese:** primeiro livro do Velho Testamento, escrito por Moisés, no qual se descreve a criação do mundo (N. E.).

Gênese, põe o dilúvio universal no ano de 1654 após a Criação, a Geologia nos mostra o grande cataclismo[10] anterior ao aparecimento do homem na Terra. Até hoje não se encontrou nas camadas primitivas do globo nenhum indício nem da presença do homem nem de animais da mesma categoria do ponto de vista físico. Mas nada prova que isso seja impossível. Muitas descobertas já lançaram dúvidas a esse respeito. Pode-se, portanto, de um momento para outro, adquirir a certeza material dessa anterioridade da raça humana, e então se reconhecerá que, sobre esse ponto, como em outros, o texto bíblico é um símbolo, uma representação. A questão é saber se o cataclismo geológico é o mesmo que atingiu Noé. O certo é que a duração necessária à formação das camadas fósseis não permite confundi-los, e a partir do momento que se tiverem encontrado traços da existência do homem antes da grande catástrofe, ficará provado ou que Adão não foi o primeiro homem, ou que sua criação se perde na noite dos tempos. Contra fatos não há argumentos possíveis e será preciso aceitar esses fatos, como se aceitou o do movimento da Terra e os seis períodos da Criação.

A existência do homem[11] antes do dilúvio geológico, na verdade, ainda é hipotética[12], mas eis aqui um detalhe que revela que não é assim. Ao admitir que o homem tenha aparecido pela primeira vez sobre a Terra 4000 anos antes de Cristo, e que, 1650 anos mais tarde, toda a raça humana tenha sido destruída, com exceção de uma única família, resulta que o povoamento da Terra ocorreu somente a partir de Noé, ou seja, 2350 anos antes de nossa era. Porém, quando os hebreus emigraram para o Egito no décimo oitavo século, encontraram esse país muito povoado e já muito avançado em civilização. A História prova que nessa época também a Índia e outros países estavam igualmente florescentes, sem mesmo se levar em conta a cronologia de alguns outros povos que remonta a uma época ainda bem mais antiga. Teria sido preciso, portanto, que do vigésimo quarto ao décimo oitavo século, ou seja, no espaço de 600 anos, não somente os descendentes de um único homem pudessem povoar todos os imensos países então conhecidos, supondo que os outros não o fossem, mas também que, nesse curto espaço de tempo, a espécie humana pudesse se elevar da ignorância absoluta do estado primitivo ao mais alto grau do desenvolvimento intelectual, o que é contrário a todas as leis antropológicas[13].

---

10 - **Cataclismo:** transformação brusca da Terra, abrangendo grande área da crosta; dilúvio, inundação (N. E.).
11 - Pesquisas científicas recentes revelaram que o planeta Terra tem aproximadamente 4,6 bilhões de anos; formas rudimentares de vida (algas e bactérias) datam de aproximadamente 4 bilhões de anos; o Homem de Neandertal viveu entre 200 mil e 80 mil anos; e o Homem de Cro-Magnon viveu entre 30 mil e 10 mil anos. – J. Birx – Prometheus Books, 1991, e Enciclopédia *Lello* (N. E.).
12 - **Hipotético:** duvidoso, incerto, fundado em suposições (N. E.).
13 - **Antropologia:** ciência que tem como objetivo analisar o homem com base nas características biológicas dos grupos em que se distribui (N. E.).

Capítulo 3 – Criação

A diversidade das raças vem, ainda, em apoio a essa opinião. O clima e os costumes, sem dúvida, produzem modificações no caráter físico, mas sabe-se até onde pode chegar a influência dessas causas, e o exame fisiológico[14] prova que há entre algumas raças diferenças mais profundas do que o clima pode produzir na constituição física do homem. O cruzamento das raças origina os tipos intermediários. Ele tende a apagar os caracteres extremos, primitivos, mas não os produz; apenas cria variedades. Portanto, em vista disso, para que houvesse cruzamento de raças, seria preciso que houvesse raças distintas. Como explicar a existência de raças tão distintas se lhes dermos uma origem comum e sobretudo tão próxima? Como admitir que, em poucos séculos, alguns descendentes de Noé fossem transformados a ponto de produzir, por exemplo, a raça etíope? Uma transformação desse porte é tão pouco admissível quanto a hipótese de terem uma mesma origem o lobo e o cordeiro, o elefante e o pulgão, o pássaro e o peixe. Mais uma vez: nada pode prevalecer contra a evidência dos fatos.

Tudo se explica, ao contrário, se admitirmos que a existência do homem é anterior à época que lhe é vulgarmente assinalada; a diversidade das origens; que Adão, que viveu há seis mil anos, tenha povoado uma região ainda desabitada; que o dilúvio de Noé foi uma catástrofe parcial e que foi considerada como um cataclismo geológico e, finalmente, atentando para o fato da forma de linguagem alegórica própria do estilo oriental e que se encontra nos livros sagrados de todos os povos. Por isso é prudente não acusar apressadamente de falsas as doutrinas que podem cedo ou tarde, como tantas outras, desmentir aqueles que as combatem. As idéias religiosas, em vez de perder, se engrandecem ao marchar com a ciência. Esse é o único meio de não mostrar ao ceticismo um lado vulnerável.

---

14 - **Fisiologia:** ciência que estuda as funções dos órgãos nos seres vivos, animais ou vegetais (N. E.).

CAPÍTULO

4

PRINCÍPIO VITAL

Seres orgânicos e inorgânicos – A vida e a morte –
Inteligência e instinto

SERES ORGÂNICOS E INORGÂNICOS

✦ *Os seres orgânicos são os que têm em si uma fonte de atividade íntima que lhes dá a vida. Eles nascem, crescem, se reproduzem por s mesmos e morrem. São providos de órgãos especiais para a realização dos diferentes atos da vida, apropriados às suas necessidades de conservação. Os homens, os animais e as plantas são seres orgânicos.*

Seres inorgânicos são todos os que não têm nem vitalidade, nem movimentos próprios e são formados apenas pela agregação da matéria; são os minerais, a água, o ar etc.

60 É a mesma força que une os elementos da matéria nos corpos orgânicos e inorgânicos?
– Sim, a lei de atração é a mesma para tudo.

61 Há uma diferença entre a matéria dos corpos orgânicos e a dos inorgânicos?
– A matéria é sempre a mesma, mas nos corpos orgânicos está animalizada.

62 Qual é a causa da animalização da matéria?
– Sua união com o princípio vital.

63 O princípio vital é um agente particular ou é apenas uma propriedade da matéria organizada? Numa palavra, é um efeito ou uma causa?
– Uma e outra. A vida é um efeito produzido pela ação de um agente sobre a matéria. Esse agente, sem a matéria, não é vida, do mesmo modo que a matéria não pode viver sem esse agente. O princípio vital dá a vida a todos os seres que o absorvem e assimilam.

64 Vimos que o Espírito e a matéria são dois elementos constituintes do universo. O princípio vital forma um terceiro?
– É, sem dúvida, um dos elementos necessários à constituição do universo, mas ele mesmo tem sua fonte na matéria universal modificada É um elemento, como para vós o oxigênio e o hidrogênio que, entretanto não são elementos primitivos, embora tudo isso proceda de um mesmo princípio.

Capítulo 4 – Princípio Vital

64 a Disso parece resultar que a vitalidade não tem seu princípio num agente primitivo distinto, mas numa propriedade especial da matéria universal, em razão de algumas modificações?
– É a conseqüência do que dissemos.

65 O princípio vital reside em algum dos corpos que conhecemos?
– Tem sua fonte no fluido universal. É o que chamais fluido magnético ou fluido elétrico animalizado. Ele é o intermediário, o elo entre o Espírito e a matéria.

66 O princípio vital é o mesmo para todos os seres orgânicos?
– Sim, modificado conforme as espécies. É o que lhes dá movimento e atividade e os distingue da matéria inerte, uma vez que o movimento da matéria não é a vida. A matéria recebe esse movimento, não o dá.

67 A vitalidade é um atributo permanente do agente vital ou apenas se desenvolve pelo funcionamento dos órgãos?
– Apenas se desenvolve com o corpo. Não dissemos que esse agente sem a matéria não é a vida? É preciso a união das duas coisas para produzir a vida.

67 a Pode-se dizer que a vitalidade está em estado latente, quando o agente vital não está unido ao corpo?
– Sim, é isso.

✦ *O conjunto dos órgãos constitui uma espécie de mecanismo que recebe um estímulo de atividade íntima ou princípio vital que existe neles. O princípio vital é a força motriz dos corpos orgânicos. Ao mesmo tempo que o agente vital estimula os órgãos, a ação deles mantém e desenvolve a atividade do agente vital, quase do mesmo modo como o atrito produz o calor.*

A VIDA E A MORTE

68 Qual é a causa da morte entre os seres orgânicos?
– O esgotamento dos órgãos.

68 a Podemos comparar a morte com o cessar do movimento numa máquina desarranjada?
– Sim; se a máquina está mal montada, o movimento cessa; se o corpo está doente, a vida se extingue.

69 Por que uma lesão do coração causa a morte mais do que em qualquer outro órgão?
– O coração é a máquina da vida, mas não é o único órgão cuja lesão ocasiona a morte. É somente uma das peças essenciais.

70 O que acontece com a matéria e o princípio vital dos seres orgânicos quando eles morrem?

– A matéria sem atividade se decompõe e vai formar novos organismos. O princípio vital retorna à sua origem, à sua fonte.

✦ *Quando o ser orgânico morre, os elementos que o constituíam passam a fazer parte de novas combinações e participam na formação de novos seres, que por sua vez passam a tirar da fonte universal o princípio da vida e da atividade, o absorvem e assimilam para novamente devolvê-lo a essa fonte quando deixarem de existir.*

Os órgãos estão, por assim dizer, impregnados de fluido vital que dá a todas as partes do organismo uma atividade geradora da união entre elas, e, no caso de lesões, restabelece as funções que estavam momentaneamente danificadas. Mas quando os elementos essenciais ao funcionamento dos órgãos são destruídos, ou muito profundamente desarranjados, o fluido vital é incapaz de transmitir o movimento da vida, e o ser morre.

Mais ou menos por uma ação inevitável e forçosa os órgãos reagem uns sobre os outros. É da harmonia de seu conjunto que resulta sua ação mútua. Quando, por qualquer causa, essa harmonia é destruída, suas funções param como o movimento de uma máquina cujas peças principais se desarranjaram. Como um relógio que se desgasta com o tempo ou quebra por acidente, e ao qual a força motriz é incapaz de pôr em movimento.

Temos uma imagem mais exata da vida e da morte num aparelho elétrico. Esse aparelho, como todos os corpos da natureza, possui eletricidade em estado latente. Os fenômenos elétricos somente se manifestam quando o fluido é colocado em atividade por uma causa especial. Então, poderíamos dizer que o aparelho está vivo. Parando a causa da atividade, o fenômeno cessa: o aparelho volta ao estado de inércia. Os corpos orgânicos seriam, assim, uma espécie de pilhas ou aparelhos elétricos nos quais a atividade do fluido produz o fenômeno da vida. A paralisação dessa atividade produz a morte.

A quantidade de fluido vital não é precisamente a mesma para todos os seres orgânicos. Ela varia de acordo com as espécies e não é constante, seja no mesmo indivíduo ou em indivíduos da mesma espécie. Há os que são, por assim dizer, saturados desse fluido, enquanto outros possuem apenas uma quantidade suficiente; daí, para alguns a vida mais ativa, mais tenaz e, de certo modo, superabundante.

A quantidade de fluido vital se esgota. Pode tornar-se insuficiente para a manutenção da vida se não for renovada pela absorção e assimilação das substâncias que o contêm.

O fluido vital se transmite de um indivíduo para outro. Aquele que tem mais pode dar para quem tem menos e, em alguns casos, restabelecer a vida prestes a se extinguir.

INTELIGÊNCIA E INSTINTO

71 A inteligência é um atributo do princípio vital?
– Não, uma vez que as plantas vivem e não pensam: apenas têm a vida orgânica. A inteligência e a matéria são independentes, uma vez que um corpo pode viver sem inteligência. Porém, a inteligência só pode manifestar-se por meio dos órgãos materiais. É preciso a união com o Espírito para prover de inteligência a matéria animalizada.

✦ *A inteligência é um dom especial, próprio de algumas classes de seres orgânicos e que lhes dá, com o pensamento, a vontade de agir, a consciência de sua existência e de sua individualidade, assim como os meios de estabelecer relações com o mundo exterior e de proverem as suas necessidades.*

Podem distinguir-se assim:

1º) os seres inanimados, formados apenas de matéria, sem vitalidade nem inteligência: são os corpos brutos;

2º) os seres animados que não pensam, formados de matéria e dotados de vitalidade, mas desprovidos de inteligência;

3º) os seres animados pensantes, formados de matéria, dotados de vitalidade e tendo a mais um princípio inteligente que lhes dá a faculdade de pensar.

72 Qual é a fonte da inteligência?
– Já o dissemos: a inteligência universal.

72 a Podemos, então, dizer que cada ser tira uma porção de inteligência da fonte universal e a assimila, como tira e assimila o princípio da vida material?
– Isso é apenas uma comparação, mas não é exata. A inteligência é um dom próprio de cada ser e constitui sua individualidade moral. Por fim, há coisas que não são dadas ao homem penetrar, e essa por enquanto é uma delas.

73 O instinto é independente da inteligência?
– Não, precisamente, mas ele é uma espécie de inteligência. O instinto é uma inteligência não-racional. É por meio dele que todos os seres provêm as suas necessidades.

74 Pode-se assinalar um limite entre o instinto e a inteligência, ou seja, perceber onde um acaba e a outra começa?
– Não, porque freqüentemente se confundem. Mas pode-se muito bem distinguir os atos do instinto dos da inteligência.

75 É exato dizer que os dons instintivos diminuem à medida que aumentam os intelectuais?

– Não; o instinto sempre existe, mas o homem o despreza. O instinto também pode conduzir ao bem. Ele nos guia, quase sempre, mais seguramente do que a razão. Nunca se engana.

75 a Por que a razão não é sempre um guia infalível?
– Ela seria infalível se não fosse falseada pela má educação, pelo orgulho e pelo egoísmo. O instinto não raciocina; a razão permite a escolha e dá ao homem o livre-arbítrio.

✦ *O instinto é uma inteligência rudimentar em que as manifestações são quase sempre espontâneas, e difere da inteligência propriamente dita, cujas manifestações expressam uma avaliação de um ato deliberado que sofreu exame interior.*

O instinto varia em suas manifestações quanto às espécies e às suas necessidades. Entre os seres que têm a consciência e a percepção das coisas exteriores, ele se alia à inteligência, quer dizer, à vontade e à liberdade.

PARTE SEGUNDA

MUNDO ESPÍRITA OU DOS ESPÍRITOS

CAPÍTULO

1

DOS ESPÍRITOS

Origem e natureza dos Espíritos – Mundo normal primitivo – Forma e ubiqüidade dos Espíritos – Perispírito – Diferentes ordens de Espíritos – Escala Espírita – Terceira ordem – Espíritos imperfeitos – Segunda ordem – Bons Espíritos – Primeira ordem - Espíritos puros – Progressão dos Espíritos – Anjos e demônios

ORIGEM E NATUREZA DOS ESPÍRITOS

76 Que definição se pode dar dos Espíritos?

– Pode-se dizer que os Espíritos são os seres inteligentes da Criação. Eles povoam o universo, fora do mundo material.

✦ Nota: *A palavra* Espírito *é empregada aqui para designar a individualidade e não mais o elemento inteligente universal.*

77 Os Espíritos são seres distintos da Divindade ou seriam somente emanações ou porções da Divindade e chamados, por essa razão, filhos de Deus?

– Meu Deus! São obras de Deus. Exatamente como um homem que faz uma máquina, essa máquina é a obra do homem, mas não é ele próprio. Quando o homem faz uma coisa bela, útil, a chama sua filha, sua criação. Pois bem! Ocorre o mesmo com Deus: somos seus filhos, porque somos sua obra.

78 Os Espíritos tiveram um princípio, ou são como Deus, de toda a eternidade?

– Se os Espíritos não tivessem tido um princípio, seriam iguais a Deus. São sua criação e submissos à Sua vontade. Deus existe de toda a eternidade, isso é incontestável. Mas saber quando e como nos criou, não sabemos nada. Podeis dizer que não tivemos princípio, se entenderdes com isso que Deus, sendo eterno, tem criado sem descanso. Mas quando e como cada um de nós foi criado, repito, ninguém o sabe: esse é o mistério.

79 Uma vez que há dois elementos gerais no universo: o inteligente e o material, pode-se dizer que os Espíritos são formados do elemento inteligente, como os corpos inertes são formados do elemento material?

— É evidente. Os Espíritos são a individualização do princípio inteligente, como os corpos são a individualização do princípio material. A época e o modo dessa formação é que são desconhecidos.

80 A criação dos Espíritos é permanente, ou só ocorreu no início dos tempos?
— É permanente, Deus nunca parou de criar.

81 Os Espíritos se formam espontaneamente, ou procedem uns dos outros?
— Deus os cria, como a todas as outras criaturas, por Sua vontade. Mas, repito mais uma vez, sua origem é um mistério.

82 É exato dizer que os Espíritos são imateriais?
— Como podemos definir uma coisa quando não temos termos de comparação e com uma linguagem insuficiente? Pode um cego de nascença definir a luz? Imaterial não é bem a palavra, incorpóreo seria mais exato, porque deveis compreender bem que o Espírito, sendo uma criação, deve ser alguma coisa. É uma matéria puríssima, mas sem comparação ou semelhança para vós, e tão etérea que não pode ser percebida pelos vossos sentidos.

✦ *Dizemos que os Espíritos são imateriais, porque sua essência difere de tudo o que conhecemos como matéria. Uma comunidade de cegos não teria termos para exprimir a luz e seus efeitos. O cego de nascença acredita ter todas as percepções pela audição, pelo olfato, pelo paladar e pelo tato. Ele não compreende as idéias que lhe dariam o sentido que lhe falta. Do mesmo modo, em relação à essência dos seres sobre-humanos, somos como verdadeiros cegos. Podemos defini-los somente por comparações sempre imperfeitas, ou por um esforço de nossa imaginação.*

83 Compreende-se que o princípio de onde emanam os Espíritos seja eterno, mas o que perguntamos é se sua individualidade tem um fim e se, num dado momento, mais ou menos longo, o elemento do qual são formados se dispersa e retorna à massa de onde saiu, como acontece com os corpos materiais. É difícil compreender que uma coisa que começou não possa acabar. Os Espíritos têm um fim?
— Há coisas que não compreendeis, porque a vossa inteligência é limitada. Mas isso não é razão para serem rejeitadas. A criança não compreende tudo o que seu pai compreende, nem o ignorante tudo o que compreende o sábio. Nós vos dizemos que a existência dos Espíritos não acaba; é tudo o que, por agora, podemos dizer.

MUNDO NORMAL PRIMITIVO

84 Os Espíritos constituem um mundo à parte, fora daquele que vemos?
— Sim, o mundo dos Espíritos ou das inteligências incorpóreas.

85 Qual dos dois é o principal na ordem das coisas: o mundo espiritual ou o mundo corporal?
– O mundo espiritual, que preexiste e sobrevive a tudo.

86 O mundo corporal poderia deixar de existir, ou nunca ter existido, sem alterar a essência do mundo espiritual?
– Sim, eles são independentes e, entretanto, sua correlação é incessante, porque reagem incessantemente um sobre o outro.

87 Os Espíritos ocupam uma região determinada e circunscrita no espaço?
– Os Espíritos estão em todos os lugares, povoam infinitamente os espaços. Estão sempre ao vosso lado, vos observam e agem entre vós sem os perceberdes, porque os Espíritos são uma das forças da natureza e os instrumentos dos quais Deus se serve para a realização de Seus desígnios providenciais. Mas nem todos vão a todos os lugares, porque há regiões interditadas aos menos avançados.

FORMA E UBIQÜIDADE[1] DOS ESPÍRITOS

88 Os Espíritos têm uma forma determinada, limitada e constante?
– A vossos olhos, não; aos nossos, sim. O Espírito é, se quiserdes, uma chama, um clarão ou uma centelha etérea.

88 a Essa chama ou centelha tem uma cor qualquer?
– Para vós, ela varia do escuro ao brilho do rubi, conforme seja o Espírito mais ou menos puro.

✦ *É costume representarem-se os gênios com uma chama ou uma estrela sobre a fronte. É uma alegoria que lembra a natureza essencial dos Espíritos. Coloca-se no alto da cabeça, porque é aí a sede da inteligência.*

89 Os Espíritos gastam algum tempo para percorrer o espaço?
– Sim; porém, rápido como o pensamento.

89 a O pensamento não é a própria alma que se transporta?
– Quando o pensamento está em algum lugar, a alma está também, uma vez que é a alma que pensa. O pensamento é um atributo da alma.

90 O Espírito que se transporta de um lugar a outro tem consciência da distância que percorre e dos espaços que atravessa, ou é subitamente transportado para o lugar aonde quer ir?
– Ocorrem ambas as coisas. O Espírito pode muito bem, se o quiser, se dar conta da distância que percorre, mas essa distância pode também não ser sentida e até completamente despercebida. Isso depende de sua vontade e de sua natureza mais ou menos depurada.

---

1 - **Ubiqüidade:** capacidade de estar em vários lugares ao mesmo tempo. É um atributo de Espíritos de grande evolução (N. E.).

91 A matéria oferece algum obstáculo aos Espíritos?
– Não, eles penetram em tudo: o ar, a terra, as águas e até mesmo o fogo lhes são igualmente acessíveis.

92 Os Espíritos têm o dom da ubiqüidade, ou, em outras palavras, o mesmo Espírito pode se dividir ou estar em vários pontos ao mesmo tempo?
– Não pode haver divisão do mesmo Espírito. Mas cada um é um centro que se irradia para diferentes lados e é por isso que parece estar em muitos lugares ao mesmo tempo. Vedes o Sol, é apenas um e, entretanto, irradia-se em todos os sentidos e leva seus raios para muito longe. Apesar disso, não se divide.

92 a Todos os Espíritos se irradiam com o mesmo poder?
– Longe disso. Isso depende do grau de pureza de cada um.

✦ *Cada Espírito é uma unidade indivisível, mas cada um deles pode estender seu pensamento para muitos lugares sem com isso se dividir. É apenas nesse sentido que se deve entender o dom da ubiqüidade atribuído aos Espíritos; como uma centelha que projeta ao longe sua claridade e pode ser percebida de todos os pontos do horizonte; ou, ainda, como um homem que, no mesmo lugar e sem se dividir, pode transmitir ordens, sinais e movimento para diferentes pontos.*

PERISPÍRITO

93 O Espírito, propriamente dito, não tem nenhuma cobertura, ou como pretendem alguns, é envolvido por alguma substância?
– O Espírito é envolvido por uma substância vaporosa para vós, mas ainda bem grosseira para nós; é suficientemente vaporosa para poder se elevar na atmosfera e se transportar para onde quiser.

✦ *Assim como nas sementes o germe do fruto é envolvido pelo perisperma[2], do mesmo modo o Espírito, propriamente dito, é revestido de um envoltório que, por comparação, pode-se chamar perispírito.*

94 De onde o Espírito tira seu envoltório semimaterial?
– Do fluido universal de cada globo. É por isso que não é igual em todos os mundos. Ao passar de um mundo a outro, o Espírito muda de envoltório, como trocais de roupa.

94 a Assim, quando os Espíritos que habitam os mundos superiores vêm até nós, revestem-se de um perispírito mais grosseiro?
– É preciso que se revistam de vossa matéria, como já dissemos.

95 O envoltório semimaterial do Espírito tem formas determinadas e pode ser perceptível?

---

2 - **Perisperma**: revestimento fino que envolve a parte da semente da qual se formará a planta (N. E.).

— Sim, tem a forma que lhe convém. É assim que se apresenta, algumas vezes, nos sonhos, ou quando estais acordados, podendo tomar uma forma visível e até mesmo palpável.

DIFERENTES ORDENS DE ESPÍRITOS

96 Os Espíritos são iguais ou há entre eles alguma hierarquia?
— Eles são de diferentes ordens, de acordo com o grau de perfeição a que chegaram.

97 Há um número determinado de ordens ou de graus de perfeição entre os Espíritos?
— O número é ilimitado. Não há entre essas ordens uma linha de demarcação como limite, e, assim, as divisões podem ser multiplicadas ou restringidas à vontade. No entanto, considerando-se as características gerais, podem reduzir-se a três principais.

Em primeiro lugar, os que chegaram à perfeição: os Espíritos puros. Os da segunda ordem são os que atingiram o meio da escala: o desejo do bem é sua preocupação. Os do último grau, ainda no início da escala, são os Espíritos imperfeitos, caracterizados pela ignorância, pelo desejo do mal e por todas as más paixões que retardam seu adiantamento.

98 Os Espíritos da segunda ordem têm apenas o desejo do bem, ou terão também o poder de praticá-lo?
— Têm esse poder segundo o grau de sua perfeição: uns têm a ciência, outros a sabedoria e a bondade, mas todos ainda têm provas a cumprir.

99 Os Espíritos da terceira ordem são todos essencialmente maus?
— Não; uns não fazem o bem nem o mal; outros, ao contrário, se satisfazem no mal e sentem prazer quando encontram a ocasião de o fazer. E há ainda os Espíritos levianos ou zombadores, mais brincalhões do que maus, que se satisfazem antes na malícia do que na maldade e que encontram prazer em mistificar e causar pequenas contrariedades das quais se riem.

ESCALA ESPÍRITA

100 *Observações preliminares*: A classificação dos Espíritos é baseada no grau de seu adiantamento, nas qualidades que adquiriram e nas imperfeições de que ainda devam se livrar. Essa classificação não tem nada de absoluto. Cada categoria apenas apresenta um caráter nítido em seu conjunto, mas de um grau a outro a transição é insensível e nos extremos as diferenças se apagam como nos reinos da natureza, nas cores do arco-íris, ou, ainda, como nos diferentes períodos da vida do homem. Pode-se formar um número de classes mais ou menos grande, segundo o ponto de vista de que se considere a questão. Ocorre o mesmo com todos os sistemas de classificações científicas: esses sistemas podem ser mais ou menos completos, mais ou menos racionais, mais ou menos cômodos para a inteligência, mas, quaisquer que sejam, não mudam em nada as bases da ciência. Assim, os Espíritos interrogados sobre esse ponto puderam variar no número de categorias sem que isso tenha conseqüências. Armaram-se alguns contestadores da Doutrina com essa contradição aparente, sem refletir que os Espíritos não dão nenhuma importância ao que é puramente convencional. Para eles, o pensamento é tudo. Deixam para nós a forma, a escolha dos termos, as classificações, numa palavra, os sistemas.

Acrescentamos ainda esta consideração, que jamais se deve perder de vista: é que entre os Espíritos, assim como entre os homens, há os muito ignorantes, e nunca será demais se prevenir contra a tendência de acreditar que todos devem saber tudo só porque são Espíritos. Qualquer classificação exige método, análise e conhecimento profundo do assunto. Portanto, no mundo dos Espíritos, aqueles que têm conhecimentos limitados são, como na Terra, os ignorantes, incapazes de abranger um conjunto para formular um sistema. Só imperfeitamente conhecem ou compreendem uma classificação qualquer. Para eles, todos os Espíritos que lhes são superiores são de primeira ordem, sem que possam apreciar as diferenças de saber, capacidade e moralidade que os distinguem entre si, como faria entre nós um homem rude em relação aos homens civilizados. Mesmo os que têm capacidade de o fazer podem variar nos detalhes, de acordo com seus pontos de vista, principalmente quando uma divisão como esta não tem limites fixados, *nada de absoluto*. Lineu, Jussieu e Tournefort proclamaram, cada um, seu método, e a botânica não se alterou em nada por causa disso. É que o método deles não inventou as plantas, nem seus caracteres. Eles apenas observaram as semelhanças e funções com as quais depois formaram grupos ou classes. Da mesma maneira procedemos nós. Não inventamos os Espíritos, nem seus caracteres. Vimos e observamos. Nós os julgamos por suas palavras e seus atos, depois os classificamos por semelhanças, baseando-nos em dados que eles próprios nos forneceram.

Os Espíritos admitem geralmente três categorias principais ou três grandes divisões. Na última, a que está no início da escala, estão os Espíritos imperfeitos, caracterizados pela predominância da matéria sobre o Espírito e pela propensão ao mal.

Os da segunda são caracterizados pela predominância do Espírito sobre a matéria e pelo desejo do bem: esses são os bons Espíritos. Os da primeira categoria atingiram o grau supremo da perfeição: são os Espíritos puros.

Essa divisão nos parece perfeitamente racional e apresenta características bem definidas. Só nos faltava ressaltar, mediante um número suficiente de subdivisões, as diferenças principais do conjunto. Foi o que fizemos com o auxílio dos Espíritos, cujas instruções benevolentes nunca nos faltaram.

Com o auxílio desse quadro será fácil determinar a categoria e o grau de superioridade ou inferioridade dos Espíritos com os quais podemos entrar em contato e, por conseguinte, o grau de confiança e de estima que merecem. É de certo modo a chave da ciência espírita, visto que apenas ele pode nos explicar as anomalias, as diferenças que apresentam as comunicações, ao nos esclarecer sobre as desigualdades intelectuais e morais dos Espíritos. Observaremos, todavia, que nem sempre os Espíritos pertencem exclusivamente a esta ou aquela classe. Seu progresso apenas se realiza gradualmente e, muitas vezes, mais num sentido do que em outro, e podem reunir as características de mais de uma categoria, o que se pode notar por sua linguagem e seus atos.

TERCEIRA ORDEM – ESPÍRITOS IMPERFEITOS

101 *Características gerais* – Predominância da matéria sobre o Espírito. Propensão ao mal. Ignorância, orgulho, egoísmo e todas as más paixões que são suas conseqüências.

Eles têm a intuição de Deus, mas não o compreendem.

Nem todos são essencialmente maus. Entre alguns há mais leviandade, inconseqüência e malícia do que verdadeira maldade. Alguns não fazem o bem nem o mal; mas, apenas pelo fato de não fazerem o bem, já demonstram sua inferioridade. Outros, ao contrário, se comprazem no mal e ficam satisfeitos quando encontram a ocasião de o fazer.

Podem aliar a inteligência à maldade ou à malícia; mas qualquer que seja seu desenvolvimento intelectual, suas idéias são pouco elevadas e seus sentimentos mais ou menos inferiores.

Seus conhecimentos sobre as coisas do mundo espírita são limitados e o pouco que sabem se confunde com as idéias e os preconceitos da vida corporal. Eles podem nos dar apenas noções falsas e incompletas, mas o observador atento encontra, muitas vezes, em suas comunicações imperfeitas, a confirmação das grandes verdades ensinadas pelos Espíritos Superiores.

Seu caráter se revela pela sua linguagem. Todo Espírito que em suas comunicações revela um mau pensamento pode ser classificado na terceira ordem. Por conseqüência, todo mau pensamento que nos é sugerido vem de um Espírito dessa ordem.

Eles vêem a felicidade dos bons e isso é, para eles, um tormento incessante, porque sentem todas as agonias que originam a inveja e o ciúme.

Conservam a lembrança e a percepção dos sofrimentos da vida corporal e essa impressão é, muitas vezes, mais dolorosa do que a realidade. Sofrem, verdadeiramente, pelos males que suportaram em vida e pelos que fizeram os outros sofrer. E como sofrem por longo tempo, acreditam que irão sofrer para sempre. A Providência, para puni-los, permite que assim pensem[3].

Pode-se dividi-los em cinco classes principais:

102 *Décima classe*. Espíritos Impuros – São inclinados ao mal e fazem dele o objeto de suas preocupações. Como Espíritos, dão conselhos falsos, provocam a discórdia e a desconfiança e se mascaram de todas as formas para melhor enganar. Eles se ligam às pessoas de caráter mais fraco, que cedem às suas sugestões, a fim de prejudicá-los, satisfeitos em poder retardar o seu adiantamento e fazê-las fracassar nas provas por que passam.

Nas manifestações, esses espíritos são reconhecidos pela linguagem. A trivialidade e a grosseria das expressões, entre os Espíritos como entre os homens, é sempre um indício de inferioridade moral ou intelectual. Suas comunicações revelam a baixeza de suas inclinações e, se tentam enganar ao falar de uma maneira sensata, não podem sustentar esse papel por muito tempo, e acabam sempre por denunciar a sua origem.

Alguns povos fizeram desses Espíritos divindades malfazejas; outros os designaram sob o nome de demônios, maus gênios, espíritos do mal.

Quando estão encarnados, são inclinados a todos os vícios que geram as paixões vergonhosas e degradantes: a sensualidade, a crueldade, a mentira, a hipocrisia, a cobiça e a avareza sórdida. Fazem o mal pelo prazer de fazê-lo e, muitas vezes, sem motivos e por ódio ao bem, escolhem quase sempre suas vítimas entre as pessoas honestas. São flagelos para a humanidade, seja qual for a posição da sociedade a que pertençam, e o verniz da civilização não os livra da baixeza e da desonra.

103 *Nona classe*. Espíritos Levianos – São ignorantes, maliciosos, inconseqüentes e zombeteiros. Envolvem-se em tudo, respondem a tudo, sem se preocupar com a verdade. Comprazem-se em causar pequenos desgostos e pequenas alegrias, atormentar e induzir maliciosamente ao erro por meio de mistificações e espertezas. A esta classe pertencem os Espíritos vulgarmente designados sob os nomes de *duendes, trasgos*[4], *gnomos, diabretes*. Estão sob a dependência dos Espíritos Superiores, que se utilizam deles, muitas vezes, como fazemos com os nossos servidores.

Nas suas comunicações com os homens, a linguagem é algumas vezes espirituosa e engraçada, mas quase sempre sem profundidade.

---

3 - À frente, na questão 258 e seguintes, está explicada a idéia de como a lei atua para o resgate dos Espíritos (N. E.).
4 - **Trasgo:** Espírito elementar (N. E.).

Compreendem os defeitos e o ridículo humanos, exprimindo-os em tiradas mordazes e satíricas. Se usam nomes supostos, é mais para se divertir conosco do que por maldade.

104 *Oitava classe.* Espíritos Pseudo-Sábios – Seus conhecimentos são bastante amplos, mas acreditam saber mais do que sabem na realidade. Tendo realizado alguns progressos sob diversos pontos de vista, sua linguagem tem uma característica séria que pode induzir ao erro e ocasionar enganos sobre suas capacidades e seus conhecimentos. Mas isso é apenas um reflexo dos preconceitos e das idéias sistemáticas que conservam da vida terrena. É uma mistura de algumas verdades ao lado dos erros mais absurdos, no meio dos quais sobressai a presunção, o orgulho, a inveja e a obstinação das quais não puderam se libertar.

105 *Sétima classe.* Espíritos Neutros – Não são bastante bons para fazer o bem, nem suficientemente maus para fazer o mal. Inclinam-se tanto para um quanto para o outro e não se elevam acima da condição comum da humanidade, tanto pela moral quanto pela inteligência. Eles se prendem às coisas deste mundo e lamentam a perda das alegrias grosseiras que nele deixaram.

106 *Sexta classe.* Espíritos Batedores e Perturbadores – Estes Espíritos não formam, propriamente falando, uma classe distinta quanto às qualidades pessoais, podendo pertencer a todas as classes da terceira ordem. Manifestam, freqüentemente, sua presença por efeitos sensíveis e físicos, como pancadas, o movimento e o deslocamento anormal dos corpos sólidos, a agitação do ar etc. Parecem estar ainda, mais do que outros, ligados à matéria e ser os agentes principais das variações e transformações das forças e elementos da natureza no globo, seja ao atuarem sobre o ar, a água, o fogo, os corpos duros ou nas entranhas da terra. Reconhece-se que esses fenômenos não se originam de uma causa imprevista e física, quando têm um caráter intencional e inteligente. Todos os Espíritos podem produzir esses fenômenos, mas os de ordem elevada os deixam, geralmente, como atribuições dos subalternos, mais aptos às coisas materiais do que às da inteligência. Quando julgam que essas manifestações são úteis, servem-se dos Espíritos dessa classe como seus auxiliares.

SEGUNDA ORDEM – BONS ESPÍRITOS

107 *Características gerais* – Predominância do Espírito sobre a matéria; desejo do bem. Suas qualidades e poder para fazer o bem estão em conformidade com o grau que alcançaram. Uns têm a ciência; outros, a sabedoria e a bondade. Os mais adiantados reúnem o saber às qualidades morais. Não estando ainda completamente desmaterializados, conservam mais ou menos, de acordo com sua categoria, os traços da existência corporal, tanto na forma da linguagem quanto nos costumes, entre os quais se identificam algumas de suas manias. Não fosse por isso, seriam Espíritos perfeitos.

Compreendem Deus e o infinito e já gozam da felicidade dos bons; são felizes pelo bem que fazem e pelo mal que impedem. O amor que os une é uma fonte de felicidade indescritível que não é alterada pela inveja, pelo remorso, nem por nenhuma das más paixões que fazem o tormento dos Espíritos imperfeitos. Mas todos ainda têm que passar por provas até que atinjam a perfeição absoluta.

Como Espíritos, sugerem bons pensamentos, desviam os homens do caminho do mal, protegem a vida daqueles que se tornam dignos e neutralizam a influência dos Espíritos imperfeitos sobre os que não têm por que passar por ela.

Quando encarnados são bons e benevolentes com os seus semelhantes. Não são movidos pelo orgulho, egoísmo, nem ambição. Não sentem ódio, rancor, inveja ou ciúme e fazem o bem pelo bem.

A esta ordem pertencem os Espíritos designados nas crenças populares pelos nomes de *gênios bons, gênios protetores, Espíritos do bem*. Nos tempos de superstições e ignorância, foram tidos como divindades benfazejas.

Pode-se dividi-los em quatro grupos principais:

108 *Quinta classe*. Espíritos Benevolentes – Sua qualidade dominante é a bondade; satisfazem-se em prestar serviços aos homens e em protegê-los, mas seu saber é limitado. Seu progresso é maior no sentido moral do que no intelectual.

109 *Quarta classe*. Espíritos Prudentes ou Sábios – O que os distingue especialmente é a abrangência de seus conhecimentos. Preocupam-se menos com as questões morais do que com as científicas, para as quais têm mais aptidão. Mas consideram a ciência somente do ponto de vista da utilidade, livre das paixões que são próprias dos Espíritos imperfeitos.

110 *Terceira classe*. Espíritos de Sabedoria – As qualidades morais do mais elevado grau formam seu caráter. Sem ter conhecimentos ilimitados, são dotados de uma capacidade intelectual que lhes dá um julgamento preciso e sábio sobre os homens e as coisas.

111 *Segunda classe*. Espíritos Superiores – Reúnem a ciência, a sabedoria e a bondade. Sua linguagem revela sempre a benevolência e é constantemente digna, elevada, muitas vezes sublime. Sua superioridade os torna mais aptos que os outros para nos dar noções mais justas sobre as coisas do mundo incorpóreo, dentro dos limites do

CAPÍTULO 1 – DOS ESPÍRITOS

que é permitido ao homem conhecer. Comunicam-se benevolentemente com os que procuram de boa-fé a verdade e que têm a alma já liberta dos laços terrestres para compreendê-la. Mas se afastam dos que são movidos apenas pela curiosidade ou dos que a influência da matéria desvia da prática do bem.

Quando, por exceção, encarnam na Terra, é para realizar uma missão de progresso e nos oferecem, então, o modelo de perfeição a que a humanidade pode aspirar neste mundo.

PRIMEIRA ORDEM – ESPÍRITOS PUROS

112 *Características gerais* – Não sofrem nenhuma influência da matéria. Superioridade intelectual e moral absoluta em relação aos Espíritos das outras ordens.

113 *Primeira classe. Classe Única* – Passaram por todos os graus da escala e se libertaram de todas as impurezas da matéria. Tendo atingido o mais elevado grau de perfeição de que é capaz a criatura, não têm mais que sofrer provas nem expiações. Não estando mais sujeitos à reencarnação em corpos perecíveis, a vida é para eles eterna e a desfrutam no seio de Deus.

Gozam de uma felicidade inalterável por não estarem sujeitos nem às necessidades, nem às variações e transformações da vida material. Mas essa felicidade não é de *uma ociosidade monótona passada numa contemplação perpétua*. São os mensageiros e ministros de Deus, cujas ordens executam para a manutenção da harmonia universal. Comandam todos os Espíritos que lhes são inferiores, ajudando-os a se aperfeiçoarem e lhes designam missões. Assistir os homens em suas aflições, incitá-los ao bem ou à expiação das faltas que os afastam da felicidade suprema é para eles uma agradabilíssima ocupação. São chamados, às vezes, de anjos, arcanjos ou serafins.

Os homens podem entrar em comunicação com eles, mas presunçoso seria aquele que pretendesse tê-los constantemente às suas ordens.

PROGRESSÃO DOS ESPÍRITOS

114 Os Espíritos são bons ou maus por natureza ou são eles mesmos que se melhoram?

– São os próprios Espíritos que se melhoram, passando de uma ordem inferior para uma ordem superior.

115 Dentre os Espíritos, alguns foram criados bons e outros maus?

– Deus criou todos os Espíritos simples e ignorantes, ou seja, sem conhecimento. Deu a cada um uma missão com o objetivo de esclarecê-los e de fazê-los chegar, progressivamente, à perfeição pelo conhecimento da verdade e para aproximá-los de Si. A felicidade eterna e pura é para os que alcançam essa perfeição. Os Espíritos adquirem esses conhecimentos ao passar pelas provas que a Lei Divina lhes impõe. Uns aceitam essas provas com submissão e chegam mais depressa ao objetivo que lhes é destinado. Outros somente as suportam com lamentação e por causa dessa falta permanecem mais tempo afastados da perfeição e da felicidade prometida.

115 a Assim sendo, os Espíritos seriam em sua origem semelhantes às crianças, ignorantes e sem experiência, só adquirindo pouco a pouco os conhecimentos que lhes faltam ao percorrer as diferentes fases da vida?

– Sim, a comparação é boa. A criança rebelde permanece ignorante e imperfeita, tem maior ou menor aproveitamento segundo sua docilidade. Porém, a vida do homem tem um limite, um fim, enquanto a dos Espíritos se estende ao infinito.

116 Há Espíritos que permanecerão perpetuamente nas classes inferiores?

– Não, todos se tornarão perfeitos. Eles progridem, mas demoradamente. Como já dissemos, um pai justo e misericordioso não pode banir eternamente seus filhos. Pretenderíeis que Deus, tão grande, tão bom, tão justo, fosse pior do que vós mesmos?

117 Depende dos Espíritos apressar seu progresso para a perfeição?

– Certamente. Chegam mais ou menos rapidamente conforme seu desejo e submissão à vontade de Deus. Uma criança dócil não se instrui mais rapidamente do que uma criança rebelde?

118 Os Espíritos podem se degenerar?

– Não; à medida que avançam, compreendem o que os afasta da perfeição. Quando o Espírito acaba uma prova, fica com o conhecimento que adquiriu e não o esquece mais. Pode ficar estacionário, mas retroceder, não retrocede.

119 Deus não poderia isentar os Espíritos das provas que devem sofrer para atingir a primeira ordem?

– Se tivessem sido criados perfeitos, não teriam nenhum mérito para desfrutar dos benefícios dessa perfeição. Onde estaria o mérito sem a luta? Além do mais, a desigualdade entre eles é necessária para desenvolver a personalidade, e a missão que realizam nessas diferentes ordens está nos desígnios da Providência para a harmonia do universo.

♦ *Tendo em vista que na vida social todos os homens podem chegar às primeiras funções, igualmente poderíamos perguntar por que o soberano de um país não promove cada um de seus soldados a general; por que todos os empregados subalternos não são empregados superiores;*

por que todos os estudantes não são mestres. Portanto, há essa diferença entre a vida social e a vida espiritual: a primeira é limitada e nem sempre permite alcançar todos os graus, enquanto a segunda é indefinida e deixa a cada um a possibilidade de se elevar ao grau supremo.

120 Todos os Espíritos passam pelo mal para chegar ao bem?
– Pelo mal, não, mas sim pela fieira[5] da ignorância.

121 Por que alguns Espíritos seguiram o caminho do bem e outros o do mal?
– Não têm eles o livre-arbítrio? Deus não criou Espíritos maus; criou-os simples e ignorantes, ou seja, com as mesmas aptidões tanto para o bem quanto para o mal. Os que são maus o são por vontade própria.

122 Como é que os Espíritos, em sua origem, quando ainda não têm consciência de si mesmos, podem ter a liberdade de escolha entre o bem e o mal? Há neles algum princípio, alguma tendência que os leve para um ou outro caminho?
– O livre-arbítrio se desenvolve à medida que o Espírito adquire a consciência de si mesmo. Não haveria mais liberdade se a escolha fosse determinada ou imposta por uma causa independente da vontade do Espírito. A causa não está nele, e sim fora, nas influências a que cede em virtude de sua livre vontade. É essa a grande figura da queda do homem e do pecado original: uns cederam, outros resistiram à tentação.

122 a De onde parte a influência sobre ele?
– Dos Espíritos imperfeitos que procuram apossar-se dele para dominá-lo e ficam satisfeitos de o fazer fracassar. Foi isso que se quis simbolizar na figura de Satanás.

122 b Essa influência se exerce sobre o Espírito somente em sua origem?
– Essa influência o segue na sua vida de Espírito até que alcance um domínio tão completo sobre si mesmo que os maus desistam de obsediá-lo[6].

123 Por que Deus permitiu que os Espíritos pudessem seguir o caminho do mal?
– Como ousais pedir a Deus conta de seus atos? Pensais poder penetrar seus desígnios? Entretanto, podeis pensar assim: a sabedoria de Deus está na liberdade de escolha que dá a cada um, porque, assim, cada um tem o mérito de suas obras.

---

5 - **Fieira:** experiência pela qual alguém passou (N. E.).
6 - **Obsessão:** neste caso, influência de um Espírito desencarnado, malévolo, sobre um encarnado. Há outras formas de obsessão – Veja *O Livro dos Médiuns*, Parte Segunda, cap. 23 – Obsessão (N. E.).

124 Uma vez que há Espíritos que, desde o princípio, seguem o caminho do bem absoluto e outros o do mal absoluto, deve haver, sem dúvida, degraus entre esses dois extremos?
– Sim, certamente, e é aí que se encontra a grande maioria.

125 Os Espíritos que seguiram o caminho do mal poderão chegar ao mesmo grau de superioridade que os outros?
– Sim, mas as *eternidades* serão para eles mais longas.

✦ *Por esta expressão* – as eternidades – *deve-se entender a idéia que os Espíritos inferiores têm da perpetuidade de seus sofrimentos, porque, como não lhes é dado ver o fim do seu sofrimento, essa idéia revive em todas as provas em que fracassam*[7].

126 Os Espíritos que alcançaram o grau supremo de perfeição, após terem passado pelo mal, têm menos mérito do que os outros, aos olhos de Deus?
– Deus contempla a todos do mesmo modo e os ama com o mesmo coração. Eles foram chamados maus por fracassarem; mas no início eram só simples Espíritos.

127 Os Espíritos são criados iguais quanto às aptidões intelectuais?
– Eles são criados iguais, mas, não sabendo de onde vêm, é preciso que o livre-arbítrio prossiga seu curso. Progridem mais ou menos rapidamente em inteligência como em moralidade.

✦ *Os Espíritos que seguem desde o princípio o caminho do bem nem por isso são Espíritos perfeitos. Se não têm tendências más ainda precisam adquirir a experiência e os conhecimentos necessários para atingir a perfeição. Podemos compará-los a crianças que, qualquer que seja a bondade de seus instintos naturais, têm necessidade de se desenvolver, se esclarecer e não passam, sem transição, da infância à idade adulta. Assim como há homens bons e outros maus desde sua infância, há também Espíritos bons ou maus desde sua origem, com a diferença fundamental de que a criança tem os instintos todos formados, enquanto o Espírito, na sua formação, não é mau, nem bom; tem todas as tendências e toma uma ou outra direção por efeito de seu livre-arbítrio.*

ANJOS E DEMÔNIOS

128 Os seres a que chamamos anjos, arcanjos, serafins formam uma categoria especial de natureza diferente dos outros Espíritos?
– Não. São os Espíritos puros. Estão no mais alto grau da escala e reúnem todas as perfeições.

---

7 - Compare com a questão 101, referente à idéia de sofrimento e punição (N. E.).

Capítulo 1 – Dos Espíritos

✦ *A palavra* anjo *desperta, geralmente, a idéia de perfeição moral. Entretanto, aplica-se, muitas vezes, a todos os seres bons e maus que estão fora da humanidade. Diz-se: o bom e o mau anjo, o anjo de luz e o anjo das trevas. Nesse caso, é sinônimo de Espírito ou de gênio. Nós a tomamos aqui na sua significação de bom.*

129 Os anjos percorreram todos os graus da escala evolutiva?

– Eles percorreram todos os graus, mas, como já dissemos: uns aceitaram sua missão sem murmurar e chegaram mais rápido; outros levaram um tempo mais ou menos longo para chegar à perfeição.

130 Se a opinião de que há seres criados perfeitos e superiores a todas as outras criaturas é errônea, como se explica o fato de que esteja na tradição de quase todos os povos?

– Pensai e considerai que o vosso mundo não existe de toda a eternidade e que, muito tempo antes que ele existisse, havia Espíritos que já tinham alcançado o grau supremo da evolução. Eis por que os homens acreditaram que eles foram sempre assim (perfeitos).

131 Há demônios, no sentido que se dá a essa palavra?

– Se houvesse demônios, seriam obra de Deus. Deus seria justo e bom por ter feito seres eternamente devotados ao mal e eternamente infelizes? Se há demônios, é no vosso mundo inferior e em outros semelhantes ao vosso. Demônios são esses homens hipócritas que fazem de um Deus justo um Deus mau e vingativo e acreditam que Lhe agradam pelas abominações que cometem em Seu nome.

✦ *A palavra* demônio *nos dias atuais significa e nos dá idéia de mau Espírito, porém a palavra grega* daimôn, *de onde se origina, significa* gênio, inteligência, *e se emprega para designar seres incorpóreos, bons ou maus, sem distinção.*

Os demônios, conforme o significado comum da palavra, supõem seres malvados por natureza, na sua essência. Seriam, como todas as coisas, criação de Deus. Assim sendo, Deus, soberanamente justo e bom, não pode ter criado seres predispostos, por sua natureza, ao mal e condenados por toda a eternidade. Se não fossem obra de Deus, seriam, forçosamente, como ele, de toda a eternidade, ou então haveria muitos poderes soberanos.

A primeira condição de toda doutrina é a de ser lógica. A doutrina dos demônios, cuidadosa e severamente analisada, peca por essa base essencial. Pode-se compreendê-la na crença dos povos atrasados que, por não conhecerem os atributos de Deus, crêem em divindades maldosas e em demônios. Mas, para todo aquele que faz da bondade de Deus um atributo por excelência, é ilógico e contraditório supor que Deus pudesse criar seres voltados ao mal e destinados a praticá-lo perpetuamente, porque isso é negar Sua bondade. Os partidários do demônio se apóiam nas palavras do Cristo. E com toda certeza não contestaremos aqui a autoridade de Seu ensinamento, que gostaríamos de ver mais no coração do que na boca dos homens. Mas os partidários dessa idéia estarão certos do significado que o Cristo dava à palavra demônio? Já não sabemos que a forma alegórica é a maneira usual de Sua linguagem? Tudo que é dito no Evangelho deve ser tomado ao pé da letra? Não precisamos de outra prova mais evidente além desta passagem:

"Logo após esses dias de aflição, o Sol se escurecerá e a Lua não mais iluminará, as estrelas cairão do céu e as forças do céu serão abaladas. Eu vos digo em verdade que esta geração não passará sem que todas essas coisas sejam cumpridas."

Não vimos a forma do texto bíblico ser contestada pela ciência no que se refere à Criação e ao movimento da Terra? Não se dará o mesmo com certas figuras empregadas pelo Cristo, tendo que falar em conformidade com os tempos e os lugares? O Cristo não poderia dizer, conscientemente, uma falsidade; se, então, em suas palavras há coisas que parecem chocar a razão, é porque não as compreendemos ou as interpretamos mal.

Os homens fizeram com os demônios o que fizeram com os anjos. Da mesma forma que acreditaram na existência de seres perfeitos desde toda a eternidade, tomaram também por comparação os Espíritos inferiores como seres perpetuamente maus. Pela palavra demônio devem-se entender Espíritos impuros que, muitas vezes, não são nada melhores do que o nome já diz, mas com a diferença de que seu estado é apenas transitório. Esses são os Espíritos imperfeitos que se revoltam contra as provas que sofrem e, por isso, as sofrem por um tempo mais longo; porém, chegarão a se libertar e sair dessa situação quando tiverem vontade. Podemos, portanto, compreender a palavra demônio com essa restrição. Mas, como se entende agora, com um sentido peculiar e muito próprio, ela induziria ao erro, fazendo acreditar na existência de seres especialmente criados para o mal.

Com relação a Satanás, é evidentemente a personificação do mal sob uma forma alegórica, porque não se poderia admitir um ser mau lutando em igualdade de poder com a Divindade e cuja única preocupação seria a de contrariar seus desígnios. Como o homem precisa de figuras e imagens para impressionar sua imaginação, o próprio homem pintou seres incorpóreos sob uma forma material, com os atributos que lembram as qualidades e os defeitos humanos. É assim que os antigos, querendo personificar o Tempo, pintaram-no na figura de um velho com uma foice e uma ampulheta. A figura de um jovem para essa alegoria seria um contra-senso. Ocorre o *mesmo com as alegorias da fortuna, da verdade etc. Modernamente os anjos ou Espíritos puros são representados numa figura radiosa, com asas brancas, símbolo da pureza; Satanás com chifres, garras e os atributos da animalidade, emblema das paixões inferiores. O povo, que toma as coisas ao pé da letra, viu nesses emblemas individualidades reais, como antigamente viu Saturno na alegoria do Tempo.*

CAPÍTULO

2

ENCARNAÇÃO DOS ESPÍRITOS

Objetivo da encarnação – A alma – Materialismo

OBJETIVO DA ENCARNAÇÃO

132 Qual é o objetivo da encarnação dos Espíritos?
– A Lei de Deus lhes impõe a encarnação com o objetivo de fazê-los chegar à perfeição. Para uns é uma expiação; para outros é uma missão. Mas, para chegar a essa perfeição, *devem sofrer todas as tribulações da existência corporal*: é a expiação. A encarnação tem também um outro objetivo: dar ao Espírito condições de cumprir sua parte na obra da criação. Para realizá-la é que, em cada mundo, toma um corpo em harmonia com a matéria essencial desse mundo para executar aí, sob esse ponto de vista, as determinações de Deus, de modo que, concorrendo para a obra geral, ele próprio se adianta.

✦ *A ação dos seres corpóreos é necessária à marcha do universo. Deus, em sua sabedoria, quis que, numa mesma ação, encontrassem um meio de progredir e de se aproximar Dele. É assim que, por uma lei admirável da Providência, tudo se encadeia, tudo é solidário na natureza.*

133 Os Espíritos que, desde o princípio, seguiram o caminho do bem, têm necessidade da encarnação?
– Todos são criados simples e ignorantes e se instruem nas lutas e tribulações da vida corporal. Deus, que é justo, não podia fazer só alguns felizes, sem dificuldades e sem trabalho e, por conseguinte, sem mérito.

133 a Mas, então, de que serve aos Espíritos seguirem o caminho do bem, se isso não os livra das dificuldades da vida corporal?
– Eles chegam mais rápido à finalidade a que se destinam; e, depois, as dificuldades da vida são muitas vezes a conseqüência da imperfeição do Espírito. Quanto menos imperfeições, menos tormentos. Aquele que não é invejoso, ciumento, avarento ou ambicioso não sofrerá com os tormentos que procedem desses defeitos.

A ALMA

134 O que é a alma?
– Um Espírito encarnado.

134 a O que era a alma antes de se unir ao corpo?
– Um Espírito.

Capítulo 2 – Encarnação dos Espíritos

134 b As almas e os Espíritos são, portanto, uma e a mesma coisa?
– Sim, as almas são os Espíritos. Antes de se unir ao corpo, a alma é um dos seres inteligentes que povoam o mundo invisível e se revestem temporariamente de um corpo carnal para se purificar e se esclarecer.

135 Há no homem outra coisa mais que a alma e o corpo?
– Há o laço que une a alma ao corpo.

135 a Qual é a natureza desse laço?
– Semimaterial, ou seja, de natureza intermediária entre o Espírito e o corpo. É preciso que assim seja para que possam se comunicar um com o outro. É por esse princípio que o Espírito age sobre a matéria e vice-versa.

✦ *Desse modo, o homem é formado de três partes essenciais:*

1ª) O corpo ou ser material, semelhante ao dos animais e animado pelo mesmo princípio vital;

2ª) A alma, Espírito encarnado que tem no corpo a sua habitação;

3ª) O princípio intermediário ou perispírito, substância semimaterial que serve de primeiro envoltório ao Espírito e une a alma ao corpo físico. São como num fruto: a semente, o perisperma e a casca.

136 A alma é independente do princípio vital?
– O corpo é apenas o envoltório, repetimos isso constantemente.

136 a O corpo pode existir sem a alma?
– Sim, pode; porém, desde que cesse a vida no corpo, a alma o abandona. Antes do nascimento, não há união definitiva entre a alma e o corpo; ao passo que, depois que essa união está estabelecida, só a morte do corpo rompe os laços que o unem à alma, que o deixa. A vida orgânica pode animar um corpo sem alma, mas a alma não pode habitar um corpo em que não há vida orgânica.

136 b O que seria nosso corpo se não houvesse alma?
– Uma massa de carne sem inteligência, tudo o que quiserdes, exceto um ser humano.

137 Um mesmo Espírito pode encarnar em dois corpos diferentes ao mesmo tempo?
– Não; o Espírito é indivisível e não pode animar simultaneamente dois seres diferentes. (Veja *O Livro dos Médiuns*, Parte Segunda, cap. 7 – Bicorporeidade e Transfiguração.)

138 Que pensar daqueles que consideram a alma como o princípio da vida material?
– É uma questão de palavras que não nos diz respeito. Começai por vos entenderdes a vós mesmos.

139 Alguns Espíritos e, antes deles, alguns filósofos definiram assim a alma: "Uma centelha anímica emanada do grande Todo". Por que essa contradição?

– Não há contradição; depende da significação das palavras. Por que não tendes uma palavra para cada coisa?

♦ *A palavra alma é empregada para exprimir coisas muito diferentes. Uns chamam alma o princípio da vida, e com esse entendimento é exato dizer, em sentido figurado, que a alma é "uma centelha anímica emanada do grande Todo". Essas últimas palavras indicam a fonte universal do princípio vital do qual cada ser absorve uma porção que, depois da morte, retorna à massa. Essa idéia não exclui a de um ser moral distinto, independente da matéria e que conserva sua individualidade. É esse ser que se chama, igualmente, alma, e é nesse sentido que se pode dizer que a alma é um Espírito encarnado. Ao dar à alma definições diferentes, os Espíritos falaram conforme a idéia que faziam da palavra e de acordo com as idéias terrestres de que ainda estavam mais ou menos imbuídos. Isso decorre da insuficiência da linguagem humana, que não tem uma palavra para cada idéia, gerando uma infinidade de enganos e discussões. Eis por que os Espíritos superiores nos dizem que nos entendamos primeiro acerca das palavras* (Ver na Introdução explicação mais detalhada de *alma*).

140 O que pensar da teoria da alma subdividida em tantas partes quanto os músculos e sendo responsável, assim, por cada uma das funções do corpo?

– Isso depende ainda do sentido que se dá à palavra *alma*. Se a entendermos como o fluido vital, tem razão; mas se queremos entendê-la como Espírito encarnado, é errada. Como já dissemos, o Espírito é indivisível. Ele transmite o movimento aos órgãos pelo fluido intermediário, sem se dividir.

140 a Entretanto, há Espíritos que deram essa definição.

– Espíritos ignorantes podem tomar o efeito pela causa.

♦ *A alma atua por intermédio dos órgãos e os órgãos são animados pelo fluido vital, que se reparte entre eles e se concentra mais fortemente nos órgãos que são os centros ou focos do movimento. Conseqüentemente, não procede a idéia de igualar a alma ao fluido vital, se por alma queremos dizer o Espírito que habita o corpo durante a vida e o abandona na morte.*

141 Há alguma verdade na opinião dos que pensam que a alma é exterior e envolve o corpo?

– A alma não está aprisionada no corpo como um pássaro numa gaiola. Irradiante, ela brilha e se manifesta ao redor dele como a luz através de um globo de vidro ou como o som ao redor de um centro sonoro. É desse modo que se pode dizer que é exterior, mas não é o envoltório do corpo. A alma tem dois envoltórios ou corpos: um sutil e leve, que é o primeiro, chamado *perispírito*; o outro, grosseiro, material e pesado, que é o corpo carnal. A alma é o centro de todos esses envoltórios, como o germe o é numa semente, como já dissemos.

142 O que dizer desta outra teoria segundo a qual a alma, numa criança, se completa a cada período de vida?

– O Espírito é um só, está completo na criança como no adulto. Os órgãos ou instrumentos das manifestações da alma é que se desenvolvem e se completam. Nesse caso é ainda tomar o efeito pela causa.

143 Por que todos os Espíritos não definem a alma da mesma maneira?

– Os Espíritos não são todos igualmente esclarecidos sobre estas questões. Há Espíritos cujos conhecimentos são ainda limitados e não compreendem as coisas abstratas, como ocorre entre vós com as crianças. Há também Espíritos pseudo-sábios, que fazem rodeio de palavras para se impor; aliás, como acontece entre vós. Mas, além disso, os próprios Espíritos esclarecidos podem se exprimir em termos diferentes que, no fundo, têm o mesmo significado, especialmente quando se trata de coisas para as quais a vossa linguagem é inadequada para exprimir claramente, precisando de figuras e comparações que tomais como realidade.

144 O que se deve entender por alma do mundo?

– O princípio universal da vida e da inteligência de onde nascem as individualidades. Mas aqueles que se servem dessas palavras freqüentemente não se compreendem uns aos outros. A palavra *alma* tem uma aplicação tão elástica que cada um a interpreta de acordo com a sua imaginação. Já se atribuiu, também, uma alma à Terra, o que é preciso entender como sendo o conjunto de Espíritos devotados que dirigem as vossas ações no bom caminho quando os escutais, e que são, de algum modo, os representantes de Deus em relação ao vosso globo.

145 Como tantos filósofos antigos e modernos têm discutido por tanto tempo sobre a ciência psicológica sem ter chegado à verdade?

– Esses homens eram os precursores da Doutrina Espírita eterna. Eles prepararam os caminhos. Eram homens e se enganaram, tomaram suas próprias idéias pela luz. Mas os próprios erros servem para deduzir a verdade ao mostrar os prós e os contras. Aliás, entre esses erros se encontram grandes verdades, que um estudo comparativo tornará compreensíveis[1].

146 A alma tem uma sede determinada e circunscrita no corpo?

---

1 - Compare essa resposta com a da questão 628 (N. E.).

– Não, mas está mais particularmente na cabeça entre os grandes gênios, os que pensam muito, e no coração nos que têm sentimentos elevados e cujas ações beneficiam toda a humanidade.

146 a Que pensar da opinião daqueles que colocam a alma num centro vital?

– Isso quer dizer que o Espírito se localiza, de preferência, nessa parte do vosso organismo, uma vez que é para aí que convergem todas as sensações. Aqueles que a colocam no que consideram como centro da vitalidade a confundem com o fluido ou princípio vital. Contudo, pode-se dizer que a sede da alma está mais particularmente nos órgãos que servem às manifestações intelectuais e morais.

MATERIALISMO

147 Por que os anatomistas[2], os fisiologistas[3] e em geral os que se aprofundam nas ciências naturais são, muitas vezes, levados ao materialismo?

– O fisiologista vê tudo à sua maneira. Orgulho dos homens, que acreditam saber tudo e não admitem que alguma coisa possa ultrapassar seu conhecimento. Sua própria ciência lhes dá presunção. Pensam que a natureza não pode lhes ocultar nada.

148 Não é de lamentar que o materialismo seja uma conseqüência de estudos que deveriam, ao contrário, mostrar ao homem a superioridade da inteligência que governa o mundo? Por isso, pode-se concluir que são perigosos?

– Não é exato dizer que o materialismo seja uma conseqüência desses estudos. É o homem que tira deles uma falsa conseqüência, porque tem a liberdade de abusar de tudo, mesmo das melhores coisas. O nada, aliás, os amedronta mais do que eles demonstram, e os Espíritos fortes são, muitas vezes, mais fanfarrões do que bravos. A maioria dos materialistas só o são porque não têm nada para encher o vazio do abismo que se abre diante deles. Mostre-lhes uma âncora de salvação e se agarrarão a ela apressadamente.

✦ *Por uma aberração[4] da inteligência, há pessoas que vêem nos seres orgânicos apenas a ação da matéria e a esta atribuem todos os nossos atos. Vêem no corpo humano apenas a máquina elétrica; estudaram o mecanismo da vida apenas pelo funcionamento dos órgãos que muitas vezes viram se extinguir pela ruptura de um fio, e não viram nada mais que esse fio.*

---

2 - **Anatomista:** profissional que estuda a forma e a estrutura dos órgãos do corpo humano (N. E.).
3 - **Fisiologista:** profissional que estuda o funcionamento das atividades vitais do corpo humano: crescimento, respiração, pensamento etc. (N. E.).
4 - **Aberração:** desvio, distorção, desatino (N. E.).

Capítulo 2 – Encarnação dos Espíritos

Procuraram ver se restava alguma coisa e, como encontraram apenas a matéria, que se tornara inerte, e não viram a alma escapar nem a puderam apanhar, concluíram que tudo estava nas propriedades da matéria e que, depois da morte, o pensamento se aniquilava. Triste conseqüência se fosse assim, porque então o bem e o mal não teriam significação alguma; o homem seria levado apenas a pensar em si mesmo e a colocar acima de tudo a satisfação de seus prazeres materiais, os laços sociais seriam rompidos e as afeições mais santas destruídas para todo o sempre. Felizmente, essas idéias estão longe de ser gerais, pode-se até mesmo dizer que são muito limitadas e constituíram apenas opiniões individuais, porque em nenhuma parte constituíram doutrina. Uma sociedade fundada sobre essas bases teria em si o germe de sua dissolução, e seus membros se entredevorariam como animais ferozes[5].

O homem tem o pensamento instintivo de que nem tudo se acaba quando cessa a vida. Tem horror ao nada. Ainda que teime e resista inutilmente contra a idéia da vida futura, quando chega o momento supremo são poucos os que não se perguntam o que vai ser deles; a idéia de deixar a vida e não mais retornar é dolorosa. Quem poderia, de fato, encarar com indiferença uma separação absoluta, eterna, de tudo o que amou? Quem poderia, sem medo, ver abrir-se diante de si o imenso abismo do nada onde se dissiparão para sempre todas as nossas capacidades, todas as nossas esperanças, e dizer a si mesmo: "Qual o quê! Depois de mim, nada, nada mais além do vazio; tudo acabou; daqui a alguns dias minhas lembranças serão apagadas da memória dos que me sobreviverem; daqui a pouco não restará nenhum traço de minha passagem pela Terra; o próprio bem que fiz será esquecido pelos ingratos a quem servi; e nada pode compensar tudo isso, nenhuma outra perspectiva além do meu corpo roído pelos vermes!"

Esse quadro não tem alguma coisa de apavorante, glacial? A religião nos ensina que não pode ser assim, e a razão o confirma. Mas essa existência futura, vaga e indefinida não nos dá nenhuma esperança, sendo para muitos a origem da dúvida. Temos uma alma, sim, mas o que é nossa alma? Ela tem uma forma, uma aparência qualquer? É um ser limitado ou indefinido? Uns dizem que é um sopro de Deus; outros, uma centelha; outros, uma parte do grande Todo, o princípio da vida e da inteligência, mas o que tudo isso nos oferece? O que nos importa ter uma alma se depois da morte ela se confunde na imensidade como as gotas d'água no oceano? A perda de nossa individualidade não é para nós o mesmo

---

5 - **Como animais ferozes:** embora Kardec tenha escrito isso há quase 150 anos, os sistemas políticos que se basearam na doutrina materialista se autodissolveram por si, não tiveram continuidade (N. E.).

que o nada? Diz-se, ainda, que é imaterial; mas uma coisa imaterial não poderá ter proporções definidas e para nós equivale ao nada. A religião ainda nos ensina que seremos felizes ou infelizes, conforme o bem ou o mal que tivermos feito. Mas em que consiste essa felicidade que nos espera no seio de Deus? É uma beatitude, uma contemplação eterna, sem outra ocupação a não ser a de cantar louvores ao Criador? As chamas do inferno são uma realidade ou um símbolo? A própria Igreja as entende nesta última significação, mas quais são aqueles sofrimentos? Onde está esse lugar de suplício? Numa palavra, o que se faz, o que se vê, nesse mundo que nos espera a todos? Diz-se que ninguém voltou de lá para nos prestar contas.

É um erro dizer isso. A missão do Espiritismo é precisamente a de nos esclarecer sobre esse futuro, de nos fazer, até certo ponto, tocá-lo e vê-lo, não mais só pelo raciocínio, mas apresentando fatos. Graças às comunicações espíritas, isso não é uma presunção, uma probabilidade que cada um entende à sua maneira, que os poetas embelezam com suas ficções ou pintam de imagens alegóricas que nos enganam. É a realidade que nos aparece, pois são os próprios Espíritos que vêm nos descrever sua situação, nos dizer o que foram, o que nos permite assistir, por assim dizer, a todas as peripécias de sua nova vida e, por esse meio, nos mostram a sorte inevitável que nos está reservada, de acordo com nossos méritos e deméritos. Há nisso algo de anti-religioso? Bem ao contrário, uma vez que os incrédulos aí encontram a fé e os indecisos a renovação de fervor e de confiança. O Espiritismo é o mais poderoso auxiliar da religião. E se é assim, é porque Deus o permite e o permite para reanimar nossas esperanças vacilantes e nos reconduzir ao caminho do bem mediante a perspectiva do futuro.

Capítulo

3

Retorno da vida corporal à vida espiritual

A alma após a morte –
Separação da alma e do corpo –
Perturbação espiritual

A ALMA APÓS A MORTE

149 Em que se torna a alma logo após a morte?
– Volta a ser Espírito, ou seja, retorna ao mundo dos Espíritos, que havia deixado temporariamente.

150 A alma, após a morte, conserva sua individualidade?
– Sim, nunca a perde. O que seria ela se não a conservasse?

150 a Como a alma continua a ter a sua individualidade, uma vez que não possui mais seu corpo material?
– Ela ainda tem um fluido que lhe é próprio, tomado da atmosfera de seu planeta e que representa a aparência de sua última encarnação: seu perispírito.

150 b A alma nada leva consigo deste mundo?
– Nada mais que a lembrança e o desejo de ir para um mundo melhor. Essa lembrança é cheia de doçura ou amargura, de acordo com o emprego que fez da vida. Quanto mais pura, mais compreende a futilidade do que deixa na Terra.

151 O que pensar da opinião de que, após a morte, a alma retorna ao todo universal?
– O conjunto dos Espíritos não forma um todo? Não constitui um mundo completo? Quando estais em uma assembléia, sois parte integrante dessa assembléia e, entretanto, sempre conservais a individualidade.

152 Que prova podemos ter da individualidade da alma após a morte?
– Não tendes essa prova por meio das comunicações que obtendes? Se não fôsseis cegos, veríeis; e, se não fôsseis surdos, ouviríeis, pois muito freqüentemente uma voz vos fala e revela a existência de um ser fora de vós.

✦ *Aqueles que pensam que na morte a alma retorna ao todo universal estão errados, se por isso entenderem que, semelhante a uma gota d'água que cai no oceano, perde sua individualidade. Porém, estarão certos se entenderem por todo universal o conjunto de seres incorpóreos, do qual cada alma ou Espírito é um elemento.*

Se as almas não se diferenciassem no todo, teriam apenas as qualidades do conjunto e nada poderia distingui-las umas das outras; não teriam nem inteligência, nem qualidades próprias. Porém, muito ao contrário disso, em todas as comunicações demonstram ter consciência do seu eu e uma vontade própria. A diversidade que apresentam em todas as comunicações é conseqüência da sua individualidade. Se após a morte houvesse somente o que se chama de o grande Todo que absorve todas as individualidades, esse Todo seria uniforme e, então, todas as comunicações do mundo invisível seriam idênticas. Uma vez que lá se encontram seres bons e maus, sábios e ignorantes, felizes e infelizes, e de todas as espécies: alegres e tristes, levianos e sérios etc., é evidente que são seres distintos. A individualidade torna-se ainda mais evidente quando esses seres provam sua identidade por manifestações incontestáveis, por detalhes pessoais relativos à sua vida terrestre que se podem comprovar. Também não pode ser posta em dúvida quando se tornam visíveis em suas aparições. A individualidade da alma nos foi ensinada em teoria, como um artigo de fé. O Espiritismo a torna evidente e, de certo modo, material.

153 Em que sentido se deve entender a vida eterna?

– É a vida do Espírito que é eterna; porém, a do corpo é transitória e passageira. Quando o corpo morre, a alma retorna à vida eterna.

153 a Não seria mais exato chamar *vida eterna* à vida dos Espíritos puros, aqueles que, tendo atingido o grau de perfeição, não têm mais provas para suportar?

– Isso é, antes, a felicidade eterna. Porém, mais uma vez, é uma questão de palavras: chamai as coisas como quiserdes, contanto que vos entendais.

SEPARAÇÃO DA ALMA E DO CORPO

154 O corpo ou a alma sente alguma dor no momento da morte?

– Não; o corpo sofre muitas vezes mais durante a vida do que no momento da morte: a alma não toma nenhuma parte nisso. Os sofrimentos que às vezes ocorrem no momento da morte são *uma alegria para o Espírito*, que vê chegar o fim de seu exílio.

✦ *Na morte natural, a que acontece pelo esgotamento dos órgãos em conseqüência da idade, o homem deixa a vida sem se dar conta disso: é como um foco de luz que se apaga por falta de suprimento.*

155 Como se opera a separação da alma e do corpo?

– Quando os laços que a retinham se rompem, ela se desprende.

Capítulo 3 – Retorno da Vida Corporal à Vida Espiritual

155 a A separação se opera instantaneamente e por uma transição brusca? Há uma linha de demarcação nitidamente traçada entre a vida e a morte?

– Não; a alma se desprende gradualmente e não escapa como um pássaro cativo subitamente libertado. Esses dois estados se tocam e se confundem de maneira que o Espírito se desprende pouco a pouco dos laços que o retinham no corpo físico: *eles se desatam, não se quebram.*

✦ *Durante a vida, o Espírito se encontra preso ao corpo por seu envoltório semimaterial ou perispírito. A morte é apenas a destruição do corpo e não do perispírito, que se separa do corpo quando nele cessa a vida orgânica. A observação demonstra que, no instante da morte, o desprendimento do perispírito não se completa subitamente; opera-se gradualmente e com uma lentidão muito variável, conforme os indivíduos. Para uns é bastante rápido e pode-se dizer que o momento da morte é ao mesmo instante o da libertação, quase imediata. Mas, para outros, aqueles cuja vida foi extremamente material e sensual, o desprendimento é mais demorado e dura algumas vezes dias, semanas e até mesmo meses. Isso sem que haja no corpo a menor vitalidade nem a possibilidade de um retorno à vida, mas uma simples afinidade entre corpo e Espírito, afinidade que sempre se dá em razão da importância que, durante a vida, o Espírito deu à matéria. É racional conceber, de fato, que quanto mais o Espírito se identifica com a matéria, mais sofre ao se separar dela. Por outro lado, a atividade intelectual e moral, a elevação de pensamentos, operam um início do desprendimento mesmo durante a vida do corpo, de tal forma que, quando a morte chega, o desprendimento é quase instantâneo. Esse é o resultado de estudos feitos em todos os indivíduos observados no momento da morte. Essas observações ainda provaram que a afinidade que em alguns indivíduos persiste entre a alma e o corpo é, algumas vezes, muito dolorosa, visto que o Espírito pode sentir o horror da decomposição. Esse caso é excepcional e particular para certos gêneros de vida e certos gêneros de morte; verifica-se entre alguns suicidas.*

156 A separação definitiva da alma do corpo pode ocorrer antes da completa cessação da vida orgânica?

– Na agonia, a alma, algumas vezes, já deixou o corpo. Nada mais resta nele do que a vida orgânica. O homem não tem mais consciência de si mesmo e, entretanto, ainda há nele um sopro de vida orgânica. O corpo é uma máquina que o coração faz mover. Existe, enquanto o coração faz circular o sangue em suas veias, e não tem necessidade da alma para isso.

157 No momento da morte, a alma tem, às vezes, um desejo ou um êxtase que lhe faz entrever o mundo em que vai entrar?

– Muitas vezes a alma sente desfazerem-se os laços que a prendem ao corpo, *então, faz todos os seus esforços para rompê-los completamente.* Já em parte desprendida da matéria, vê o futuro desdobrar-se à sua frente e desfruta, por antecipação, do estado de Espírito.

158 O exemplo da lagarta, que inicialmente rasteja na terra, depois se fecha na sua crisálida[1] numa morte aparente para renascer em uma existência brilhante, pode nos dar uma idéia da vida terrestre, da vida espiritual e, enfim, de nossa nova existência?

– Uma idéia imperfeita, mas a imagem é boa. Não deverá, entretanto, ser tomada ao pé da letra, como muitas vezes fazeis.

159 Que sensação experimenta a alma no momento em que reconhece estar no mundo dos Espíritos?

– Isso depende. Se fizestes o mal com o desejo de fazê-lo, vos envergonhareis de tê-lo feito, num primeiro momento. Para o justo, é bem diferente: é como o alívio de um grande peso, porque não teme nenhum olhar indagador.

160 O Espírito encontra imediatamente aqueles que conheceu na Terra e que desencarnaram antes dele?

– Sim, de acordo com a afeição que havia entre eles, muitas vezes vêm recebê-lo na volta ao mundo dos Espíritos e o *ajudam a se desprender das faixas da matéria*. Assim como reencontra também muitos que havia perdido de vista durante sua permanência na Terra. Vê os que estão na erraticidade[2], como também vai visitar os que estão encarnados.

161 Na morte violenta e acidental, quando os órgãos ainda não estão enfraquecidos pela idade ou por doenças, a separação da alma e o término da vida ocorrem simultaneamente?

– Geralmente é simultâneo, mas, em todos os casos, o momento dessa separação é muito curto.

162 No caso de decapitação, por exemplo, o homem conserva por alguns instantes a consciência de si mesmo?

– Muitas vezes a conserva durante alguns minutos, até que a vida orgânica tenha-se extinguido completamente. Mas às vezes ocorre que a apreensão da morte pode fazer com que perca a consciência mesmo antes do instante do suplício.

✦ *Trata-se aqui da consciência que o supliciado pode ter de si mesmo, como homem e por intermédio dos órgãos, e não como Espírito. Se não*

---

1 - **Crisálida:** estado intermediário entre lagarta e borboleta. No contexto, significa a transformação, o vir a ser (N. E.).
2 - Veja a questão 223 e seguintes. (N. E.).

perdeu a consciência antes do suplício pode, ainda, conservá-la por alguns instantes que são de uma duração muito curta e cessa necessariamente com a vida orgânica do cérebro, o que não implica que o perispírito esteja completamente desligado do corpo. Pelo contrário: em todos os casos de morte violenta, quando não acontece pela extinção natural das forças vitais, os laços que unem o corpo ao perispírito são muito fortes, e o desprendimento completo demora mais.

PERTURBAÇÃO ESPIRITUAL

163 A alma, ao deixar o corpo, tem imediatamente consciência de si mesma?

– Consciência imediata não. Ela passa algum tempo como num estado de perturbação.

164 Todos os Espíritos experimentam, no mesmo grau e com a mesma duração, a perturbação que se segue à separação da alma e do corpo?

– Não, isso depende de sua elevação. Aquele que já está depurado reconhece a sua nova situação quase imediatamente, porque já se libertou da matéria durante a vida do corpo, enquanto o homem carnal, aquele cuja consciência não é pura, conserva durante muito mais tempo as sensações da matéria.

165 O conhecimento do Espiritismo tem alguma influência sobre a duração, mais ou menos longa, dessa perturbação?

– Uma influência muito grande, uma vez que o Espírito já compreendia antecipadamente sua situação. Mas a prática do bem e a consciência pura exercem maior influência.

✦ *No momento da morte, tudo é inicialmente confuso; a alma necessita de algum tempo para se reconhecer. Ela fica atordoada, semelhante à situação de uma pessoa que desperta de um profundo sono e procura se dar conta da situação. A lucidez das idéias e a memória do passado voltam à medida que se apaga a influência da matéria da qual acaba de se libertar e à medida que se vai dissipando uma espécie de névoa que obscurece seus pensamentos.*

O tempo da perturbação que se segue à morte do corpo é bastante variável. Pode ser de algumas horas, de muitos meses ou até mesmo de muitos anos. É menos longa para aqueles que se identificaram já na vida terrena com seu estado futuro, porque compreendem imediatamente sua posição.

Essa perturbação apresenta circunstâncias particulares de acordo com o caráter dos indivíduos e, principalmente, com o gênero de morte.

Nas mortes violentas, por suicídio, suplício, acidente, apoplexia[3], ferimentos etc., o Espírito fica surpreso, espantado e não acredita estar morto. Sustenta essa idéia com insistência e teimosia. Entretanto, vê seu corpo, sabe que é o seu e não compreende que esteja separado dele. Procura aproximar-se de pessoas que estima, fala com elas e não compreende por que não o escutam. Essa ilusão dura até o completo desprendimento do perispírito. Só então o Espírito reconhece o estado em que se encontra e compreende que não faz mais parte do mundo dos vivos. Esse fenômeno se explica facilmente. Surpreendido pela morte, o Espírito fica atordoado com a brusca mudança que se operou nele. A morte é, para ele, sinônimo de destruição, de aniquilamento. Mas, como ainda pensa, vê, escuta, não se considera morto. O que aumenta ainda mais sua ilusão é o fato de se ver num corpo semelhante ao anterior, cuja natureza etérea não teve ainda tempo de estudar. Acredita que seja sólido e compacto como o primeiro; e quando percebe esse detalhe, se espanta por não poder apalpá-lo. Esse fenômeno é semelhante ao que acontece com os sonâmbulos inexperientes que não acreditam dormir, porque, para eles, o sono é sinônimo de suspensão das atividades, e, como podem pensar livremente e ver, julgam não estar dormindo. Alguns Espíritos apresentam essa particularidade, embora a morte não tenha acontecido inesperadamente. Porém, é sempre mais generalizada naqueles que, apesar de estar doentes, não pensavam em morrer. Vê-se, então, o singular espetáculo de um Espírito assistir ao seu enterro como sendo o de um estranho e falando sobre o assunto como se não lhe dissesse respeito, até o momento em que compreende a verdade.

A perturbação que se segue à morte nada tem de pesaroso para o homem de bem! É calma e muito semelhante à de um despertar tranqüilo. Para aquele cuja consciência não é pura, a perturbação é cheia de ansiedade e angústias que aumentam à medida que reconhece a situação em que se encontra.

Nos casos de morte coletiva, tem-se observado que os que perecem ao mesmo tempo nem sempre se revêem imediatamente. Na perturbação que se segue à morte, cada um vai para seu lado, ou apenas se preocupa com aqueles que lhe interessam.

---

3 - **Apoplexia:** lesão cerebral aguda; derrame cerebral (N. E.).

CAPÍTULO

4

PLURALIDADE DAS EXISTÊNCIAS

A reencarnação – Justiça da reencarnação – Encarnação nos diferentes mundos – Transmigração progressiva – Destinação das crianças após a morte – Sexo nos Espíritos – Parentesco, filiação – Semelhanças físicas e morais – Idéias inatas

A REENCARNAÇÃO

166 Como a alma, que não alcançou a perfeição durante a vida corporal, pode acabar de se depurar?
– Submetendo-se à prova de uma nova existência.

166 a Como a alma realiza essa nova existência? É pela sua transformação como Espírito?
– A alma, ao se depurar, sofre sem dúvida uma transformação, mas para isso é preciso que passe pela prova da vida corporal.

166 b A alma tem, portanto, que passar por muitas existências corporais?
– Sim, todos nós temos muitas existências. Os que dizem o contrário querem vos manter na ignorância em que eles próprios se encontram. Esse é o desejo deles.

166 c Desse princípio parece resultar que a alma, após ter deixado um corpo, toma outro, ou seja, reencarna em um novo corpo. É assim que se deve entender?
– Evidentemente.

167 Qual é o objetivo da reencarnação?
– Expiação, melhoramento progressivo da humanidade. Sem isso, onde estaria a justiça?

168 O número de existências corporais é limitado ou o Espírito reencarna perpetuamente?
– A cada nova existência, o Espírito dá um passo no caminho do progresso. Quando se libertar de todas as suas impurezas, não tem mais necessidade das provações da vida corporal.

169 O número de encarnações é o mesmo para todos os Espíritos?
– Não; aquele que caminha rápido se poupa das provas. Todavia, essas encarnações sucessivas são sempre muito numerosas, porque o progresso é quase infinito.

170 Em que se torna o Espírito após sua última encarnação?
– Espírito bem-aventurado; é um Espírito puro.

JUSTIÇA DA REENCARNAÇÃO

171 Em que se baseia o dogma[1] da reencarnação?
– Na justiça de Deus e na revelação, e repetimos incessantemente: um bom pai deixa sempre para seus filhos uma porta aberta ao arrependimento. A razão não vos diz que seria injusto privar, para sempre, da felicidade eterna todos aqueles cujo aprimoramento não dependeu deles mesmos? Não são todos os homens filhos de Deus? Só homens egoístas podem pregar a injustiça, o ódio implacável e os castigos sem perdão.

✦ *Todos os Espíritos estão destinados à perfeição, e Deus lhes fornece os meios de alcançá-la pelas provações da vida corporal. Mas, na Sua justiça, lhes permite cumprir, em novas existências, o que não puderam fazer, ou acabar, numa primeira prova.*

Não estaria de acordo nem com a igualdade, a justiça, nem com a bondade de Deus condenar para sempre os que encontraram, no próprio meio em que viveram, obstáculos ao seu melhoramento, independentemente de sua vontade. Se a sorte do homem estivesse irrevogavelmente fixada após a morte, Deus não teria pesado as ações de todos numa única e mesma balança e não agiria com imparcialidade.

A doutrina da reencarnação, que consiste em admitir para o homem diversas existências sucessivas, é a única que responde à idéia que fazemos da justiça de Deus em relação aos homens que se acham numa condição moral inferior; a única que pode nos explicar o futuro e firmar nossas esperanças, porque nos oferece o meio de resgatar nossos erros por novas provações. A razão nos demonstra essa doutrina e os Espíritos a ensinam.

O homem que tem consciência de sua inferioridade encontra na doutrina da reencarnação uma esperança consoladora. Se acredita na justiça de Deus, não pode esperar achar-se, perante a eternidade, em pé de igualdade com aqueles que agiram melhor do que ele. Contudo, o pensamento de que essa inferioridade não o exclui para sempre do bem supremo que conquistará mediante novos esforços o sustenta e lhe reanima a coragem.

---

1 - **Dogma:** essa palavra adquiriu de forma genérica o significado de um princípio, um ponto de doutrina infalível e indiscutível. Porém, o seu verdadeiro sentido não é esse. A Doutrina Espírita não é dogmática no sentido que se conhece em alguns credos religiosos que adotam o princípio de filosofia em que a fé se sobrepõe à razão (fideísmo) para acomodar e justificar suas posições de crença. A palavra dogma está aqui com o seu significado, isto é, a união de um fundamento, um princípio divino, com a experiência humana. Allan Kardec a emprega aqui e nas demais obras da Codificação Espírita com esse sentido, e igualmente os Espíritos se referiram ao dogma da reencarnação com essa significação, como se vê na resposta e à frente, na Parte Segunda, cap. 5, desta obra (N. E.).

CAPÍTULO 4 – PLURALIDADE DAS EXISTÊNCIAS

Quem é que, no término de sua caminhada, não lamenta ter adquirido muito tarde uma experiência que não pode mais aproveitar? Porém, essa experiência tardia não está perdida; tirará proveito dela numa nova vida.

ENCARNAÇÃO NOS DIFERENTES MUNDOS

172 Nossas diferentes existências corporais se passam todas na Terra?
– Não, nem todas, mas em diferentes mundos. As que passamos na Terra não são nem as primeiras nem as últimas, embora sejam das mais materiais e mais distantes da perfeição.

173 A alma, a cada nova existência corporal, passa de um mundo para outro ou pode ter várias existências num mesmo globo?
– Ela pode reviver diversas vezes num mesmo globo, se não for suficientemente avançada para passar a um mundo superior.

173 a Desse modo, podemos reaparecer muitas vezes na Terra?
– Certamente.

173 b Podemos voltar à Terra após ter vivido em outros mundos?
– Seguramente. Já vivestes em outros mundos além da Terra.

174 Voltar a viver na Terra é uma necessidade?
– Não; mas se não avançardes, podereis ir para um outro mundo que não seja melhor e que pode até ser pior.

175 Existe alguma vantagem em voltar a habitar a Terra?
– Nenhuma vantagem em particular, a menos que se esteja em missão. Nesse caso se progride aí como em qualquer outro mundo.

175 a Não seria melhor permanecer como Espírito?
– Não, não. Seria permanecer estacionário, e o que se quer é avançar para Deus.

176 Os Espíritos, após terem encarnado em outros mundos, podem encarnar neste, sem nunca terem passado por aqui?
– Sim, como vós em outros mundos. *Todos os mundos são solidários: o que não se cumpre em um se cumpre em outro.*

176 a Desse modo, há homens que estão na Terra pela primeira vez?
– Há muitos e em diversos graus.

176 b Pode-se reconhecer por um sinal qualquer quando um Espírito está pela primeira vez na Terra?
– Isso não teria nenhuma utilidade.

177 Para chegar à perfeição e à felicidade suprema, que são o objetivo final de todos os homens, o Espírito deve passar por todos os mundos que existem no universo?

— Não. Há muitos mundos que estão num mesmo grau da escala evolutiva e onde o Espírito não aprenderia nada de novo.

177 a Como então explicar a pluralidade dessas existências num mesmo globo?
— O Espírito pode aí se encontrar a cada vez em posições bem diferentes, que são para ele outras ocasiões de adquirir experiência.

178 Os Espíritos podem encarnar corporalmente num mundo relativamente inferior àquele em que já viveram?
— Sim, se for para cumprir uma missão e ajudar no progresso. Aceitam com alegria as dificuldades dessa existência, porque lhes oferecem um meio de avançar.

178 a Isso não pode ocorrer por expiação? Deus não pode enviar Espíritos rebeldes para mundos inferiores?
— Os Espíritos podem permanecer estacionários, mas não regridem. Quando estacionam, sua punição é não avançar e ter de recomeçar as existências mal-empregadas num meio conveniente à sua natureza.

178 b Quais são aqueles que devem recomeçar a mesma existência?
— Os que falharam em sua missão ou em suas provações.

179 Os seres que habitam cada mundo atingiram um mesmo grau de perfeição?
— Não, é como na Terra: há seres mais avançados e menos avançados.

180 Ao passar deste mundo para um outro, o Espírito conserva a inteligência que tinha aqui?
— Sem dúvida, a inteligência não se perde, mas pode não ter os mesmos meios de manifestá-la; isso depende de sua superioridade e das condições do corpo que vai tomar. (Veja "Influência do organismo", Parte Segunda, cap. 7).

181 Os seres que habitam os diferentes mundos possuem corpo semelhante ao nosso?
— Sem dúvida possuem corpo, porque é preciso que o Espírito esteja revestido de matéria para agir sobre a matéria. Porém, esse corpo é mais ou menos material, de acordo com o grau de pureza a que chegaram os Espíritos. E é isso que diferencia os mundos que devem percorrer; porque há muitas moradas na casa de nosso Pai e, portanto, muitos graus. Alguns o sabem e têm consciência disso na Terra; outros não sabem nada.

182 Podemos conhecer exatamente o estado físico e moral dos diferentes mundos?
— Nós, Espíritos, só podemos responder de acordo com o grau de adiantamento em que vos encontrais. Portanto, não devemos revelar

Capítulo 4 – Pluralidade das Existências

essas coisas a todos, visto que nem todos terão alcance de compreendê-las, e isso os perturbaria.

✦ À medida que o Espírito se purifica, o corpo que o reveste se aproxima igualmente da natureza espírita. A matéria torna-se menos densa, ele não mais se arrasta em sofrimento pela superfície do solo, as necessidades físicas são menos grosseiras e os seres vivos não têm mais necessidade de se destruírem mutuamente para se alimentar. O Espírito é mais livre e, para atingir coisas distantes, tem percepções que nos são desconhecidas. Ele vê pelos olhos do corpo o que apenas pelo pensamento podemos imaginar.

A purificação dos Espíritos reflete-se na perfeição moral dos seres em que estão encarnados. As paixões brutais se enfraquecem e o egoísmo dá lugar a um sentimento fraternal. É desse modo que, nos mundos superiores à Terra, as guerras são desconhecidas, os ódios e as discórdias não têm motivo, porque ninguém pensa em fazer o mal a seu semelhante. A intuição que têm do futuro, a segurança que uma consciência livre de remorsos lhes dá, fazem com que a morte não lhes cause nenhuma apreensão, por isso a encaram sem temor e a compreendem como uma simples transformação.

A duração da vida nos diferentes mundos parece ser proporcional ao grau de superioridade física e moral desses mundos, e isso é perfeitamente racional. Quanto menos material é o corpo, menos está sujeito às alternâncias e instabilidades que o desorganizam. Quanto mais puro é o Espírito, mais livre das paixões que o destroem. Esse é ainda um benefício da Providência que, desse modo, abrevia os sofrimentos.

183 Ao ir de um mundo para outro, o Espírito passa por uma nova infância?
– A infância é em todos os lugares uma transição necessária, mas não é tão frágil em todos os lugares como entre vós, na Terra.

184 O Espírito pode escolher o novo mundo que vai habitar?
– Nem sempre, mas pode pedir e conseguir isso se o merecer; porque os mundos são acessíveis aos Espíritos de acordo com seu grau de elevação.

184 a Se o Espírito não pede nada, o que determina o mundo em que deve reencarnar? ✎
– O grau de sua elevação.

185 O estado físico e moral dos seres vivos é perpetuamente o mesmo em cada globo?
– Não; os mundos estão também submetidos à lei do progresso[2]. Todos começaram como o vosso, por um estado inferior, e a própria Terra

---

✎ - Consulte Nota Explicativa no final do livro (N. E.).
2 - Assunto abordado nesta obra, na Parte Terceira, cap. 8 (N. E.).

passará por uma transformação semelhante. Ela será um paraíso quando os homens se tornarem bons.

✦ *É assim que as raças que hoje povoam a Terra desaparecerão um dia e serão substituídas por seres cada vez mais perfeitos. Essas raças transformadas sucederão às atuais, como as atuais sucederam a outras ainda mais atrasadas.*

186 Há mundos em que o Espírito, deixando de habitar um corpo material, tem apenas como envoltório o perispírito?

– Sim, há. Nesses mundos até mesmo esse envoltório, o perispírito, torna-se tão etéreo que para vós é como se não existisse. É o estado dos Espíritos puros.

186 a Disso parece resultar que não há uma demarcação definida entre o estado das últimas encarnações e o de Espírito puro?

– Essa demarcação não existe. A diferença nesse caso se desfaz pouco a pouco, torna-se imperceptível, assim como a noite se desfaz diante dos primeiros clarões da alvorada.

187 A substância do perispírito é a mesma em todos os globos?

– Não; é mais ou menos etérea. Ao passar de um mundo para outro, o Espírito se reveste instantaneamente da matéria própria de cada um deles, com a rapidez de um relâmpago.

188 Os Espíritos puros habitam mundos especiais, ou estão no espaço universal, sem estar ligados mais a um mundo do que a outro?

– Os Espíritos puros habitam determinados mundos, mas não estão restritos a eles como os homens estão à Terra; eles podem, melhor do que os outros, estar em todos os lugares*.

---

* De acordo com o ensinamento dos Espíritos, de todos os globos que compõem o nosso sistema planetário, a *Terra* é onde os habitantes são menos avançados, tanto física quanto moralmente. *Marte* ainda estaria inferior, e *Júpiter* muito superior em todos os sentidos. O *Sol* não seria um mundo habitado por seres corporais, e sim um lugar de encontro de Espíritos superiores que, de lá, irradiam seus pensamentos para outros mundos, que dirigem por intermédio de Espíritos menos elevados, transmitindo-os a eles por meio do fluido universal. Como constituição física, o Sol seria um foco de eletricidade. Todos os sóis parecem estar numa posição idêntica.

O volume e a distância que estão do Sol não têm nenhuma relação necessária com o grau de adiantamento dos mundos, pois parece que Vênus é mais avançado que a Terra, e Saturno menos que Júpiter.

Muitos Espíritos que na Terra animaram pessoas conhecidas disseram estar encarnados em Júpiter, um dos mundos mais próximos da perfeição, e é admirável ver, nesse globo tão avançado, homens que, na opinião geral que fazemos deles, não eram reconhecidos como tão elevados. Isso não deve causar admiração, se considerarmos que alguns Espíritos que habitam Júpiter podem ter sido enviados à Terra para cumprir uma missão que, aos nossos olhos, não os colocava em primeiro plano; que, entre sua existência terrestre e a de Júpiter, podem ter tido outras intermediárias, nas quais se melhoraram. E, finalmente, que nesse mundo, como no nosso, há diferentes graus de desenvolvimento, e que entre esses graus pode haver a mesma distância como a que

TRANSMIGRAÇÃO[3] PROGRESSIVA

189 Desde o princípio de sua formação, o Espírito desfruta da plenitude de suas faculdades?
– Não, o Espírito, assim como o homem, tem também sua infância. Na origem, os Espíritos têm somente uma existência instintiva e mal têm consciência de si mesmos e de seus atos. É pouco a pouco que a inteligência se desenvolve.

190 Qual é o estado da alma em sua primeira encarnação?
– É o estado de infância na vida corporal. Sua inteligência apenas desabrocha: a alma *ensaia para a vida*.

191 As almas de nossos selvagens são almas em estado de infância?
– De infância relativa; são almas já desenvolvidas, pois já sentem paixões.

191 a As paixões são, então, um sinal de desenvolvimento?
– De desenvolvimento sim, mas não de perfeição. As paixões são um sinal da atividade e da consciência do *eu*, visto que, na alma primitiva, a inteligência e a vida estão em estado de germe.

✦ *A vida do Espírito, em seu conjunto, passa pelas mesmas fases que vemos na vida corporal. Gradualmente, passa do estado de embrião ao de infância para atingir, no decurso de uma sucessão de períodos, o de adulto, que é o da perfeição, com a diferença de que não conhece o declínio e a decrepitude, isto é, a velhice extrema como na vida corporal. Essa vida, que teve começo, não terá fim; precisa de um tempo imenso, do nosso ponto de vista, para passar da infância espírita a um desenvolvimento completo, e seu progresso se realiza não somente num único mundo, mas passando*

---

separa entre nós o selvagem do homem civilizado. Desse modo, o fato de habitarem Júpiter não quer dizer que estão no mesmo padrão dos seres mais avançados de lá, da mesma forma que não se está no mesmo padrão de um sábio da Universidade só porque se reside em Paris.

As condições de longevidade não são também as mesmas que na Terra, e por isso não se pode comparar a idade. Um Espírito evocado, desencarnado há alguns anos, disse estar encarnado há seis meses num mundo cujo nome nos é desconhecido. Interrogado sobre a idade que tinha nesse mundo, respondeu: "Não posso avaliá-la, porque não contamos o tempo como vós; além do mais, o modo de vida não é o mesmo; desenvolvemo-nos lá com muito mais rapidez; embora não faça mais que seis dos vossos meses que lá estou, posso dizer que, quanto à inteligência, tenho trinta anos da idade que tive na Terra".

Muitas respostas semelhantes nos foram dadas por outros Espíritos, e isso nada tem de inacreditável. Não vemos na Terra um grande número de animais adquirir em poucos meses seu desenvolvimento normal? Por que não poderia ocorrer o mesmo com os habitantes de outras esferas? Notemos, por outro lado, que o desenvolvimento adquirido pelo homem na Terra, na idade de trinta anos, pode ser apenas uma espécie de infância, comparado ao que deve alcançar. Bem curto de vista se revela quem nos toma em tudo por protótipos da criação, e é rebaixar a Divindade crer que, fora o homem, nada mais é possível a Deus (N. K.).

3 - **Transmigração:** passagem da alma de um corpo para outro (N. E.).

por diversos mundos. A vida do Espírito se compõe, assim, de uma série de existências corporais, e cada uma delas é uma ocasião para o seu progresso, como cada existência corporal se compõe de uma série de dias em cada um dos quais o homem adquire um acréscimo de experiência e instrução. Mas, da mesma forma que, na vida do homem, há dias que não trazem nenhum proveito, também na do Espírito há existências corporais sem resultado, por não as ter sabido aproveitar.

192 Pode-se, na vida atual, por efeito de uma conduta perfeita, superar todos os graus e tornar-se um Espírito puro sem passar por graus intermediários?

– Não, porque o que para o homem parece perfeito está longe da perfeição. Existem qualidades que lhe são desconhecidas e que não pode compreender. Ele pode ser tão perfeito quanto comporte a perfeição de sua natureza terrestre, mas não é a perfeição absoluta. Da mesma forma que uma criança, por mais precoce que seja, tem que passar pela juventude antes de alcançar a idade madura; e um doente tem que passar pelo estado de convalescença antes de recuperar a saúde. Aliás, o Espírito deve avançar em ciência e moralidade; se progrediu apenas num deles, é preciso que progrida no outro, para atingir o alto da escala. Porém, quanto mais o homem avança em sua vida presente, menos longas e difíceis serão as provas futuras.

192 a O homem pode, pelo menos, assegurar nesta vida uma existência futura menos cheia de amarguras?

– Sim, sem dúvida, pode abreviar a extensão e reduzir as dificuldades do caminho. *Só o negligente se encontra sempre na mesma situação.*

193 Um homem, numa futura existência, pode descer mais baixo do que na atual?

– Como *posição social*, sim; como Espírito, não.

194 A alma de um homem de bem pode, numa nova encarnação, animar o corpo de um perverso?

– Não. Ela não pode regredir.

194 a A alma de um homem perverso pode tornar-se a de um homem de bem?

– Sim, se houver arrependimento, o que, então, é uma recompensa.

✦ *A marcha dos Espíritos é progressiva e não retrógrada. Elevam-se gradualmente na hierarquia e não descem da categoria que já alcançaram. Em suas diferentes existências corporais podem descer como homens, mas não como Espíritos. Assim, a alma de um poderoso da Terra pode mais tarde animar o mais humilde operário, e vice-versa; essas posições entre os homens ocorrem muitas vezes na razão inversa dos sentimentos morais. Herodes era rei e Jesus, carpinteiro.*

Capítulo 4 – Pluralidade das Existências

195 A possibilidade de se melhorar numa outra existência não pode levar certas pessoas a perseverar no mau caminho, pelo pensamento de que poderão sempre se corrigir mais tarde?

– Aquele que pensa assim não acredita em nada, e nem a idéia de um castigo eterno o amedrontaria mais do que qualquer outra, porque sua razão a repele, e essa idéia leva-o à incredulidade a respeito de tudo. Se unicamente se tivessem empregado meios racionais para orientar os homens, não haveria tantos céticos. Um Espírito imperfeito pode, de fato, durante sua vida corporal, pensar como dizeis; mas, uma vez libertado da matéria, pensa de outra forma, porque logo se apercebe de que fez um cálculo errado e, então, *virá consciente de um sentimento contrário a esse, na sua nova existência*. É assim que se realiza o progresso e é por essa razão que existem na Terra homens mais avançados que outros; uns já possuem a experiência que outros ainda não têm, mas que adquirirão pouco a pouco. Depende deles impulsionar o seu próprio progresso ou retardá-lo indefinidamente.

✦ *O homem que se encontra numa posição má deseja trocá-la o mais depressa possível. Aquele que está convencido de que as dificuldades desta vida são a conseqüência de suas imperfeições procurará garantir uma nova existência menos sofrida, e esse pensamento o desviará mais depressa do caminho do mal do que a idéia do fogo eterno, em que não acredita.*

196 Se os Espíritos apenas podem melhorar-se suportando as dificuldades da existência corporal, segue-se que a vida material seria uma espécie de *cadinho*[4] ou *depurador* por onde devem passar para alcançar a perfeição?

– Sim, é exatamente assim. Eles se melhoram nessas provações evitando o mal e praticando o bem. Mas é só depois de várias encarnações ou depurações sucessivas que atingem o objetivo a que se destinam após um tempo mais ou menos longo e *de acordo com seus esforços*.

196 a É o corpo que influi sobre o Espírito para melhorá-lo, ou o Espírito que influi sobre o corpo?

– Teu Espírito é tudo; teu corpo é uma vestimenta que apodrece; eis tudo.

✦ *No suco da videira, nós encontramos uma comparação semelhante aos diferentes graus da depuração da alma. Ele contém o licor chamado espírito ou álcool, mas enfraquecido por uma série de matérias estranhas que lhe alteram a essência. Essa essência só atinge a pureza absoluta*

---

4 - **Cadinho:** vaso refratário onde se fundem os metais. Neste caso, local em que os sentimentos são apurados (N. E.).

após diversas destilações, em cada uma das quais se depura das várias impurezas. O corpo é o alambique no qual a alma deve entrar para se depurar; as matérias estranhas são como o perispírito que se depura à medida que o Espírito se aproxima da perfeição.

DESTINAÇÃO DAS CRIANÇAS APÓS A MORTE

197 O Espírito de uma criança que desencarna em tenra idade poderá ser tão avançado quanto o de um adulto?

– Algumas vezes é mais, porque pode ter vivido muito mais e ter mais experiência, principalmente se progrediu.

197 a O Espírito de uma criança pode, então, ser mais avançado do que o de seu pai?

– Isso é muito freqüente. Vós mesmos não vedes isso muitas vezes na Terra?

198 De uma criança que morre em tenra idade, e, portanto, não tendo praticado o mal, podemos supor que seu Espírito pertença aos graus superiores?

– Se não fez o mal, não fez o bem, e Deus não a isenta das provações que deve passar. Seu grau de pureza não ocorre porque tenha animado o corpo de uma criança, mas pelo progresso que já realizou.

199 Por que a vida é muitas vezes interrompida na infância?

– A duração da vida de uma criança pode ser, para o Espírito que nela está encarnado, o complemento de uma existência anterior interrompida antes do tempo. Sua morte é, muitas vezes, também *uma provação ou uma expiação para os pais.*

199 a O que acontece com o Espírito de uma criança que morre em tenra idade?

– Ela recomeça uma nova existência.

✦ *Se o homem tivesse apenas uma existência e se, depois dela, sua destinação futura fosse fixada perante a eternidade, qual seria o mérito de metade da espécie humana que morre em tenra idade, para desfrutar, sem esforços, da felicidade eterna? E com que direito ficaria desobrigada e livre das condições, muitas vezes tão duras, impostas à outra metade? Tal ordem de coisas não estaria de acordo com a justiça de Deus. Pela reencarnação, a igualdade é para todos. O futuro pertence a todos sem exceção e sem favorecer a ninguém. Os que se retardam não podem culpar senão a si mesmos. O homem deve ter o mérito de seus atos, como tem de sua responsabilidade.*

Além do mais, não é racional considerar a infância como um estado normal de inocência. Não se vêem crianças dotadas dos piores instintos numa idade em que a educação ainda não pôde exercer sua influência? Não há algumas que parecem trazer do berço a astúcia, a falsidade, a malícia, até mesmo o instinto de roubo e de homicídio, apesar dos bons exemplos que lhe são dados de todos os lados? A lei civil as absolve de seus delitos, porque considera que agem sem discernimento. E tem razão, porque, de fato, agem mais instintivamente do que pela própria vontade. Porém, de onde podem se originar esses instintos tão diferentes em crianças da mesma idade, educadas nas mesmas condições e submetidas às mesmas influências? De onde vem essa perversidade precoce, senão da inferioridade do Espírito, uma vez que a educação em nada contribuiu para isso? As que são dadas a vícios, é porque seu Espírito progrediu menos e, portanto, sofrem as conseqüências, não por seus atos de infância, mas por aqueles de suas existências anteriores. E é desse modo que a lei é igual para todos, e a justiça de Deus a todos alcança.

SEXO NOS ESPÍRITOS

200 Os Espíritos têm sexo?

– Não como o entendeis, porque o sexo depende do organismo físico. Existe entre eles amor e simpatia, mas fundados na identidade dos sentimentos.

201 O Espírito que animou o corpo de um homem pode, em uma nova existência, animar o de uma mulher e vice-versa?

– Sim, são os mesmos Espíritos que animam os homens e as mulheres.

202 Quando está na erraticidade, o Espírito prefere encarnar no corpo de um homem ou de uma mulher?

– Isso pouco importa ao Espírito. Depende das provas que deve suportar.

✦ *Os Espíritos encarnam como homens ou mulheres, porque não têm sexo. Como devem progredir em tudo, cada sexo, assim como cada posição social, lhes oferece provas, deveres especiais e a ocasião de adquirir experiência. Aquele que encarnasse sempre como homem apenas saberia o que sabem os homens.*

PARENTESCO, FILIAÇÃO

203 Os pais transmitem aos filhos uma porção de sua alma ou limitam-se a dar-lhes a vida animal a que uma nova alma, mais tarde, vem acrescentar a vida moral?

– Dão-lhe apenas a vida animal, porque a alma é indivisível. Um pai estúpido pode ter filhos inteligentes e vice-versa.

204 Uma vez que tivemos diversas existências, o parentesco pode recuar além de nossa existência atual?
– Não pode ser de outra forma. A sucessão das existências corporais estabelece entre os Espíritos laços que remontam às existências anteriores. Daí muitas vezes decorrem as causas de simpatia entre vós e alguns Espíritos que vos parecem estranhos.

205 Por que, aos olhos de certas pessoas, a doutrina da reencarnação se apresenta como destruidora dos laços de família por fazê-los recuar às existências anteriores?
– Ela não os destrói. Ela os amplia. O parentesco, estando fundado em afeições anteriores, faz com que os laços que unem os membros de uma mesma família sejam mais vigorosos. Essa doutrina amplia também os deveres da fraternidade, uma vez que, entre os vossos vizinhos, ou entre os servidores, pode-se encontrar um Espírito que esteve ligado a vós pelos laços de sangue.

205 a Ela diminui, entretanto, a importância que alguns atribuem à sua genealogia[5], uma vez que se pode ter tido por pai um Espírito que pertenceu a outra raça, ou tendo vindo de uma condição bem diversa?
– É verdade, mas essa importância está fundada no orgulho. O que essas pessoas honram em seus ancestrais são os títulos, a posição, a fortuna. Alguém que coraria de vergonha por ter tido como antepassado um honesto sapateiro se gabaria de descender de um nobre corrupto e debochado. Mas o que quer que eles digam ou façam, não impedirão as coisas de ser o que são, porque Deus não formulou as leis da natureza de acordo com a vaidade deles.

206 Do fato de não haver ligações de filiação entre os Espíritos de descendentes da mesma família, segue-se que o culto aos ancestrais seja uma coisa ridícula?
– Certamente que não. Todo homem deve considerar-se feliz por pertencer a uma família em que encarnam Espíritos elevados. Embora os Espíritos não procedam uns dos outros, têm afeição aos que lhe estão ligados pelos laços de família, porque esses Espíritos são freqüentemente atraídos a esta ou àquela família em razão de simpatias ou ligações anteriores. Mas, ficai certos: os Espíritos de vossos ancestrais não se sentem honrados pelo culto que vós lhes ofereceis por orgulho. O valor dos méritos que tiveram só se refletirão sobre vós pelo esforço que fizerdes em seguir-lhes os bons exemplos, e, só assim, então, vossa lembrança pode lhes ser agradável e útil.

---

5 - **Genealogia**: procedência e origem da família; os antepassados; linhagem (N. E.).
 - Consulte Nota Explicativa no final do livro (N. E.).

SEMELHANÇAS FÍSICAS E MORAIS

207 Os pais transmitem muitas vezes a seus filhos a semelhança física. Eles também lhes transmitem alguma semelhança moral?

– Não, uma vez que têm almas ou Espíritos diferentes. O corpo procede do corpo, mas o Espírito não procede do Espírito. Entre os descendentes das raças há apenas consangüinidade.

207 a De onde vêm as semelhanças morais que existem algumas vezes entre os pais e filhos?

– São Espíritos simpáticos atraídos pela semelhança de suas tendências.

208 O Espírito dos pais tem influência sobre o do filho após o nascimento?

– Há uma influência muito grande. Como já dissemos, os Espíritos devem contribuir para o progresso uns dos outros. Pois bem, os Espíritos dos pais têm como missão desenvolver o de seus filhos pela educação. É para eles uma tarefa: *se falharem, serão culpados.*

209 Por que pais bons e virtuosos geram, às vezes, filhos de natureza perversa? Melhor dizendo, por que as boas qualidades dos pais nem sempre atraem, por simpatia, um bom Espírito para animar seu filho?

– Um Espírito mau pode pedir pais bons, na esperança de que seus conselhos o orientem a um caminho melhor e, muitas vezes, Deus lhe concede isso.

210 Os pais podem, por seus pensamentos e preces, atrair para o corpo de um filho um Espírito bom em preferência a um Espírito inferior?

– Não, mas podem melhorar o Espírito do filho que geraram e que lhes foi confiado: é seu dever. Filhos maus são uma provação para os pais.

211 De onde vem a semelhança de caráter que muitas vezes existe entre dois irmãos, especialmente entre gêmeos?

– Espíritos simpáticos que se aproximam por semelhança de sentimentos *e que se sentem felizes por estar juntos.*

212 Nas crianças cujos corpos nascem ligados e que possuem certos órgãos em comum há dois Espíritos, ou melhor, duas almas?

– Sim, há duas, são dois os corpos. Entretanto, a semelhança entre eles é tanta que se afigura aos vossos olhos como se fossem uma só[6].

- Consulte Nota Explicativa no final do livro (N. E.).

6 - É o caso dos nascimentos dos xifópagos, também chamados *irmãos siameses*, em que os corpos nascem ligados, e que por razões culturais e pelo desconhecimento das leis da reencarnação eram, até há pouco tempo, tidos e exibidos como monstros. São na verdade Espíritos em provas redentoras (N. E.).

213 Visto que os Espíritos encarnam como gêmeos por simpatia, de onde vem a aversão que se vê algumas vezes entre eles?
– Não é uma regra que os gêmeos sejam Espíritos simpáticos. Espíritos maus podem querer lutar juntos no teatro da vida.

214 O que pensar das histórias de crianças gêmeas que brigam no ventre da mãe?
– Lendas! Para dar idéia de que seu ódio era muito antigo, fizeram-no presente antes de seu nascimento. Geralmente vós não levais em conta as figuras poéticas.

215 De onde vem o caráter distintivo que se nota em cada povo?
– Os Espíritos também se agrupam em famílias formadas pela semelhança de suas tendências mais ou menos depuradas, de acordo com sua elevação. Pois bem! Um povo é uma grande família na qual se reúnem Espíritos simpáticos. A tendência que têm os membros dessas grandes famílias os leva a se unirem, daí se origina a semelhança que existe no caráter distintivo de cada povo. Acreditais que Espíritos bons e caridosos procurarão um povo duro e grosseiro? Não, os Espíritos simpatizam com as coletividades, assim como simpatizam com os indivíduos; aí estão em seu meio.

216 O homem conserva, em suas novas existências, traços do caráter moral de existências anteriores?
– Sim, isso pode ocorrer; mas ao se melhorar, ele muda. Sua posição social pode também não ser mais a mesma. Se de senhor torna-se escravo, seus gostos serão completamente diferentes e teríeis dificuldade em reconhecê-lo. Sendo o Espírito sempre o mesmo nas diversas encarnações, suas manifestações podem ter uma ou outra semelhança, modificadas, entretanto, pelos hábitos de sua nova posição, até que um aperfeiçoamento notável venha mudar completamente seu caráter; por isso, de orgulhoso e mau, pode tornar-se humilde e bondoso, desde que se tenha arrependido.

217 O homem, pelo Espírito, conserva traços físicos das existências anteriores em suas diferentes encarnações?
– O corpo que foi anteriormente destruído não tem nenhuma relação com o novo. Entretanto, o Espírito se reflete no corpo. Certamente, o corpo é apenas matéria, mas apesar disso é modelado de acordo com a capacidade do Espírito que lhe imprime um certo caráter, principalmente ao rosto, e é verdade quando se diz que os olhos são o espelho da alma, ou seja, é o rosto que mais particularmente reflete a alma. É assim que uma pessoa sem grande beleza tem, entretanto, algo que agrada quando é animada por um Espírito bom, sábio, humanitário, enquanto existem rostos muito belos que nada fazem sentir, podendo até inspirar repulsa. Poderíeis pensar que apenas os corpos muito belos servem de envoltório aos Espíritos mais perfeitos; entretanto, encontrais todos os dias homens

de bem sem nenhuma beleza exterior. Sem haver uma semelhança pronunciada, a similitude dos gostos e das inclinações pode dar o que se chama de um 'ar de família'.

✦ *Tendo em vista que o corpo que reveste a alma na nova encarnação não tem necessariamente nenhuma relação com o da encarnação anterior, uma vez que em relação a ele pode ter uma procedência completamente diferente, seria absurdo admitir que numa sucessão de existências ocorressem semelhanças que não passam de casuais. Entretanto, as qualidades do Espírito modificam freqüentemente os órgãos que servem às suas manifestações e imprimem ao semblante, e até mesmo ao conjunto das maneiras, um cunho especial. É assim que, sob o envoltório mais humilde, pode-se encontrar a expressão da grandeza e da dignidade, enquanto sob a figura do grande senhor pode-se ver algumas vezes a expressão da baixeza e da desonra. Algumas pessoas, saídas da mais ínfima posição, adquirem, sem esforços, os hábitos e as maneiras da alta sociedade. Parece que elas reencontram seu ambiente, enquanto outras, apesar de seu nascimento e educação, estão nesse mesmo ambiente sempre deslocadas. Como explicar esse fato senão como um reflexo do que o Espírito foi antes?*

IDÉIAS INATAS

218 O Espírito encarnado conserva algum traço das percepções que teve e dos conhecimentos que adquiriu em suas existências anteriores?

– Ele possui uma vaga lembrança, que lhe dá o que se chama de idéias inatas.

218 a A teoria das idéias inatas não é, portanto, uma fantasia?

– Não, os conhecimentos adquiridos em cada existência não se perdem. O Espírito, liberto da matéria, sempre os conserva. Durante a encarnação, pode esquecê-los em parte, momentaneamente, mas a intuição que conserva deles o ajuda em seu adiantamento. Sem isso, teria sempre que recomeçar. A cada nova existência, o Espírito parte de onde estava na existência anterior.

218 b Pode, então, haver um grande vínculo entre duas existências sucessivas?

– Nem sempre tão grande quanto podeis supor, porque as posições são freqüentemente muito diferentes e, no intervalo delas, o Espírito pode ter progredido. (Veja a questão 216.)

219 Qual é a origem das faculdades, das capacidades extraordinárias dos indivíduos que, sem estudo prévio, parecem ter a intuição de certos conhecimentos, como a língua, o cálculo etc.?

– Lembrança do passado; progresso anterior da alma, mas do qual nem mesmo ela tem consciência. De onde quereis que esses conhecimentos venham? O corpo muda, mas o Espírito não, embora troque de vestimenta.

220 Ao mudar de corpo, podem-se perder alguns talentos intelectuais, não mais ter, por exemplo, o gosto pelas artes?

– Sim, se desonrou esse talento ou se fez dele um mau uso. Uma capacidade intelectual pode, além do mais, permanecer adormecida numa existência, porque o Espírito veio para exercitar uma outra que não tem relação com ela. Então, qualquer talento pode permanecer em estado latente para ressurgir mais tarde.

221 É a uma lembrança retrospectiva que o homem deve, mesmo no estado selvagem, o sentimento instintivo da existência de Deus e o pressentimento da vida futura?

– É uma lembrança que conservou do que sabia como Espírito antes de encarnar; mas o orgulho muitas vezes sufoca esse sentimento.

221 a É a essa lembrança que se devem certas crenças relativas à Doutrina Espírita e que se encontram em todos os povos?

– Essa Doutrina é tão antiga quanto o mundo; eis por que pode ser encontrada em toda parte, sendo uma prova de que é verdadeira. O Espírito encarnado, conservando a intuição de seu estado como Espírito, tem, instintivamente, a consciência do mundo invisível, freqüentemente falseada pelos preconceitos, acrescida da ignorância que a mistura com a superstição.

CAPÍTULO

5

CONSIDERAÇÕES SOBRE A PLURALIDADE DAS EXISTÊNCIAS

222 O dogma da reencarnação, dizem algumas pessoas, não é novo; foi tomado de Pitágoras[1]. Nós nunca dissemos que a Doutrina Espírita é invenção moderna. Os fatos espíritas, o Espiritismo, sendo uma lei da natureza, deve existir desde a origem dos tempos, e sempre nos esforçamos para provar que se encontram traços dele desde a mais alta Antiguidade. Pitágoras, como se sabe, não é o autor da metempsicose[2]; ele a tomou dos filósofos indianos e egípcios, que a conheciam desde tempos imemoriais. A idéia da transmigração das almas era uma crença comum, admitida pelos homens mais eminentes. Por qual meio chegou até eles? Foi por revelação ou por intuição? Não sabemos. Mas, seja como for, uma idéia não atravessa os tempos e não é aceita por inteligências de elite se não tiver algo de sério. A antiguidade dessa doutrina seria mais uma prova a seu favor do que uma objeção. Todavia, entre a metempsicose dos antigos e a doutrina moderna da reencarnação há, como se sabe, uma grande diferença que os Espíritos rejeitam de maneira mais absoluta. É a da transmigração da alma do homem para os animais e vice-versa.

Os Espíritos, ao ensinarem o dogma da pluralidade das existências corporais, renovam, portanto, uma doutrina proveniente das primeiras idades do mundo e que se conservou até nossos dias no pensamento íntimo de muitas pessoas. Os Espíritos apenas a apresentam sob um ponto de vista racional, mais de acordo com as leis progressivas da natureza e mais em harmonia com a sabedoria do Criador, livre de todos os acessórios da superstição. Uma circunstância digna de nota é que não foi apenas neste livro que os Espíritos a ensinaram nos últimos tempos: já antes da sua publicação, numerosas comunicações semelhantes haviam sido obtidas em diversos países e depois se multiplicaram de forma extraordinária. Seria talvez o caso de examinarmos aqui as razões por que todos os Espíritos não parecem estar de acordo sobre esta questão. Mais à frente voltaremos a esse assunto.

Examinemos a questão sob outro ponto de vista e façamos uma separação, deixando de lado toda intervenção dos Espíritos por enquanto. Suponhamos que esta teoria não foi dada por eles, e que até

---

1 - **Pitágoras:** filósofo e matemático grego, viveu cerca de 500 ou 600 anos a.C. (N. E.).

2 - **Metempsicose:** doutrina segundo a qual a mesma alma pode animar, em vidas sucessivas, corpos diversos: vegetais, animais ou homens (N. E.).

mesmo nunca se abordou esta questão com os Espíritos. Coloquemo-nos, momentaneamente, num terreno neutro, admitindo o mesmo grau de probabilidade para uma e outra hipótese, isto é, a pluralidade e a unicidade das existências corporais. Vejamos para qual lado nos guiará o nosso interesse e a razão.

Certas pessoas rejeitam a idéia da reencarnação pelo único motivo de que ela não lhes convém, dizendo ser-lhes suficiente uma só existência e que não gostariam de recomeçar outra parecida. Reconhecemos que o simples pensamento de reaparecer na Terra as faz pular de furor. É compreensível que o simples pensamento de terem de reaparecer na Terra as faça ficar furiosas. Mas a estes convém apenas lembrar se acaso Deus, para reger o universo, tenha que pedir-lhes conselho ou consultar seus gostos. Portanto, de duas coisas, uma: ou a reencarnação existe ou não existe. Se existe, embora as contrarie, será preciso enfrentá-la sem que Deus lhes peça permissão para isso. Essas pessoas parecem-se com um doente que diz: "Sofri o bastante por hoje, não quero mais sofrer amanhã". Mas, apesar de seu mau humor, não terá, por isso, que sofrer menos amanhã e nos dias seguintes, até que esteja curado. Portanto, se tiverem de viver de novo, corporalmente, reviverão, reencarnarão. Protestarão inutilmente, como a criança que não quer ir à escola ou o condenado, para a prisão. Será preciso que passem por isso. Objeções semelhantes são muito ingênuas para merecer um exame mais sério. Diremos, entretanto, para tranqüilizá-las, que o que a Doutrina Espírita ensina sobre a reencarnação não é tão terrível quanto lhes parece; se a estudassem a fundo, não ficariam tão assustadas, saberiam que a condição dessa nova existência depende delas; serão felizes ou infelizes de acordo com o que tiverem feito aqui na Terra e *podem, a partir dessa vida, se elevar tão alto que não temerão mais a queda no lodaçal.*

Supomos falar a pessoas que acreditem num futuro qualquer depois da morte e não àquelas que tomam o nada por perspectiva ou que querem fazer desaparecer sua alma num todo universal, sem individualidade, exatamente como as gotas de chuva somem no oceano. Se, portanto, acreditais num futuro qualquer, não admitireis, sem dúvida, que seja o mesmo para todos, porque, senão, onde estaria a utilidade do bem? Por que se reprimir? Por que não satisfazer a todas as paixões, todos os desejos, mesmo à custa dos outros, uma vez que por isso não se ficaria nem melhor nem pior? Credes, ao contrário disso, que esse futuro será mais ou menos feliz ou infeliz, de acordo com o que tivermos feito durante a vida? Tendes a esperança de que seja tão feliz quanto possível, uma vez que é pela eternidade? Teríeis, por acaso, a pretensão de vos considerar um dentre os homens mais perfeitos que já existiram sobre a Terra e de ter, assim, o direito de alcançar imediatamente a felicidade suprema dos

CAPÍTULO 5 – CONSIDERAÇÕES SOBRE A PLURALIDADE DAS EXISTÊNCIAS

eleitos? Não. Admitis que existem homens com valores maiores do que os vossos e que têm o direito a um lugar melhor, sem que com isso estejais entre os condenados. Pois bem! Colocai-vos mentalmente por um instante nessa situação intermediária que seria a vossa, como acabastes de reconhecer, e imaginai que alguém venha vos dizer: "Sofreis, não sois tão felizes quanto poderíeis ser, enquanto tendes diante de vós seres que desfrutam de uma felicidade perfeita; quereis mudar vossa posição com a deles?" Sem dúvida, direis: "Que é preciso fazer?" "Muito pouco, muito simples. Recomeçar o que fizestes mal e procurar fazê-lo melhor". Hesitaríeis em aceitar esta proposta mesmo a preço de muitas existências de provações? Façamos outra comparação simples. Se viessem dizer a um homem que, embora não estando entre os últimos dos miseráveis, sofresse privações pela escassez de seus recursos: "Eis ali uma imensa fortuna, podeis dela desfrutar, sendo preciso para isso trabalhar arduamente durante um minuto". Mesmo o mais preguiçoso da Terra diria sem hesitar: "Trabalharei um minuto, dois, uma hora ou um dia se for preciso; que importa isso, se vou terminar minha vida na abundância?" Portanto, o que é a duração da vida corpórea perante a eternidade? Menos de um minuto, menos de um segundo.

Temos visto algumas pessoas raciocinarem deste modo: Deus, que é soberanamente bom, não pode impor ao homem recomeçar uma série de misérias e dificuldades. Por acaso, consideram essas pessoas que há em Deus mais justiça e bondade quando condena o homem a um sofrimento perpétuo, por alguns momentos de erro, do que quando lhe dá os meios de reparar suas faltas? Dois industriais tinham, cada um, um operário que podia aspirar a tornar-se sócio da empresa. Aconteceu que esses dois trabalhadores empregaram certa vez muito mal o dia de trabalho e mereciam ambos ser despedidos. Um dos patrões despediu o operário, apesar de suas súplicas, e este, não tendo mais encontrado trabalho, morreu na miséria. O outro disse ao seu empregado: "Perdeste um dia de serviço, tu me deves um outro como recompensa. Fizeste mal o teu trabalho, me deves a reparação; eu te permito recomeçar, trata de o fazer bem e eu te conservarei, e poderás sempre aspirar à posição superior que te prometi". É necessário perguntar qual dos dois patrões foi o mais humano? Deus, que é a própria clemência, seria mais impiedoso do que um homem?

O pensamento de que nosso destino está fixado para sempre em razão de alguns anos de provação, até mesmo quando não tenha dependido de nós alcançar a perfeição na Terra, tem algo de desanimador, enquanto a idéia oposta é eminentemente consoladora, porque nos dá a esperança. Desse modo, sem nos pronunciarmos a favor ou contra a pluralidade das existências, sem dar preferência a uma hipótese ou outra, diremos que, se fosse dado ao homem o direito de escolha, não haveria ninguém que preferisse um julgamento sem apelação. Um filósofo disse que se Deus não existisse, seria preciso inventá-lo para a felicidade dos seres humanos[3]. O mesmo se pode dizer da pluralidade das existências. Mas, como já ficou dito, Deus não pede nossa permissão; não consulta nossa vontade. Ou isto é, ou não é. Vejamos de que lado estão as probabilidades e tomemos a questão sob um outro ponto de vista, deixando outra vez de lado o ensinamento dos Espíritos para analisá-la, unicamente, como estudo filosófico.

Se não existe reencarnação, não há senão uma existência corporal; isso é evidente. Se nossa existência corporal atual é a única, a alma de cada homem é criada no momento do seu nascimento, a menos que se admita a anterioridade da alma e, nesse caso, se perguntará qual foi o estado da alma antes de seu nascimento e se esse estado não constituía, por si só, uma existência sob uma forma qualquer. Não há meio-termo possível: ou a alma existia ou não existia antes do corpo. Se existia, qual era sua situação? Ela tinha ou não consciência de si mesma? Se não tinha, é como se não existisse. Se tinha individualidade, era progressiva ou estacionária? Tanto num caso como no outro, em que grau se achava ao tomar o corpo? Ao admitir, de acordo com a crença popular, que a alma nasce com o corpo, ou, o que vem a dar no mesmo, que antes de sua encarnação tinha apenas qualidades negativas, fazemos as seguintes questões:

1. Por que a alma mostra aptidões tão diversas e independentes das idéias adquiridas pela educação?

2. De onde vem a aptidão extranormal de certas crianças de tenra idade para determinada arte ou ciência, enquanto outras permanecem inferiores ou medíocres por toda a vida?

3. De onde vêm, em uns, as idéias inatas ou intuitivas que não existem em outros?

4. De onde vêm, em algumas crianças, esses instintos precoces de vícios ou de virtudes, esses sentimentos inatos de dignidade ou de baixeza, que contrastam com o meio em que nasceram?

5. Por que certos homens, independentemente da educação, são mais avançados que outros?

6. Por que há selvagens e homens civilizados? Se tomardes uma criança hotentote[4] recém-nascida e a educardes nas escolas mais renomadas, fareis dela algum dia um Laplace[5] ou um Newton[6]?

---

3 - O filósofo que fez essa afirmação foi Voltaire (1694-1778), poeta, literato e filósofo francês (N. E.).
4 - **Hotentote:** natural ou habitante da Hotentótia, África; raça negra, primitiva (N. E.).
5 - **Laplace:** Pierre Simon Laplace, astrônomo, físico e matemático francês, viveu de 1749 a 1827 (N. E.).
6 - **Newton:** Isaac Newton, cientista inglês. Viveu de 1642 a 1727 (N. E.).

Capítulo 5 – Considerações sobre a Pluralidade das Existências

Perguntamos: qual é a filosofia ou a teosofia[7] que pode resolver esses problemas? Ou as almas são iguais no seu nascimento, ou são desiguais, não há a menor dúvida disso. Se são iguais, por que são tão diversas as suas aptidões? Dirão que isso depende do organismo. Nesse caso, então seria a mais monstruosa e mais imoral das doutrinas. O homem seria apenas uma máquina, o joguete da matéria, e assim não teria mais as responsabilidades por seus atos, pois poderia atribuir tudo às suas imperfeições físicas. Se são desiguais as almas, é porque Deus as criou assim; mas, então, por que essa superioridade inata concedida a alguns? Estará essa parcialidade, esse favorecimento de acordo com a Sua justiça e com o amor igual que dedica a todas as criaturas?

Admitamos, ao contrário, uma sucessão de existências anteriores progressivas para cada alma e tudo estará claramente explicado. Os homens trazem ao nascer a intuição do que adquiriram em vidas anteriores; são mais ou menos avançados de acordo com o número de existências por que passaram, conforme estejam mais ou menos distantes do ponto de partida, exatamente como numa reunião de indivíduos de todas as idades, em que cada um terá um desenvolvimento proporcional ao número de anos que tiver vivido. As existências sucessivas serão, para a vida da alma, o que os anos são para a vida do corpo. Reuni de uma vez mil indivíduos, de um a oitenta anos. Imaginai que um véu seja lançado sobre todos os dias que ficaram para trás, e que, em vossa ignorância, os acrediteis nascidos todos no mesmo dia: perguntareis naturalmente como uns podem ser grandes e outros pequenos, uns velhos e outros jovens, uns instruídos e outros ainda ignorantes. Mas se o véu que esconde o passado se dissipar, se chegardes a saber que todos viveram um tempo mais ou menos longo, tudo se explicará. Deus, em Sua justiça, não podia ter criado almas mais perfeitas e outras menos perfeitas; mas, com a pluralidade das existências, a desigualdade, as diferenças e divergências da vida não tem nada contrário à mais rigorosa justiça: pois vemos apenas o presente, não o passado. Este raciocínio se baseia em algum sistema ou é uma suposição gratuita? Não. Partimos de um fato patente, incontestável: a desigualdade das qualidades, das aptidões e do desenvolvimento intelectual e moral, e verificamos que esse fato é inexplicável por todas as teorias correntes; enquanto a explicação é simples, natural e lógica por uma outra teoria. É racional preferir as que não explicam àquela que explica?

Em relação à sexta questão, sem dúvida se dirá que o hotentote é de uma raça inferior. Então perguntaremos se o hotentote é ou não é um

---

7 - **Teosofia:** qualquer doutrina religiosa e filosófica que procura explicar e integrar Deus e o homem (N. E.).

homem. Se é um homem, por que Deus o fez, e à sua raça, deserdados de privilégios concedidos à raça caucásica[8]? Se não é um homem, por que procurar fazê-lo cristão? A Doutrina Espírita é mais ampla que tudo isso; para ela não há diversas espécies de homens, há apenas homens cujos Espíritos estão mais ou menos atrasados, todos, porém, suscetíveis de progredir. Não está, este princípio, mais de acordo com a justiça de Deus?

Acabamos de avaliar as condições da alma quanto ao passado e ao presente. Se nós a considerarmos numa projeção quanto ao seu futuro, encontraremos as mesmas dificuldades.

1. Se nossa existência atual é única, deve decidir a nossa destinação vindoura. Qual é, então, na vida futura, a posição respectiva do selvagem e do homem civilizado? Estarão no mesmo plano ou estarão distanciados em relação à felicidade eterna?

2. O homem que trabalhou durante toda a vida para se aperfeiçoar estará na mesma posição daquele que permaneceu inferior, não por sua culpa, mas porque não teve tempo nem oportunidade de se aperfeiçoar?

3. O homem que praticou o mal, porque não pôde se esclarecer, será culpado por um estado de coisas que não dependeram dele?

4. Trabalha-se para esclarecer os homens, para moralizá-los, civilizá-los; mas, para cada um que se esclareça, há milhões de outros que morrem a cada dia antes que a luz chegue até eles. Qual será o fim deles? Serão tratados como condenados? Se não forem, o que fizeram para merecer estar na mesma posição que os outros?

5. Qual é o destino das crianças que morrem em tenra idade e que não puderam, por isso, fazer o bem nem o mal? Se ficarem entre os eleitos, por que esse favorecimento, sem terem feito nada para merecê-lo? Por qual privilégio se livraram das dificuldades da vida?

Há alguma doutrina capaz de esclarecer essas questões?

Admiti as existências consecutivas e tudo estará explicado de acordo com a justiça de Deus. O que não puder ser feito numa existência se fará em outra. É assim que ninguém escapa à lei do progresso. Cada um será recompensado de acordo com seu mérito *real* e ninguém é excluído da felicidade suprema, a que pode pretender, sejam quais forem os obstáculos que venha a encontrar no caminho.

Essas questões poderiam ser multiplicadas ao infinito, porque são inúmeros os problemas psicológicos e morais que só encontram solução na pluralidade das existências. Limitamo-nos apenas à observação dos mais comuns. Poderão também dizer que a doutrina da reencarnação não é admitida pela Igreja, porque ela seria a subversão da religião. Nosso

---

8 - **Raça caucásica:** pertencente ou relativo ao Cáucaso. Habitantes do norte da Rússia, chamados russos brancos; a raça branca é também chamada raça caucásica (N. E.).

CAPÍTULO 5 – CONSIDERAÇÕES SOBRE A PLURALIDADE DAS EXISTÊNCIAS

objetivo não é tratar dessa questão neste momento; basta-nos ter demonstrado que a reencarnação é eminentemente moral e racional. Portanto, o que é moral e racional não pode ser contrário a uma religião que proclama ser Deus a bondade e a razão por excelência. Que teria sido da religião se, contra a opinião universal e a comprovação da ciência, se houvesse posicionado contra a evidência e tivesse expulsado de seu seio todos os que não acreditassem no movimento do Sol ou nos seis dias da criação? Que crédito mereceria e que autoridade teria, entre os povos mais esclarecidos, uma religião fundada em erros notórios que fossem impostos como artigos de fé? Quando a evidência foi comprovada, a Igreja se colocou sabiamente ao lado do que era evidente. Se está provado que existem coisas impossíveis sem a reencarnação e que certos pontos do dogma somente podem ser explicados por ela, é preciso admitir e reconhecer que a discordância entre essa doutrina e os dogmas é apenas aparente. Mais adiante mostraremos que a religião está menos distanciada do que se pensa da doutrina das vidas sucessivas e que se a aceitasse não sofreria maiores danos do que já sofreu com a descoberta do movimento da Terra e dos períodos geológicos que, à primeira vista, pareceram desmentir os textos bíblicos. O princípio da reencarnação ressalta, aliás, em muitas passagens das Escrituras, e se encontra notavelmente formulado de maneira clara e inequívoca no Evangelho:

"Quando desciam do monte (após a transfiguração), Jesus lhes ordenou: 'Não faleis a ninguém o que acabastes de ver, até que o filho do homem seja ressuscitado dentre os mortos'. Seus discípulos o interrogaram, então, dizendo: 'Por que os escribas dizem que é preciso que Elias venha primeiro?' Mas Jesus lhes respondeu: 'É verdade que Elias deve vir e que restabelecerá todas as coisas. Mas eu vos declaro que Elias já veio, e eles não o conheceram, mas o fizeram sofrer como quiseram. É assim que farão morrer o filho do homem.' Então seus discípulos entenderam que era de João Batista que ele lhes falava" (Mateus, cap. 17).

Uma vez que João Batista era Elias, deve ter ocorrido a reencarnação do Espírito ou da alma de Elias no corpo de João Batista.

Qualquer que seja, enfim, a opinião que se tenha da reencarnação, quer a aceitemos ou não, todos teremos de passar por ela, caso ela exista, apesar de toda crença contrária. O ponto essencial é que o ensinamento dos Espíritos é eminentemente cristão. Apóia-se na imortalidade da alma, nas penas e recompensas futuras, na justiça de Deus, no livre-arbítrio do homem, na moral do Cristo e, portanto, não é anti-religioso.

Até agora argumentamos, como dissemos, pondo de lado todo ensinamento espírita que, para algumas pessoas, não tem autoridade. Se nós, assim como muitos outros, adotamos a opinião da pluralidade das existências, não é apenas porque o ensinamento tenha vindo dos Espíritos.

É porque esta Doutrina nos pareceu a mais lógica e porque só ela resolve questões até então insolúveis.

Mesmo se fosse da autoria de um simples mortal, nós a teríamos igualmente adotado e não hesitaríamos nem mais um segundo em renunciar às nossas próprias idéias. No momento em que um erro é demonstrado, o amor-próprio tem mais a perder do que a ganhar ao se manter teimosamente numa idéia falsa. Da mesma forma, nós a teríamos rejeitado, mesmo que tivesse vindo dos Espíritos, se nos parecesse contrária à razão, assim como negamos muitas outras; porque sabemos, por experiência, que não devemos aceitar cegamente tudo o que vem da parte deles, da mesma maneira que não se deve aceitar tudo que vem da parte dos homens. A maior distinção, o primeiro título, que para nós recomenda a idéia da reencarnação, antes de tudo, é o de ser lógica. Mas existe uma outra, que é o de ser confirmada pelos fatos: fatos positivos e, por assim dizer, materiais, que um estudo atento e racional pode revelar a qualquer um que se dê ao trabalho de observar com paciência e perseverança, diante dos quais não pairam mais dúvidas. Quando esses fatos se popularizarem, como os da formação e do movimento da Terra, será preciso render-se à evidência e os opositores terão gasto em vão os argumentos contrários.

Reconheçamos, em resumo, que a doutrina da pluralidade das existências é a única que explica o que, sem ela, é inexplicável. Que é eminentemente consoladora e está em harmonia com a mais rigorosa justiça e é, para o homem, a âncora de salvação que Deus lhe deu na Sua misericórdia.

Até mesmo as palavras de Jesus não podem deixar dúvida sobre este assunto. Eis o que é dito no Evangelho de João, cap. 3:

3. Jesus, respondendo a Nicodemos, disse: "Em verdade, em verdade te digo que se um homem não nasce de novo, não pode ver o reino de Deus".

4. Nicodemos lhe disse: "Como um homem pode nascer sendo já velho? Pode ele entrar no ventre de sua mãe e nascer uma segunda vez?"

5. Jesus respondeu: "Em verdade, em verdade te digo que se um homem não renascer da água e do espírito, não pode entrar no reino de Deus. O que nasceu da carne é carne, e o que nasceu do Espírito é Espírito. Não te espantes com o que te disse: Necessário vos é nascer de novo". (Veja a seguir a questão 1010, "Ressurreição da carne").

Capítulo

6

VIDA ESPÍRITA

Espíritos errantes – Mundos transitórios –
Percepções, sensações e sofrimentos dos Espíritos –
Ensaio teórico sobre a sensação nos Espíritos –
Escolha das provas – Relações após a morte –
Relações de simpatia e antipatia dos Espíritos.
Metades eternas – Lembrança da existência corporal –
Comemoração dos mortos. Funerais

ESPÍRITOS ERRANTES

223 A alma reencarna imediatamente após a separação do corpo?
– Algumas vezes pode reencarnar imediatamente, mas normalmente só após intervalos mais ou menos longos. Nos mundos superiores, a reencarnação é quase sempre imediata. Nesses mundos em que a matéria corporal é menos grosseira, o Espírito, quando encarnado, desfruta de quase todos os seus atributos de Espírito. Seu estado normal é semelhante ao dos vossos sonâmbulos lúcidos.

224 Em que se torna a alma no intervalo das encarnações?
– Espírito errante que aguarda nova oportunidade e a espera.

224 a Qual a duração desses intervalos?
– De algumas horas a alguns milhares de séculos. Não há, propriamente falando, limite extremo estabelecido para o estado de erraticidade, que pode se prolongar por muito tempo, mas que nunca é perpétuo. O Espírito sempre encontra, cedo ou tarde, a oportunidade de recomeçar uma existência que sirva de purificação às suas existências anteriores.

224 b Essa duração está subordinada à vontade do Espírito ou pode ser imposta como expiação?
– É uma conseqüência do livre-arbítrio. Os Espíritos têm perfeita consciência do que fazem, mas para alguns é também uma punição que a Providência lhes impõe[1]. Outros pedem para que se prolongue, a fim de progredirem nos estudos que só podem ser feitos com proveito na condição de Espírito.

225 A erraticidade é, por si mesma, um sinal de inferioridade dos Espíritos?

---

1 - Veja "Escolha das provas", questão 258 e seguintes, 615, e especialmente a questão 963 e seguintes (N. E.).

– Não, porque existem Espíritos errantes de todos os graus. A encarnação é para o Espírito um estado transitório. Como já dissemos, em seu estado normal, o Espírito está liberto da matéria.

226 Todos os Espíritos que não estão encarnados são errantes?
– Dentre os que devem reencarnar, sim. Mas os Espíritos puros que atingiram a perfeição não são errantes: seu estado é definitivo.

✦ *Os Espíritos, com relação às qualidades íntimas, são de diferentes ordens ou graus que vão avançando sucessivamente à medida que se depuram. Quanto ao estado em que se acham, podem ser: encarnados, ou seja, unidos a um corpo; errantes, quer dizer, despojados do corpo material à espera de uma nova encarnação para se aperfeiçoarem; Espíritos puros, perfeitos, que não têm mais necessidade de encarnação.*

227 De que maneira os Espíritos errantes se instruem? É como nós?
– Eles estudam seu passado e procuram os meios de se elevar. Vêem, observam o que se passa nos lugares que percorrem; ouvem os ensinamentos dos homens esclarecidos e os conselhos dos Espíritos mais elevados que eles e isso lhes inspira idéias que não tinham antes.

228 Os Espíritos conservam algumas das paixões humanas?
– Os Espíritos elevados, ao se libertarem do corpo, deixam as más paixões e apenas guardam as do bem. Mas os Espíritos inferiores as conservam; de outra forma, seriam de primeira ordem.

229 Por que os Espíritos, ao deixar a Terra, não deixam também todas as más paixões, uma vez que vêem os seus inconvenientes?
– Tendes neste mundo pessoas que são excessivamente invejosas; acreditais que, quando o deixam, perdem esse defeito? Após a partida da Terra, principalmente para os que tiveram paixões muito intensas, uma espécie de atmosfera os acompanha, os envolve e todas essas coisas ruins se conservam, porque o Espírito ainda está impregnado das vibrações da matéria. Entrevê a verdade apenas por alguns momentos, como para ter noção do bom caminho.

230 O Espírito progride na erraticidade?
– Pode melhorar-se muito, sempre de acordo com sua vontade e seu desejo. Mas é na existência corporal que põe em prática as novas idéias que adquiriu.

231 Os Espíritos errantes são felizes ou infelizes?
– São felizes ou infelizes de acordo com seu mérito. São infelizes e sofrem por causa das paixões das quais ainda conservaram a essência ou são felizes segundo estejam mais ou menos desmaterializados. No estado de erraticidade, o Espírito entrevê o que lhe falta para ser mais feliz e procura os meios de alcançá-lo. Porém, nem sempre lhe é permitido reencarnar conforme sua vontade, o que para ele é uma punição.

232 No estado de erraticidade, os Espíritos podem ir a todos os mundos?
– Depende. Quando o Espírito deixa o corpo, não está, apesar disso, completamente desprendido da matéria e ainda pertence ao mundo onde viveu ou a um do mesmo grau, a menos que, durante sua vida, tenha se elevado; esse é, aliás, o objetivo a que deve pretender, sem o que nunca se aperfeiçoará. Ele pode, entretanto, ir a alguns mundos superiores, mas nesse caso é como um estranho. Consegue, na verdade, apenas os entrever e isso é o que lhe dá o desejo de se aperfeiçoar para ser digno da felicidade que lá se desfruta e poder habitá-los mais tarde.

233 Os Espíritos já purificados vão aos mundos inferiores?
– Vão muitas vezes a fim de ajudá-los a progredir. Senão esses mundos ficariam entregues a si mesmos, sem guias para dirigi-los.

MUNDOS TRANSITÓRIOS

234 Existem, como já foi dito, mundos que servem aos Espíritos errantes como estâncias transitórias ou locais de repouso?
– Sim, existem. São particularmente destinados aos seres errantes, que podem neles habitar temporariamente. São como acampamentos, campos para repousar de uma erraticidade bastante longa, condição sempre um tanto angustiante. São posições intermediárias entre os outros mundos, graduados de acordo com a natureza dos Espíritos que podem alcançá-los e onde podem desfrutar de um bem-estar relativamente maior ou menor, conforme o caso.

234 a Os Espíritos que habitam esses mundos podem deixá-los quando querem?
– Sim, os Espíritos podem deixá-los para irem aonde devem ir. Imaginai-os como pássaros de passagem pousando numa ilha, esperando refazer suas forças para alcançar seu objetivo.

235 Os Espíritos progridem durante sua estada nos mundos transitórios?
– Certamente. Os que neles se reúnem é com o objetivo de se instruir e poder mais facilmente obter a permissão de alcançar lugares melhores e chegar à posição que os eleitos atingem.

236 Os mundos transitórios, por sua natureza especial, são perpetuamente destinados aos Espíritos errantes?
– Não; a posição deles é apenas temporária.

236 a Esses mundos são, ao mesmo tempo, habitados por seres corporais?
– Não; a superfície é estéril. Aqueles que os habitam não têm necessidade de nada.

236 b Essa esterilidade é permanente e resulta de sua natureza especial?
– Não, são estéreis transitoriamente.

236 c Esses mundos são, por isso, desprovidos de belezas naturais?
– A natureza se reflete nas belezas da imensidade, que são tão admiráveis quanto o que chamais de belezas naturais.

236 d Visto que o estado desses mundos é transitório, a Terra estará um dia nesse mesmo estado?
– Ela já esteve.

236 e Em que época?
– Durante sua formação.

✦ *Nada é inútil na natureza; tudo tem seu objetivo, sua finalidade. Nada está vazio, tudo está habitado, a vida está por todos os lugares. Desse modo, durante a longa série de séculos que se escoaram antes da aparição do homem sobre a Terra, durante esses lentos períodos de transição atestados pelas camadas geológicas, antes mesmo da formação dos primeiros seres orgânicos sobre essa massa informe, nesse caos árido onde os elementos estavam desordenados, não havia ausência de vida. Seres que não possuíam nem necessidades nem sensações físicas como as nossas, nela encontravam refúgio. Deus quis que, até mesmo nesse estado imperfeito, a Terra servisse para alguma coisa. Quem ousaria dizer que entre esses milhares de mundos que circulam na imensidão universal apenas um, um dos menores, perdido na vastidão, tivesse o privilégio exclusivo de ser povoado? Qual seria a utilidade dos outros? Deus os teria feito apenas para recreação dos nossos olhos? Suposição absurda, incompatível com a sabedoria que emana de todas as Suas obras e inadmissível quando se pensa na existência de todas as que não podemos perceber. Ninguém contestará que nessa idéia da existência de mundos ainda impróprios à vida material e, entretanto, povoados de seres com vida apropriada ao seu meio, há algo de grandioso e sublime, em que se encontra, talvez, a solução de mais de um problema.*

PERCEPÇÕES, SENSAÇÕES E SOFRIMENTOS DOS ESPÍRITOS

237 A alma, quando está no mundo dos Espíritos, ainda possui as percepções que possuía em sua vida física?
– Sim. Tem também outras que não possuía, porque o seu corpo era como um véu que as dificultava e obscurecia. A inteligência é um dos atributos do Espírito que se manifesta mais livremente quando não tem entraves.

Capítulo 6 – Vida Espírita

238 As percepções e os conhecimentos dos Espíritos são ilimitados; numa palavra, eles sabem todas as coisas?
— Quanto mais se aproximam da perfeição, mais sabem. Se são Espíritos Superiores, sabem muito. Os Espíritos inferiores são mais ou menos ignorantes sobre todas as coisas.

239 Os Espíritos conhecem o princípio das coisas?
— Conhecem de acordo com sua elevação e pureza. Os Espíritos inferiores não sabem mais que os homens.

240 Os Espíritos compreendem o tempo como nós?
— Não. É por isso que vós também não nos compreendeis quando se trata de fixar datas ou épocas.

✦ *A idéia e a ação do tempo para os Espíritos não são como nós os compreendemos. O tempo, para eles, é nulo, por assim dizer, e os séculos, tão longos para nós, são, a seus olhos, apenas instantes que se perdem na eternidade, como o relevo do solo se apaga e desaparece para quem o vê de longe quando se eleva no espaço.*

241 Os Espíritos têm uma idéia do presente mais precisa e exata do que nós?
— Do mesmo modo que aquele que vê claramente as coisas tem uma idéia mais exata do que um cego. Os Espíritos vêem o que não vedes; logo, julgam de modo diferente de vós. Mas lembramos mais uma vez: isso depende da elevação de cada um.

242 Como é que os Espíritos têm conhecimento do passado? Para eles, esse conhecimento é ilimitado?
— O passado, quando nos ocupamos dele, é o presente, torna-se vivo, exatamente como lembrais do que vos impressionou fortemente durante um período, ou numa viagem a um lugar longínquo e estranho. Como Espíritos, já não temos mais o véu material a nos obscurecer a inteligência, eis por que nos lembramos das coisas que estão apagadas para vós. Mas os Espíritos não conhecem tudo, a começar pela sua própria criação.

243 Os Espíritos conhecem o futuro?
— Isso também depende da sua elevação. Muitas vezes apenas o entrevêem, *mas nem sempre lhes é permitido revelá-lo*. Quando o vêem, parece-lhes presente. O Espírito adquire a visão do futuro mais claramente à medida que se aproxima de Deus. Após desencarnar, a alma vê e abrange num piscar de olhos suas *migrações passadas*, mas não pode ver o que Deus lhe reserva. Para isso é preciso que esteja integrada a Deus, após muitas e muitas existências.

243 a Os Espíritos que atingem a perfeição absoluta têm conhecimento completo do futuro?

– Completo não é bem a palavra. Só Deus é o Soberano Senhor e ninguém pode se igualar a Ele.

244 Os Espíritos vêem Deus?
– Só os Espíritos Superiores O vêem e O compreendem. Os Espíritos inferiores O sentem e O pressentem física, moral e espiritualmente.

244 a Quando um Espírito inferior diz que Deus lhe proíbe ou lhe permite uma coisa, como sabe que isso vem de Deus?
– Ele não vê a Deus, mas sente Sua soberania e, quando uma coisa não pode ser feita, ou uma palavra não pode ser dita, sente como intuição, uma advertência invisível que o proíbe de fazê-lo. Vós mesmos não tendes pressentimentos que são como advertências secretas, para fazer ou não isso ou aquilo? O mesmo ocorre conosco, apenas num grau superior. Deveis compreender que a essência dos Espíritos, sendo mais sutil que a vossa, lhes dá a possibilidade de melhor receber as advertências divinas.

244 b A ordem é transmitida por Deus ou por intermédio de outros Espíritos?
– Ela não vem diretamente de Deus. Para se comunicar com Deus, preciso é ser digno disso. Deus transmite Suas ordens por Espíritos que se encontram muito elevados em perfeição e instrução.

245 O dom da visão, nos Espíritos, é limitado e localizado, como nos seres corporais?
– Não; a visão está neles como um todo.

246 Os Espíritos têm necessidade da luz para ver?
– Vêem por si mesmos e não têm necessidade da luz exterior. Para eles, não há trevas, a não ser aquelas em que podem se encontrar por expiação.

247 Os Espíritos têm necessidade de se transportar para ver em dois lugares diferentes? Eles podem, por exemplo, ver simultaneamente os dois hemisférios do globo?
– Como o Espírito se transporta com a rapidez do pensamento, pode-se dizer que vê tudo de uma só vez, em todos os lugares. Seu pensamento pode irradiar e se dirigir, ao mesmo tempo, a vários pontos diferentes, mas essa qualidade depende de sua pureza. Quanto menos for depurado, mais sua visão estará limitada. Só Espíritos Superiores podem ter uma visão do conjunto.

✦ *O dom de ver, nos Espíritos, é uma propriedade inerente à sua natureza e irradia em todo o seu ser, como a luz se irradia de todas as partes de um corpo luminoso. É uma espécie de lucidez universal que se estende a tudo, envolve num só lance o espaço, os tempos e as coisas e para a qual não há trevas ou obstáculos materiais. Compreende-se que deva ser*

Capítulo 6 – Vida Espírita

assim. No homem, a visão funciona por meio de um órgão impressionado pela luz e, sem luz, fica na obscuridade. No Espírito, como o dom da visão é um atributo próprio, sendo desnecessário qualquer agente exterior, a visão não depende de luz. (Veja "Ubiqüidade", questão 92.)

248 O Espírito vê as coisas tão distintamente quanto nós?
– Mais distintamente, porque a sua visão penetra no que não podeis penetrar. Nada a obscurece.

249 O Espírito percebe os sons?
– Sim. Percebe até os que vossos rudes sentidos não podem perceber.

249 a O dom, a capacidade de ouvir, está em todo o seu ser, assim como a de ver?
– Todas as percepções são atributos do Espírito e fazem parte do seu ser. Quando está revestido de um corpo material, as percepções do exterior apenas lhe chegam pelo canal dos órgãos correspondentes. Porém, no estado de liberdade, essas percepções deixam de estar localizadas.

250 Sendo as percepções atributos próprios do Espírito, pode deixar de usá-las?
– O Espírito só vê e ouve o que quer. Isso de uma maneira geral e, sobretudo, para os Espíritos elevados. Já em relação aos que são imperfeitos, queiram ou não, ouvem e vêem freqüentemente aquilo que pode ser útil a seu adiantamento.

251 Os Espíritos são sensíveis à música?
– Quereis falar de vossa música? O que é ela perante a música celeste cuja harmonia nada na Terra vos pode dar uma idéia? Uma está para a outra como o canto de um selvagem está para uma suave melodia. Entretanto, Espíritos vulgares podem sentir um certo prazer ao ouvir vossa música, porque ainda não são capazes de compreender uma mais sublime. A música tem para os Espíritos encantos infinitos, em razão de suas qualidades sensitivas bastante desenvolvidas. A música celeste é tudo o que a imaginação espiritual pode conceber de mais belo e mais suave.

252 Os Espíritos são sensíveis às belezas da natureza?
– As belezas naturais dos globos são tão diferentes que se está longe de as conhecer; mas os Espíritos são sensíveis, sim, a essas belezas, sensíveis conforme sua aptidão em apreciá-las e compreendê-las. Para os Espíritos elevados há belezas de conjunto diante das quais desaparecem, por assim dizer, as belezas de detalhes.

253 Os Espíritos sentem nossas necessidades e sofrimentos físicos?
– Eles os *conhecem*, porque os sofreram, passaram por eles; mas não os sentem como vós, materialmente, porque são Espíritos.

254 Os Espíritos sentem cansaço e a necessidade do repouso?

– Não podem sentir o cansaço como o entendeis; conseqüentemente, não têm necessidade de repouso corporal como o vosso, uma vez que não possuem órgãos cujas forças devam ser reparadas. Mas o Espírito repousa, no sentido de que não tem uma atividade constante, embora não atue de uma maneira material. Sua ação é toda intelectual e seu repouso, inteiramente moral; ou seja, há momentos em que seu pensamento deixa de ser tão ativo e não mais se fixa num objetivo determinado. Esse instante é um verdadeiro repouso, mas não é comparável ao do corpo. O cansaço que podem sentir os Espíritos está em razão de sua inferioridade, visto que, quanto mais elevados, menos o repouso lhes é necessário.

255 Quando um Espírito diz que sofre, que sofrimento sente?

– Angústias morais, que o torturam mais dolorosamente do que os sofrimentos físicos.

256 Como é que alguns Espíritos se queixam de sofrer de frio e de calor?

– Lembrança do que tinham sofrido durante a vida, muitas vezes mais aflitiva que a realidade. É freqüentemente uma comparação com que, na falta de coisa melhor, exprimem sua situação. Quando se lembram do seu corpo, experimentam uma espécie de impressão, como quando se tira um casaco e se tem a sensação, por um tempo, que ainda se está vestido.

ENSAIO TEÓRICO SOBRE A SENSAÇÃO NOS ESPÍRITOS

257 O corpo é o instrumento da dor. Se não é sua causa primária, é, pelo menos, a causa imediata. A alma tem a percepção da dor: essa percepção é o efeito. A lembrança que a alma conserva disso pode ser de muito sofrimento, mas não pode provocar ação física. De fato, nem o frio, nem o calor podem desorganizar os tecidos da alma. Ela não pode congelar-se, nem queimar-se. Não vemos todos os dias a lembrança ou a preocupação com um mal físico produzir os efeitos desse mal, até mesmo ocasionar a morte? Todo mundo sabe que as pessoas que tiveram membros amputados sentem dor no membro que não existe mais. Certamente, não é nesse membro que está a sede ou o ponto de partida da dor, mas no cérebro, que conservou a impressão da dor. Podem-se admitir, portanto, reações semelhantes nos sofrimentos do Espírito após a morte. Um estudo mais aprofundado do perispírito, que desempenha um papel tão importante em todos os fenômenos espíritas como nas aparições vaporosas ou tangíveis, como na circunstância por que o Espírito passa no momento da morte; na idéia tão freqüente de que ainda está vivo, no quadro tão comovente dos suicidas e dos que foram martirizados, nos que se deixaram absorver pelos prazeres materiais e em tantos outros fatos, vieram lançar luz sobre a questão e deram lugar a explicações que resumimos a seguir.

O perispírito é o laço que une o Espírito à matéria do corpo. O Espírito é quem o forma, tirando elementos do meio ambiente e do fluido universal. Ele é formado ao mesmo tempo de eletricidade, fluido magnético e até de alguma quantidade de matéria inerte. Pode-se dizer que é a matéria puríssima, o princípio da vida orgânica, mas não da vida intelectual. A vida intelectual está no Espírito. É, além disso, o agente das sensações exteriores. No corpo, essas sensações se localizam nos órgãos próprios que servem de canais condutores. Destruído o corpo, as sensações se tornam generalizadas. É por isso que o Espírito não diz sofrer mais da cabeça do que dos pés. É preciso precaução para não confundir as sensações do perispírito, que se tornou independente, com as do corpo: podemos tomar essas sensações apenas como comparação, e não como analogia. Liberto do corpo, o Espírito pode sofrer. Mas esse sofrimento não é corporal, embora não seja exclusivamente moral, como o remorso, porque se queixa de frio e calor. Apesar disso, não sofre mais no inverno que no verão: nós o temos visto atravessar as chamas sem sofrer nada, nenhuma dor, o fogo não lhe causa nenhuma impressão. A dor que sente não é física propriamente dita, é um vago sentimento íntimo que o próprio Espírito nem sempre entende, precisamente porque a dor não está localizada e não é produzida por agentes externos: é mais uma lembrança do que uma realidade, mas é uma recordação também dolorosa. Há, entretanto, algumas vezes, mais que uma lembrança, como iremos ver.

A experiência nos ensina que no momento da morte o perispírito se desprende mais ou menos lentamente do corpo. Nos primeiros instantes seguidos ao desencarne, o Espírito não entende a sua situação: não acredita estar morto, sente-se vivo, vê seu corpo de um lado, sabe que é seu e não entende por que está separado dele. Essa situação persiste enquanto o laço entre o corpo e o perispírito não se romper por completo. Um suicida nos disse: "Não, não estou morto", e acrescentava: *"E, entretanto, sinto os vermes que me roem"*. Porém, seguramente, os vermes não roíam o seu perispírito, e muito menos o Espírito; roíam-lhe apenas o corpo. Mas como a separação do corpo e do perispírito não estava concluída, disso se originava uma espécie de repercussão moral que lhe transmitia a sensação do que se passava no seu corpo. Repercussão não é bem a palavra que dê a idéia exata do que ocorre, porque pode fazer supor um efeito muito material. Era antes e de fato a visão do que se passava no cadáver, que ainda estava ligado ao seu perispírito, produzindo nele essa sensação que tomava como real, como autêntica. Desse modo, não era uma lembrança, uma vez que durante sua vida nunca tinha sido roído por vermes; era uma sensação nova e atual. Vemos, assim, que deduções se podem tirar dos fatos, quando observados atentamente.

Durante a vida, o corpo recebe as impressões exteriores e as transmite ao Espírito por intermédio do perispírito, que constitui, provavelmente, o que se chama de fluido nervoso. Estando o corpo morto, não sente mais nada, porque não possui mais Espírito, nem perispírito. O perispírito, desprendido do corpo, experimenta a sensação, mas como ela não lhe chega mais por um canal limitado, próprio, torna-se geral. Portanto, como o perispírito é na realidade um agente de transmissão das sensações que se produzem do corpo para o Espírito, porque é no Espírito que está a consciência, disso se deduz que, se pudesse existir perispírito sem Espírito, ele não sentiria mais do que sente um corpo morto. Da mesma forma, se o Espírito não tivesse perispírito, seria inacessível a qualquer sensação dolorosa, como ocorre com os Espíritos completamente purificados. Sabemos que, quanto mais o Espírito se purifica, mais a essência do perispírito se torna etérea, do que se conclui que a influência material diminui à medida que o Espírito progride e, por conseqüência, o próprio perispírito torna-se menos grosseiro.

Mas, dirão, as sensações agradáveis são transmitidas ao Espírito por meio do perispírito, da mesma forma que as sensações desagradáveis; sendo o Espírito puro inacessível a umas, deve ser igualmente inacessível a outras. Sim, sem dúvida, assim é de fato para as sensações que provêm unicamente da influência da matéria que conhecemos, por exemplo: o som de nossos instrumentos e o perfume de nossas flores não lhes causam nenhuma impressão. Porém, o Espírito têm sensações íntimas de um encanto indefinível, das quais não podemos fazer nenhuma idéia, por sermos, a esse respeito, como cegos de nascença perante a luz: sabemos que elas existem, mas por que meio se produzem não o sabemos. Termina aí nossa ciência. Sabemos que o Espírito têm percepção, sensação, audição, visão; que essas faculdades são generalizadas por todo o ser, e não, como no homem, só em uma parte do seu ser. Mas de que modo ele as tem? É o que não sabemos. Os próprios Espíritos não podem nos dar idéia precisa, porque a nossa linguagem não pode exprimir idéias que não conhecemos, da mesma forma que para os selvagens não há termos para exprimir nossas artes, ciências e doutrinas filosóficas.

Ao dizer que os Espíritos são inacessíveis às impressões de nossa matéria, estamos nos referindo aos Espíritos muito elevados, cujo envoltório etéreo não tem nada de semelhante ao que conhecemos aqui na Terra. O mesmo não ocorre com os de perispírito mais denso: estes percebem nossos sons e odores, mas não por uma parte limitada de sua individualidade, como quando encarnados. Pode-se dizer que neles as vibrações moleculares se fazem sentir em todo seu ser e chegam assim ao seu *sensorium commune*[2], que é o próprio Espírito, embora de um

---

2 - *Sensorium commune*: expressão latina usada em medicina e em anatomia, que significa sede da sensação, da sensibilidade (N. E.).

Capítulo 6 – Vida Espírita

modo diferente, o que produz uma modificação na percepção. Eles ouvem o som de nossa voz e, no entanto, nos compreendem sem necessidade da palavra, apenas pela transmissão do pensamento; isso vem em apoio ao que dissemos: a percepção dessas vibrações é tão mais fácil quanto mais desmaterializado está o Espírito. Quanto à visão, é independente de nossa luz. O dom da visão é um atributo essencial da alma, para ela não há obscuridade; mas é mais ampla e penetrante para os que estão mais purificados. A alma ou o Espírito tem nela mesma todos os dons e recursos de todas as percepções. Na vida corporal são limitados pela grosseria dos órgãos físicos; na vida extracorporal são cada vez menos limitados, à medida que menos denso se torna o envoltório semimaterial.

Esse envoltório, o perispírito, tirado do meio ambiente, varia de acordo com a natureza dos mundos. Ao passar de um mundo para outro, os Espíritos mudam de envoltório, assim como mudamos de roupa quando passamos do inverno para o verão, ou de um pólo para o Equador. Os Espíritos mais elevados, quando vêm nos visitar, se revestem do perispírito terrestre e, assim, suas percepções são como as dos Espíritos do lugar onde estão. Porém, todos, tanto inferiores quanto superiores, apenas ouvem e sentem o que querem ouvir ou sentir. Tendo em vista que não possuem os órgãos sensitivos, podem tornar, à vontade, suas percepções ativas ou nulas; há apenas uma situação a que são obrigados: a de ouvir os conselhos dos bons Espíritos. A visão é sempre ativa, mas podem reciprocamente se tornar invisíveis uns aos outros. De acordo com a posição que ocupam, podem se ocultar dos que lhes são inferiores, mas não dos superiores. Nos primeiros momentos que se seguem ao desencarne, a visão do Espírito é sempre perturbada e confusa; porém, vai se aclarando à medida que se liberta do corpo físico e pode adquirir nitidez igual à que tinha durante a vida terrena, além de contar com a possibilidade de poder ver através dos corpos que são opacos para nós. Quanto a poder alcançar a visão do espaço infinito, do futuro e do passado, depende do grau de pureza e da elevação do Espírito.

Toda essa teoria, alegarão alguns, não é nada tranqüilizadora. Pensávamos que uma vez livres do corpo, instrumento de nossas dores, não sofreríamos mais. Agora nos dizeis que ainda sofreremos, desta ou daquela forma, mas que será sempre sofrimento. Ah, sim! Podemos ainda sofrer, e muito, por um longo tempo, mas podemos também parar de sofrer, já desde o instante em que deixarmos a vida corporal.

Os sofrimentos aqui da Terra, algumas vezes, independem de nós, mas muitos são as conseqüências da nossa vontade, e se buscarmos as origens constataremos que, em sua maior parte, resultam de causas que poderíamos evitar. Quantos males, quantas enfermidades o homem não deve aos seus excessos, à sua ambição, às suas paixões? O homem que sempre tivesse vivido sobriamente, que não tivesse cometido abusos, que sempre tivesse sido simples em seus gostos, modesto em seus desejos, se pouparia de muitos sofrimentos. O mesmo acontece com o Espírito: as angústias que enfrenta são a conseqüência da maneira como viveu na Terra. Sem dúvida, não terá mais artrite nem reumatismo, mas terá outros sofrimentos que não são menores. Temos visto que os sofrimentos que sente são causados pelos laços que ainda existem entre ele e a matéria e, quanto mais se desmaterializa, menos tem sensações dolorosas. Portanto, depende do homem querer libertar-se dessa influência já em vida; tem seu livre-arbítrio e, conseqüentemente, a escolha entre fazer e não fazer. Que ele dome suas paixões brutais, não tenha ódio, inveja, ciúme, nem orgulho; que purifique sua alma pelos bons sentimentos; que faça o bem; que dê às coisas deste mundo a importância que merecem; então, ainda no corpo físico, já estará purificado, desprendido da matéria, e quando o deixar não sofrerá mais sua influência. Os sofrimentos físicos que experimentou não deixarão nenhuma lembrança dolorosa; não restará nenhuma impressão desagradável, porque afetou apenas o corpo e não o Espírito. Ficará feliz por estar livre delas, e a calma de sua consciência o livrará de todo sofrimento moral.

Interrogamos milhares de Espíritos que haviam pertencido a todas as classes da sociedade e a todas as posições sociais, quando na Terra. Nós os estudamos em todos os períodos de sua vida espírita, desde o instante em que deixaram o corpo; nós os seguimos passo a passo na vida após a morte para observar as mudanças que se operavam neles, nas idéias, nas sensações. E sob esse aspecto, os homens mais simples foram os que nos forneceram materiais de estudo mais preciosos, porque notamos sempre que os sofrimentos estão relacionados à conduta que tiveram na vida corpórea da qual sofrem as conseqüências, e que essa nova existência é fonte de uma felicidade indescritível para aqueles que seguiram o bom caminho. Deduz-se que sofrem porque merecem e só podem queixar-se de si mesmos, tanto neste quanto no outro mundo.

ESCOLHA DAS PROVAS

258 Na espiritualidade, antes de começar uma nova existência corporal, o Espírito tem consciência e previsão das coisas que acontecerão durante sua vida?

– Ele mesmo escolhe o gênero de provas que quer passar. Nisso consiste seu livre-arbítrio.

258 a Então não é Deus que impõe os sofrimentos da vida como castigo?

– Nada acontece sem a permissão de Deus, que estabeleceu todas as leis que regem o universo. Perguntareis, então, por que Ele fez esta lei em vez daquela. Ao dar ao Espírito a liberdade de escolha, deixa-lhe toda a responsabilidade de seus atos e de suas conseqüências, nada impede seu futuro; o caminho do bem está à frente dele, assim como o do mal. Mas, se fracassa, resta-lhe uma consolação: nem tudo está acabado para ele. Deus, em sua bondade, deixa-o livre para recomeçar, reparando o que fez de mal. É preciso, aliás, distinguir o que é obra da vontade de Deus e o que é obra do homem. Se um perigo vos ameaça, não fostes vós que o criastes, foi Deus; mas tendes a liberdade de vos expor a ele, por terdes visto aí um meio de adiantamento, e Deus o permitiu.

259 Se o Espírito tem a escolha do gênero de prova que deve passar, todas as dificuldades que experimentamos na vida foram previstas e escolhidas por nós?

– Todas não é a palavra, porque não se pode dizer que escolhestes e previstes tudo que vos acontece neste mundo, até nas menores coisas. Vós escolhestes os gêneros das provas; os detalhes são conseqüência da situação em que viveis e, freqüentemente, de vossas próprias ações. Se o Espírito quis nascer entre criminosos, por exemplo, sabia dos riscos a que se exporia, mas não tinha conhecimento dos atos que viria a praticar; esses atos são efeito de sua vontade ou de seu livre-arbítrio. O Espírito sabe que, ao escolher um caminho, terá uma luta a suportar; sabe a natureza e a diversidade das coisas que enfrentará, mas não sabe quais os acontecimentos que o aguardam. Os detalhes dos acontecimentos nascem das circunstâncias e da força das coisas. Somente os grandes acontecimentos que influem na vida estão previstos. Se seguis um caminho cheio de sulcos profundos, sabeis que deveis tomar grandes precauções, porque tendes a probabilidade de cair, mas não sabeis em qual deles caireis; pode ser que a queda não aconteça, se fordes prudente o bastante. Se, ao passar na rua, uma telha cai na vossa cabeça, não acrediteis que estava escrito, como se diz vulgarmente.

260 Como o Espírito pode querer nascer entre pessoas de má conduta?

– É preciso que seja enviado para um meio em que possa se defrontar com a prova que pediu. Pois bem! É preciso que haja identidade de relações e semelhanças, que os semelhantes se atraiam: para lutar contra o instinto do roubo, é preciso que se encontre entre pessoas que roubam.

260 a Se não houvesse pessoas de má conduta na Terra, o Espírito não encontraria nela o meio necessário para passar por determinadas provas?

– E seria o caso de lastimar se isso acontecesse? É o que ocorre nos mundos superiores, onde o mal não tem acesso porque há somente Espíritos bons. Fazei que o mesmo aconteça na vossa Terra.

261 O Espírito, nas provas que deve passar para atingir a perfeição, deve experimentar todas as tentações? Deve passar por todas as circunstâncias que podem incitar o orgulho, a inveja, a avareza, a sensualidade etc.?

– Certamente que não, uma vez que sabeis que há Espíritos que, desde o começo, tomam um caminho que os livra de muitas provas; mas, aquele que se deixa levar pelo mau caminho corre todos os perigos desse caminho. Um Espírito, por exemplo, pode pedir a riqueza e esta ser concedida; então, de acordo com seu caráter, poderá tornar-se avarento ou pródigo, egoísta ou generoso, ou se entregar a todos os prazeres da sensualidade; mas isso não quer dizer que tenha que passar forçosamente por todas essas tendências.

262 Como pode o Espírito em sua origem, simples, ignorante e sem experiência, escolher uma existência com conhecimento de causa e ser responsável por essa escolha?

– Deus supre sua inexperiência ao traçar-lhe o caminho que deve seguir, como o fazeis com uma criança desde o berço. Deixa-o, porém, livre para escolher, à medida que seu livre-arbítrio se desenvolve. É então que muitas vezes se extravia ao seguir o mau caminho, se não escuta os conselhos dos bons Espíritos; é o que se pode chamar *a queda do homem*.

262 a Quando o Espírito usa seu livre-arbítrio, a escolha da existência corporal depende sempre de sua vontade, ou essa existência pode ser imposta pela vontade de Deus como expiação?

– Deus sabe esperar: não apressa a expiação. No entanto, perante a Lei, um Espírito pode ter uma encarnação compulsória quando, por sua inferioridade, ou má vontade, não está apto a compreender o que lhe poderia ser mais útil e quando essa encarnação pode servir à sua purificação e adiantamento, ao mesmo tempo que lhe sirva de expiação.

263 O Espírito faz sua escolha imediatamente após a morte?

– Não, muitos acreditam na eternidade das penas e, como já foi dito, pensar assim representa para eles um castigo. (Veja a questão 101).

264 Como o Espírito escolhe as provas que quer suportar?

– Ele escolhe as que podem ser para ele uma expiação, pela natureza de seus erros, e lhe permitam avançar mais rapidamente. Uns podem, ao escolher, se impor uma vida de misérias e privações para tentar suportá-la com coragem; outros querem se experimentar nas tentações da riqueza e do poder, muito perigosas, pelo abuso e o mau uso que delas se possa fazer e pelas paixões inferiores que desenvolvem; outros, enfim, preferem se experimentar nas lutas que têm que sustentar em contato com o vício.

265 Se alguns Espíritos escolhem o contato com o vício como prova, há aqueles que o escolhem por simpatia e desejo de viver num meio conforme seu gosto, ou para se entregar completamente às tendência materiais?

– Há, sem dúvida. Mas só fazem essa escolha os que têm o senso moral ainda pouco desenvolvido; *a provação está em viver a escolha que fizeram e a sofrem por longo tempo*. Cedo ou tarde, compreenderão que a satisfação das paixões brutais traz conseqüências deploráveis, e o sofrimento lhes parecerá eterno. Poderão permanecer nesse estado até que se tornem conscientes da falta em que incorreram, e então eles mesmos pedem a Deus para resgatá-las em provas libertadoras.

266 Não parece natural escolher as provas menos dolorosas?

– Para vós, sim; para o Espírito, não. Quando se está liberto da matéria, a ilusão cessa e a forma de pensar é outra.

✦ *O homem na Terra, sob a influência das idéias terrenas, vê nas suas provas apenas o lado doloroso. Por isso lhe pareceria natural escolher as que, em seu ponto de vista, pudessem se conciliar com os prazeres materiais. Porém, na vida espiritual, compara esses prazeres ilusórios e grosseiros com a felicidade inalterável que percebe, e, então, nenhuma importância dá aos sofrimentos passageiros da Terra. O Espírito pode, em vista disso, escolher a prova mais rude e, conseqüentemente, a mais angustiosa existência, na esperança de atingir mais depressa um estado melhor, como o doente escolhe muitas vezes o remédio mais desagradável para se curar mais depressa. Aquele que deseja ver seu nome ligado à descoberta de um país desconhecido não escolhe um caminho florido; sabe dos perigos que corre, mas também sabe da glória que o espera se for bem-sucedido.*

A doutrina da liberdade na escolha de nossas existências e das provas que devemos suportar deixa de causar espanto ou surpresa, se considerarmos que os Espíritos livres da matéria apreciam as coisas de maneira diferente da nossa. Percebem que há um objetivo, bem mais sério do que os prazeres ilusórios do mundo e, após cada existência, vêem o passo que deram e compreendem o que ainda lhes falta de pureza para atingi--lo. Eis por que se submetem voluntariamente a todas as alternâncias e às dificuldades da vida corporal, pedindo, eles mesmos, aquelas que lhes permitam alcançar mais prontamente o objetivo a que almejam. Não há, portanto, motivo de estranheza no fato de o Espírito não escolher uma existência mais suave. No estado de imperfeição em que se acha, o Espírito não pode querer uma existência feliz, sem amargura; ele a pressente e antevê, e é para atingi-la que procura melhorar-se.

Não temos, aliás, todos os dias, perante os olhos, exemplos de experiências parecidas? O que faz o homem que trabalha uma parte de sua vida, sem trégua nem descanso, para reunir posses que lhe garantam o bem-estar, senão uma tarefa que se impôs tendo em vista um futuro melhor?

O militar que se arrisca numa missão perigosa, o viajante que enfrenta os maiores perigos no interesse da ciência ou de sua fortuna; o que isso representa, senão provas voluntárias que lhes devem proporcionar honra e proveito, se forem bem-sucedidos? A que não se submete e não se expõe o homem por seu interesse ou glória? Os concursos não são também provas voluntárias às quais se submete, para se elevar na carreira que escolheu? Não se chega a uma posição importante, qualquer que seja, nas ciências, nas artes, na indústria, senão passando por posições inferiores que são também provas. A vida humana é uma cópia da vida espiritual, na qual encontramos, em escala pequena, todas as mesmas peripécias. Se, na vida terrestre, escolhemos freqüentemente as provas mais rudes, visando a um objetivo mais elevado, por que o Espírito, que vê mais longe e para quem a vida terrestre é apenas um incidente passageiro, não escolheria uma existência laboriosa e de renúncia, sabendo que ela deve conduzi-lo a uma felicidade eterna? Aqueles que dizem que, se o homem tem o direito de escolha de sua existência, pediriam para ser príncipes ou milionários são como míopes, que vêem apenas o que tocam, ou como crianças gulosas, às quais, quando se pergunta que profissão pretendem, respondem: pasteleiros ou confeiteiros.

Como um viajante que, no fundo do vale embaçado pelo nevoeiro, não vê a distância, nem os pontos extremos de seu caminho; mas, uma vez chegado ao cume da montanha, divisa o caminho que percorreu e o que lhe resta percorrer; vê seu objetivo, os obstáculos que ainda tem a transpor e pode, então, planejar com mais segurança os meios para atingi-lo. O Espírito encarnado é semelhante ao viajante no fundo do vale. Liberto dos laços terrestres, sua visão tem o completo domínio da sua destinação, como aquele que está no cume da montanha. Para o viajante, o objetivo é o repouso após o cansaço; para o Espírito, é a felicidade suprema após as dificuldades e as provas.

Todos os Espíritos dizem que, na espiritualidade, pesquisam, estudam e observam para fazer sua escolha. Não temos um exemplo desse fato na vida corporal? Não procuramos freqüentemente, durante anos, a carreira em que fixamos livremente nossa escolha, por acreditarmos ser a mais apropriada para fazermos nosso caminho? Se fracassamos numa, escolhemos outra. Cada carreira que abraçamos é uma fase, um período da vida. Cada dia não é empregado para planejar o que faremos no dia seguinte? Portanto, o que são as diferentes existências corporais para o Espírito senão etapas, períodos, dias de sua vida espírita, que é, como sabemos, sua vida normal, uma vez que a corpórea é apenas transitória e passageira?

267 O Espírito pode escolher suas provas, quando já encarnado?
– Seu desejo pode ter influência, dependendo da intenção com que as deseja; mas, como Espírito, vê freqüentemente as coisas muito diferentes.

É apenas o Espírito que faz a escolha; mas, afirmamos mais uma vez, é possível. Ele pode fazê-la na vida material, porque para o Espírito há sempre momentos em que fica independente da matéria que habita.

267 a Muitas pessoas desejam poder e riqueza; não é, certamente, como expiação ou como prova?

– Sem dúvida, é o instinto material que as deseja para delas desfrutar; já o Espírito as deseja para conhecer todas as alternativas que elas oferecem.

268 Até que atinja o estado de pureza perfeita, o Espírito tem que passar constantemente por provas?

– Sim, mas não são como as entendeis, visto que chamais de provas às adversidades materiais. Porém, o Espírito que atingiu um certo grau, sem ser ainda perfeito, nada mais tem a suportar; embora sempre tenha deveres que o ajudam a se aperfeiçoar, e que nada têm para ele de constrangedor ou angustiante, ainda que seja para ajudar os outros a se aperfeiçoar.

269 O Espírito pode se enganar sobre a eficácia da prova que escolheu?

– Ele pode escolher uma que esteja acima de suas forças e, então, fracassar. Pode também escolher alguma que não lhe dê nenhum proveito, que resulte numa vida ociosa e inútil; mas, então, uma vez de volta ao mundo dos Espíritos, percebe que nada ganhou e pede para reparar o tempo perdido, numa outra encarnação.

270 A que se devem as vocações de certas pessoas e seu desejo de seguir uma carreira em vez de outra?

– Parece-me que vós mesmos podeis responder a essa questão. Não é a conseqüência de tudo o que dissemos sobre a escolha das provas e o progresso realizado nas existências anteriores?

271 Ainda na espiritualidade, o Espírito, ao estudar as diversas condições em que poderá progredir, como pensa poder fazê-lo ao nascer, por exemplo, entre os povos canibais?

– Espíritos já avançados não nascem entre canibais. Entre eles nascem Espíritos com a natureza dos canibais, ou que lhe são até inferiores.

✦ *Sabemos que os antropófagos[3] não estão no último grau da escala evolutiva e que há mundos onde o embrutecimento e a ferocidade ultrapassam em tudo o que conhecemos na Terra. Esses Espíritos que lá habitam são ainda inferiores aos mais inferiores de nosso mundo, e nascer entre os nossos selvagens é para eles um progresso, como seria um progresso para os antropófagos do nosso globo exercer entre nós uma profissão que*

---

3 - Antropófago: aquele que come carne humana (N. E.).

*os obrigasse a derramar sangue*⁴. *Se não alcançam o mais alto é porque sua inferioridade moral não lhes permite compreender um progresso mais completo. O Espírito não pode avançar senão gradualmente; não pode transpor de um salto a distância que separa a barbárie da civilização, e é aí que vemos uma das necessidades da reencarnação, que está verdadeiramente de acordo com a justiça de Deus. De outro modo, em que se tornariam esses milhões de seres que morrem a cada dia no último estado de degradação, se não possuíssem os meios de atingir a superioridade? Por que Deus os deserdaria dos favores concedidos aos outros homens?*

272 Espíritos vindos de um mundo inferior à Terra ou de um povo muito atrasado, como os canibais, por exemplo, poderiam nascer entre os povos civilizados?

– Sim, há os que se desencaminham ao querer subir muito alto. Ficam desajustados entre vós, porque possuem costumes e instintos que não se afinam com os vossos.

✦ *Esses seres nos dão o triste espetáculo da ferocidade em meio à civilização. Ao retornar renascendo entre os canibais, não sofrem uma queda, uma degradação, apenas voltam aos seus lugares e com isso talvez até ganhem.*

273 Um homem que pertence a uma raça civilizada poderia, por expiação, reencarnar em uma raça selvagem?

– Sim, mas isso depende do gênero da expiação. Um senhor que tenha sido cruel com seus escravos poderá tornar-se escravo por sua vez e sofrer os maus-tratos que fez os outros suportar. Aquele que um dia comandou poderá, em uma nova existência, obedecer até mesmo àqueles que se curvaram à sua vontade. É uma expiação que lhe pode ser imposta, se abusou de seu poder. Um bom Espírito também pode escolher uma existência em que exerça uma ação influente e encarnar dentre povos atrasados, para fazer com que progridam, o que, neste caso, é para ele uma missão.

---

4 - **Que os obrigasse a derramar sangue** (*qui les obligerant à verser le sang*): Pode causar estranheza, à primeira vista, a afirmativa de Allan Kardec, a ponto de se pensar que o razoável seria pela negativa, isto é, que os obrigasse a *não* derramar sangue, o que faria supor que assim haveria um grande progresso do Espírito, de matador e carnívoro reencarnaria longe dessas características num grande salto evolutivo. A Doutrina Espírita não ensina isso; a afirmativa de Allan Kardec está de acordo com os ensinamentos básicos dos Espíritos do Senhor.
Muitos antropófagos, se tiverem mérito para tanto, podem reencarnar em meio à sociedade desempenhando funções compatíveis com o progresso coletivo. Respeita-se dessa forma a sua essência de Espíritos em ascensão, sem que para isso seja necessário que andem de tacape ou faca em punho "fazendo esguichar sangue" como pode dar a entender a frase ao pé da letra. Está aí o progresso do Espírito. Reencarna em meio à civilização numa profissão útil que representa para ele um grande degrau de progresso: da barbárie antropófaga para a civilização (N. E.).
✎ - Consulte Nota Explicativa no final do livro (N. E.).

RELAÇÕES APÓS A MORTE

274 As diferentes ordens de Espíritos estabelecem entre eles uma hierarquia de poderes? Existe entre eles subordinação e autoridade?
– Sim, muito grande. Os Espíritos têm uns para com os outros uma autoridade relativa à sua superioridade, que exercem por uma ascendência moral irresistível.

274 a Os Espíritos inferiores podem escapar da autoridade dos superiores?
– Eu disse: irresistível.

275 O poder e a consideração que um homem desfrutou na Terra lhe dão alguma supremacia no mundo dos Espíritos?
– Não. Os pequenos serão elevados e os grandes rebaixados. Lede os *Salmos*[5].

275 a Como devemos entender essa elevação e esse rebaixamento?
– Não sabeis que os Espíritos são de diferentes ordens, de acordo com seu mérito? Pois bem! O maior da Terra pode estar no último lugar entre os Espíritos, enquanto seu servidor pode estar no primeiro. Compreendei isso? Jesus disse: "Todo aquele que se humilhar será elevado e todo aquele que se elevar será humilhado".

276 Aquele que foi grande na Terra e se encontra entre os Espíritos de ordem inferior passa por humilhação?
– Freqüentemente muito grande, principalmente se era orgulhoso e invejoso.

277 O soldado que, após a batalha, encontra seu general no mundo dos Espíritos, o reconhece ainda como seu superior?
– O título não é nada; a superioridade real é tudo.

278 Os Espíritos de diferentes ordens se misturam uns com os outros?
– Sim e não, ou seja, eles se vêem, mas se distinguem uns dos outros e se afastam ou se aproximam, de acordo com os seus sentimentos, como acontece entre vós. *Constituem um mundo do qual o vosso dá uma vaga idéia.* Os da mesma categoria se reúnem por afinidade e formam grupos ou famílias de Espíritos unidos pela simpatia e objetivo a que se propuseram: os bons, pelo desejo de fazer o bem; os maus, pelo desejo de fazer o mal, pela vergonha de suas faltas e pela necessidade de se encontrar entre seres semelhantes.

✦ *Exatamente como numa grande cidade, onde os homens de todas as categorias e condições se vêem e se reencontram sem se confundirem;*

---

5 - **Salmos**: livro bíblico do Velho Testamento (N. E.).

onde as sociedades se formam por semelhanças de gostos; onde o vício e a virtude convivem cada um à sua maneira.

279 Todos os Espíritos têm reciprocamente acesso uns aos outros?

– Os bons vão a toda parte e é preciso que seja desse modo para que possam exercer sua influência sobre os maus. As regiões habitadas pelos bons são interditadas aos Espíritos imperfeitos, a fim de que não as perturbem com suas más paixões.

280 Qual é a natureza das relações entre os bons e os maus Espíritos?

– Os bons empenham-se em combater as más tendências dos outros, *a fim de ajudá-los a elevar-se*; é sua missão.

281 Por que os Espíritos inferiores gostam de nos induzir ao mal?

– Por inveja de não ter merecimento para estar entre os bons. Seu desejo é impedir, tanto quanto possam, os Espíritos inexperientes de alcançar o bem supremo; querem que os outros sintam o que eles mesmos sentem. Não acontece também o mesmo entre vós?

282 Como os Espíritos se comunicam entre si?

– Eles se vêem e se compreendem; a palavra se materializa pelo reflexo do Espírito. O fluido universal estabelece entre eles uma comunicação constante; é o veículo da transmissão do pensamento, assim como o ar é o veículo do som. É uma espécie de telégrafo universal que liga todos os mundos e permite aos Espíritos comunicarem-se de um mundo a outro.

283 Os Espíritos podem esconder seus pensamentos? Podem se ocultar uns dos outros?

– Não, para eles tudo está a descoberto, principalmente entre os que são perfeitos. Podem se afastar uns dos outros, mas sempre se vêem. Isso não é, entretanto, uma regra absoluta, porque certas categorias de Espíritos podem muito bem se tornar invisíveis para outros, se julgarem útil fazê-lo.

284 Como os Espíritos, que não têm mais corpo, podem constatar a sua individualidade e se distinguir dos outros que os rodeiam?

– Eles constatam sua individualidade pelo perispírito, que os distingue uns dos outros, assim como pelo corpo se podem distinguir os homens.

285 Os Espíritos se reconhecem por terem coabitado a Terra? O filho reconhece seu pai, o amigo reconhece seu amigo?

– Sim, e assim de geração em geração.

285 a Como os homens que se conheceram na Terra se reconhecem no mundo dos Espíritos?

– Nós vemos nossa vida passada e a lemos como num livro; ao ver o passado de nossos amigos e inimigos, vemos sua existência da vida à morte.

286 A alma, ao deixar o corpo logo após a morte, vê imediatamente parentes e amigos que a precederam no mundo dos Espíritos?
– Imediatamente não é bem a palavra. Como já dissemos, ela precisa de algum tempo para reconhecer seu estado e se desprender da matéria.

287 Como a alma é acolhida em seu retorno ao mundo dos Espíritos?
– A do justo, como um irmão bem-amado que é esperado há muito tempo. A do mau, como um ser que se equivocou.

288 Que sentimento têm os Espíritos impuros quando vêem um mau Espírito chegando até eles?
– Os maus ficam satisfeitos ao ver seres à sua imagem e privados, como eles, da felicidade infinita, como, na Terra, um perverso entre seus iguais.

289 Nossos parentes e amigos vêm algumas vezes ao nosso encontro quando deixamos a Terra?
– Sim, eles vêm ao encontro da alma que estimam. Felicitam-na como no retorno de uma viagem, se ela escapou dos perigos do caminho, e *a ajudam a se despojar dos laços corporais*. É a concessão de uma graça para os bons Espíritos quando aqueles que amam vêm ao seu encontro, enquanto o infame, o mau, sente-se isolado ou é apenas rodeado por Espíritos semelhantes a ele: é uma punição.

290 Os parentes e amigos sempre se reúnem depois da morte?
– Isso depende de sua elevação e do caminho que seguem para seu adiantamento. Se um deles é mais avançado e marcha mais rápido do que o outro, não poderão permanecer juntos. Poderão se ver algumas vezes, mas somente estarão para sempre reunidos quando marcharem lado a lado, ou quando atingirem a igualdade na perfeição. Além disso, a impossibilidade de ver seus parentes e seus amigos é, algumas vezes, uma punição.

RELAÇÕES DE SIMPATIA E ANTIPATIA ENTRE OS ESPÍRITOS. METADES ETERNAS

291 Além da simpatia geral de afinidade, os Espíritos têm entre si afeições particulares?
– Sim, como entre os homens. Mas o laço que une os Espíritos é mais forte quando estão livres do corpo, por não estarem mais expostos às alterações e volubilidades das paixões.

292 Há ódio entre os Espíritos?

– Somente há ódio entre os Espíritos impuros, e são eles que provocam entre vós as inimizades e as desavenças.

293 Dois seres que foram inimigos na Terra conservarão ressentimentos um contra o outro no mundo dos Espíritos?
– Não. Eles compreenderão que seu ódio era uma tolice e o motivo, pueril. Apenas os Espíritos imperfeitos conservam um certo rancor até que estejam depurados. Se foi unicamente por um interesse material que se tornaram inimigos, não pensarão mais nisso, ainda que estejam pouco desmaterializados. Se não há antipatia entre eles, o motivo de discussão não mais existindo, podem se rever com prazer.

✦ *Como dois escolares que atingiram a idade da razão reconhecem a infantilidade das brigas que tiveram na infância e deixam de se malquerer.*

294 A recordação das más ações que dois homens praticaram um contra o outro é um obstáculo à simpatia?
– Sim, isso os leva a se distanciarem.

295 Que sentimento têm após a morte aqueles a quem fizemos mal aqui na Terra?
– Se são bons, perdoam de acordo com o vosso arrependimento. Se são maus, é possível que conservem ressentimento e algumas vezes até vos persigam numa outra existência. Isso pode representar uma punição, uma provação.

296 As afeições individuais dos Espíritos são passíveis de alteração?
– Não, porque não podem se enganar. *Eles não têm mais a máscara sob a qual se escondem os hipócritas;* eis por que as suas afeições são inalteráveis quando são puros. O amor que os une é para eles a fonte de uma felicidade suprema.

297 A afeição que dois seres tiveram na Terra sempre continuará no mundo dos Espíritos?
– Sim, sem dúvida, se é fundada sobre uma simpatia verdadeira. Mas se as causas físicas foram maiores que a simpatia, ela cessa com a causa. As afeições entre os Espíritos são mais sólidas e mais duráveis do que as da Terra, porque não estão sujeitas aos caprichos dos interesses materiais e do amor-próprio.

298 As almas que devem unir-se estão predestinadas a essa união desde a origem e cada um de nós tem, em alguma parte do universo, *sua metade* à qual um dia fatalmente se unirá?
– Não. Não existe união particular e fatal entre duas almas. A união existe entre todos os Espíritos, mas em diferentes graus, de acordo com a categoria que ocupam, ou seja, de acordo com a perfeição que adquiriram: quanto mais perfeitos, mais unidos. Da discórdia nascem todos os males humanos; da concórdia resulta a felicidade completa.

Capítulo 6 – Vida Espírita

299 Em que sentido devemos entender a palavra metade, de que certos Espíritos se servem para designar os Espíritos simpáticos?
– A expressão é inexata. Se um Espírito fosse a metade de um outro, uma vez separados, ambos estariam incompletos.

300 Dois Espíritos perfeitamente simpáticos[6], uma vez reunidos, o serão pela eternidade, ou podem se separar e se unir a outros?
– Todos os Espíritos são unidos entre si. Falo daqueles que atingiram a perfeição. Nas esferas inferiores, quando um Espírito se eleva, já não tem mais a mesma simpatia por aqueles que deixou para trás.

301 Dois Espíritos simpáticos são o complemento um do outro, ou essa simpatia é o resultado de uma identidade perfeita?
– A simpatia que atrai um Espírito ao outro é o resultado da perfeita concordância de suas tendências, de seus instintos; se um tivesse que completar o outro, perderia sua individualidade.

302 A identidade necessária para a simpatia perfeita consiste apenas na semelhança de pensamentos e sentimentos, ou ainda na uniformidade dos conhecimentos adquiridos?
– Na igualdade dos graus de elevação.

303 Os Espíritos que não são simpáticos hoje podem tornar-se mais tarde?
– Sim, todos o serão. Assim, o Espírito que está hoje numa esfera inferior, ao se aperfeiçoar, alcançará a esfera onde está o outro. Seu reencontro acontecerá mais prontamente se o que está num grau mais evoluído permanecer estacionário por não ter conseguido superar as provas a que se submeteu.

303 a Dois Espíritos simpáticos podem deixar de sê-lo?
– Certamente, se um deles for preguiçoso.

✦ *A teoria das metades eternas[7] é apenas uma figura que representa a união de dois Espíritos simpáticos. É uma expressão usada até mesmo na linguagem comum e não deve ser tomada ao pé da letra. Os Espíritos que dela se serviram certamente não pertencem a uma ordem elevada. A esfera de suas idéias é limitada e expressa seus pensamentos pelos termos de que se serviam durante a vida corporal. É preciso rejeitar essa idéia de dois Espíritos criados um para o outro, e que deverão, portanto, um dia, fatalmente, se reunir na eternidade, após estarem separados durante um espaço de tempo mais ou menos longo.*

---

6 - **Simpáticos:** neste caso, concordantes, solidários, afins; que estão no mesmo padrão evolutivo (N. E.).
7 - **Metades eternas:** o que também se conhece na linguagem comum por almas-gêmeas (N. E.).

LEMBRANÇA DA EXISTÊNCIA CORPORAL

304 O Espírito se lembra de sua existência corporal?

– Sim, isto é, tendo vivido muitas vezes como homem, ele se lembra do que foi, e eu vos asseguro que, às vezes, ri por sentir dó de si mesmo.

✦ *Assim como o homem que, atingindo a idade da razão, ri das loucuras de sua juventude ou das ingenuidades de sua infância.*

305 A lembrança da existência corporal se apresenta ao Espírito de maneira completa e de súbito, após o desencarne?

– Não, ele a revê pouco a pouco, como algo que sai de um nevoeiro, e à medida que fixa sua atenção nisso.

306 O Espírito se lembra, com detalhes, de todos os acontecimentos de sua vida? Ele alcança o conjunto de um golpe de vista retrospectivo?

– Ele se lembra das coisas em razão das conseqüências que tiveram sobre a sua situação de Espírito. Mas deveis compreender que há muitas circunstâncias da vida às quais não dá a menor importância e que nem mesmo procura delas se lembrar.

306 a Ele poderia se lembrar, se quisesse?

– Pode se lembrar dos detalhes e de incidentes mais minuciosos, seja dos acontecimentos, ou até mesmo de seus pensamentos; mas quando isso não tem utilidade, não o faz.

306 b Ele entrevê o objetivo da vida terrestre com relação à vida futura?

– Certamente a vê e a compreende bem melhor do que quando encarnado. Compreende a necessidade de depuração para chegar ao infinito e sabe que em cada existência se liberta de algumas impurezas.

307 Como a vida passada se retrata na memória do Espírito? É por um esforço de sua imaginação, ou como um quadro que tem diante dos olhos?

– De ambas as formas. Todos os atos de que deseja se lembrar são para ele como se fossem presentes; os outros estão mais ou menos vagos no seu pensamento, ou totalmente esquecidos. Quanto mais se desmaterializa, menos dá importância às coisas materiais. Fazeis freqüentemente a evocação de um Espírito que acaba de deixar a Terra e verificais que não se lembra do nome das pessoas que amava, nem dos detalhes que, para vós, parecem importantes; é que já não lhe interessam e caem-lhe no esquecimento. Do que se lembra muito bem é dos fatos principais que o ajudam a se melhorar.

308 O Espírito se lembra de todas as existências que precederam a última que acabou de deixar?

Capítulo 6 – Vida Espírita

– Todo o seu passado se desenrola diante dele, como as etapas percorridas por um viajante; mas, como já dissemos, não se lembra de uma maneira absoluta de todos os atos, lembra-se dos fatos em razão da influência que têm sobre seu estado presente. Quanto às primeiras existências, as que podemos considerar como a infância do Espírito, perdem-se no tempo e desaparecem na noite do esquecimento.

309 Como o Espírito considera o corpo que acabou de deixar?
– Como uma veste *que o apertava* e sente-se feliz por estar livre dele.

309 a Que sentimento experimenta quando vê seu corpo em decomposição?
– Quase sempre um sentimento de indiferença, como por uma coisa que não tem mais importância.

310 Após um certo tempo, o Espírito reconhece os ossos ou outros objetos que lhe tenham pertencido?
– Algumas vezes, sim; mas isso depende do ponto de vista mais ou menos elevado de como considera as coisas terrenas.

311 O respeito que se tem pelos objetos materiais que pertenceram ao Espírito atrai sua atenção sobre esses objetos e ele vê esse respeito com prazer?
– O Espírito sempre fica feliz por ser lembrado. O respeito pelos objetos dele que se conservaram trazem-no à memória daqueles que deixou. Mas é o pensamento que o atrai até vós e não os objetos.

312 Os Espíritos conservam a lembrança dos sofrimentos que passaram durante sua última encarnação?
– Muitas vezes a conservam, e essa lembrança os faz avaliar melhor quanto vale a felicidade que podem alcançar como Espíritos.

313 O homem que foi feliz na Terra lamenta-se dos prazeres que perde quando a deixa?
– Somente os Espíritos inferiores lamentam os prazeres perdidos relacionados com a impureza do seu caráter e que expiam por seus sofrimentos. Para os Espíritos elevados a felicidade eterna é mil vezes preferível aos prazeres passageiros da Terra.

✦ *Assim como o homem adulto, que nenhuma importância dá àquilo que fez as delícias de sua infância.*

314 Aquele que começou grandes trabalhos com um objetivo útil e os vê interrompidos pela morte lamenta, no outro mundo, por tê-los deixado inacabados?
– Não, porque vê que outros estão destinados a terminá-los. Então se empenha em influenciar outros Espíritos encarnados para continuá-los.

Se o seu objetivo na Terra era o bem da humanidade, continuará o mesmo no mundo dos Espíritos.

315 Aquele que abandonou trabalhos de arte ou de literatura conserva por suas obras o amor que lhes tinha quando era vivo?
– De acordo com sua elevação, julga-os sob um outro ponto de vista e, freqüentemente, se arrepende de coisas que admirava antes.

316 O Espírito se interessa pelos trabalhos que se executam na Terra pelo progresso das artes e das ciências?
– Isso depende de sua elevação ou da missão que deve desempenhar. O que vos parece magnífico é, muitas vezes, pouca coisa para certos Espíritos, que a consideram como um sábio vê a obra de um estudante. Eles têm consideração pelo que pode contribuir para a elevação dos Espíritos encarnados e seus progressos.

317 Os Espíritos, após o desencarne, conservam o amor à pátria?
– É sempre o mesmo princípio: para os Espíritos elevados, a pátria é o universo; na Terra, a pátria está onde há mais pessoas que lhes inspirem simpatia.

✦ *A situação dos Espíritos e sua maneira de ver as coisas variam infinitamente em razão do grau de seu desenvolvimento moral e intelectual. Os Espíritos de uma ordem elevada geralmente fazem na Terra jornadas de curta duração. Tudo o que se faz na Terra é tão mesquinho em comparação às grandezas do infinito, as coisas que os homens mais dão importância são tão infantis a seus olhos, que eles aí encontram poucos atrativos, a menos que seja em missão com o objetivo de concorrer para o progresso da humanidade. Os Espíritos de uma ordem mediana se encontram entre nós mais freqüentemente; porém, já consideram as coisas sob um ponto de vista mais elevado do que quando encarnados. Os Espíritos vulgares são a maioria e constituem a massa da população ambiente do mundo invisível do globo terrestre. Conservaram, com pouca diferença, as mesmas idéias, gostos e tendências que possuíam quando encarnados. Eles se intrometem nas nossas reuniões, nos negócios e nas ocupações e nelas tomam parte mais ou menos ativa, de acordo com seu caráter. Não podendo satisfazer às suas paixões, estimulam e se deliciam com os que a elas se entregam. Entre eles, há alguns mais sérios, que vêem e observam para se instruir e se aperfeiçoar.*

318 As idéias dos Espíritos desencarnados se modificam quando estão na erraticidade?
– Se modificam muito. Sofrem grandes modificações à medida que o Espírito se desmaterializa. Ele pode algumas vezes permanecer por muito tempo com as mesmas idéias, mas pouco a pouco a influência da matéria diminui e vê as coisas com mais clareza. É então que procura os meios de se aperfeiçoar.

319 Uma vez que o Espírito já viveu a vida espírita em vidas anteriores, de onde vem seu espanto ao reentrar no mundo dos Espíritos?
– É apenas o efeito do primeiro momento e da perturbação que se segue ao seu despertar. Mais tarde reconhece perfeitamente o seu estado, à medida que a lembrança do passado lhe vem e que se apaga a impressão da vida terrestre. (Veja, nesta obra, questão 163 e segs.)

COMEMORAÇÃO DOS MORTOS. FUNERAIS

320 Os Espíritos são sensíveis à saudade daqueles que amaram e que ficaram na Terra?
– Muito mais do que podeis supor; se são felizes, essa lembrança aumenta sua felicidade; se são infelizes, essa lembrança é para eles um alívio.

321 O dia da comemoração dos mortos tem algo de solene para os Espíritos? Eles se preparam para visitar os que vão orar nas suas sepulturas?
– Os Espíritos atendem ao chamado do pensamento tanto nesse dia quanto em qualquer outro.

321 a Esse dia é para eles um encontro junto às suas sepulturas?
– Eles estão aí num maior número nesse dia, porque há mais pessoas que os chamam. Mas cada um deles vem apenas pelos seus amigos e não pela multidão de indiferentes.

321 b Sob que forma comparecem e como seriam vistos, se pudessem se tornar visíveis?
– Sob a forma pela qual os conhecemos quando encarnados.

322 Os Espíritos esquecidos, cujos túmulos ninguém visita, também aí comparecem apesar disso? Lamentam não ver nenhum amigo que se lembre deles?
– Que lhes importa a Terra? Eles somente se prendem a ela pelo coração. Se aí não há amor, não há mais nada que retenha o Espírito: tem todo o universo para si.

323 A visita ao túmulo dá mais satisfação ao Espírito do que uma prece feita para ele?
– A visita ao túmulo é uma maneira de mostrar que se pensa no Espírito ausente: é a imagem. Já vos disse, a prece é que santifica o ato da lembrança; pouco importa o lugar, quando se ora com o coração.

324 Os Espíritos das pessoas às quais se erguem estátuas ou monumentos assistem à inauguração e as vêem com prazer?
– Muitos comparecem a essas solenidades quando podem, mas são menos sensíveis às homenagens que lhes prestam do que à lembrança.

325 De onde surge, para certas pessoas, o desejo de ser enterradas num lugar em vez de outro? Revêem esse lugar com maior satisfação após sua morte? Essa importância dada a uma coisa material é um sinal de inferioridade do Espírito?

– A afeição do Espírito por determinados lugares é inferioridade moral. Que diferença há entre um pedaço de terra em vez de outro para um Espírito elevado? Ele não sabe que se unirá aos que ama, mesmo estando os seus ossos separados?

325 a A reunião dos restos mortais de todos os membros de uma família num mesmo lugar deve ser considerada como uma coisa fútil?

– Não. É um costume piedoso e um testemunho de simpatia por quem se amou. Essa reunião pouco importa aos Espíritos, mas é útil aos homens: as lembranças ficam concentradas num só lugar.

326 A alma, ao entrar na vida espiritual, é sensível às homenagens prestadas aos seus despojos mortais?

– Quando o Espírito já atingiu um certo grau de perfeição, não possui mais vaidade terrestre e compreende a futilidade de todas as coisas. Porém, ficai sabendo, há Espíritos que, no primeiro momento de seu desencarne, sentem um grande prazer pelas homenagens que lhes prestam, ou se aborrecem com a falta de atenção ao seu corpo físico; isso porque ainda conservam alguns preconceitos da Terra.

327 O Espírito assiste ao enterro de seu corpo?

– Ele o assiste muito freqüentemente; mas, algumas vezes, se ainda estiver perturbado, não se dá conta do que se passa.

327 a Ele fica lisonjeado com a concorrência de assistentes ao seu enterro?

– Mais ou menos, de acordo com o sentimento que eles tenham.

328 O Espírito daquele que acaba de morrer assiste às reuniões de seus herdeiros?

– Quase sempre; isso lhe é permitido para sua própria instrução e para castigo dos culpados. O Espírito julga nessa hora o valor das manifestações honrosas que lhe faziam. Todos os sentimentos dos herdeiros se tornam claros como são de fato, e a decepção que sente ao ver a cobiça daqueles que partilham seus bens o esclarece quanto a esses sentimentos. Porém, a vez deles chegará igualmente.

329 O respeito instintivo que o homem, em todos os tempos e em todos os povos, tem pelos mortos é o efeito da intuição de uma vida futura?

– É a conseqüência natural dessa intuição; sem isso, esse respeito não teria sentido.

Capítulo

7

Retorno à vida corporal

Prelúdio do retorno – União da alma e do corpo. Aborto – Faculdades morais e intelectuais do homem – Influência do organismo – Os deficientes mentais e a loucura – Infância – Simpatias e antipatias terrenas – Esquecimento do passado

PRELÚDIO DO RETORNO

330 Os Espíritos conhecem a época em que reencarnarão?

– Eles a pressentem, assim como um cego sente o fogo quando dele se aproxima. Sabem que devem retornar a um corpo como sabeis que um dia deveis morrer, mas não sabem quando isso vai acontecer. (Veja, nesta obra, a questão 166.)

330 a A reencarnação é, então, uma necessidade da vida espírita, assim como a morte é uma necessidade da vida corporal?

– Certamente. É exatamente assim.

331 Todos os Espíritos se preocupam com sua reencarnação?

– Há muitos que nem mesmo pensam nisso, nem a compreendem; isso depende de sua natureza mais ou menos avançada. Para alguns, a incerteza quanto ao futuro é uma punição.

332 O Espírito pode antecipar ou retardar o momento de sua reencarnação?

– Pode antecipá-lo, solicitando-o em suas preces. Pode também retardá-lo, recuar diante da prova, porque entre os Espíritos há também os covardes e os indiferentes, mas não o fazem impunemente. Ele sofre, como quem recua diante do remédio salutar que pode curá-lo.

333 Se um Espírito se encontrasse bastante feliz por estar numa condição mediana na espiritualidade e se não tivesse ambição de progredir, poderia prolongar esse estado indefinidamente?

– Não. Não indefinidamente. Progredir é uma necessidade que o Espírito sente, cedo ou tarde. Todos devem elevar-se, esse é o propósito da destinação dos Espíritos.

334 A união da alma com este ou aquele corpo é predestinada, ou a escolha se faz apenas no último momento?

– O Espírito é sempre designado antes. Ao escolher a prova por que deseja passar, pede para encarnar; portanto, Deus, que tudo sabe e tudo vê, sabe e vê antecipadamente que alma se unirá a qual corpo.

335 O Espírito faz a escolha do corpo em que deve encarnar, ou apenas do gênero de vida que lhe deve servir de prova?

– Pode escolher o corpo, já que as imperfeições desse corpo são para ele provas que ajudam no seu adiantamento, se vencer os obstáculos que aí encontra. Embora possa pedir, a escolha nem sempre depende dele.

335 a O Espírito poderia, no último momento, recusar o corpo escolhido por ele?

– Se recusasse, sofreria muito mais do que aquele que não tentou nenhuma prova.

336 Poderia acontecer que um corpo que tivesse de nascer não encontrasse Espírito para encarnar nele?

– Deus a isso proveria. Quando a criança deve nascer *para viver*, está sempre predestinada a ter uma alma; nada foi criado sem finalidade.

337 A união do Espírito com um determinado corpo pode ser imposta pela Providência Divina?

– Pode ser imposta, bem como as diferentes provas, especialmente quando o Espírito ainda não está apto a fazer uma escolha com conhecimento de causa. Como expiação, o Espírito pode ser obrigado a se unir ao corpo de uma criança que por seu nascimento e pela posição que terá no mundo poderão tornar-se para ele uma punição.

338 Se acontecesse de muitos Espíritos se apresentarem para um mesmo corpo determinado a nascer, o que ficaria decidido entre eles?

– Muitos podem pedir isso. Julga-se num caso desses quem é mais capaz de desempenhar a missão à qual a criança está destinada; mas, como já foi dito, o Espírito já está designado antes do instante que deve unir-se ao corpo.

339 O momento da encarnação é acompanhado de uma perturbação semelhante à que se experimenta ao desencarnar?

– Muito maior e principalmente mais longa. Na morte o Espírito sai da escravidão; no nascimento, entra nela.

340 O instante em que o Espírito deve encarnar é para ele solene? Realiza esse ato como uma coisa séria e importante?

– É como um navegante que embarca para uma travessia perigosa e não sabe se vai encontrar a morte nas ondas que enfrenta.

✦ *O navegante que embarca sabe a que perigos se expõe, mas não sabe se naufragará; o mesmo acontece com o Espírito: ele conhece as provas às quais se submete, mas não sabe se fracassará. Da mesma forma que para o Espírito a morte do corpo é como um renascimento, a reencarnação é uma espécie de morte, ou melhor, de exílio, de clausura. Ele deixa o mundo dos Espíritos pelo mundo corporal, assim como o homem* deixa o mundo corporal pelo mundo dos Espíritos. O Espírito sabe que vai reencarnar, do mesmo modo que o homem sabe que vai morrer. Mas, exatamente como o homem só tem consciência da morte no momento extremo, também o Espírito só tem consciência da reencarnação no momento determinado; então, nesse momento supremo, a perturbação se apossa dele e persiste, até que a nova existência esteja totalmente formada. Os momentos que antecedem à reencarnação são uma espécie de agonia para o Espírito.

341 A incerteza em que se encontra o Espírito sobre a eventualidade do sucesso das provas que vai suportar na vida é motivo de ansiedade antes de sua encarnação?

– Uma ansiedade muito grande, uma vez que as provas dessa existência retardarão ou adiantarão seu progresso, de acordo com o que tiver suportado bem ou mal.

342 No momento de sua reencarnação, o Espírito está acompanhado por outros Espíritos, seus amigos, que vêm assistir à sua partida do mundo espírita, assim como o recebem quando para lá retorna?

– Isso depende da esfera que o Espírito habita. Se estiver onde reina a afeição, os Espíritos que o amam o acompanham até o último momento, encorajam-no, e muitas vezes até o seguem durante a vida.

343 Os Espíritos amigos que nos seguem durante a vida são alguns dos que vemos em sonho, que nos demonstram afeição e se apresentam a nós com aparências desconhecidas?

– Muito freqüentemente são os mesmos. Vêm vos visitar, assim como visitais um prisioneiro.

UNIÃO DA ALMA E DO CORPO. ABORTO

344 Em que momento a alma se une ao corpo?

– A união começa na concepção, mas só se completa no instante do nascimento. No momento da concepção, o Espírito designado para habitar determinado corpo se liga a ele por um laço fluídico e vai aumentando essa ligação cada vez mais, até o instante do nascimento da criança. O grito que sai da criança anuncia que ela se encontra entre os vivos e servidores de Deus.

345 A união entre o Espírito e o corpo é definitiva desde o momento da concepção? Durante esse primeiro período o Espírito poderia renunciar ao corpo designado?

– A união é definitiva no sentido de que nenhum outro Espírito poderá substituir o que está designado para aquele corpo. Mas, como os laços que o unem são muito frágeis, fáceis de se romper, podem ser rompidos pela vontade do Espírito, se este recuar diante da prova que escolheu; nesse caso, a criança não vive.

346 O que acontece ao Espírito, se o corpo que escolheu morre antes de nascer?

– Ele escolhe um outro.

346 a Qual é a razão dessas mortes prematuras?

– As imperfeições da matéria são a causa mais freqüente dessas mortes.

347 Que utilidade pode ter para um Espírito sua encarnação num corpo que morre poucos dias após seu nascimento?

– O ser não tem a consciência inteiramente desenvolvida de sua existência e a importância da morte é para ele quase nula. É muitas vezes, como já dissemos, uma prova para os pais.

348 O Espírito sabe, com antecedência, que o corpo que escolheu não tem probabilidades de vida?

– Algumas vezes, sabe; mas se o escolher por esse motivo, é porque recua diante da prova.

349 Quando uma encarnação falha para o Espírito, por uma causa qualquer, é suprida imediatamente por outra existência?

– Nem sempre imediatamente. É preciso ao Espírito o tempo de escolher de novo, a menos que uma reencarnação imediata seja uma determinação anterior.

350 O Espírito, uma vez unido ao corpo de uma criança e quando já não pode voltar atrás, lamenta, algumas vezes, a escolha que fez?

– Quereis dizer se, como homem, lastima a vida que tem? Se gostaria de outra? Sim. Lamenta-se da escolha que fez? Não; ele não sabe que a escolheu. O Espírito, uma vez encarnado, não pode lamentar uma escolha de que não tem consciência, mas pode achar a carga muito pesada e considerá-la acima de suas forças. São esses os casos dos que recorrem ao suicídio.

351 No intervalo da concepção ao nascimento, o Espírito desfruta de todas as suas faculdades?

– Mais ou menos, de acordo com a época, visto que ainda não está encarnado, e sim vinculado. Desde o instante da concepção, o Espírito começa a ser tomado de perturbação, anunciando-lhe que é chegado o momento de tomar uma nova existência; essa perturbação vai crescendo até o nascimento. Nesse intervalo, seu estado é quase idêntico ao de um Espírito encarnado durante o sono do corpo. À medida que a hora do nascimento se aproxima, suas idéias se apagam, assim como a lembrança do passado, do qual não terá mais consciência, como pessoa, logo que

Capítulo 7 – Retorno à Vida Corporal

entrar na vida. Mas essa lembrança lhe volta pouco a pouco à memória ao retornar ao seu estado de Espírito.

352 No momento do nascimento, o Espírito recupera imediatamente a plenitude de suas faculdades?
– Não, elas se desenvolvem gradualmente com os órgãos. É para ele uma nova existência; é preciso que aprenda a se servir de seus instrumentos. As idéias lhe voltam pouco a pouco, como a uma pessoa que sai do sono e se encontra numa posição diferente daquela que tinha na véspera.

353 Como a união do Espírito e do corpo só está completa e definitivamente consumada após o nascimento, pode-se considerar o feto como tendo uma alma?
– O Espírito que deve animá-lo existe, de alguma forma, fora dele; não possui, propriamente falando, uma alma, já que a encarnação está apenas em via de se operar. Mas o feto está ligado à alma que deve possuir.

354 Como explicar a vida intra-uterina?
– É a da planta que vegeta. A criança vive, então, a vida animal. O homem tem em si a vida animal e a vida vegetal, que se completam no nascimento com a vida espiritual.

355 Há, como indica a ciência, crianças que, desde o ventre materno, não têm possibilidades de viver? Qual o objetivo disso?
– Isso acontece freqüentemente; a Providência o permite como prova para seus pais ou para o Espírito que está para reencarnar.

356 Existem crianças que, nascendo mortas, não foram destinadas à encarnação de um Espírito?
– Sim, há as que nunca tiveram um Espírito destinado para o corpo; nada devia realizar-se por elas. É, então, somente pelos pais que essa criança veio.

356 a Um ser dessa natureza pode chegar a nascer?
– Sim, algumas vezes; porém, não vinga, não vive.

356 b Toda criança que sobrevive ao nascimento tem, necessariamente, um Espírito encarnado nela?
– O que seria sem o Espírito? Não seria um ser humano.

357 Quais são, para o Espírito, as conseqüências do aborto?
– É uma existência nula que terá de recomeçar.

358 O aborto provocado é um crime, qualquer que seja a época da concepção?
– Há sempre crime quando se transgride a Lei de Deus. A mãe, ou qualquer outra pessoa, cometerá sempre um crime ao tirar a vida de uma

criança antes do seu nascimento, porque é impedir a alma de suportar as provas das quais o corpo devia ser o instrumento.

359 No caso em que a vida da mãe esteja em perigo pelo nascimento do filho, existe crime ao sacrificar a criança para salvar a mãe?
– É preferível sacrificar o ser que não existe a sacrificar o que existe.

360 É racional ter pelo feto a mesma atenção que se tem pelo corpo de uma criança que tenha vivido?
– Em tudo isso deveis ver a vontade de Deus e Sua obra. Não trateis, portanto, levianamente as coisas que deveis respeitar. Por que não respeitar as obras da Criação, que são incompletas algumas vezes pela vontade do Criador? Isso pertence a seus desígnios, que ninguém é chamado a julgar.

FACULDADES MORAIS E INTELECTUAIS DO HOMEM

361 De onde vêm, para o homem, suas qualidades morais, boas ou más?
– São do Espírito encarnado nele; quanto mais o Espírito for puro, mais o homem é levado ao bem.

361 a Parece resultar daí que o homem de bem é a encarnação de um Espírito bom e o homem vicioso a de um mau?
– Sim. Mas devemos dizer que é um Espírito imperfeito, senão poderia se acreditar na existência de Espíritos sempre maus, a quem chamais de demônios.

362 Qual é o caráter dos indivíduos nos quais encarnam os Espíritos travessos e levianos?
– São criaturas imprudentes, maliciosas e, algumas vezes, seres maldosos.

363 Os Espíritos possuem paixões que não pertencem à humanidade?
– Não; se as tivessem as teriam comunicado aos homens.

364 É o mesmo Espírito que dá ao homem as qualidades morais e da inteligência?
– Certamente é o mesmo, e isso em razão do grau que alcançou na escala evolutiva. O homem não tem em si dois Espíritos.

365 Por que alguns homens muito inteligentes, que evidenciam estar neles encarnados Espíritos Superiores, são, ao mesmo tempo, cheios de vícios?
– É que os Espíritos encarnados neles não são puros o suficiente, e o homem cede à influência de outros Espíritos ainda piores. O Espírito progride numa marcha ascendente insensível, mas o progresso não

se cumpre simultaneamente em todos os sentidos. Durante um período das suas muitas existências, pode avançar em ciência; num outro, em moralidade.

366 O que pensar da opinião de que as diferentes faculdades intelectuais e morais do homem seriam o produto de diferentes Espíritos encarnados nele e tendo cada um uma aptidão especial?

– Ao refletir sobre essa opinião, reconhece-se que é absurda. O Espírito deve ter todas as aptidões; para poder progredir, lhe é necessária uma vontade única. Se o homem fosse uma mistura de Espíritos, essa vontade não existiria e não teria individualidade, uma vez que, em sua morte, todos esses Espíritos seriam como um bando de pássaros escapados duma gaiola. O homem lamenta-se, freqüentemente, de não compreender certas coisas, e é curioso ver como multiplica as dificuldades, quando tem ao seu alcance uma explicação muito simples e natural. Ainda aqui, toma o efeito pela causa; é fazer em relação ao homem o que os pagãos faziam em relação a Deus. Eles acreditavam em tantos deuses quantos são os fenômenos no universo, mas mesmo entre eles havia pessoas sensatas que já viam nesses fenômenos apenas efeitos, que tinham uma única causa – Deus.

✦ *O mundo físico e o mundo moral nos oferecem, a esse respeito, numerosos pontos de comparação. Acreditou-se na existência múltipla da matéria enquanto se esteve apegado à aparência dos fenômenos. Hoje, compreende-se que esses fenômenos tão variados podem muito bem não passar de modificações de uma matéria elementar única. Os diversos dons são manifestações de uma mesma causa que é a alma, ou Espírito encarnado, e não de diversas almas, assim como os diferentes sons do órgão são o produto do mesmo ar e não de tantas outras espécies de ar quantos sejam os sons. Desse sistema resultaria que, quando um homem perde ou adquire certas aptidões, certas tendências, isso seria pela ação de outros tantos Espíritos que vieram a encarnar nele ou que se foram, o que o tornaria um ser múltiplo, sem individualidade e, conseqüentemente, sem responsabilidade. Também contradizem essa idéia os exemplos tão numerosos de manifestações pelas quais os Espíritos provam sua personalidade e identidade.*

INFLUÊNCIA DO ORGANISMO

367 O Espírito, ao se unir ao corpo, se identifica com a matéria?

– A matéria é apenas o envoltório do Espírito, assim como a roupa é o envoltório do corpo. O Espírito, ao se unir ao corpo, conserva o que é próprio de sua natureza espiritual.

368 As faculdades ou dons do Espírito se exercem com toda a liberdade após sua união com o corpo?

– O exercício das faculdades depende dos órgãos que lhes servem de instrumento: são enfraquecidas pela grosseria da matéria.

368 a Assim, o corpo material seria um obstáculo à livre manifestação das faculdades do Espírito, como um vidro opaco se opõe à livre emissão da luz?

– Sim, é como um vidro muito opaco.

✦ *Pode-se ainda comparar a ação da matéria grosseira do corpo sobre o Espírito à de uma água lamacenta, que tira a liberdade dos movimentos dos corpos nela mergulhados.*

369 O livre exercício das faculdades da alma está subordinado ao desenvolvimento dos órgãos?

– Os órgãos são os instrumentos da manifestação das faculdades da alma; essa manifestação depende do desenvolvimento e grau de perfeição desses mesmos órgãos, como a boa qualidade de um trabalho depende da boa qualidade da ferramenta.

370 Pode-se deduzir que, da influência dos órgãos na ação das faculdades do Espírito, possa haver uma relação entre o desenvolvimento do cérebro e das qualidades morais e intelectuais?

– Não se deve confundir o efeito com a causa. O Espírito tem sempre as faculdades que lhe são próprias. Não são, portanto, os órgãos que dão as faculdades e sim as faculdades que conduzem ao desenvolvimento dos órgãos.

370 a Assim sendo, a diversidade das aptidões no homem provém unicamente do estado do Espírito?

– Unicamente não é o termo mais exato; as qualidades do Espírito, que pode ser mais ou menos avançado, são o princípio; mas é preciso ter em conta a influência da matéria, que limita mais ou menos o exercício dessas faculdades.

✦ *O Espírito, ao encarnar, traz certas predisposições, admitindo-se para cada uma um órgão correspondente no cérebro; o desenvolvimento desses órgãos será um efeito e não uma causa. Se as faculdades tivessem seu princípio nos órgãos, o homem seria uma máquina sem livre-arbítrio e sem responsabilidade por seus atos. Seria preciso admitir que os maiores gênios, os sábios, poetas, artistas, são gênios apenas porque o acaso lhes deu órgãos especiais, e que sem esses órgãos não seriam gênios. Assim, o maior imbecil poderia ser um Newton, um Virgílio[1] ou um Rafael[2], se tivesse possuído certos órgãos. Essa suposição é mais absurda ainda quando*

---

1 - **Virgílio:** Poeta latino. Autor da *Eneida*. Viveu entre 71 e 19 a.C (N. E.).
2 - **Rafael:** Rafael Sanzio (1483-1520) pintor, escultor e arquiteto italiano (N. E.).

aplicada às qualidades morais. Assim, conforme esse sistema, um São Vicente de Paulo, dotado por natureza desse ou daquele órgão, poderia ter sido um criminoso, e faltaria ao maior criminoso apenas um órgão para ser um São Vicente de Paulo. Admiti, ao contrário, que os órgãos especiais, se é que existem, são uma conseqüência, que se desenvolvem pelo exercício da faculdade, assim como os músculos, pelo movimento, e não tereis nada de irracional. Façamos uma comparação simples, mas verdadeira: por meio de certos sinais fisionômicos, reconheceis o homem dado à bebida; são esses sinais que o tornam ébrio, ou é a embriaguez que faz surgirem esses sinais? Pode-se dizer que os órgãos recebem a marca das faculdades.

OS DEFICIENTES MENTAIS E A LOUCURA

371 A opinião de que os deficientes mentais teriam uma alma inferior tem fundamento?

– Não. Eles têm uma alma humana, muitas vezes mais inteligente do que pensais, que sofre da insuficiência dos meios que tem para se manifestar, assim como o mudo sofre por não poder falar.

372 Qual o objetivo da Providência ao permitir reencarnações como os loucos e os deficientes mentais?

– São Espíritos em punição que habitam corpos deficientes. Esses Espíritos sofrem com o constrangimento que experimentam e com a dificuldade que têm de se manifestarem por meio de órgãos não desenvolvidos ou desarranjados.

372 a É exato dizer que os órgãos não têm influência sobre as faculdades?

– Nunca dissemos que os órgãos não têm influência. Têm uma influência muito grande sobre a manifestação das faculdades; porém, não as produzem; eis a diferença. Um bom músico com um instrumento ruim não fará boa música, mas isso não o impedirá de ser um bom músico.

✦ *É preciso distinguir o estado normal do estado patológico[3]. No estado normal, a moral[4] suplanta o obstáculo que a matéria lhe opõe. Mas há casos em que a matéria oferece tanta resistência que as manifestações são limitadas ou deturpadas, como na deficiência mental e na loucura. São casos patológicos e, nesse estado, não desfrutando a alma de toda a sua liberdade, a própria lei humana a livra da responsabilidade de seus atos.*

---

3 - **Estado patológico:** situação em que o organismo sofre alterações provocadas por doenças (N. E.).
4 - **A moral:** o conjunto das virtudes; a vergonha; o brio (N. E.).

373 Qual pode ser o mérito da existência de seres como os loucos e os deficientes mentais?
– É uma expiação obrigatória pelo abuso que fizeram de certas faculdades; é um tempo de prisão.

373 a O corpo de um deficiente mental pode, assim, abrigar um Espírito que teria animado um homem de gênio em uma existência precedente?
– Sim. A genialidade torna-se às vezes um flagelo quando dela se abusa.

✦ *A superioridade moral nem sempre está em razão da superioridade intelectual, e os maiores gênios podem ter muito para expiar. Daí resulta freqüentemente para eles uma existência inferior à que tiveram e causa de sofrimentos. As dificuldades que o Espírito experimenta em suas manifestações são para ele como correntes que impedem os movimentos de um homem vigoroso. Pode-se dizer que deficientes mentais são aleijados do cérebro, assim como o coxo das pernas e o cego dos olhos.*

374 O deficiente mental, no estado de Espírito, tem consciência de seu estado mental?
– Sim, muito freqüentemente; ele compreende que as correntes que impedem seu vôo são uma prova e uma expiação.

375 Qual é a situação do Espírito na loucura?
– O Espírito, no estado de liberdade, recebe diretamente suas impressões e exerce diretamente sua ação sobre a matéria. Porém, encarnado, se encontra em condições bem diferentes e na obrigatoriedade de só fazer isso com a ajuda de órgãos especiais. Se uma parte ou o conjunto desses órgãos for alterado, sua ação ou suas impressões, no que diz respeito a esses órgãos, são interrompidas. Se ele perde os olhos, torna-se cego; se perde o ouvido, torna-se surdo etc. Imagina agora que o órgão que dirige os efeitos da inteligência e da vontade, o cérebro, seja parcial ou inteiramente danificado ou modificado e ficará fácil compreender que o Espírito, podendo dispor apenas de órgãos incompletos ou deturpados, deverá sentir uma perturbação da qual, por si mesmo e em seu íntimo, tem perfeita consciência, mas não é senhor para deter-lhe o curso, não tem como alterar essa condição.

375 a É então sempre o corpo e não o Espírito que está desorganizado?
– Sim. Mas é preciso não perder de vista que, da mesma forma como o Espírito age sobre a matéria, também a matéria reage sobre o Espírito numa certa medida, e que o Espírito pode se encontrar momentaneamente impressionado pela alteração dos órgãos pelos quais se manifesta e recebe suas impressões. Pode acontecer que, depois de um período longo, quando

a loucura durou muito tempo, a repetição dos mesmos atos acabe por ter sobre o Espírito uma influência da qual somente se livra quando estiver completamente desligado de todas as impressões materiais.

376 Por que a loucura leva algumas vezes ao suicídio?
– O Espírito sofre com o constrangimento e a impossibilidade de se manifestar livremente, por isso procura na morte um meio de romper seus laços.

377 O Espírito de um doente mental é afetado, depois da morte, pelo desarranjo de suas faculdades?
– Pode se ressentir durante algum tempo após a morte, até que esteja completamente desligado da matéria, como o homem que acorda se ressente por algum tempo da perturbação em que o sono o mergulha.

378 Como a alteração do cérebro pode reagir sobre o Espírito após a morte do corpo?
– É uma lembrança. Um peso oprime o Espírito e, como não teve conhecimento de tudo que se passou durante sua loucura, precisa sempre de um certo tempo para se pôr a par de tudo; é por isso que, quanto mais tempo durar a loucura durante a vida terrena, mais tempo dura a opressão, o constrangimento após a morte. O Espírito desligado do corpo se ressente, durante algum tempo, da impressão dos laços que os uniam.

INFÂNCIA

379 O Espírito que anima o corpo de uma criança é tão desenvolvido quanto o de um adulto?
– Pode até ser mais, se progrediu mais. São apenas órgãos imperfeitos que o impedem de se manifestar. Ele age em razão do instrumento, com que pode se manifestar.

380 Numa criança de tenra idade, o Espírito, exceto pelo obstáculo que a imperfeição dos órgãos opõe à sua livre manifestação, pensa como uma criança ou como um adulto?
– Quando é criança, é natural que os órgãos da inteligência, não estando desenvolvidos, não possam lhe dar toda a intuição de um adulto; ele tem, de fato, a inteligência bastante limitada, enquanto a idade faz amadurecer sua razão. A perturbação que acompanha a encarnação não cessa subitamente no momento do nascimento; ela somente se dissipa gradualmente, com o desenvolvimento dos órgãos.

✦ *Uma observação em apoio dessa resposta é que os sonhos da criança não têm o caráter dos de um adulto; seu objeto é quase sempre infantil, o que é um indício da natureza das preocupações do Espírito.*

381 Na morte da criança, o Espírito retoma imediatamente seu vigor anterior?

– Deve retomar, uma vez que está livre do corpo; entretanto, apenas readquire sua lucidez quando a separação é completa, ou seja, quando não existe mais nenhum laço entre o Espírito e o corpo.

382 O Espírito encarnado sofre, durante a infância, com as limitações da imperfeição de seus órgãos?

– *Não. Esse estado é uma necessidade, está na natureza e de acordo com os planos da Providência:* é um tempo de repouso para o Espírito.

383 Qual é, para o Espírito, a utilidade de passar pela infância?

– O Espírito, encarnando para se aperfeiçoar, é mais acessível, durante esse tempo, às impressões que recebe e que podem ajudar o seu adiantamento, para o qual devem contribuir aqueles que estão encarregados de sua educação.

384 Por que a primeira manifestação de uma criança é de choro?

– Para excitar o interesse da mãe e provocar os cuidados que lhe são necessários. Não compreendeis que, se houvesse apenas manifestações de alegria, quando ainda não sabe falar, pouco se preocupariam com suas necessidades? Admirai em tudo a sabedoria da Providência.

385 De onde vem a mudança que se opera no caráter em uma determinada idade e particularmente ao sair da adolescência? É o Espírito que se modifica?

– É o Espírito que retoma sua natureza e se mostra como era. Vós não conheceis o segredo que esconde as crianças em sua inocência, não sabeis o que são, o que foram, o que serão e, entretanto, as amais, lhes quereis bem, como se fossem uma parte de vós mesmos, a tal ponto que o amor de uma mãe por seus filhos é considerado o maior amor que um ser possa ter por outro. De onde vem essa doce afeição, essa terna benevolência que até mesmo estranhos sentem por uma criança? Vós sabeis? Não; é isso que vou explicar.

As crianças são os seres que Deus envia em novas existências e, para não lhes impor uma severidade muito grande, dá-lhes todo o toque de inocência. Mesmo para uma criança de natureza má suas faltas são cobertas com a não-consciência de seus atos. Essa inocência não é uma superioridade real sobre o que eram antes; não, é a imagem do que deveriam ser e se não o são é somente sobre elas que recai a pena.

Mas, não é apenas por elas que Deus lhes dá esse aspecto, é também e principalmente por seus pais, cujo amor é necessário para sua fraqueza. Esse amor seria notoriamente enfraquecido frente a um caráter impertinente e rude, ao passo que, ao acreditar que seus filhos são bons e dóceis, lhes dão toda a afeição e os rodeiam com os mais atenciosos cuidados.

Capítulo 7 – Retorno à Vida Corporal

Mas quando os filhos não têm mais necessidade dessa proteção, dessa assistência que lhes foi dada durante quinze ou vinte anos, seu caráter real e individual reaparece em toda sua nudez: conservam-se bons, se eram fundamentalmente bons; mas sempre sobressaem as características que estavam ocultas na primeira infância.

Vedes que os caminhos de Deus são sempre os melhores e, quando se tem o coração puro, a explicação é fácil de ser concebida.

De fato, imaginai que o Espírito das crianças pode vir de um mundo em que adquiriu hábitos totalmente diferentes; como gostaríeis que vivesse entre vós esse novo ser que vem com paixões completamente diferentes das vossas, com inclinações, gostos inteiramente opostos aos vossos? Como deveria se incorporar e alinhar-se entre vós de outra forma senão por aquela que Deus quis, ou seja, pelo crivo da infância?

Aí se confundem todos os pensamentos, os caracteres e as variedades de seres gerados por essa multidão de mundos nos quais crescem as criaturas. E vós mesmos, ao desencarnar, vos encontrareis numa espécie de infância entre novos irmãos; e nessa nova existência não-terrestre ignorareis os hábitos, os costumes, as relações desse mundo novo para vós; manejareis com dificuldade uma língua que não estais habituados a falar, língua mais viva do que é hoje o vosso pensamento. (Veja, nesta obra, a questão 319.)

A infância tem ainda outra utilidade: os Espíritos apenas entram na vida corporal para se aperfeiçoar e melhorar; a fraqueza da idade infantil os torna flexíveis, acessíveis aos conselhos da experiência e dos que devem fazê-los progredir. É então que podem reformar seu caráter e reprimir suas más tendências; este é o dever que Deus confiou a seus pais, missão sagrada pela qual terão de responder. Por isso a infância não é somente útil, necessária, indispensável, mas é ainda a conseqüência natural das Leis que Deus estabeleceu e que regem o universo.

SIMPATIAS E ANTIPATIAS TERRENAS

386 Dois seres que se conhecem e se amam podem se encontrar em outra existência corporal e se reconhecer?

– Reconhecer-se, não; mas podem sentir-se atraídos um pelo outro. Freqüentemente, as ligações íntimas fundadas numa afeição sincera não têm outra causa. Dois seres aproximam-se um do outro por conseqüências casuais em aparência, mas que são de fato a atração de dois Espíritos que se procuram na multidão.

386 a Não seria mais agradável para eles se reconhecerem?

– Nem sempre; a lembrança das existências passadas teria inconvenientes maiores do que podeis imaginar. Após a morte, eles se reconhecerão, saberão o tempo que passaram juntos. (Veja, nesta obra, a questão 392.)

387 A simpatia vem sempre de um conhecimento anterior?
– Não. Dois Espíritos que se compreendem procuram-se naturalmente, sem que necessariamente se tenham conhecido em encarnações passadas.

388 Os encontros que ocorrem, algumas vezes, e que se atribuem ao acaso não serão o efeito de uma certa relação de simpatia?
– Há entre os seres pensantes laços que ainda não conheceis. O magnetismo é que dirige essa ciência, que compreendereis melhor mais tarde.

389 De onde vem a repulsa instintiva que se tem por certas pessoas, à primeira vista?
– Espíritos antipáticos que se adivinham e se reconhecem sem se falar.

390 A antipatia instintiva é sempre um sinal de natureza má?
– Dois Espíritos não são necessariamente maus por não serem simpáticos um para com o outro. A antipatia pode se originar da diferença no modo de pensar. Mas, à medida que se elevam, as divergências se apagam e a antipatia desaparece.

391 A antipatia entre duas pessoas se manifesta primeiro naquela cujo Espírito é pior ou melhor?
– Tanto em um quanto no outro, mas as causas e os efeitos são diferentes. Um Espírito mau tem antipatia contra qualquer pessoa que possa julgá-lo e desmascará-lo. Ao ver uma pessoa pela primeira vez, sabe que vai ser desaprovado; seu afastamento dessa pessoa se transforma em ódio, em ciúme, e lhe inspira o desejo de fazer o mal. O Espírito bom sente repulsa pelo mau porque sabe que não será compreendido e não partilharão dos mesmos sentimentos, mas, seguro de sua superioridade, não tem contra o outro ódio ou ciúme, contenta-se em evitá-lo e lastimá-lo.

ESQUECIMENTO DO PASSADO

392 Por que o Espírito encarnado perde a lembrança de seu passado?
– O homem não pode nem deve saber tudo. Deus em Sua sabedoria quer assim. Sem o véu que lhe encobre certas coisas, o homem ficaria deslumbrado, como aquele que passa sem transição do escuro para a luz. *O esquecimento do passado o faz sentir-se mais senhor de si.*

**393 Como o homem pode ser responsável por atos e reparar faltas das quais não tem consciência? Como pode aproveitar a experiência adquirida em existências caídas no esquecimento? Poderia se conceber que as adversidades da vida fossem para ele uma lição ao se lembrar do que as originou; mas, a partir do momento que não se lembra, cada

existência é para ele como a primeira e está, assim, sempre recomeçando. Como conciliar isso com a justiça de Deus?
– A cada nova existência o homem tem mais inteligência e pode melhor distinguir o bem do mal. Onde estaria o mérito, ao se lembrar de todo o passado? Quando o Espírito volta à sua vida primitiva (a vida espírita), toda sua vida passada se desenrola diante dele; vê as faltas que cometeu e que são a causa de seu sofrimento e o que poderia impedi-lo de cometê-las. Compreende que a posição que lhe foi dada foi justa e procura então uma nova existência em que poderia reparar aquela que acabou. Escolhe provas parecidas com as que passou ou as lutas que acredita serem úteis para o seu adiantamento, e pede a Espíritos Superiores para ajudá-lo nessa nova tarefa que empreende, porque sabe que o Espírito que lhe será dado por guia nessa nova existência procurará fazê-lo reparar suas faltas, dando-lhe uma espécie de intuição das que cometeu. Essa mesma intuição é o pensamento, o desejo maldoso que freqüentemente vos aparece e ao qual resistis instintivamente, atribuindo a maior parte das vezes essa resistência aos princípios recebidos de vossos pais, enquanto é a voz da consciência que vos fala. Essa voz é a lembrança do passado, que vos adverte para não recair nas faltas que já cometestes. O Espírito, ao entrar nessa nova existência, se suporta essas provas com coragem e resiste, eleva-se e sobe na hierarquia dos Espíritos, quando volta para o meio deles.

✦ *Se não temos, durante a vida corporal, uma lembrança precisa do que fomos e do que fizemos de bem ou mal em existências anteriores, temos a intuição disso, e nossas tendências instintivas são uma lembrança do nosso passado, às quais nossa consciência, que é o desejo que concebemos de não mais cometer as mesmas faltas, adverte-nos para resistir.*

394 Nos mundos mais avançados que o nosso, onde os habitantes não são oprimidos por todas as nossas necessidades físicas e enfermidades, os homens compreendem que são mais felizes do que nós?
A felicidade, em geral, é relativa. Nós a sentimos em comparação a um estado menos feliz. Como, definitivamente, alguns desses mundos, ainda que melhores que o nosso, não estão no estado de perfeição, os homens que os habitam devem ter seus motivos de aborrecimentos. Entre nós, o rico, que não tem angústias de necessidades materiais como o pobre, tem, ainda assim, outras que tornam sua vida amarga. Portanto, pergunto: em sua posição, os habitantes desses mundos não se crêem tão infelizes quanto nós e não se lamentam de sua sorte, já que não têm lembrança de uma existência inferior para servir de comparação?
– Para isso, é preciso dar duas respostas diferentes. Há mundos, entre esses que citastes, onde os habitantes têm uma lembrança muito clara e

precisa de suas existências passadas; estes, vós o compreendeis, podem e sabem apreciar a felicidade que Deus lhes permite saborear. Há outros onde os habitantes, como dissestes, colocados em melhores condições do que vós, na Terra não têm grandes aborrecimentos nem infelicidades. Esses não apreciam sua felicidade pelo fato de não se lembrarem de um estado ainda mais infeliz. Entretanto, se não a apreciam como homens, apreciam como Espíritos.

✦ *Não há no esquecimento das existências passadas, principalmente nas que foram dolorosas, qualquer coisa de providencial, em que se revela a sabedoria divina? É nos mundos superiores, quando a lembrança das existências infelizes não passa de um sonho ruim, que elas se apresentam à memória. Nos mundos inferiores, as infelicidades atuais não seriam agravadas pela lembrança de tudo que se suportou?*

Concluamos: tudo que Deus fez é bem-feito e não nos cabe criticar suas obras e dizer como deveria reger o universo.

A lembrança de nossas individualidades anteriores teria inconvenientes muito graves; poderia, em certos casos, nos humilhar muito; em outros, exaltar nosso orgulho e, por isso mesmo, dificultar nosso livre-arbítrio. Deus deu, para nos melhorarmos, exatamente o que é necessário e basta: a voz da consciência e nossas tendências instintivas, privando-nos do que poderia nos prejudicar. Acrescentemos ainda que, se tivéssemos lembrança de nossos atos pessoais anteriores, teríamos igualmente a dos outros, e esse conhecimento poderia ter os mais desastrosos efeitos sobre as relações sociais. Não havendo motivos de glória no passado, é bom que um véu seja lançado sobre ele. Isso está perfeitamente de acordo com a Doutrina dos Espíritos sobre os mundos superiores ao nosso. Nesses mundos, onde apenas reina o bem, a lembrança do passado nada tem de doloroso; eis por que neles pode se saber da existência anterior, como sabemos o que fizemos ontem. Quanto à estada que fizeram nos mundos inferiores, não é mais, como dissemos, do que um sonho ruim.

395 Podemos ter algumas revelações de nossas existências anteriores?

– Nem sempre. Muitos sabem, entretanto, o que foram e o que fizeram; se fosse permitido dizer abertamente, fariam singulares revelações sobre o passado.

396 Certas pessoas acreditam ter uma vaga lembrança de um passado desconhecido que se apresenta a elas como a imagem passageira de um sonho, que se procura, em vão, reter. Essa idéia é apenas ilusão?

– Algumas vezes é real; mas muitas vezes é também ilusão contra a qual é preciso ficar atento, porque pode ser o efeito de uma imaginação superexcitada.

Capítulo 7 – Retorno à Vida Corporal

397 Nas existências de natureza mais elevadas que a nossa, a lembrança das existências anteriores é mais precisa?

– Sim; à medida que o corpo se torna menos material, as lembranças se revelam com mais exatidão. A lembrança do passado é mais clara para os que habitam mundos de uma ordem superior.

398 Pelo estudo de suas tendências instintivas, que são uma recordação do passado, o homem pode conhecer os erros que cometeu?

– Sem dúvida, até certo ponto; mas é preciso se dar conta da melhora que pôde se operar no Espírito e as resoluções que ele tomou na vida espiritual. A existência atual pode ser bem melhor que a precedente.

398 a Ela pode ser pior? Ou seja, o homem pode cometer numa existência faltas que não cometeu em existências precedentes?

– Isso depende de seu adiantamento; se não resistir às provas, pode ser levado a novas faltas, que são conseqüência da posição que escolheu. Mas, em geral, essas faltas mostram antes um estado estacionário do que retrógrado, porque o Espírito pode avançar ou estacionar, mas nunca retroceder.

399 Os acontecimentos desfavoráveis da vida corporal são, ao mesmo tempo, uma expiação pelas faltas passadas e provas que visam ao futuro. Pode-se dizer que da natureza dessas situações se possa deduzir o gênero da existência anterior?

– Muito freqüentemente, uma vez que cada um é punido pelos erros que cometeu; entretanto, não deve ser isso uma regra absoluta. As tendências instintivas são a melhor indicação, visto que as provas pelas quais o Espírito passa se referem tanto ao futuro quanto ao passado.

✦ *Alcançado o fim marcado pela Providência para sua vida na espiritualidade, o próprio Espírito escolhe as provas às quais quer se submeter para acelerar seu adiantamento, ou seja, o gênero de existência que acredita ser o mais apropriado para lhe fornecer esses meios e cujas provas estão sempre em relação com as faltas que deve expiar. Se triunfa, se eleva; se fracassa, deve recomeçar.*

O Espírito sempre desfruta de seu livre-arbítrio. É em virtude dessa liberdade que escolhe as provas da vida corporal. Uma vez encarnado, delibera o que fará ou não e escolhe entre o bem e o mal. Negar ao homem o livre-arbítrio seria reduzi-lo à condição de uma máquina.

Ao entrar na vida corporal, o Espírito perde, momentaneamente, a lembrança de suas existências anteriores, como se um véu as ocultasse; entretanto, às vezes, tem uma vaga consciência disso e elas podem até mesmo lhe ser reveladas em algumas circunstâncias. Mas é apenas pela vontade dos Espíritos Superiores que o fazem espontaneamente, com um objetivo útil e nunca para satisfazer uma curiosidade vã.

As existências futuras não podem ser reveladas em nenhum caso, porque dependem da maneira que se cumpra a existência atual e da escolha que o Espírito virá a fazer.

O esquecimento das faltas cometidas não é um obstáculo ao melhoramento do Espírito porque, se não tem uma lembrança precisa disso, o conhecimento que teve delas quando estava na espiritualidade e o compromisso que assumiu para repará-las o guiam pela intuição e lhe dão o pensamento de resistir ao mal; esse pensamento é a voz da consciência, sendo auxiliado pelos Espíritos Superiores que o assistem, se escuta as boas inspirações que sugerem.

Se o homem não conhece os atos que cometeu em suas existências anteriores, pode sempre saber de que faltas tornou-se culpado e qual era seu caráter dominante. Basta estudar a si mesmo e julgar o que foi não pelo que é, mas por suas tendências.

As contrariedades e os reveses da vida corporal são, ao mesmo tempo, uma expiação pelas faltas passadas e provas para o futuro. Elas nos purificam e elevam, se as suportamos com resignação e sem reclamar.

A natureza dessas alternâncias da vida e das provas que suportamos pode também nos esclarecer sobre o que fomos e o que fizemos, como aqui na Terra julgamos os atos de um culpado pelo castigo que a lei lhe impõe.

Assim, o orgulhoso será castigado em seu orgulho pela humilhação de uma existência subalterna; o mau rico e o avaro, pela miséria; aquele que foi duro para com os outros sofrerá, por sua vez, durezas; o tirano, escravidão; o mau filho, pela ingratidão de seus filhos; o preguiçoso, por um trabalho forçado etc.

Capítulo 8

DA EMANCIPAÇÃO DA ALMA

O sono e os sonhos – Visitas espíritas entre pessoas vivas – Transmissão oculta do pensamento – Letargia, catalepsia, mortes aparentes – Sonambulismo – Êxtase – Dupla vista – Resumo teórico do sonambulismo, do êxtase e da dupla vista

O SONO E OS SONHOS

400 O Espírito encarnado permanece espontaneamente no corpo?
– É como perguntar se o prisioneiro se alegra com a prisão. O Espírito encarnado aspira sem cessar à libertação, e quanto mais o corpo for grosseiro, mais deseja desembaraçar-se dele.

401 Durante o sono, a alma repousa como o corpo?
– Não, o Espírito nunca fica inativo. Durante o sono, os laços que o prendem ao corpo se relaxam e, como o corpo não precisa do Espírito, ele percorre o espaço e *entra em relação mais direta com outros Espíritos*.

402 Como avaliar a liberdade do Espírito durante o sono?
– Pelos sonhos. Quando o corpo repousa, o Espírito tem mais condições de exercer seus dons, faculdades do que em vigília; tem a lembrança do passado e algumas vezes a previsão do futuro; adquire mais poder e pode entrar em comunicação com outros Espíritos, *neste mundo ou em outro*. Quando dizeis: tive um sonho esquisito, horrível, mas que não tem nada de real, enganais-vos; é, muitas vezes, a lembrança dos lugares e das coisas que vistes ou que vereis numa outra existência, ou num outro momento. O corpo, estando entorpecido, faz com que o Espírito se empenhe em superar suas amarras e investigar o passado ou o futuro.

Pobres homens, que pouco conheceis dos mais simples fenômenos da vida! Julgai-vos sábios e, entretanto, vos embaraçais com as coisas mais simples; ficais perturbados com a pergunta de todas as crianças: o que fazemos quando dormimos? Que são os sonhos?

O sono liberta, em parte, a alma do corpo. Quando dormimos, estamos momentaneamente no estado em que o homem se encontra após a morte. Os Espíritos que logo se desligam da matéria, quando desencarnam, têm um sono consciente. Durante o sono, reúnem-se à sociedade de outros seres superiores e com eles viajam, conversam e se instruem; trabalham até mesmo em obras que depois encontram prontas, quando, pelo desencarne, retornam ao mundo espiritual. Isso deve vos ensinar uma vez mais a não temer a morte, uma vez que morreis todos os dias, segundo a palavra de um santo. Isso para os Espíritos elevados; mas para o grande número de homens que, ao desencarnar, devem permanecer longas horas nessa perturbação, nessa incerteza da qual já vos falaram, esses vão, enquanto dormem, a mundos inferiores à Terra, onde antigas afeições os evocam, ou vão procurar prazeres talvez ainda mais baixos que os que têm aí; vão se envolver com doutrinas ainda mais desprezíveis, ordinárias e nocivas que as que professam em vosso meio. O que gera a simpatia na Terra não é outra coisa senão o fato de os homens, ao despertar, se sentirem ligados pelo coração àqueles com quem acabaram de passar de oito a nove horas de prazer. Isso também explica as antipatias invencíveis que sentimos intimamente, porque sabemos que essas pessoas com quem antipatizamos têm uma consciência diferente da nossa e as conhecemos sem nunca tê-las visto com os olhos. Explica ainda a nossa indiferença, pois não desejamos fazer novos amigos quando sabemos que há outras pessoas que nos amam e nos querem bem. Em uma palavra, o sono influi mais na vossa vida do que pensais. Durante o sono, os Espíritos encarnados estão sempre se relacionando com o mundo dos Espíritos e é isso que faz com os Espíritos Superiores consintam, sem muita repulsa, em encarnar entre vós. Deus quis que em contato com o vício eles pudessem se renovar na fonte do bem, para não mais falharem, eles, que vêm instruir os outros. O sono é a porta que Deus lhes abriu para entrarem em contato com seus amigos do céu; é o recreio após o trabalho, enquanto esperam a grande libertação, a libertação final que deve devolvê-los a seu verdadeiro meio.

O sonho é a lembrança do que o Espírito viu durante o sono; mas notai que nem sempre sonhais, porque nem sempre vos lembrais do que vistes, ou de tudo o que vistes. É que vossa alma não está em pleno desdobramento. Muitas vezes, apenas fica a lembrança da perturbação que acompanha vossa partida ou vossa volta, à qual se acrescenta a do que fizestes ou do que vos preocupa no estado de vigília; sem isso, como explicaríeis esses sonhos absurdos que têm tanto os mais sábios quanto os mais simples? Os maus Espíritos se servem também dos sonhos para atormentar as almas fracas e medrosas.

Além disso, vereis dentro em pouco se desenvolver uma outra espécie de sonhos[1]; ela é tão antiga quanto a que já conheceis, mas a ignorais. O sonho de Joana D'arc[2], o sonho de Jacó[3], o sonho dos profetas judeus e

---

1 - **Outra espécie de sonhos:** ele se referia a mediunidade (N. E.).
2 - **Joana D'Arc:** heroína francesa. Comandou os exércitos da França à vitória sobre os ingleses, orientada por seus sonhos e suas visões (N. E.).
3 - **Jacó:** patriarca hebreu do Antigo Testamento que viu em sonho uma escada que levava da Terra ao céu (N. E.).

Capítulo 8 – Da Emancipação da Alma

de alguns adivinhos indianos; esse sonho é a lembrança da alma quase inteiramente desligada do corpo, a lembrança dessa segunda vida de que falamos.

Procurai distinguir bem essas duas espécies de sonho dentre os que vos lembrais; sem isso, caireis em contradições e erros que serão funestos à vossa fé.

✦ *Os sonhos são o produto da emancipação da alma, que se torna mais independente pela suspensão da vida ativa e de convivência. Daí uma espécie de clarividência indefinida, que se estende aos lugares mais afastados ou jamais vistos e algumas vezes até a outros mundos; daí ainda a lembrança que traz à memória acontecimentos realizados na existência atual ou em existências anteriores; a estranheza das imagens do que se passa ou do que se passou em mundos desconhecidos, misturadas com coisas do mundo atual, formam esses conjuntos estranhos e confusos que parecem não ter sentido nem ligação entre si.*

A incoerência dos sonhos se explica ainda por lacunas que a lembrança incompleta do que nos apareceu em sonho produz. Isso seria como numa narração a qual se tenham truncado frases ao acaso, ou parte de frases; os fragmentos restantes reunidos perderiam toda a significação.

403 Por que nem sempre nos lembramos dos sonhos?

– O que chamais de sono é apenas o repouso do corpo, mas o Espírito está sempre ativo e durante o sono recobra um pouco de sua liberdade e se corresponde com os que lhe são caros, neste mundo ou em outros. Sendo o corpo uma matéria pesada e grosseira, dificilmente conserva as impressões que o Espírito recebeu, visto que o Espírito não as percebeu pelos órgãos do corpo.

404 O que pensar da significação atribuída aos sonhos?

– Os sonhos não têm o significado que certos adivinhos lhes atribuem. É um absurdo acreditar que sonhar com isso significa aquilo. São verdadeiros no sentido de que apresentam imagens reais ao Espírito, mas muitas vezes não têm relação com o que se passa na vida corporal; são também, como dissemos, uma lembrança. Algumas vezes, podem ser um pressentimento do futuro, se Deus o permite, ou a visão do que se passa nesse momento em um outro lugar para onde a alma se transporta. Não tendes numerosos exemplos de pessoas que aparecem em sonho e vêm advertir seus parentes ou amigos do que lhes está acontecendo? O que são essas aparições, senão a alma ou o Espírito dessas pessoas que vêm se comunicar com o vosso? Quando estais certos de que o que vistes realmente aconteceu, não é uma prova de que a imaginação não tomou parte em nada, principalmente se as ocorrências do sonho não estavam de modo algum em vosso pensamento enquanto acordados?

405 Vêem-se freqüentemente em sonho coisas que parecem pressentimentos e que não se realizam; de onde vem isso?

– Elas podem se realizar apenas para o Espírito, ou seja, o Espírito vê a coisa que deseja *porque vai procurá-la*. Não deveis esquecer que, durante o sono, a alma está constantemente sob influência da matéria, às vezes mais, às vezes menos, e, conseqüentemente, nunca se liberta completamente das idéias terrenas. Disso resulta que as preocupações enquanto acordados podem dar àquilo que se vê a aparência do que se deseja ou do que se teme. A isso verdadeiramente é o que se pode chamar de efeito da imaginação. Quando se está fortemente preocupado com uma idéia, liga-se a essa idéia tudo o que se vê.

406 Quando vemos em sonho pessoas vivas, que conhecemos perfeitamente, praticarem atos de que absolutamente não cogitam, não é efeito de pura imaginação?

– Em relação a praticar atos de que não cogitam, como dizeis, o que sabeis disso? O Espírito dessa pessoa pode visitar o vosso, como o vosso pode visitar o dela e nem sempre sabeis no que ele pensa. E então, freqüentemente, atribuís às pessoas que conheceis, e de acordo com vossos desejos, o que se passou ou se passa em outras existências.

407 O sono completo é necessário para a emancipação do Espírito?

– Não; o Espírito recobra sua liberdade quando os sentidos se entorpecem. Ele se aproveita, para se emancipar, de todos os momentos de repouso que o corpo lhe concede. Desde que haja debilidade das forças vitais, o Espírito se desprende, e quanto mais fraco estiver o corpo, mais livre ele estará.

✦ *É assim que a sonolência, ou um simples entorpecimento dos sentidos, apresenta muitas vezes as mesmas imagens do sono.*

408 Parece-nos ouvir, algumas vezes em nós, palavras pronunciadas distintamente e que não têm nenhuma relação com o que nos preocupa; de onde vem isso?

– Sim, pode acontecer até mesmo ouvirdes frases inteiras, principalmente quando os sentidos começam a se entorpecer. É algumas vezes um eco fraco de um Espírito que deseja se comunicar.

409 Muitas vezes, num estado que ainda não é a sonolência, quando temos os olhos fechados, vemos imagens distintas, figuras das quais observamos os mais minuciosos detalhes; é um efeito de visão ou de imaginação?

– O corpo, estando entorpecido, faz com que o Espírito procure libertar-se de suas amarras. Ele se transporta e vê. Se o sono fosse completo, seria um sonho.

CAPÍTULO 8 – DA EMANCIPAÇÃO DA ALMA

410 Têm-se, algumas vezes durante o sono ou a sonolência, idéias que parecem ser muito boas e, apesar dos esforços para se lembrar delas, apagam-se da memória: de onde vêm essas idéias?

– São o resultado da liberdade do Espírito que se emancipa e desfruta de maneira completa de todas as suas faculdades durante esse momento. São freqüentemente também conselhos que outros Espíritos dão.

410 a Para que servem essas idéias e conselhos, já que se perdem na lembrança e não se podem aproveitar?

– Essas idéias pertencem, algumas vezes, mais ao mundo dos Espíritos do que ao corporal; mas, com mais freqüência, se o corpo esquece, o Espírito lembra, e a idéia revive na ocasião oportuna como uma inspiração de momento.

411 O Espírito encarnado, nos momentos em que está desligado da matéria e age como Espírito, sabe a época de sua morte?

– Muitas vezes a pressente; pode, também, ter uma consciência muito clara dela. É o que, acordado, lhe dá a intuição disso. Eis por que certas pessoas, algumas vezes, prevêem sua morte com grande exatidão.

412 A atividade do Espírito durante o repouso ou o sono do corpo pode fazer com que o corpo sinta cansaço?

– Sim, pode. O Espírito está preso ao corpo, assim como um balão cativo a um poste. Da mesma forma que as agitações do balão abalam o poste, a atividade do Espírito reage sobre o corpo e pode fazer com que se sinta cansado.

VISITAS ESPÍRITAS ENTRE PESSOAS VIVAS

413 Como a alma pode libertar-se do corpo durante o sono, teremos então uma dupla existência simultânea: a do corpo, que nos dá a vida de relação exterior, e a da alma, que nos dá a vida de relação oculta; isso é exato?

– No estado de liberdade, a vida do corpo cede lugar à vida da alma. Porém, não são, propriamente falando, duas existências; são, antes, duas fases da mesma existência, uma vez que o homem não vive duplamente.

414 Duas pessoas que se conhecem podem se visitar durante o sono?

– Sim, e muitas outras que acreditam não se conhecerem também se reúnem e conversam. Podeis ter, sem dúvida, amigos num outro país. O fato de ir se encontrar, durante o sono, com amigos, parentes, conhecidos, pessoas que podem ser úteis, é tão freqüente que o fazeis todas as noites.

415 Qual a utilidade dessas visitas noturnas, uma vez que não fica lembrança de nada?

– É muito comum disso ficar uma intuição, ao despertar, e é freqüentemente a origem de certas idéias que surgem espontaneamente, sem explicação clara. São exatamente as adquiridas nessas conversas.

416 O homem pode provocar essas visitas espirituais por sua vontade? Pode, por exemplo, dizer ao dormir: esta noite quero me encontrar em Espírito com tal pessoa, falar com ela e dizer-lhe alguma coisa?

– Eis o que se passa: o homem dorme, o Espírito se liberta e o que o homem tinha programado o Espírito está bem longe de seguir, porque os desejos e vontades do homem nem sempre são as mesmas do Espírito, quando desligado da matéria. Isso acontece com os homens espiritualmente bastante elevados. Há os que passam de outra forma essa sua existência espiritual: entregam-se às suas paixões ou permanecem na inatividade. Pode acontecer que, considerando a razão da visita, o Espírito vá mesmo visitar as pessoas que deseja; mas a simples vontade do homem, acordado, não é razão para que o faça.

417 Um certo número de Espíritos encarnados podem se reunir e formar assembléias?

– Sem dúvida nenhuma. Os laços de amizade, antigos ou novos, fazem com que se reúnam freqüentemente diversos Espíritos, felizes de estarem juntos.

✦ *Pela palavra* antigo *é preciso entender os laços de amizade feitos em existências anteriores. Trazemos, ao despertar, uma intuição das idéias que adquirimos nessas conversas ocultas, mas ignoramos a sua fonte.*

418 Uma pessoa que acreditasse ter um de seus amigos mortos, embora estivesse vivo, poderia se encontrar com ele em Espírito e saber que está vivo? Ela poderia, nesse caso, ter uma intuição disso ao despertar?

– Como Espírito, pode certamente vê-lo e saber de sua situação. Se não lhe foi imposto como uma prova acreditar na morte de seu amigo, terá um pressentimento de sua existência, como poderá ter de sua morte.

TRANSMISSÃO OCULTA DO PENSAMENTO

419 Por que a mesma idéia, a de uma descoberta, por exemplo, pode surgir em diversos lugares ao mesmo tempo?

– Já dissemos que durante o sono os Espíritos se comunicam entre si. Pois bem, quando o corpo desperta, o Espírito se recorda do que aprendeu e o homem acredita ser o autor da invenção. Assim, muitos podem descobrir a mesma coisa ao mesmo tempo. Quando dizeis: uma idéia está no ar, usais de uma figura de linguagem mais justa do que acreditais; cada um, sem saber, contribui para propagá-la.

✦ *Nosso próprio Espírito revela, assim, muitas vezes a outros Espíritos e sem nosso conhecimento o que se faz objeto de nossas preocupações quando acordados.*

420 Os Espíritos podem se comunicar se o corpo está completamente acordado?
– O Espírito não está fechado no corpo como numa caixa; irradia por todos os lados. Eis por que pode se comunicar com outros Espíritos, até mesmo acordados, embora o faça mais dificilmente.

421 Por que duas pessoas perfeitamente acordadas têm muitas vezes, instantaneamente, a mesma idéia?
– São dois Espíritos simpáticos que se comunicam e vêem reciprocamente seus respectivos pensamentos, até mesmo quando o corpo não dorme.

✦ *Existe, entre os Espíritos que se encontram, uma comunicação de pensamentos que faz com que duas pessoas se vejam e se compreendam, sem ter necessidade dos sinais exteriores da linguagem. Pode-se dizer que falam a linguagem dos Espíritos.*

LETARGIA[4], CATALEPSIA[5], MORTES APARENTES

422 Os letárgicos e os catalépticos vêem e ouvem geralmente o que se passa ao redor deles, mas não podem se manifestar; é pelos olhos e ouvidos do corpo que vêem e ouvem?
– Não. É pelo Espírito; o Espírito tem conhecimento dos fatos, mas não pode se comunicar.

422 a Por que não pode se comunicar?
– O estado do corpo se opõe a isso; esse estado peculiar dos órgãos vos dá a prova de que existe no homem outra coisa além do corpo, uma vez que o corpo não funciona mais, mas o Espírito ainda age.

423 Na letargia, o Espírito pode se separar inteiramente do corpo, de maneira a dar-lhe todas as aparências da morte e voltar em seguida?
– Na letargia, o corpo não está morto, uma vez que há funções vitais que permanecem. A vitalidade se encontra em estado latente, como na crisálida, mas não está aniquilada. Portanto, o Espírito está unido ao corpo enquanto este vive. Mas quando os laços são rompidos pela morte real há a desagregação dos órgãos, a separação é completa e o Espírito não retorna mais. Quando um homem aparentemente morto retorna à vida, é que o processo da morte não estava consumado.

---

4 - **Letargia:** estado caracterizado por sono profundo e demorado, causado por distúrbios cerebrais ou por perda momentânea do controle cerebral (N. E.).
5 - **Catalepsia:** estado caracterizado pela rigidez dos músculos e imobilidade; pode ser provocado por afecções nervosas ou induzidas, como, por exemplo, pelo hipnotismo (N. E.).

424 Pode-se, por meio de cuidados dados a tempo, reatar os laços prestes a se romper e tornar à vida um ser que, por falta de socorro, estaria definitivamente morto?

– Sim, sem dúvida, e tendes a prova disso todos os dias. O magnetismo é freqüentemente, nesse caso, um poderoso meio, porque restitui ao corpo o fluido vital que lhe falta e que era insuficiente para manter o funcionamento dos órgãos.

✦ *A letargia e a catalepsia têm o mesmo princípio, que é a perda momentânea da sensibilidade e do movimento por uma causa fisiológica. Diferem em que, na letargia, a suspensão das forças vitais é geral e dá ao corpo todas as aparências da morte. Na catalepsia, é localizada e pode afetar uma parte mais ou menos extensa do corpo, de maneira a deixar a inteligência livre para se manifestar, o que não permite confundi-la com a morte. A letargia é sempre natural; a catalepsia é algumas vezes espontânea, mas pode ser provocada ou desfeita artificialmente pela ação magnética.*

SONAMBULISMO

425 O sonambulismo natural tem relação com os sonhos? Como se pode explicá-lo?

– É uma situação de independência do Espírito mais completa do que no sonho, porque então suas faculdades abrangem maior amplidão e passa a ter percepções que não tem no sonho, que é um estado de sonambulismo imperfeito. No sonambulismo, o Espírito atinge a plena posse de si, é inteiramente ele mesmo; os órgãos materiais, estando de alguma forma em catalepsia, não recebem mais as impressões *exteriores*. Esse estado se manifesta principalmente durante o sono. É o momento em que o Espírito pode deixar provisoriamente o corpo, estando este entregue ao indispensável repouso da matéria. Quando os fatos do sonambulismo se produzem, é que o Espírito, preocupado com uma coisa ou outra, se entrega a uma ação qualquer que necessita da utilização de seu corpo, do qual se serve, então, de uma maneira semelhante ao que se faz com uma mesa ou com qualquer outro material no fenômeno das manifestações físicas, ou até mesmo de vossa mão, no caso das comunicações escritas. Nos sonhos de que se tem consciência, os órgãos, incluindo o da memória, começam a despertar e recebem imperfeitamente as impressões produzidas pelos objetos ou as causas exteriores e as comunicam ao Espírito, que, em repouso, não se apercebe a não ser de sensações confusas e freqüentemente sem nexo e sem nenhuma razão de ser aparente, misturadas que estão com vagas lembranças, seja desta ou de existências anteriores. Fica então fácil compreender por que os sonâmbulos, enquanto no estado sonambúlico, não têm nenhuma lembrança do que ocorreu, e por que os sonhos, dos quais se conserva a memória, não têm muitas vezes o menor sentido. Digo muitas vezes porque pode acontecer que sejam a conseqüência de uma lembrança precisa de acontecimentos de uma vida anterior e, algumas vezes, até mesmo uma espécie de intuição do futuro.

426 O sonambulismo chamado magnético tem relação com o sonambulismo natural?
– É a mesma coisa; a diferença é que ele é provocado.

427 Qual é a natureza do agente chamado fluido magnético?
– Fluido vital, eletricidade animalizada, que são modificações do fluido universal.

428 Qual é a causa da clarividência sonambúlica?
– Já dissemos: *é a alma que vê*.

429 Como o sonâmbulo pode ver através de corpos opacos?
– Não há corpos opacos a não ser para vossos órgãos grosseiros; já dissemos que, para o Espírito, a matéria não é obstáculo, uma vez que a atravessa livremente. Freqüentemente, o sonâmbulo diz que vê pela fronte, pelo joelho etc., porque vós, inteiramente presos à matéria, não compreendeis que se possa ver sem o auxílio dos órgãos da visão. Ele mesmo, pelo desejo que tendes, acredita ter necessidade desses órgãos, mas se o deixásseis livre compreenderia que vê por todas as partes de seu corpo ou, melhor dizendo, vê de fora de seu corpo.

430 Uma vez que a clarividência do sonâmbulo é de sua alma ou seu Espírito, por que não vê tudo e por que se engana freqüentemente?
– Inicialmente, não é dado aos Espíritos imperfeitos tudo ver e conhecer; sabeis que eles ainda participam de vossos erros e preconceitos. Além disso, quando estão ligados à matéria, não usufruem de todos os dons ou faculdades do Espírito. Deus deu ao homem a faculdade do sonambulismo com um objetivo útil e sério e não para o que não deve saber; eis por que os sonâmbulos não podem dizer tudo.

431 Qual a origem das idéias inatas do sonâmbulo e como ele pode falar com exatidão de coisas que ignora quando acordado, que estão acima até mesmo de sua capacidade intelectual?
– Acontece que o sonâmbulo possui mais conhecimentos do que supondes e apenas se acham adormecidos, porque seu corpo é um entrave para que possa se lembrar das coisas. Mas, afinal, o que é ele? Como nós, é um Espírito encarnado na matéria para cumprir sua missão e o estado em que entra o desperta dessa letargia. Nós vos dissemos, repetidamente, que vivemos muitas vezes; é essa mudança que faz o sonâmbulo e qualquer outro Espírito perder materialmente o que pôde aprender em uma existência

anterior. Ao entrar no estado que chamais de *transe*, ele se recorda, mas nem sempre de uma maneira completa; sabe, mas não poderia dizer de onde lhe vem o que sabe nem como possui esses conhecimentos. Passado o transe, toda lembrança se apaga e ele volta à obscuridade.

✦ *A experiência mostra que os sonâmbulos também recebem comunicações de outros Espíritos que lhes transmitem o que devem dizer e suprem sua insuficiência. Isso se vê especialmente nas prescrições médicas: o Espírito do sonâmbulo vê o mal, um outro lhe indica o remédio. Essa dupla ação é algumas vezes evidente e se revela, de forma clara, por essas expressões bastante freqüentes: dizem-me para dizer, proíbem-me de dizer tal coisa. Nesse último caso, há sempre perigo em insistir para obter uma revelação recusada, visto que então são apanhados por Espíritos levianos que falam de tudo sem escrúpulo e sem se preocuparem com a verdade.*

432 Como explicar a visão à distância em alguns sonâmbulos?

– A alma não se transporta durante o sono? O mesmo acontece no sonambulismo.

433 O desenvolvimento maior ou menor da clarividência sonambúlica prende-se à organização física ou à natureza do Espírito encarnado?

– A ambas. Existem disposições físicas que permitem ao Espírito se desprender mais ou menos da matéria.

434 As faculdades, os dons dos quais desfruta o sonâmbulo, são as mesmas que o Espírito tem após a morte?

– Até certo ponto, porque é preciso levar em conta a influência da matéria à qual ainda está ligado.

435 O sonâmbulo pode ver os outros Espíritos?

– A maioria os vê muito bem, isso depende do grau e da natureza de sua lucidez, mas algumas vezes não se dá conta disso de início e os toma por seres corpóreos. Isso acontece principalmente com aqueles que não possuem nenhum conhecimento do Espiritismo. Ainda não compreendem a essência dos Espíritos. Isso os espanta e eis por que acreditam estar vendo pessoas vivas.

✦ *O mesmo efeito se produz no momento da morte naqueles que acreditam ainda estarem vivos. Nada a seu redor parece mudado, os Espíritos lhe parecem ter corpo semelhante ao nosso e tomam a aparência do próprio corpo como um corpo real.*

436 O sonâmbulo que vê à distância vê do ponto em que está seu corpo ou daquele em que está sua alma?

– Por que perguntais, uma vez que sabeis que é a alma que vê e não o corpo?

Capítulo 8 – Da Emancipação da Alma

437 Uma vez que é a alma que se transporta, como pode o sonâmbulo experimentar em seu corpo as sensações de calor e frio do lugar onde se encontra sua alma, e que está, muitas vezes, bem longe de seu corpo?

– A alma não deixou inteiramente o corpo; está sempre ligada a ele por um laço que é o condutor das sensações. Quando duas pessoas se correspondem de uma cidade a outra por meio da eletricidade[6], é a eletricidade o laço entre seus pensamentos. Por esse laço se comunicam como se estivessem ao lado uma da outra.

438 O uso que um sonâmbulo faz de sua faculdade influi sobre o estado de seu Espírito após sua morte?

– Muito, como o bom ou o mau uso de todas as faculdades que Deus deu ao homem.

ÊXTASE

439 Que diferença existe entre o êxtase e o sonambulismo?

– O êxtase é um sonambulismo mais depurado; a alma do extático é ainda mais independente.

440 O Espírito do extático penetra realmente nos mundos superiores?

– Sim, ele os vê e compreende a felicidade daqueles que os habitam. Deseja, por isso, lá permanecer. Mas existem mundos inacessíveis aos Espíritos que não são suficientemente depurados.

441 Quando o extático exprime o desejo de deixar a Terra, fala sinceramente e não sente atuar nele o instinto de conservação?

– Isso depende do grau de pureza do Espírito; se vê sua posição futura melhor do que sua vida presente, faz esforços para romper os laços que o prendem à Terra.

442 Se o extático ficasse abandonado a si mesmo, sua alma poderia definitivamente deixar seu corpo?

– Sim, poderia morrer. Por isso é preciso fazê-lo voltar apelando para tudo o que pode prendê-lo à vida na Terra e, principalmente, fazendo-o compreender que, se romper a cadeia que o retém aqui, será a maneira certa de não permanecer onde ele vê que seria feliz.

443 Existem coisas que o extático pretende ver e que são evidentemente fruto de uma imaginação impressionada pelas crenças e preconceitos terrenos. Tudo o que vê não é, então, real?

---

6 - Eletricidade: o telégrafo, o telefone etc. A resposta se refere ao telégrafo, mas se aplica hoje ao telefone e às telecomunicações em geral (N. E.).

– O que vê é real para ele, mas como seu Espírito está sempre sob a influência das idéias terrenas pode vê-lo à sua maneira ou, melhor dizendo, pode se exprimir numa linguagem apropriada a seus preconceitos ou às idéias em que foi educado, ou aos vossos, a fim de melhor se fazer compreender. É, principalmente, nesse sentido que ele pode errar.

444 Que grau de confiança se pode depositar nas revelações dos extáticos?

– O extático pode, muito freqüentemente, se enganar, principalmente quando pretende penetrar naquilo que deve permanecer em mistério para o homem, porque então revelará suas próprias idéias ou se tornará joguete de Espíritos enganadores *que se aproveitam de seu entusiasmo* para fasciná-lo.

445 Que conseqüências se pode tirar dos fenômenos do sonambulismo e do êxtase? Não seriam uma espécie de iniciação à vida futura?

– É, verdadeiramente, a vida passada e a vida futura que o homem entrevê. Se estudar esses fenômenos, aí encontrará a solução de mais de um mistério que sua razão procura inutilmente penetrar.

446 Os fenômenos do sonambulismo e do êxtase poderiam se conciliar com o materialismo?

– Aquele que os estuda de boa-fé, sem prevenções, não pode ser nem materialista nem ateu.

DUPLA VISTA

447 O fenômeno conhecido como *dupla vista* ou *segunda vista* tem relação com o sonho e o sonambulismo?

– Tudo isso é a mesma coisa. O que chamais de *dupla vista* é ainda o Espírito que está mais livre, embora o corpo não esteja adormecido. A dupla vista é a vista da alma.

448 A dupla vista é permanente?

– A faculdade, sim; o exercício, não. Nos mundos menos materiais, os Espíritos se desprendem mais facilmente e se comunicam apenas por meio do pensamento, sem excluir, entretanto, a linguagem articulada. A dupla vista é também, para a maioria dos que lá habitam, uma faculdade permanente. Seu estado normal pode ser comparado ao dos vossos sonâmbulos lúcidos e é também por essa razão que eles se manifestam mais facilmente do que aqueles que estão encarnados nos corpos mais grosseiros.

449 A dupla vista se desenvolve espontaneamente ou pela vontade de quem a possui?

– Mais freqüentemente é espontânea, mas muitas vezes a vontade aí exerce um grande papel. Assim, por exemplo, em certas pessoas que

Capítulo 8 – Da Emancipação da Alma

se chamam adivinhos, algumas das quais têm essa faculdade, vereis que é exercitando a vontade que chegam a ter dupla vista, o que chamais de visão ou visões.

450 Há a possibilidade de se desenvolver a dupla vista pelo exercício?

– Sim, o trabalho sempre traz o progresso e faz desaparecer o véu que cobre as coisas.

450 a Essa faculdade tem alguma ligação com a organização física?

– Certamente, o organismo desempenha aí um papel; existem, porém, organismos que lhe são refratários.

451 Por que a dupla vista parece ser hereditária em certas famílias?

– Semelhança dos organismos que se transmite como as outras qualidades físicas. Além disso, a faculdade se desenvolve por uma espécie de educação que também se transmite de um para outro.

452 É certo que algumas circunstâncias provocam o desenvolvimento da dupla vista?

– Sim. A doença, a expectativa de um perigo, uma grande comoção podem desenvolvê-la. O corpo está algumas vezes num estado incomum, especial, que permite ao Espírito ver o que não podeis ver com os olhos do corpo.

✦ *Em tempos de crise e de calamidades, as grandes emoções, todas as causas que superexcitam o moral[7] provocam, algumas vezes, o desenvolvimento da dupla vista. Parece que a Providência, em presença do perigo, nos dá o meio de afastá-lo. Todas as seitas e facções políticas perseguidas nos oferecem numerosos exemplos disso.*

453 As pessoas dotadas da dupla vista têm sempre consciência disso?

– Nem sempre. Para elas é uma coisa totalmente natural, e muitos acreditam que, se todas as pessoas observassem o que se passa consigo mesmas, deveriam ser como eles.

454 Poderíamos atribuir a uma espécie de dupla vista a perspicácia de certas pessoas que, sem nada terem de extraordinário, julgam as coisas com mais precisão do que as outras?

– É sempre a alma que irradia mais livremente e julga melhor que sob o véu da matéria.

454 a Essa faculdade pode, em certos casos, dar a previsão das coisas?

---

7 - O moral: ânimo (N. E.).

– Sim, e também os pressentimentos, porque existem vários graus nessa faculdade, e a mesma pessoa pode ter todos os graus ou apenas alguns.

RESUMO TEÓRICO DO SONAMBULISMO, DO ÊXTASE E DA DUPLA VISTA

455 Os fenômenos do sonambulismo natural se produzem espontaneamente e são independentes de toda causa exterior conhecida. Contudo, o organismo físico de algumas pessoas pode ser especialmente dotado para isso e os fenômenos podem, então, ser provocados artificialmente, por um magnetizador.

O estado designado sob o nome de *sonambulismo magnético* só difere do sonambulismo natural porque é provocado, enquanto o outro é espontâneo.

O sonambulismo natural é um fato notório que ninguém mais põe em dúvida, apesar do aspecto maravilhoso dos seus fenômenos. O que tem, então, de mais extraordinário ou de mais irracional o sonambulismo magnético? Apenas por ser produzido artificialmente, como tantas outras coisas? Os charlatães, dizem, o têm explorado. Eis uma razão a mais para não o deixar nas mãos deles. Quando a ciência o tomar para si, admitindo--o, o charlatanismo terá bem menos crédito sobre as massas. Contudo, enquanto isso não acontece, o sonambulismo natural ou artificial é um fato, e como contra fatos não há argumentos, se propaga, apesar da má vontade de alguns, e isso até mesmo na ciência, onde penetra por uma infinidade de pequenas portas em vez de ser aceito pela porta da frente. Quando estiver plenamente firmado lá, será preciso conceder-lhe direito de cidadania.

Para o Espiritismo, o sonambulismo é mais que um fenômeno fisiológico, é uma luz lançada sobre a psicologia; é aí que se pode estudar a alma, porque ela se mostra descoberta. Ora, um dos fenômenos pelos quais a alma ou Espírito se caracteriza é a clarividência, independentemente dos órgãos ordinários da vista. Os que contestam esse fato se apóiam no argumento de que o sonâmbulo nem sempre vê como se vê pelos olhos e nem sempre vê conforme a vontade do experimentador. É natural. E devemos nos surpreender que, sendo os meios diferentes, os efeitos não sejam os mesmos? É racional querer efeitos idênticos quando o instrumento não existe mais? A alma tem suas propriedades assim como o olho tem as suas; é preciso julgá-las em si mesmas e não por comparação.

A causa da clarividência tanto no sonambulismo magnético quanto no natural é a mesma: *é um atributo da alma*, uma faculdade inerente a todas as partes do ser incorpóreo que está em nós e cujos limites são os mesmos da própria alma. O sonâmbulo vê todos os lugares aonde sua alma possa se transportar, seja qual for a distância.

CAPÍTULO 8 – DA EMANCIPAÇÃO DA ALMA

Na visão à distância, o sonâmbulo não vê as coisas do lugar em que está seu corpo e sim como por um efeito telescópico[8]. Ele as vê presentes e como se estivesse no lugar onde elas existem, visto que sua alma lá está em realidade. É por isso que seu corpo fica como se estivesse aniquilado e parece privado de sensações até o momento em que a alma vem retomá-lo.

Essa separação parcial da alma e do corpo é um estado anormal que pode ter uma duração mais ou menos longa, mas não indefinida; é a causa do cansaço que o corpo sente após um certo tempo, principalmente quando a alma se entrega a um trabalho ativo.

O órgão da visão na alma ou Espírito não é circunscrito e não tem um lugar determinado, como no corpo físico, o que explica por que os sonâmbulos não podem lhe assinalar um órgão especial. Eles vêem porque vêem, sem saber como ou por que, pois para eles, como Espíritos, a vista não tem sede própria. *Ao se reportarem ao seu corpo*, essa sede lhes parece estar nos centros onde a atividade vital é maior, principalmente no cérebro, na região epigástrica[9], ou no órgão que, para eles, é o ponto de ligação *mais intenso* entre o Espírito e o corpo.

O poder da lucidez sonambúlica não é ilimitado. O Espírito, mesmo completamente liberto do corpo, está limitado em suas faculdades e conhecimentos de acordo com o grau de perfeição que atingiu, e mais ainda por estar ligado à matéria da qual sofre influência. Por causa disso é que a clarividência sonambúlica não é comum, nem infalível. Muito menos se pode contar com sua infalibilidade quanto mais se desvia do objetivo proposto pela natureza e quanto mais se faz dela objeto de curiosidade e *experimentação*.

No estado de desprendimento em que se encontra, o Espírito do sonâmbulo entra em comunicação mais fácil com outros Espíritos *encarnados* ou *não encarnados*; essa comunicação se estabelece pelo contato dos fluidos que compõem os perispíritos e servem de transmissão para o pensamento, como o fio na eletricidade.

O sonâmbulo não tem, portanto, necessidade de que o pensamento seja articulado pela fala: ele o sente e adivinha, é o que o torna extremamente impressionável às influências da atmosfera moral em que está. É também por isso que uma assistência numerosa de espectadores, e principalmente de curiosos mal-intencionados, prejudica o desenvolvimento dessas faculdades, que se recolhem, por assim dizer, em si mesmas, e não se desdobram com toda a liberdade como numa reunião íntima e num meio simpático. *A presença de pessoas mal-intencionadas ou antipáti-*

---

8 - Efeito telescópico: capacidade de discernir objetos distantes (N. E.).
9 - Epigástrica: referente à parte superior e central do abdome (N. E.).

cas produz sobre o sonâmbulo o efeito do contato da mão sobre a planta sensitiva[10].

O sonâmbulo vê às vezes seu próprio Espírito e seu próprio corpo; são, por assim dizer, dois seres que lhe representam a dupla existência, espiritual e corporal, e entretanto se confundem pelos laços que os unem. Nem sempre o sonâmbulo se dá conta dessa situação e essa *dualidade* faz com que muitas vezes fale de si como se falasse de outra pessoa; é que, às vezes, é o ser corporal que fala ao espiritual e, outras, é o ser espiritual que fala ao corporal.

O Espírito adquire um acréscimo de conhecimento e experiência a cada uma de suas existências corporais. Ele os esquece em parte, durante sua encarnação numa matéria muito grosseira, *mas sempre se lembra disso como Espírito*.

É por isso que certos sonâmbulos revelam conhecimentos além da instrução que possuem e até mesmo superiores às suas aparentes capacidades intelectuais. A inferioridade intelectual e científica do sonâmbulo quando acordado não interfere, portanto, em nada nos conhecimentos que pode revelar. De acordo com as circunstâncias e o objetivo a que se proponha, pode tirá-las de sua própria experiência, na clarividência das coisas presentes ou do conselho que recebe de outros Espíritos, ou ainda do seu próprio Espírito, que, podendo ser mais ou menos avançado, pode então dizer coisas mais ou menos certas.

Pelos fenômenos do sonambulismo, tanto o natural quanto o magnético, a Providência nos dá a prova irrecusável da existência e independência da alma e nos faz assistir ao espetáculo sublime da liberdade que ela tem; assim, nos abre o livro de nossa destinação. Quando o sonâmbulo descreve o que se passa à distância, é evidente que ele vê, mas não pelos olhos do corpo; vê a si mesmo e sente-se transportado para lá; há, portanto, naquele lugar algo dele, e esse algo, não sendo seu corpo, só pode ser sua alma ou Espírito.

Enquanto o homem se perde nas sutilezas de uma metafísica abstrata e incompreensível para pesquisar as causas de nossa existência moral, Deus coloca diariamente ao alcance de nossos olhos e nossas mãos os meios mais simples e evidentes para o estudo da psicologia experimental.

O êxtase é o estado em que a independência da alma e do corpo se manifesta de maneira mais sensível e torna-se de certo modo palpável.

No sonho e no sonambulismo, a alma percorre os mundos terrestres. No êxtase, penetra num mundo desconhecido, dos Espíritos etéreos, com os quais entra em comunicação, sem, entretanto, ultrapassar certos limites

---

10 - **Sensitiva:** planta também conhecida como dormideira, que se fecha ao contato com a mão (N. E.).

Capítulo 8 – Da Emancipação da Alma

que não teria como transpor sem romper totalmente os laços que a ligam ao corpo. Sente-se num estado resplandecente completamente novo que a circunda, harmonias desconhecidas na Terra a arrebatam, um bem-estar indefinível a envolve. A alma desfruta por antecipação da beatitude celeste e *pode-se dizer que põe um pé sobre o limiar da eternidade*.

No estado de êxtase o aniquilamento do corpo é quase completo; tem apenas, por assim dizer, a vida orgânica e sente que a alma está a ele ligado apenas por um fio que um pequeno esforço extra faria romper para sempre.

Nesse estado, todos os pensamentos terrestres desaparecem para dar lugar ao sentimento puro, que é a própria essência de nosso ser imaterial. Inteiramente envolto nessa contemplação sublime, o extático encara a vida apenas como uma paragem momentânea. Para ele tanto o bem quanto o mal, as alegrias grosseiras e misérias aqui da Terra são apenas incidentes fúteis de uma viagem cujo término que avista o deixa feliz.

Os extáticos são como os sonâmbulos: sua lucidez pode ser mais ou menos perfeita e seu próprio Espírito, conforme for mais ou menos elevado, estará também igualmente apto a conhecer e compreender as coisas. Há neles, algumas vezes, mais exaltação do que verdadeira lucidez ou, melhor dizendo, sua exaltação prejudica sua lucidez. É por isso que suas revelações são freqüentemente uma mistura de verdades e erros, de coisas sublimes e absurdas ou até mesmo ridículas. Os Espíritos inferiores se aproveitam, freqüentemente, dessa exaltação, que é sempre uma causa de fraqueza quando não se sabe reprimi-la, para dominar o extático, e se fazem passar aos seus olhos com *aparências* que o prendem às idéias e preconceitos que têm quando acordado. Isso representa uma dificuldade e um perigo, mas nem todos são assim; cabe a nós julgar friamente e pesar suas revelações na balança da razão.

A emancipação da alma se manifesta às vezes no estado de vigília e produz o fenômeno conhecido como *dupla vista* ou *segunda vista*, que dá àqueles que dela são dotados a faculdade de ver, ouvir e sentir *além dos limites de nossos sentidos*. Eles percebem coisas distantes em todas as partes onde a alma estenda sua ação; eles as vêem, por assim dizer, pela visão ordinária e por uma espécie de miragem.

No momento em que se produz o fenômeno da dupla vista, o estado físico do indivíduo é sensivelmente modificado; o olhar tem algo de vago: olha sem ver; a fisionomia toda reflete um ar de exaltação. Constata-se que os órgãos da vista ficam alheios ao processo porque a visão persiste, apesar dos olhos fechados.

Essa faculdade parece, para aqueles que dela desfrutam, tão natural como a de ver; é para eles uma propriedade normal do seu ser e não lhes parece excepcional. O esquecimento se segue em geral a essa lucidez passageira da qual a lembrança, cada vez mais vaga, acaba por desaparecer como a de um sonho.

O poder da *dupla vista* varia desde a sensação confusa até a percepção clara e nítida das coisas presentes ou ausentes. No estado rudimentar, dá a certas pessoas o tato, a perspicácia, uma espécie de certeza em seus atos que se pode chamar de *precisão do golpe de vista moral*.

Um pouco mais desenvolvida, desperta os pressentimentos; ainda mais desenvolvida, mostra os acontecimentos ocorridos ou em via de ocorrer.

O *sonambulismo* natural ou artificial, o *êxtase* e a *dupla vista* são apenas variedades ou modificações de uma mesma causa. Esses fenômenos, assim como os sonhos, estão na lei da natureza; eis por que existiram desde todos os tempos. A história nos mostra que foram conhecidos e até mesmo explorados desde a mais alta Antiguidade e neles está a explicação de diversos fatos que os preconceitos fizeram considerar sobrenaturais.

CAPÍTULO

9

INTERVENÇÃO DOS ESPÍRITOS NO MUNDO CORPORAL

Como os Espíritos podem penetrar nossos pensamentos – Influência oculta dos Espíritos sobre nossos pensamentos e nossas ações – Possessos – Convulsivos – Afeição dos Espíritos por certas pessoas – Anjos de guarda; Espíritos protetores, familiares ou simpáticos – Pressentimentos – Influência dos Espíritos sobre os acontecimentos da vida – Ação dos Espíritos sobre os fenômenos da natureza – Os Espíritos durante os combates – Pactos – Poder oculto. Talismãs. Feiticeiros – Bênção e maldição

COMO OS ESPÍRITOS PODEM PENETRAR NOSSOS PENSAMENTOS

456 Os Espíritos vêem tudo o que fazemos?
– Eles podem ver, porque vos rodeiam incessantemente. Cada um vê apenas as coisas sobre as quais dirige sua atenção. Não se preocupam com o que lhes é indiferente.

457 Os Espíritos podem conhecer nossos mais secretos pensamentos?
– Freqüentemente conhecem o que gostaríeis de esconder de vós mesmos. Nem atos, nem pensamentos lhes podem ser ocultados.

457 a Assim, é mais fácil esconder uma coisa de uma pessoa viva do que fazer isso a essa mesma pessoa após a morte?
– Certamente, e, quando acreditais estarem bem escondidos, tendes muitas vezes uma multidão de Espíritos ao vosso lado que vos observam.

458 O que pensam de nós os Espíritos que estão ao nosso redor e nos observam?
– Isso depende. Os Espíritos levianos riem dos pequenos aborrecimentos que vos causam e zombam de vossas impaciências. Os Espíritos sérios lamentam vossos defeitos e se empenham em vos ajudar.

INFLUÊNCIA OCULTA DOS ESPÍRITOS SOBRE NOSSOS PENSAMENTOS E NOSSAS AÇÕES

459 Os Espíritos influem sobre nossos pensamentos e ações?
– A esse respeito, sua influência é maior do que podeis imaginar. Muitas vezes são eles que vos dirigem.

460 Temos pensamentos próprios e outros que são sugeridos?

– Vossa alma é um Espírito que pensa; não ignorais que muitos pensamentos vos ocorrem às vezes ao mesmo tempo sobre um mesmo assunto e freqüentemente bastante contrários uns aos outros; pois bem, nesses pensamentos há sempre os vossos e os nossos. Isso vos coloca na incerteza, porque, então, tendes duas idéias que se combatem.

461 Como distinguir os pensamentos próprios daqueles que são sugeridos?

– Quando um pensamento é sugerido, é como uma voz falando. Os pensamentos próprios são em geral os do primeiro momento. Além de tudo, não há para vós um grande interesse nessa distinção e muitas vezes é útil não sabê-lo: o homem age mais livremente. Se decidir pelo bem, o faz voluntariamente; se tomar o mau caminho, há nisso apenas maior responsabilidade.

462 Os homens de inteligência e de gênio tiram suas idéias de sua natureza íntima?

– Algumas vezes as idéias vêm de seu próprio Espírito, mas freqüentemente são sugeridas por outros Espíritos que os julgam capazes de compreendê-las e dignos de transmiti-las. Quando não as encontram em si, apelam à inspiração. Fazem, assim, uma evocação sem o suspeitar.

✦ *Se nos fosse útil distinguir claramente nossos próprios pensamentos dos que nos são sugeridos, Deus nos teria dado o meio de o fazer, como nos deu o de distinguir o dia da noite. Quando uma coisa é vaga, é porque convém que assim seja.*

463 Diz-se, a respeito do pensamento, que o primeiro impulso é sempre bom; isso é exato?

– Pode ser bom ou mau, de acordo com a natureza do Espírito encarnado que o recebe. É sempre bom para aquele que ouve as boas inspirações.

464 Como distinguir se um pensamento sugerido vem de um bom ou de um mau Espírito?

– Estudai o caso. Os bons Espíritos apenas aconselham o bem; cabe a vós fazer a distinção.

465 Com que objetivo os Espíritos imperfeitos nos conduzem ao mal?

– Para vos fazer sofrer como eles.

465 a Isso diminui seus sofrimentos?

– Não, mas fazem isso por inveja, por saber que há seres mais felizes.

465 b Que natureza de sofrimentos querem impor aos outros?

– Os mesmos que sentem os Espíritos inferiores afastados de Deus.

Capítulo 9 – Intervenção dos Espíritos no Mundo Corporal

466 Por que Deus permite que Espíritos nos excitem ao mal?
– Os Espíritos imperfeitos são instrumentos que servem para pôr à prova a fé e a constância dos homens na prática do bem. Vós, como Espíritos, deveis progredir na ciência do infinito, e por isso passais pelas provas do mal para atingir o bem. Nossa missão é vos colocar no bom caminho e, quando as más influências agem sobre vós, é que as atraístes pelo desejo do mal, porque os Espíritos inferiores vêm vos auxiliar no mal, quando tendes a vontade de praticá-lo; eles não podem vos ajudar no mal senão quando quereis o mal.
Se sois inclinados ao homicídio, pois bem! Tereis uma multidão de Espíritos que alimentarão esse pensamento em vós. Mas tereis também outros Espíritos que se empenharão para vos influenciar ao bem, o que faz restabelecer o equilíbrio e vos deixa o comando dos vossos atos.

✦ *É assim que Deus deixa à nossa consciência a escolha do caminho que devemos seguir e a liberdade de ceder a uma ou outra das influências contrárias que se exercem sobre nós.*

467 Pode o homem se libertar da influência dos Espíritos que procuram arrastá-lo ao mal?
– Sim, porque apenas se ligam àqueles que os solicitam por seus desejos ou os atraem pelos seus pensamentos.

468 Os Espíritos cuja influência é repelida pela vontade do homem renunciam às suas tentativas?
– O que quereis que façam? Quando não há nada a fazer, desistem da tentativa; entretanto, aguardam o momento favorável, como o gato espreita o rato.

469 Como se pode neutralizar a influência dos maus Espíritos?
– Fazendo o bem e colocando toda a confiança em Deus, repelis a influência dos Espíritos inferiores e anulais o domínio que querem ter sobre vós. Evitai escutar as sugestões dos Espíritos que vos inspiram maus pensamentos, sopram a discórdia e excitam todas as más paixões. Desconfiai, especialmente, daqueles que exaltam o vosso orgulho, porque vos conquistam pela fraqueza. Eis por que Jesus nos ensinou a dizer na oração dominical: "Senhor, não nos deixeis cair em tentação, mas livrai-nos do mal!"

470 Os Espíritos que procuram nos induzir ao mal e colocam assim à prova nossa firmeza no bem receberam a missão de fazê-lo? E se é uma missão, têm responsabilidade por isso?
– Nenhum Espírito recebe a missão de fazer o mal. Quando o faz, é de sua própria vontade e sofre as conseqüências. Deus pode deixá-lo fazer isso para vos pôr à prova, mas não ordena que o faça, e cabe a vós rejeitá-lo.

471 Quando experimentamos um sentimento de angústia, de ansiedade indefinível ou de satisfação interior sem causa conhecida, isso decorre unicamente de uma disposição física?

– São quase sempre, de fato, comunicações que tendes inconscientemente com os Espíritos, ou que tivestes com eles durante o sono.

472 Os Espíritos que querem nos induzir ao mal apenas se aproveitam das circunstâncias ou podem também criá-las?

– Aproveitam as circunstâncias, mas freqüentemente as provocam, oferecendo-vos ou levando-vos inconscientemente ao objeto de vossa cobiça. Assim, por exemplo, um homem encontra no caminho uma quantia de dinheiro; não acrediteis que os Espíritos levaram o dinheiro para esse lugar, mas podem dar ao homem o pensamento de se dirigir a esse ponto e, então, sugerir o pensamento de se apoderar dele, enquanto outros lhe sugerem o de restituir o dinheiro a quem pertence. O mesmo acontece com todas as outras tentações.

POSSESSOS

473 Um Espírito pode momentaneamente entrar no corpo de uma pessoa viva, isto é, se introduzir num corpo animado e agir no lugar daquele que está encarnado?

– O Espírito não entra num corpo como entrais numa casa. Ele se identifica com um Espírito encarnado que tem os mesmos defeitos e as mesmas qualidades para agir conjuntamente; mas é sempre o Espírito encarnado que age como quer, sobre a matéria em que está. Um Espírito não pode substituir o que está encarnado, porque o Espírito e o corpo estão ligados até o tempo marcado para o fim da existência material.

474 Se não há possessão propriamente dita, ou seja, coabitação de dois Espíritos num mesmo corpo, a alma pode se encontrar na dependência de outro Espírito, de maneira a estar por ele *subjugada* ou *obsediada*, a ponto de sua vontade ficar, de algum modo, paralisada?

– Sim, e esses são os verdadeiros possessos. Mas é preciso entender que essa dominação nunca ocorre sem a participação daquele que a sofre, *seja por sua fraqueza*, seja *por seu desejo*. Têm-se tomado freqüentemente por possessos os epilépticos ou os loucos, que têm mais necessidade de médico do que de exorcismo.

✦ *A palavra possesso, na sua significação comum, supõe a existência de demônios, ou seja, de uma categoria de seres de natureza má, e a coabitação de um desses seres com a alma no corpo de um indivíduo. Uma vez que não existem demônios nesse sentido e que dois Espíritos não podem habitar simultaneamente o mesmo corpo, não existem possessos*

Capítulo 9 – Intervenção dos Espíritos no Mundo Corporal

de acordo com a significação dada a essa palavra. A palavra possesso deve ser entendida como sendo a dependência absoluta em que a alma pode se encontrar em relação a Espíritos imperfeitos exercendo sobre ela o seu domínio.

475 Pode-se por si mesmo afastar os maus Espíritos e se libertar de sua dominação?
– Sempre se pode libertar de um domínio quando se tem vontade firme.

476 Poderá acontecer que a fascinação exercida pelo mau Espírito seja tal que a pessoa subjugada não se aperceba disso? Então, uma terceira pessoa pode fazer cessar essa influência e, nesse caso, que condições ela deve ter?
– Se é um homem de bem, sua vontade pode ajudar ao pedir a cooperação dos bons Espíritos, porque quanto mais se é um *homem de bem*, mais se tem poder sobre os Espíritos imperfeitos para afastá-los e sobre os bons Espíritos para atraí-los. Entretanto, resultará inútil qualquer tentativa se aquele que está *subjugado* não consentir nisso. Há pessoas que gostam de sentir uma dependência que satisfaça seus gostos e seus desejos. Em qualquer caso, aquele cujo coração não é puro não pode fazer nada; os bons Espíritos o desprezam e os maus não o temem.

477 As fórmulas de exorcismo têm alguma eficácia sobre os maus Espíritos?
– Não; quando esses Espíritos vêem alguém levá-las a sério, riem e se tornam birrentos, teimosos.

478 Existem pessoas que, embora tenham boas intenções, não são menos obsediadas; qual o melhor meio de se livrar dos Espíritos obsessores?
– Cansar sua paciência, não ligar para suas sugestões, mostrar-lhes que perdem seu tempo; então, quando vêem que nada mais têm a fazer, se afastam.

479 A prece é um meio eficaz para curar a obsessão?
– A prece é em tudo um poderoso auxílio. Mas, acreditai, não basta murmurar algumas palavras para obter o que se deseja. Deus assiste aqueles que agem e não aqueles que se limitam a pedir. É preciso que o obsediado faça, por seu lado, o necessário para destruir em si mesmo a causa que atrai os maus Espíritos.

480 O que pensar da expulsão dos demônios de que fala o Evangelho?
– Isso depende da interpretação. Se chamais de *demônio* um Espírito mau que subjuga um indivíduo, quando sua influência for destruída terá sido verdadeiramente expulso. Se atribuís a causa de uma doença

ao demônio, quando curardes a doença também direis que expulsastes o demônio. Uma coisa pode ser verdadeira ou falsa de acordo com o sentido que se der às palavras. As maiores verdades podem parecer absurdas quando se olha apenas a forma e se toma a alegoria pela realidade. Compreendei bem isso e guardai-o: é de aplicação geral.

CONVULSIVOS[1]

481 Os Espíritos exercem alguma atuação nos fenômenos que se produzem nos indivíduos chamados convulsivos?

– Sim, e muito grande, bem como o magnetismo, que é a causa desses fenômenos. Porém, o charlatanismo tem freqüentemente explorado e exagerado seus efeitos, o que os faz cair no ridículo.

481 a De que natureza são, em geral, os Espíritos que provocam esses fenômenos?

– Pouco elevada. Julgais que Espíritos superiores se ocupem com coisas dessa natureza?

482 Como o estado anormal dos convulsivos e dos que têm crises nervosas pode se estender subitamente a toda uma população?

– Por afinidade. As disposições morais se comunicam muito facilmente em certos casos; não estais tão alheios aos efeitos magnéticos para não compreenderdes isso e a parte que alguns Espíritos devem nele tomar, por simpatia, com aqueles que os provocam.

✦ *Entre as faculdades especiais que se notam entre os convulsivos reconhecem-se sem dificuldade as que no sonambulismo e magnetismo oferecem numerosos exemplos: são, entre outras, a insensibilidade física, a leitura do pensamento, a transmissão, por simpatia ou afinidade, das dores etc. Não se pode duvidar que os que sofrem de crises não estejam num estado de sonambulismo acordado, provocado pela influência que exercem uns sobre os outros. São ao mesmo tempo magnetizadores e magnetizados sem o saberem.*

483 Qual a causa da insensibilidade física que se nota em certos convulsivos ou em certos indivíduos submetidos a torturas cruéis?

– Em alguns, é um efeito exclusivamente magnético que age sobre o sistema nervoso, semelhante à ação de certas substâncias. Em outros, a exaltação do pensamento enfraquece a sensibilidade, porque a vida parece retirar-se do corpo para se transportar ao Espírito. Não sabeis que, quando o Espírito está fortemente preocupado com uma coisa, o corpo não sente, não vê e não ouve nada?

---

1 - **Convulsivo:** a convulsão se caracteriza pela contração repentina e continuada dos músculos, com dores. Os que as sofrem podem perder momentaneamente a noção das coisas. É conhecida pelo nome de espasmo (N. E.).

CAPÍTULO 9 – INTERVENÇÃO DOS ESPÍRITOS NO MUNDO CORPORAL

✦ *A exaltação fanática e o entusiasmo oferecem, freqüentemente, nos casos de suplícios, o exemplo de calma e sangue-frio que não triunfariam sobre uma dor aguda se não se admitisse que a sensibilidade se encontra neutralizada por uma espécie de efeito anestésico. Sabe-se que no calor do combate a pessoa não se apercebe, freqüentemente, de um ferimento grave, enquanto em circunstâncias comuns um simples arranhão a faz estremecer.*

Visto que esses fenômenos dependem de uma causa física e da ação de certos Espíritos, podemos perguntar como, em muitos casos, atenderam a uma ordem e cessaram. A razão disso é simples. A ação dos Espíritos nesses casos é apenas secundária; somente se aproveitam de uma disposição natural. O fato de obedecer à autoridade de uma ordem dada não lhes suprimiu essa disposição, mas a causa que a mantinha e exaltava; de ativa, passou a latente, e teve razão para agir assim, porque o fato resultava em abuso e escândalo. Sabe-se, de resto, que essa intervenção não tem nenhum poder quando a ação dos Espíritos é direta e espontânea.

AFEIÇÃO DOS ESPÍRITOS POR CERTAS PESSOAS

484 Os Espíritos se afeiçoam de preferência a certas pessoas?

– Os bons Espíritos simpatizam com os homens de bem ou passíveis de se melhorarem. Os Espíritos inferiores, com os homens viciosos ou que possam vir a sê-lo; daí sua afeição por causa da semelhança dos sentimentos.

485 A afeição dos Espíritos por algumas pessoas é exclusivamente moral?

– A afeição verdadeira não tem nada de carnal; mas, quando um Espírito se liga a uma pessoa, nem sempre é só por afeição, pode haver lembranças das paixões humanas.

486 Os Espíritos se interessam por nossa infelicidade e nossa prosperidade? Aqueles que nos querem bem se afligem com os males que passamos na vida?

– Os bons Espíritos fazem o bem tanto quanto lhes é possível e ficam felizes com todas as vossas alegrias. Afligem-se com os vossos males quando não os suportais com resignação, porque nenhum resultado benéfico trazem para vós; sois, então, como o doente que rejeita o remédio amargo que deve curá-lo.

487 De que mal os Espíritos se afligem mais por nós: o físico ou o moral?

– Do vosso egoísmo e dureza de coração: daí deriva tudo. Eles se riem de todos esses males imaginários que nascem do orgulho e da ambição e se alegram com aqueles que servem para abreviar vosso tempo de prova.

✦ *Os Espíritos, sabendo que a nossa vida corporal é apenas transitória e que angústias são meios de chegar a um estado melhor, afligem-se mais pelas causas morais que nos distanciam deles do que pelas físicas, que são apenas passageiras.*

Os Espíritos não se prendem muito às infelicidades que afetam apenas nossas idéias mundanas, assim como fazemos com os desgostos infantis das crianças.

Os Espíritos que vêem nas aflições da vida um meio de adiantamento para nós as consideram como a crise momentânea que deve salvar o doente. Compadecem-se com os nossos sofrimentos como nos compadecemos com os de um amigo. Mas, vendo as coisas como vêem, de um ponto de vista mais justo, apreciam-nas de outro modo, e enquanto os bons estimulam nossa coragem no interesse de nosso futuro, os maus nos incitam ao desespero com o propósito de nos comprometer.

488 Os parentes e amigos, que nos precederam na vida espiritual, têm por nós mais simpatia do que os Espíritos estranhos?

– Sem dúvida, e muitas vezes vos protegem como Espíritos, conforme tenham poder para tanto.

488 a São sensíveis à afeição que nós lhes devotamos?

– Muito sensíveis, mas esquecem aqueles que os esquecem.

ANJOS DE GUARDA; ESPÍRITOS PROTETORES, FAMILIARES OU SIMPÁTICOS

489 Há Espíritos que se ligam a um indivíduo em particular para protegê-lo?

– Sim, o *irmão espiritual*; é o que chamais de *bom Espírito* ou *bom gênio*.

490 O que se deve entender por anjo de guarda?

– O Espírito protetor de uma ordem elevada.

491 Qual é a missão do Espírito protetor?

– A de um pai para com seus filhos: conduzir seu protegido ao bom caminho, ajudá-lo com seus conselhos, consolá-lo em suas aflições, sustentar sua coragem nas provas da vida.

492 O Espírito protetor é ligado ao indivíduo desde seu nascimento?

– Desde o nascimento até a morte e, muitas vezes, o segue após a morte na vida espiritual, e mesmo em muitas existências corporais, porque essas existências são somente fases bem curtas em relação à vida do Espírito.

493 A missão do Espírito protetor é voluntária ou obrigatória?
– O Espírito é obrigado a velar por vós, se aceitou essa tarefa. Mas escolhe os seres que lhes são simpáticos. Para uns é um prazer; para outros, uma missão ou um dever.

493 a Ao se ligar a uma pessoa o Espírito renuncia a proteger outros indivíduos?
– Não, mas não faz só isso, exclusivamente.

494 O Espírito protetor está inevitavelmente ligado à criatura confiada à sua guarda?
– Pode ocorrer que alguns Espíritos tenham que deixar sua posição para realizar diversas missões, mas nesse caso são substituídos.

495 O Espírito protetor abandona algumas vezes seu protegido quando este é rebelde aos seus conselhos?
– Ele se afasta quando vê que seus conselhos são inúteis e a vontade de aceitar a influência dos Espíritos inferiores é mais forte no seu protegido. Mas não o abandona completamente e sempre se faz ouvir; é, porém, o homem quem fecha os ouvidos. O protetor volta logo que seja chamado.

É uma doutrina que deveria converter os mais incrédulos por seu encanto e por sua doçura: a dos anjos de guarda. Pensar que se tem sempre perto de si seres superiores, sempre prontos para aconselhar, sustentar, ajudar a escalar a áspera montanha do bem, que são amigos mais seguros e devotados que as mais íntimas ligações que se possa ter na Terra, não é uma idéia bem consoladora? Esses seres estão ao vosso lado por ordem de Deus, que por amor os colocou perto de vós, cumprindo uma bela, embora difícil, missão. Sim, em qualquer lugar onde estiverdes estarão convosco: nas prisões, nos hospitais, nos lugares de devassidão, na solidão, nada vos separa desses amigos que não podeis ver, mas de quem vossa alma sente os mais doces estímulos e ouve os sábios conselhos.

Deveríeis conhecer melhor essa verdade! Quantas vezes vos ajudaria nos momentos de crise; quantas vezes vos salvaria dos maus Espíritos! Mas no dia decisivo, esse anjo do bem terá que vos dizer: "Não te disse isso? E tu não o fizeste. Não te mostrei o abismo? E tu aí te precipitaste. Não te fiz ouvir na tua consciência a voz da verdade? E não seguiste os conselhos da mentira?" Ah! Interrogai os vossos anjos de guarda; estabelecei entre eles e vós essa ternura íntima que reina entre os melhores amigos. Não penseis em lhes esconder nada, porque eles são os olhos de Deus e não podeis enganá-los. Sonhai com o futuro. Procurai avançar nessa vida e vossas provas serão mais curtas; vossas existências, mais felizes. Vamos, homens de coragem! Atirai para longe de vós de uma vez por todas os preconceitos e idéias retrógradas. Entrai no novo caminho que se abre diante de vós. Marchai! Marchai! Tendes guias, segui-os: o objetivo não pode vos faltar, porque esse objetivo é o próprio Deus.

Aos que pensam que é impossível para os Espíritos verdadeiramente elevados se sujeitarem a uma tarefa tão árdua e de todos os instantes, diremos que influenciamos vossas almas estando a milhões e milhões de quilômetros. Para nós o espaço não é nada e, embora vivendo em outro mundo, nossos Espíritos conservam sua ligação com o vosso. Nós podemos usar de faculdades que não podeis compreender, mas ficais certos de que Deus não nos impôs uma tarefa acima de nossas forças e não vos abandonou sozinhos na Terra sem amigos e sem apoio. Cada anjo de guarda tem seu protegido por quem vela, como um pai vela pelo seu filho. Fica feliz quando o vê no bom caminho; fica triste quando seus conselhos são desprezados.

Não temais nos cansar com vossas questões. Ao contrário, procurai estar sempre em relação conosco: sereis mais fortes e felizes. São essas comunicações de cada homem com seu Espírito familiar que fazem de todos os homens médiuns, médiuns ignorados hoje, mas que se manifestarão mais tarde e que se espalharão como um oceano sem limites para repelir a incredulidade e a ignorância. Homens instruídos, instruí os vossos irmãos; homens de talento, elevai vossos irmãos. Não sabeis que obra cumprireis assim: é a do Cristo, a que Deus vos conferiu. Por que Deus vos deu a inteligência e a ciência, senão para as repartir com vossos irmãos, para fazê-los adiantarem-se no caminho da alegria e da felicidade eterna?

São Luís, Santo Agostinho

✦ *A doutrina dos anjos de guarda, velando sobre seus protegidos apesar da distância que separa os mundos, não tem nada que deva surpreender; é, ao contrário, grande e sublime. Não vemos na Terra um pai velar pelo seu filho, embora esteja afastado dele, ajudá-lo com seus conselhos por correspondência? O que haveria, então, de espantoso em que os Espíritos pudessem guiar aqueles que tomam sob sua proteção, de um mundo a outro, uma vez que para eles a distância que separa os mundos é menor do que aquela que, na Terra, separa os continentes? Eles não dispõem, por outro lado, do fluido universal, que liga todos os mundos e os torna solidários, veículo magnífico da transmissão dos pensamentos, como o ar é, para nós, o veículo da transmissão do som?*

496 O Espírito que abandona seu protegido, não lhe fazendo mais o bem, pode lhe fazer o mal?

– Os bons Espíritos nunca fazem o mal; deixam que o façam os que tomam o seu lugar. Acusais, então, a sorte pelas infelicidades que vos acontecem, quando a culpa é vossa.

Capítulo 9 – Intervenção dos Espíritos no Mundo Corporal

497 O Espírito protetor pode deixar seu protegido sob a dependência de um Espírito que poderia lhe querer o mal?
– Os maus Espíritos se unem para neutralizar a ação dos bons. Se o protegido quiser, receberá toda a força de seu bom Espírito. O bom Espírito encontra, em algum lugar, uma boa vontade para ajudar; aproveita-se disso enquanto espera retornar para junto do seu protegido.

498 Quando o Espírito protetor deixa seu protegido se transviar no caminho, é por sua incapacidade na luta contra outros Espíritos maldosos?
– Não. Não é porque ele não possa impedir, mas porque não quer. Isso faz seu protegido sair das provas mais perfeito e instruído; ele o assiste com seus conselhos, pelos bons pensamentos que lhe sugere, mas, infelizmente, nem sempre são escutados. Somente a fraqueza, a negligência ou orgulho do homem é que dão força aos maus Espíritos; o poder que têm sobre vós resulta de não lhes fazer resistência.

499 O Espírito protetor está constantemente com seu protegido? Não há nenhuma circunstância em que, sem abandoná-lo, o perca de vista?
– Há circunstâncias em que a presença do Espírito protetor não é necessária junto de seu protegido.

500 Chega um momento em que o Espírito não tem mais necessidade de um anjo de guarda?
– Sim, quando atingiu um grau de poder conduzir-se a si mesmo, como chega o momento para o estudante em que não tem mais necessidade do mestre; mas isso não sucederá para vós aqui na Terra.

501 Por que a ação dos Espíritos sobre nossa existência é oculta e por que, quando nos protegem, não o fazem de um maneira ostensiva?
– Se contásseis com o seu apoio, não agiríeis por vós mesmos, e vosso Espírito não progrediria. Para progredir, vos é preciso experiência e, muitas vezes, é preciso adquiri-la à própria custa. É preciso que exerça suas forças; sem isso seria como uma criança a quem não se deixa caminhar sozinha. A ação dos Espíritos que vos querem bem é sempre regida de maneira a não impedir o vosso livre-arbítrio, visto que, se não tiverdes responsabilidade, não avançareis no caminho que deve conduzir a Deus. O homem, não vendo quem o ampara, confia em suas próprias forças; seu guia, entretanto, vela sobre ele e, de tempos em tempos, o adverte do perigo.

502 O Espírito protetor que consegue conduzir seu protegido no bom caminho tem alguma recompensa?
– É um mérito que lhe é levado em conta para seu próprio adiantamento ou para sua felicidade. É feliz quando vê seus esforços coroados de sucesso; triunfa como um mestre triunfa com o sucesso de seu discípulo.

502 a Ele é responsável se não tiver êxito?
– Não, uma vez que fez o que dependia dele.

503 O Espírito protetor sofre quando vê seu protegido seguir o mau caminho, apesar de seus conselhos? Isso não é para ele uma causa de perturbação para sua felicidade?
– Ele sofre com esses erros e o lastima; mas essa aflição não tem as angústias da paternidade terrestre, porque sabe que há remédio para o mal, e o que não é feito hoje se fará amanhã.

504 Podemos sempre saber o nome do nosso Espírito protetor ou anjo de guarda?
– Como quereis saber nomes que não existem para vós? Acreditais que haverá entre os Espíritos somente aqueles que conhecestes?

504 a Como, então, invocá-lo se não o conhecemos?
– Dai-lhe o nome que quiserdes, de um Espírito Superior pelo qual tendes simpatia ou veneração; vosso Espírito protetor atenderá ao chamado; todos os bons Espíritos são irmãos e se assistem entre si.

505 Os Espíritos protetores que tomam nomes conhecidos são sempre, realmente, os das pessoas que usaram esses nomes?
– Não, mas dos Espíritos que lhes são simpáticos e que muitas vezes vêm a seu chamado. Fazeis questão de nomes, então, tomam um que inspire confiança. Quando não podeis realizar uma missão pessoalmente, costumais mandar alguém de confiança em vosso nome.

506 Quando estivermos na vida espírita reconheceremos nosso Espírito protetor?
– Sim. Muitas vezes já o conhecíeis antes da vossa encarnação.

507 Os Espíritos protetores pertencem todos à classe dos Espíritos Superiores? Pode-se encontrar entre os de classe intermediária? Um pai, por exemplo, pode tornar-se protetor de seu filho?
– Pode. Mas a proteção supõe um certo grau de elevação e um poder ou uma virtude concedidos por Deus. O pai que protege seu filho pode, por sua vez, ser assistido por um Espírito mais elevado.

508 Os Espíritos que deixaram a Terra em boas condições podem sempre proteger os que amam e que lhes sobrevivem?
– Seu poder é mais ou menos restrito; a posição em que se encontram não lhes dá toda a liberdade de ação.

509 Os homens no estado selvagem ou de inferioridade moral têm igualmente seus Espíritos protetores? E, nesse caso, esses Espíritos são de ordem tão elevada quanto a dos protetores dos homens mais avançados?

CAPÍTULO 9 – INTERVENÇÃO DOS ESPÍRITOS NO MUNDO CORPORAL

– Cada homem tem um Espírito que vela por ele, mas as missões são relativas ao seu objetivo. Não dareis a uma criança que começa a aprender a ler um professor de filosofia. O progresso do Espírito familiar segue de perto o do Espírito protegido. Tendo vós mesmos um Espírito Superior que vela por vós, podeis, também, tornar-vos protetor de um Espírito inferior, e os progressos que o ajudardes a fazer contribuirão para o vosso adiantamento. Deus não pede ao Espírito mais do que sua natureza comporta e o grau de elevação a que alcançou.

510 Quando o pai que vela por um filho reencarna, continua a velar por ele?

– É mais difícil que isso aconteça. Mas, de certa maneira, continua, ao pedir, num momento de desprendimento, a um Espírito simpático que o assista nessa missão. Aliás, os Espíritos apenas aceitam missões que podem cumprir até o fim.

O Espírito encarnado, principalmente nos mundos em que a existência é material, está muito submetido ao seu corpo para poder ser inteiramente devotado a um outro Espírito e poder assisti-lo pessoalmente. Eis por que aqueles que não são suficientemente elevados são assistidos por Espíritos Superiores, de tal modo que, se um falta por uma causa qualquer, é substituído por outro.

511 Além do Espírito protetor, haverá também um mau Espírito ligado a cada indivíduo com o fim de o expor ao mal e lhe fornecer ocasião de lutar entre o bem e o mal?

– Ligado não é bem a palavra. É bem verdade que os maus Espíritos procuram desviá-lo do bom caminho quando encontram ocasião; mas quando um deles se liga a um indivíduo, o faz por si mesmo, porque espera ser escutado. Desse modo, há a luta entre o bom e o mau e vence aquele por quem o homem se deixa influenciar.

512 Podemos ter muitos Espíritos protetores?

– Cada homem sempre tem Espíritos simpáticos, mais ou menos elevados, que lhe dedicam afeição e se interessam por ele, como igualmente tem os que o assistem no mal.

513 Os Espíritos que nos são simpáticos agem em cumprimento de uma missão?

– Algumas vezes, podem ter uma missão temporária, mas quase sempre são atraídos pela semelhança de pensamentos e de sentimentos, tanto para o bem quanto para o mal.

513 a Parece resultar disso que os Espíritos simpáticos podem ser bons ou maus?

– Sim, o homem encontra sempre Espíritos que simpatizam com ele, qualquer que seja o seu caráter.

514 Os Espíritos familiares são os mesmos Espíritos simpáticos ou protetores?
– Há muitas gradações na proteção e na simpatia; dai-lhes os nomes que quiserdes. O Espírito familiar é antes o amigo da casa.

✦ *Das explicações acima e das observações feitas sobre a natureza dos Espíritos que se ligam ao homem pode-se deduzir o seguinte:*
O Espírito protetor, anjo de guarda ou bom gênio tem por missão seguir o homem na vida e ajudá-lo a progredir. É sempre de natureza superior à do protegido.

Os Espíritos familiares se ligam a certas pessoas por laços mais ou menos duráveis, para ajudá-las conforme seu poder, muitas vezes limitado. São bons, mas, às vezes, pouco avançados e mesmo um pouco levianos; ocupam-se voluntariamente dos detalhes da vida íntima e somente agem por ordem ou com permissão dos Espíritos protetores.

Os Espíritos simpáticos se ligam a nós por afeições particulares e certa semelhança de gostos e de sentimentos tanto para o bem quanto para o mal. A duração de suas relações é quase sempre subordinada às circunstâncias.

O mau gênio é um Espírito imperfeito ou perverso que se liga ao homem para desviá-lo do bem, mas age por sua própria iniciativa e não no cumprimento de uma missão. A constância da sua ação está em razão do acesso mais ou menos fácil que encontra. O homem tem a liberdade para escutar-lhe a voz ou rejeitá-la.

515 O que pensar dessas pessoas que parecem se ligar a certos indivíduos para os levar fatalmente à perdição ou para guiá-los no bom caminho?
– Algumas pessoas exercem, de fato, sobre outras uma espécie de fascinação que parece irresistível. Quando isso acontece para o mal, são maus Espíritos que se servem de outros igualmente maus para melhor poderem subjugar. A Providência permite que isso ocorra para vos por à prova.

516 Nosso bom e mau gênio poderiam encarnar para nos acompanhar na vida de uma maneira mais direta?
– Isso pode acontecer. Porém, freqüentemente encarregam dessa missão outros Espíritos encarnados que lhes são simpáticos.

517 Há Espíritos que se ligam a toda uma família para protegê-la? ✒
– Alguns Espíritos se ligam aos membros de uma família em conjunto e que são unidos pela afeição, mas não acrediteis em Espíritos protetores do orgulho das raças.

✒ - Consulte Nota Explicativa no final do livro (N. E.).

518 Os Espíritos que são atraídos para os indivíduos pela sua simpatia também o são para as reuniões de indivíduos em razão de causas particulares?

– Os Espíritos vão de preferência onde estão seus semelhantes; lá estão mais à vontade e mais certos de serem escutados. O homem atrai os Espíritos em razão de suas tendências, quer esteja só ou formando uma coletividade, como uma sociedade, uma cidade ou um povo. Há, portanto, sociedades, cidades e povos que são assistidos por Espíritos mais ou menos elevados, segundo o caráter e as paixões que os dominam. Os Espíritos imperfeitos se afastam daqueles que os repelem; resulta disso que o aperfeiçoamento moral de todas as coletividades, como o dos indivíduos, tende a afastar os maus Espíritos e atrair os bons, que estimulam e mantêm o sentimento do bem nas massas, como outros podem estimular as paixões grosseiras.

519 As aglomerações de indivíduos, como as sociedades, as cidades, as nações, têm seus Espíritos protetores especiais?

– Sim, porque são de individualidades coletivas que marcham com um objetivo comum e têm necessidade de uma direção superior.

520 Os Espíritos protetores das massas são de natureza mais elevada do que os que se ligam aos indivíduos?

– Tudo é relativo ao grau de adiantamento tanto das massas como dos indivíduos.

521 Certos Espíritos podem ajudar no progresso das artes ao proteger aqueles que se ocupam delas?

– Há Espíritos protetores especiais que assistem aos que os invocam quando os julgam dignos. Porém, não deveis acreditar que consigam fazer com que os indivíduos sejam aquilo que não são. Eles não fazem os cegos enxergarem, nem os surdos ouvirem.

✦ *Os antigos fizeram desses Espíritos divindades especiais. As Musas eram a personificação alegórica dos Espíritos protetores das ciências e das artes, como designavam sob o nome de Lares e Penates[2] os Espíritos protetores da família. Modernamente, também, as artes, as diferentes indústrias, as cidades, os continentes têm seus patronos protetores, Espíritos Superiores, mas sob outros nomes.*

Cada homem tem Espíritos que lhe são simpáticos, e resulta disso que, em todas as coletividades, a generalidade dos Espíritos simpáticos está em relação com a generalidade dos indivíduos; que os Espíritos de costumes e procedimentos estranhos são atraídos para essas coletividades pela identidade dos gostos e dos pensamentos; em uma palavra, que

---

2 - **Lares e Penates:** deuses domésticos entre os romanos e pagãos (N. E.).

essas multidões de pessoas, assim como os indivíduos, são mais ou menos bem assistidos e influenciados conforme a natureza dos pensamentos dos que os compõem.

Entre os povos, as causas de atração dos Espíritos são os costumes, os hábitos, o caráter dominante e principalmente as leis, porque o caráter de uma nação se reflete em suas leis. Os homens que fazem reinar a justiça entre si combatem a influência dos maus Espíritos. Em toda parte onde as leis consagram injustiças, contrárias à humanidade, os bons Espíritos estão em minoria e a massa dos maus se reúne e mantém a nação sob o domínio das suas idéias e paralisa as boas influências parciais que ficam perdidas na multidão, como uma espiga isolada no meio dos espinheiros. Ao estudar os costumes dos povos ou de qualquer reunião de homens, é fácil, portanto, fazer uma idéia da população oculta que se infiltra em seus pensamentos e em suas ações.

PRESSENTIMENTOS

522 O pressentimento é sempre um aviso do Espírito protetor?

– É o conselho íntimo e oculto de um Espírito que vos quer bem. Está também na intuição da escolha que se fez; é a voz do instinto. O Espírito, antes de encarnar, tem conhecimento das principais fases de sua existência, do gênero de provas por que terá de passar; quando estas têm um caráter marcante, conserva uma espécie de impressão em seu íntimo e essa impressão é a voz do instinto, que se revela quando o momento se aproxima como um pressentimento.

523 Os pressentimentos e a voz do instinto têm sempre alguma coisa de vago. Que devemos fazer quando ficamos na incerteza?

– Quando vos achardes na incerteza, na dúvida, invocai vosso Espírito protetor ou orai ao senhor de todos, a Deus, que enviará um de seus mensageiros, um de nós.

524 Os conselhos de nossos Espíritos protetores têm por objetivo unicamente a nossa conduta moral ou também o modo de proceder nas coisas da vida particular?

– Objetivam a tudo. Eles procuram vos fazer viver o melhor possível; porém, muitas vezes, fechais os ouvidos aos seus bons conselhos e sois infelizes por vossas faltas.

✦ Os Espíritos protetores nos ajudam com seus conselhos pela voz da consciência que fazem falar em nós; mas como nem sempre damos a isso a importância necessária, eles nos dão outros de maneira mais direta, servindo-se das pessoas que nos rodeiam. Que cada um examine as diversas circunstâncias felizes ou infelizes de sua vida e verá que em *muitas ocasiões recebeu conselhos que nem sempre aceitou e que teriam poupado muitos desgostos se os houvesse escutado.*

INFLUÊNCIA DOS ESPÍRITOS SOBRE OS ACONTECIMENTOS DA VIDA

525 Os Espíritos exercem alguma influência sobre os acontecimentos da vida?
– Certamente, uma vez que vos aconselham.

525 a Eles exercem essa influência de outro modo, além dos pensamentos que sugerem, ou seja, têm uma ação direta sobre a realização das coisas?
– Sim, mas nunca agem fora das leis da natureza.

✦ *Imaginamos erroneamente que a ação dos Espíritos deve se manifestar somente por fenômenos extraordinários. Desejaríamos que nos viessem ajudar por milagres e nós os representamos sempre armados de uma varinha mágica. Mas não é assim; e porque sua intervenção nos é oculta, o que fazemos, embora com a sua cooperação, nos parece muito natural. Assim, por exemplo, provocarão a reunião de duas pessoas que parecerão se reencontrar por acaso; inspirarão a alguém o pensamento de passar por determinado lugar; chamarão sua atenção sobre um certo ponto, se isso deve causar o resultado que tenham em vista obter, de tal modo que o homem, acreditando seguir somente um impulso próprio, conserva sempre seu livre-arbítrio.*

526 Os Espíritos, tendo ação sobre a matéria, podem provocar alguns efeitos para realizar um acontecimento? Por exemplo, um homem deve morrer: ele sobe uma escada de madeira, a escada se quebra e o homem morre; são os Espíritos que fazem quebrar a escada para realizar o destino desse homem?
– É certo que os Espíritos têm ação sobre a matéria, mas para a realização das leis da natureza e não para as anular ao fazer surgir num certo momento um acontecimento inesperado e contrário a essas leis. No exemplo apresentado, a escada se quebra porque estava gasta e fraca ou não era suficientemente forte para suportar o peso do homem. Se por expiação esse homem tivesse que morrer assim, os Espíritos lhe inspirariam o pensamento de subir nessa escada, que, por ser velha, se quebraria com seu peso, e sua morte teria lugar por efeito natural, sem que fosse necessário fazer um milagre, isto é, anulando uma lei natural de fazer quebrar uma escada boa e forte.

527 Tomemos um outro exemplo em que o estado natural da matéria não seja importante. Um homem deve morrer fulminado por um raio; ele se refugia sob uma árvore, o raio brilha, explode e o mata. Os Espíritos puderam provocar o raio e dirigi-lo até ele?

– É ainda a mesma coisa. O raio atingiu a árvore nesse momento porque estava nas leis da natureza que fosse assim; não foi dirigido para a árvore porque o homem estava debaixo dela. Ao homem, sim, foi inspirado o pensamento de se refugiar debaixo da árvore em que o raio deveria cair, porém a árvore seria atingida, estivesse o homem debaixo dela ou não.

528 Um homem mal-intencionado dispara uma arma contra outro, a bala passa de raspão e não o atinge. Um Espírito benevolente pode tê-la desviado?

– Se o indivíduo não deve ser atingido, o Espírito benevolente lhe inspirará o pensamento de se desviar ou poderá dificultar a pontaria do seu inimigo de modo a fazê-lo enxergar mal. Mas a bala, uma vez disparada, segue a linha que deve percorrer.

529 O que se deve pensar das balas encantadas de algumas lendas que atingem fatalmente um alvo?

– Pura imaginação; o homem adora o maravilhoso e não se contenta com a maravilha da natureza.

529 a Os Espíritos que dirigem os acontecimentos da vida podem ser contrariados por Espíritos que queiram o contrário?

– O que Deus quer deve acontecer; se há um atraso ou um impedimento, é por Sua vontade.

530 Os Espíritos levianos e zombeteiros podem criar pequenos embaraços que atrapalham nossos projetos e confundir nossas previsões? Em uma palavra, são autores das chamadas pequenas misérias da vida humana?

– Eles se satisfazem em causar aborrecimentos que são provas para exercitar vossa paciência, mas se cansam quando não conseguem nada. Entretanto, não seria justo nem exato acusá-los de todas as vossas decepções, de que sois os primeiros responsáveis pela vossa leviandade. Acreditai, portanto, que, se a vossa baixela de louça se quebra, é antes pela vossa falta de jeito do que por culpa dos Espíritos.

530 a Os Espíritos que provocam essas inquietações agem por conseqüência de uma animosidade pessoal ou atacam o primeiro que chega, sem motivo determinado, unicamente por malícia?

– Ambos os casos. Algumas vezes, são inimigos que fazeis durante essa vida ou em uma outra, e que vos perseguem; outras vezes, não há motivos.

531 A maldade dos que nos fizeram mal na Terra se extingue com a morte?

— Muitas vezes sim, porque reconhecem sua injustiça e o mal que fizeram. Mas freqüentemente continuam a vos perseguir com persistência, se estiver nos desígnios da Providência, para continuar a vos provar.

531 a Pode-se pôr um fim a isso? Como?
— Sim, se orar por eles e retribuir o mal com o bem, acabarão por compreender seus erros. Além disso, se vos colocardes acima de suas maquinações, eles cessarão, vendo que nada ganham com isso.

✦ *A experiência demonstra que alguns Espíritos prosseguem sua vingança de uma existência a outra, e que assim expiam, cedo ou tarde, os males que se pode ter feito a alguém.*

532 Os Espíritos têm o poder de afastar os males sobre algumas pessoas e de atrair para elas a prosperidade?
— Não completamente. Há males que estão nos desígnios da Providência, mas amenizam vossas dores ao vos dar a paciência e a resignação.

Deveis prestar atenção porque depende muitas vezes de vós afastar esses males ou pelo menos atenuá-los. Deus vos deu a inteligência para vos servirdes dela e é principalmente por meio dela que os Espíritos vêm vos ajudar ao sugerir pensamentos benéficos; mas apenas assistem àqueles que sabem ajudar-se a si mesmos. É o sentido destas palavras: "Procurai e encontrareis, batei e se vos abrirá".

Sabei ainda: o que parece um mal nem sempre é. Freqüentemente, do mal que vos aflige sairá um bem muito maior. É o que não compreendereis, enquanto pensardes somente no momento presente ou em vós mesmos.

533 Os Espíritos podem fazer obter a riqueza, se para isso são solicitados?
— Algumas vezes como prova, mas, freqüentemente, recusam, como se recusa a uma criança a satisfação de um pedido absurdo.

533 a Quando atendem, são os bons ou os maus Espíritos que concedem esses favores?
— Ambos; isso depende da intenção. Na maioria das vezes são Espíritos que querem vos conduzir ao mal e que encontram um meio fácil de o conseguir nos prazeres que a riqueza proporciona.

534 Quando sentimos obstáculos fatais em oposição aos nossos projetos, seria pela influência de algum Espírito?
— Algumas vezes, são os Espíritos. Outras, na maioria delas, é que escolhestes mal a elaboração e execução do projeto. A posição e o caráter influem muito. Se insistis num caminho que não é o vosso, não é devido aos Espíritos: é que sois vosso próprio mau gênio.

535 Quando alguma coisa feliz nos acontece, é a nosso Espírito protetor que devemos agradecer?

– Agradecei a Deus, sem cuja permissão nada se faz; depois, aos bons Espíritos, que são seus agentes.

535 a O que acontece quando não agradecemos?
– O que acontece aos ingratos.

535 b Entretanto, há pessoas que não oram nem agradecem e para as quais tudo dá certo!
– Sim, mas é preciso ver o final. Pagarão bem caro essa felicidade passageira que não merecem, já que, quanto mais tiverem recebido, mais contas terão que prestar.

AÇÃO DOS ESPÍRITOS SOBRE OS FENÔMENOS DA NATUREZA

536 Os grandes fenômenos da Natureza, aqueles que são considerados como uma perturbação dos elementos, são de causas imprevistas ou, ao contrário, são providenciais?
– Tudo tem uma razão de ser e nada acontece sem a permissão de Deus.

536 a Esses fenômenos sempre têm o homem como objetivo?
– Algumas vezes têm uma razão de ser direta para o homem. Entretanto, na maioria dos casos, têm por objetivo o restabelecimento do equilíbrio e da harmonia das forças físicas da natureza.

536 b Concebemos perfeitamente que a vontade de Deus seja a causa primária nisso como em todas as coisas, mas, como sabemos que os Espíritos têm uma ação sobre a matéria e que são os agentes da vontade de Deus, perguntamos: alguns dentre eles não exercem uma influência sobre os elementos para os agitar, acalmar ou dirigir?
– Mas é evidente que exercem e não pode ser de outro modo. Deus não exerce ação direta sobre a matéria; ele tem agentes devotados em todos os graus da escala dos mundos.

537 A mitologia dos antigos é inteiramente fundada sobre as idéias espíritas, com a diferença de que consideravam os Espíritos divindades. Representavam esses deuses ou Espíritos com atribuições especiais: assim, uns eram encarregados dos ventos, outros do raio, outros de presidir a vegetação etc; essa crença é totalmente destituída de fundamento?
– Ela é tão pouco destituída de fundamento que ainda está muito aquém da verdade.

537 a Pela mesma razão, poderia haver Espíritos vivendo no interior da Terra e dirigindo os fenômenos geológicos?

– Evidentemente esses Espíritos não habitam exatamente o interior da Terra, mas presidem e dirigem os fenômenos de acordo com suas atribuições. Um dia, tereis a explicação de todos esses fenômenos e os compreendereis melhor.

538 Os Espíritos que dirigem os fenômenos da natureza formam uma categoria especial no mundo espírita? São seres à parte ou Espíritos que estiveram encarnados como nós?
– Que estiveram ou que estarão.

538 a Esses Espíritos pertencem às ordens superiores ou inferiores da hierarquia espírita?
– Isso é conforme seja mais ou menos material ou inteligente o papel que desempenham. Uns comandam, outros executam. Aqueles que executam as coisas materiais são sempre de uma ordem inferior, entre os Espíritos como entre os homens.

539 Na produção de alguns fenômenos, as tempestades por exemplo, é um Espírito que age, ou se reúnem em massa?
– Em massas inumeráveis.

540 Os Espíritos que exercem ação sobre os fenômenos da natureza agem com conhecimento de causa, pelo seu livre-arbítrio, ou por um impulso instintivo ou irrefletido?
– Uns sim, outros não. Façamos uma comparação: imaginai essas imensidades de animais que pouco a pouco fazem sair do mar as ilhas e os arquipélagos, acreditais que não há nisso um objetivo providencial e que essa transformação da superfície do globo não seja necessária para a harmonia geral? Esses são apenas animais da última ordem que realizam essas coisas para proverem suas necessidades e sem desconfiarem que são os instrumentos de Deus. Pois bem! Do mesmo modo, os Espíritos mais atrasados são úteis ao conjunto; *enquanto ensaiam para a vida* e antes de ter plena consciência de seus atos e seu livre-arbítrio, agem sobre alguns fenômenos dos quais são agentes inconscientes. Executam primeiro; mais tarde, quando sua inteligência estiver mais desenvolvida, comandarão e dirigirão as coisas do mundo material; mais tarde ainda, poderão dirigir as coisas do mundo moral. É assim que tudo serve, tudo se encaixa na natureza, desde o átomo primitivo até o arcanjo que começou pelo átomo; admirável lei de harmonia da qual vosso Espírito limitado ainda não pode entender o conjunto.

OS ESPÍRITOS DURANTE OS COMBATES

541 Durante uma batalha há Espíritos que assistem e sustentam cada lado?

– Sim, e que estimulam a coragem de ambos os lados.

✦ *Os antigos representavam os deuses tomando partido por este ou aquele povo. Esses deuses eram simplesmente Espíritos representados sob figuras alegóricas.*

542 Numa guerra, a justiça está sempre de um lado; como é que os Espíritos tomam partido por aquele que errou?
– Sabeis bem que há Espíritos que procuram apenas discórdia e destruição; para eles, guerra é guerra: a justiça da causa pouco os preocupa.

543 Alguns Espíritos podem influenciar o general na concepção dos seus planos de campanha?
– Sem dúvida nenhuma. Os Espíritos podem influenciar nesse sentido, como em todas as concepções.

544 Os maus Espíritos poderiam inspirar a um general um plano errôneo para levá-lo à derrota?
– Sim; mas ele não tem seu livre-arbítrio? Se seu julgamento não permite distinguir uma idéia justa de uma falsa, sofrerá as conseqüências disso, e faria melhor obedecer do que comandar.

545 O general pode, algumas vezes, ser guiado por uma espécie de segunda vista, uma vista intuitiva que lhe mostra antecipadamente o resultado de sua estratégia?
– É muitas vezes assim que ocorre com o homem de gênio. É o que ele chama inspiração e faz com que aja com uma espécie de certeza. Essa inspiração vem dos Espíritos que o dirigem e se servem das faculdades de que é dotado.

546 No tumulto do combate, o que acontece com os Espíritos que morrem? Ainda se interessam pela luta após a morte?
– Alguns se interessam; outros se afastam.

✦ *Nos combates, acontece o que ocorre em todos os casos de morte violenta; no primeiro momento o Espírito fica surpreso e atordoado e não acredita estar morto, ainda pensa tomar parte na ação; é somente pouco a pouco que a realidade aparece.*

547 Após a morte, os Espíritos que se combatiam enquanto vivos se reconhecem por inimigos e ainda lutam uns contra os outros?
– O Espírito nessas horas nunca está calmo; no primeiro momento ainda pode odiar seu inimigo e até mesmo persegui-lo, mas quando as idéias lhe retornam vê que seu ódio não tem mais objetivo; entretanto, ainda pode conservar traços dessas idéias mais ou menos fortes, conforme seu caráter.

547 a Percebe ainda o rumor da batalha?
– Sim, perfeitamente.

548 O Espírito que assiste com sangue-frio a um combate, como espectador, testemunha a separação da alma e do corpo. Como esse fenômeno se apresenta a ele?
– Há poucas mortes instantâneas. Quase sempre, o Espírito cujo corpo vem a ser mortalmente ferido não tem consciência disso no momento. Quando começa a reconhecer sua condição é que pode distinguir o Espírito a mover-se ao lado do cadáver; isso parece tão natural que a visão do corpo morto não lhe causa nenhum efeito desagradável. Como a essência da vida está toda concentrada no Espírito, só ele atrai a atenção; é com ele que conversa, ou a ele que se dirige.

PACTOS

549 Há alguma coisa de verdadeiro nos pactos com maus Espíritos?
– Não, não há pactos. O que há é uma má natureza que simpatiza com os maus Espíritos. Por exemplo: quereis atormentar vosso vizinho e não sabeis como fazê-lo; então, chamais os Espíritos inferiores que, como vós, querem apenas o mal. E para vos ajudar querem também ser servidos nos seus maus propósitos. Mas não se segue daí que vosso vizinho não possa se livrar deles por meio de uma ação contrária e por sua vontade. Aquele que quer cometer uma má ação atrai, pelo simples fato de querer, os maus Espíritos para o auxiliar; então, fica obrigado a servi-los por sua vez, porque eles também têm necessidade dele para o mal que queiram fazer. É somente nisso que consiste o pacto.

✦ *A dependência em que o homem se encontra, algumas vezes, em relação aos Espíritos inferiores provém de se entregar aos maus pensamentos que são sugeridos e não de quaisquer propostas aceitas de ambas as partes. O pacto em seu sentido comum ligado à essa palavra é uma alegoria que representa uma criatura de natureza má que simpatiza com os Espíritos maldosos.*

550 Qual o sentido das lendas fantásticas em que os indivíduos teriam vendido sua alma a Satanás para obter favores?
– Todas as fábulas encerram um ensinamento e um sentido moral. O erro é tomá-las ao pé da letra. Essa é uma lenda que se pode explicar assim: aquele que chama em sua ajuda os Espíritos para obter os dons da riqueza ou qualquer outro favor rebela-se contra a Providência, renuncia à missão que recebeu e às provas por que precisa passar na Terra e sofrerá as conseqüências na vida futura. Isso não significa que sua alma esteja sempre condenada ao sofrimento. Mas, se em vez de se libertar da matéria, a ela se liga cada vez mais, o que foi para ele uma alegria na Terra não o será no mundo dos Espíritos até que tenha resgatado a sua falta por novas provas, talvez maiores e mais difíceis. Por seu apego aos prazeres

materiais, coloca-se sob a dependência dos Espíritos impuros. Fica assim estabelecido entre ambos um pacto tácito que o conduz à perdição, mas que é sempre fácil de romper com a assistência dos bons Espíritos, se para isso tiver vontade firme.

PODER OCULTO. TALISMÃS. FEITICEIROS

551 Pode um homem mau, com a ajuda de um mau Espírito que lhe é devotado, fazer o mal a seu próximo?
– Não. A Lei de Deus não o permite.

552 O que pensar da crença no poder que certas pessoas teriam de enfeitiçar?
– Algumas pessoas têm um poder magnético muito grande do qual podem fazer mau uso se seu próprio Espírito é mau e, nesse caso, podem ser ajudadas por outros maus Espíritos. Entretanto, não acrediteis nesse pretenso poder mágico que está apenas na imaginação das pessoas supersticiosas, ignorantes das verdadeiras leis da natureza. Os fatos que citam para comprovar o seu poder são fatos naturais mal observados e, principalmente, mal compreendidos.

553 Qual pode ser o efeito das fórmulas e práticas com que algumas pessoas pretendem dispor da cooperação dos Espíritos?
– É o efeito de torná-las ridículas se forem pessoas de boa-fé. Caso contrário, são patifes que merecem castigo. Todas as fórmulas são enganosas; não há nenhuma palavra sacramental, nenhum sinal cabalístico, nenhum talismã que tenha qualquer ação sobre os Espíritos, porque eles são atraídos somente pelo pensamento e não pelas coisas materiais.

553 a Alguns Espíritos não têm, às vezes, ditado fórmulas cabalísticas?
– Sim, há Espíritos que indicam sinais, palavras esquisitas ou prescrevem alguns atos com a ajuda dos quais fazeis o que chamais de tramas secretas; mas ficai bem certos: são Espíritos que zombam e abusam de vossa credulidade.

554 Aquele que, errado ou certo, tem confiança no que chama virtude de um talismã, não pode por essa própria confiança atrair um Espírito, já que é o pensamento que age? O talismã não será apenas um sinal que ajuda a dirigir o pensamento?
– É verdade; mas a natureza do Espírito atraído depende da pureza da intenção e da elevação dos sentimentos; portanto, devemos crer que aquele que é tão simples para acreditar na virtude de um talismã não tenha um objetivo mais material do que moral. Além do mais, em todos os casos, isso indica uma inferioridade e fraqueza de idéias que o expõem aos Espíritos imperfeitos e zombeteiros.

Capítulo 9 – Intervenção dos Espíritos no Mundo Corporal

555 Que sentido se deve dar à qualificação de feiticeiro?

– Aqueles que chamais feiticeiros são pessoas, quando de boa-fé, dotadas de algumas faculdades, como o poder magnético ou a dupla vista. Então, como fazem coisas que não compreendeis, acreditais que são dotados de um poder sobrenatural. Vossos sábios, freqüentemente, têm passado por feiticeiros aos olhos das pessoas ignorantes.

✦ *O Espiritismo e o magnetismo nos dão a chave de uma multidão de fenômenos sobre os quais a ignorância teceu uma infinidade de fábulas em que os fatos são exagerados pela imaginação. O conhecimento esclarecido dessas duas ciências, que por assim dizer são apenas uma, mostrando a realidade das coisas e sua verdadeira causa, é a melhor defesa contra as idéias supersticiosas, porque mostra o que é possível e o que é impossível, o que está nas leis da natureza e o que é apenas uma crença ridícula.*

556 Algumas pessoas têm verdadeiramente o dom de curar pelo simples toque?

– O poder magnético pode chegar a esse ponto quando se alia à pureza dos sentimentos e um ardente desejo de fazer o bem, porque os bons Espíritos vêm em sua ajuda, mas é preciso desconfiar da maneira como as coisas são contadas por pessoas muito crédulas ou entusiasmadas, sempre dispostas a ver o maravilhoso nas coisas mais simples e naturais. É preciso, também, desconfiar das narrações interesseiras das pessoas que exploram a credulidade em seu proveito.

BÊNÇÃO E MALDIÇÃO

557 A bênção e a maldição podem atrair o bem e o mal sobre aqueles em quem são lançadas?

– Deus não escuta uma maldição injusta e aquele que a pronuncia é culpado a seus olhos. Como temos os dois opostos, o bem e o mal, ela pode ter uma influência momentânea, até mesmo sobre a matéria; mas essa influência ocorre apenas pela vontade de Deus e como acréscimo de prova para aquele que dela é objeto. Além disso, muitas vezes, se maldizem os maus e se abençoam os bons. A bênção e a maldição não podem nunca desviar a Providência do caminho da justiça e nunca atinge o maldito senão quando é mau. A sua proteção cobre apenas aquele que a merece.

Capítulo

10

Ocupações e missões dos espíritos

558 Os Espíritos fazem outra coisa além de se aperfeiçoar individualmente?

– Eles concorrem para a harmonia do universo ao executar os desígnios de Deus, de quem são os ministros. A vida espírita é uma ocupação contínua, mas não é sofrida, como na Terra, porque não há o cansaço corporal, nem as angústias da necessidade.

559 Os Espíritos inferiores e imperfeitos também cumprem um papel útil no universo?

– Todos têm deveres a cumprir. O último dos pedreiros não participa na construção de um edifício tanto quanto um arquiteto? (Veja a questão 540.)

560 Cada um dos Espíritos tem atribuições especiais?

– Todos nós devemos habitar em todos os lugares e adquirir o conhecimento de todas as coisas ao exercer funções sucessivas e em todas as partes do universo. Mas, como está dito no *Eclesiastes*[1], há um tempo para tudo; assim, um cumpre hoje sua missão neste mundo, outro o cumprirá ou cumpriu em uma outra época, na terra, na água, no ar etc.

561 As funções que os Espíritos realizam na ordem das coisas são permanentes para cada um e estão nas atribuições exclusivas de algumas classes?

– Todos devem percorrer os diferentes graus da escala para se aperfeiçoar. Deus, que é justo, não poderia dar a uns a ciência sem trabalho enquanto outros a adquirem apenas com esforço.

✦ *O mesmo ocorre entre os homens: ninguém chega ao grau supremo de habilidade numa arte qualquer sem ter adquirido os conhecimentos necessários na prática dos princípios dessa arte.*

562 Os Espíritos de ordem mais elevada, não tendo mais nada a adquirir, estão numa espécie de repouso absoluto ou também têm ocupações?

– O que quereríeis que fizessem durante a eternidade? A ociosidade eterna seria um suplício eterno.

562 a Qual a natureza de suas ocupações?

---

1 - **Eclesiastes:** livro do Antigo Testamento escrito por Salomão. É também conhecido como o *Livro da Sabedoria* (N. E.).

Capítulo 10 – Ocupações e Missões dos Espíritos

– Receber diretamente as ordens de Deus, transmiti-las em todo o universo e velar pela sua execução.

563 As ocupações dos Espíritos são incessantes?
– Incessantes, sim, entendendo-se que seu pensamento é sempre ativo, pois vivem pelo pensamento. Mas é preciso não comparar as ocupações dos Espíritos às ocupações materiais dos homens. A atividade é para eles um prazer, pela consciência que têm de serem úteis.

563 a Isso se concebe para os bons Espíritos; mas ocorre o mesmo com os Espíritos inferiores?
– Os Espíritos inferiores têm ocupações apropriadas à sua natureza. Acaso confiais ao aprendiz e ao ignorante os trabalhos do homem de inteligência?

564 Entre os Espíritos há os que são ociosos ou que não se ocupam com nenhuma coisa útil?
– Sim, mas esse estado é temporário e depende do desenvolvimento de sua inteligência. Certamente há, como entre os homens, os que vivem somente para si mesmos; mas essa ociosidade lhes pesa e cedo ou tarde o desejo de avançar lhes faz sentir que a atividade é necessária e ficam felizes em se tornar úteis. Falamos dos Espíritos que atingiram o ponto de ter consciência de si mesmos e de seu livre-arbítrio. Em sua origem, nesse despertar, são como crianças que acabam de nascer e que agem mais por instinto do que por vontade determinada.

565 Os Espíritos examinam nossos trabalhos de arte e se interessam por eles?
– Examinam o que possa provar a elevação dos Espíritos e seu progresso.

566 Um Espírito que teve uma especialidade na Terra, um pintor, um arquiteto, por exemplo, se interessa pelos trabalhos de sua predileção durante a vida?
– Tudo se confunde num objetivo geral. Sendo bom, se interessa tanto quanto lhe é permitido se ocupar em ajudar as almas a se elevarem até Deus. Esqueceis, aliás, que um Espírito que praticou uma arte na existência em que o conhecestes pode ter praticado uma outra em anterior existência, porque é preciso que saiba tudo para ser perfeito. Assim, conforme o grau de seu adiantamento, pode não haver mais especialidade para ele; é o que quis dizer, afirmando que tudo se confunde em um objetivo geral. Notai ainda isso: o que é sublime para vosso mundo atrasado é apenas criancice nos mundos mais avançados. Como quereis que os Espíritos que habitam esses mundos onde existem artes desconhecidas para vós admirem o que para eles é somente obra de um estudante? É como vos disse: eles se interessam por tudo que pode revelar o progresso.

566 a Concebemos que deve ser assim para os Espíritos mais avançados; falamos, contudo, dos Espíritos comuns que ainda não se elevaram acima das idéias terrenas.

– Para estes é diferente; o ponto de vista sob o qual observam tudo é mais limitado e podem admirar o que vós mesmos admirais.

567 Os Espíritos se intrometem, algumas vezes, em nossas ocupações e prazeres?

– Os Espíritos comuns, sim; estes estão sem cessar ao vosso redor e algumas vezes tomam parte ativa no que fazeis, conforme sua natureza, e isso é necessário para estimular os homens nos diferentes caminhos da vida, excitar ou moderar suas paixões.

✦ *Os Espíritos se ocupam das coisas deste mundo em razão de sua elevação ou inferioridade. Os Espíritos Superiores têm, sem dúvida, a condição para considerá-las nos menores detalhes, mas fazem isso somente quando for útil ao progresso; só os Espíritos inferiores dão uma importância relativa às lembranças ainda presentes na sua memória e às idéias materiais que ainda não estão apagadas.*

568 Os Espíritos que têm missões as cumprem no estado errante ou encarnados?

– Podem tê-las em ambos os estados; para alguns Espíritos errantes é uma grande ocupação.

569 Em que consistem as missões de que podem estar encarregados os Espíritos errantes?

– São tão variadas que seria impossível descrevê-las; além do que, não as podeis compreender. Os Espíritos executam as vontades de Deus e não podeis penetrar nos seus desígnios.

✦ *As missões dos Espíritos sempre têm por objetivo o bem. Estejam ou não encarnados, eles são encarregados de ajudar no progresso da humanidade, dos povos ou dos indivíduos, num círculo de idéias mais ou menos amplas, mais ou menos especiais, de preparar os caminhos para alguns acontecimentos, zelar pelo cumprimento de algumas coisas. Alguns têm missões mais restritas e de algum modo pessoais ou locais, como assistir aos doentes, agonizantes e aflitos, velar por aqueles de quem se fizeram guias e protetores, dirigi-los com os seus conselhos ou pelos bons pensamentos que lhes sugerem. Pode-se dizer que há tantos gêneros de missões quantas as espécies de interesses a vigiar, no mundo físico ou no moral. O Espírito avança de acordo com a maneira com que realiza sua tarefa.*

570 Os Espíritos sempre têm consciência dos desígnios que são encarregados de executar?

CAPÍTULO 10 – OCUPAÇÕES E MISSÕES DOS ESPÍRITOS

– Não; há os que são instrumentos cegos, mas outros sabem muito bem com que objetivo agem.

571 Somente os Espíritos elevados cumprem missões?
– A importância das missões depende da capacidade e elevação do Espírito. O estafeta[2] que leva uma mensagem cumpre também uma missão, mas não é a mesma do general.

572 A missão é imposta a um Espírito ou depende de sua vontade?
– Ele a pede e fica feliz por obtê-la.

572 a A mesma missão pode ser pedida por vários Espíritos?
– Sim, muitas vezes, há vários candidatos, mas nem todos são aceitos.

573 Em que consiste a missão dos Espíritos quando encarnados?
– Instruir os homens, ajudar em seu adiantamento, melhorar suas instituições pelos meios diretos e materiais; mas as missões são mais ou menos gerais e importantes: aquele que cultiva a terra realiza uma missão, como aquele que governa ou que instrui. Tudo se encadeia na Natureza; ao mesmo tempo que o Espírito se depura pela encarnação, concorre, dessa forma, para a realização dos desígnios da Providência. Cada um tem sua missão na Terra, cada um pode ser útil para alguma coisa.

574 Qual pode ser a missão das pessoas voluntariamente inúteis na Terra?
– Há, realmente, pessoas que vivem somente para si mesmas e não sabem se tornar úteis para nada. São pobres seres dignos de compaixão, porque expiarão cruelmente sua inutilidade voluntária e, muitas vezes, seu castigo começa na Terra, pelo tédio e desgosto da vida.

574 a Uma vez que fizeram a escolha, por que preferiram uma vida sem nenhum proveito?
– Entre os Espíritos há também preguiçosos que recuam diante de uma vida de trabalho. Deus lhes permite assim agir. Compreenderão mais tarde e à sua custa os inconvenientes de sua inutilidade e serão os primeiros a pedir para reparar o tempo perdido. Pode ocorrer também que tenham escolhido uma vida mais útil; porém, uma vez encarnados, recuam e se deixam levar por Espíritos que os induzem à ociosidade.

575 As ocupações comuns mais nos parecem deveres do que missões propriamente ditas. A missão, conforme a idéia ligada a essa palavra, tem um caráter menos exclusivo e, principalmente, menos

---

2 - **Estafeta:** entregador de cartas, telegramas etc. Neste caso, significa aquele que conduz ou realiza determinado trabalho (N. E.).

pessoal. Sob esse ponto de vista, como reconhecer que um homem tenha uma missão sobre a Terra?
– Pelas grandes coisas que realiza, pelo progresso a que conduz seus semelhantes.

576 Os homens que têm uma missão importante são predestinados antes de seu nascimento e têm conhecimento disso?
– Algumas vezes, sim; na maioria das vezes, a ignoram. Têm apenas um objetivo vago ao vir à Terra; sua missão se revela após seu nascimento e de acordo com as circunstâncias. Deus os direciona para o caminho onde devem cumprir seus desígnios.

577 Quando um homem faz algo útil, é sempre por uma missão anterior e predestinada, ou pode receber uma missão não prevista?
– Nem tudo que um homem faz é resultado de uma missão predestinada; ele é, muitas vezes, o instrumento de que um Espírito se serve para executar algo útil. Por exemplo, um Espírito julga que seria bom escrever um livro que ele mesmo faria se estivesse encarnado; então, procura o escritor mais apto a compreender seu pensamento e executá-lo e lhe dá a idéia, dirigindo-o na execução. Porém, esse homem não veio à Terra com a missão de fazer essa obra. Ocorre o mesmo com alguns trabalhos de arte e as descobertas. É preciso dizer ainda que, durante o sono do corpo, o Espírito encarnado se comunica diretamente com o Espírito desencarnado errante e se entendem sobre a execução de tarefas.

578 O Espírito pode falhar em sua missão por sua própria culpa?
– Sim, se não é um Espírito Superior.

578 a Quais são as conseqüências disso?
– Será preciso refazer sua tarefa: está aí sua punição; também sofrerá as conseqüências do mal que tiver causado.

579 Uma vez que o Espírito recebe sua missão de Deus, como Deus pode confiar uma missão importante e de interesse geral a um Espírito que poderia falhar?
– Deus não sabe se seu general terá a vitória ou se será vencido? Ele o sabe, estejai certos disso, e seus planos, quando são importantes, não são confiados aos que podem abandonar sua obra no meio. Toda a questão está no conhecimento do futuro que Deus possui, mas que não vos é dado a conhecer.

580 O Espírito que encarna para cumprir uma missão tem a mesma apreensão daquele que o faz como prova?
– Não, ele já tem a experiência.

581 Os homens que são a luz do gênero humano, que o clareiam por seu gênio, têm certamente uma missão; mas entre eles há os que

Capítulo 10 – Ocupações e Missões dos Espíritos

erram e, ao lado das grandes verdades, propagam grandes erros. Como se deve considerar a missão desses homens?

– Como enganados por eles mesmos. Estão abaixo da tarefa a que se propuseram. É preciso, entretanto, se dar conta das circunstâncias; os homens de gênio devem falar conforme os tempos, e um ensinamento que se considera errôneo ou infantil para uma época avançada podia ser suficiente para o século em que foi divulgado.

582 Pode a paternidade ser considerada uma missão?

– É, sem dúvida, uma missão, e é ao mesmo tempo um dever muito grande que obriga, mais que o homem pensa, sua responsabilidade diante do futuro. Deus colocou a criança sob a tutela de seus pais para que esses a dirijam no caminho do bem, e facilitou a tarefa, dando à criança um organismo frágil e delicado que a torna acessível a todas as influências. Mas há os que se ocupam mais em endireitar as árvores de seu pomar e as fazer produzir bons frutos do que endireitar o caráter de seu filho. Se esse fracassa por erro deles, carregarão a pena e os sofrimentos do filho na vida futura, que recairão sobre eles, porque não fizeram o que deles dependia para seu adiantamento no caminho do bem.

583 Se uma criança se torna má, apesar dos cuidados de seus pais, eles são responsáveis?

– Não; porém quanto mais as disposições da criança são más, mais a tarefa é difícil e maior será o mérito se conseguirem desviá-la do caminho do mal.

583 a Se uma criança se torna um homem de bem, apesar da negligência ou dos maus exemplos de seus pais, eles se beneficiam de alguma forma disso?

– Deus é justo.

584 Qual pode ser a natureza da missão do conquistador, que tem em vista apenas satisfazer sua ambição, e para atingir esse objetivo, não recua diante das calamidades que ocasiona?

– É, na maioria das vezes, apenas um instrumento de que Deus se serve para a realização de seus desígnios, e essas calamidades são algumas vezes um meio de fazer um povo avançar mais rapidamente.

584 a Aquele que é o instrumento dessas calamidades passageiras é estranho ao bem que pode resultar disso, uma vez que visava a um objetivo apenas pessoal; apesar disso, se aproveitará desse bem?

– Cada um é recompensado de acordo com suas obras, o bem que quis fazer e a retidão de suas intenções.

✦ *Os Espíritos encarnados têm ocupações relacionadas à sua existência corporal. No estado de erraticidade, quando não estão encarnados, essas ocupações são proporcionais ao grau de seu adiantamento. Uns percorrem os mundos, se instruem e se preparam para uma nova encarnação. Outros, mais avançados, se ocupam do progresso ao dirigir os acontecimentos e sugerir pensamentos favoráveis; assistem os homens de gênio que concorrem para o adiantamento da humanidade. Outros encarnam com uma missão de progresso. Outros tomam sob sua proteção os indivíduos, as famílias, as reuniões, as cidades e os povos, dos quais são os anjos de guarda, os gênios protetores e os Espíritos familiares. Outros, enfim, dirigem os fenômenos da natureza, de que são os agentes diretos.*

Os Espíritos comuns se misturam às nossas ocupações e aos nossos divertimentos.

Os Espíritos imperfeitos permanecem em sofrimentos e angústias, até o momento em que Deus permita lhes proporcionar os meios de avançar. Se fazem o mal, é por despeito de ainda não poderem desfrutar do bem.

Capítulo

11

OS TRÊS REINOS

Os minerais e as plantas – Os animais e o homem –
Metempsicose

OS MINERAIS E AS PLANTAS

585 Que pensais da divisão da natureza em três reinos, ou melhor, em duas classes: os seres orgânicos e os inorgânicos[1]? Alguns fazem da espécie humana uma quarta classe[2]. Qual dessas divisões é preferível?
– Todas são boas, dependendo do ponto de vista. Do ponto de vista material, há apenas seres orgânicos e inorgânicos; do ponto de vista moral há, evidentemente, quatro graus.

✦ *Esses quatro graus têm, de fato, características nítidas, ainda que seus limites pareçam se confundir. A matéria inerte, que constitui o reino mineral, tem somente uma força mecânica. As plantas, ainda que compostas de matéria inerte, são dotadas de vitalidade. Os animais, compostos de matéria inerte e dotados de vitalidade, têm além disso uma espécie de inteligência instintiva, limitada, com a consciência de sua existência e de sua individualidade. O homem, tendo tudo o que há nas plantas e nos animais, domina todas as outras classes por uma inteligência especial, sem limites fixados, que lhe dá a consciência de seu futuro, a percepção das coisas extramateriais e o conhecimento de Deus.*

586 As plantas têm consciência de sua existência?
– Não; elas não pensam, têm apenas a vida orgânica.

587 As plantas têm sensações? Elas sofrem quando são mutiladas?
– As plantas recebem impressões físicas que agem sobre a matéria, mas não têm percepções e, portanto, não têm a sensação da dor.

588 A força que atrai as plantas umas às outras é independente de sua vontade?
– Sim, uma vez que não pensam. É uma força mecânica da matéria agindo sobre a matéria; elas não poderiam se opor a isso.

---

1 - Seres orgânicos são aqueles que têm vida e, por isso, um organismo. Os inorgânicos não possuem órgãos nem vida (N. E.).
2 - **Quarta classe:** a do homem; a terceira é a dos animais irracionais (N. E.).

589 Algumas plantas, como a sensitiva e a dionéia[3], por exemplo, têm movimentos que demonstram uma grande sensibilidade e em alguns casos uma espécie de vontade. A dionéia, cujos lóbulos capturam a mosca que nela pousa, parece preparar uma armadilha para matá-la. Essas plantas são dotadas da faculdade de pensar? Têm uma vontade e formam uma classe intermediária entre a natureza vegetal e a natureza animal? São uma transição de uma para a outra?

– Tudo é uma transição na natureza, pelo próprio fato de que nada é semelhante e que, entretanto, tudo se liga. As plantas não pensam e, por conseguinte, não têm vontade. A ostra que se abre e todos os zoófitos[4] não pensam: há neles apenas um instinto cego e natural.

✦ *O organismo humano fornece exemplos de movimentos semelhantes sem a participação da vontade, como nas funções digestivas e circulatórias; o piloro[5] se contrai ao contato de alguns corpos para lhes impedir a passagem. Deve ocorrer o mesmo com a sensitiva, na qual os movimentos não implicam, de modo algum, a necessidade de uma percepção e ainda menos de uma vontade.*

590 As plantas têm, como os animais, um instinto de conservação que as leva a procurar o que lhes pode ser útil e a fugir do que as pode prejudicar?

– Sim, têm, pode-se dizer, uma espécie de instinto, isso dependendo da extensão que se dá a essa palavra; mas é um instinto puramente mecânico. Quando, nas operações de química, vedes dois corpos se reunirem, é porque se ajustam, ou seja, há afinidade entre eles; mas não chamais isso de instinto.

591 Nos mundos superiores as plantas são, como os outros seres, de uma natureza mais perfeita?

– Tudo é mais perfeito; mas nesses mundos superiores as plantas são sempre plantas, os animais são sempre animais e os homens, sempre homens.

OS ANIMAIS E O HOMEM

592 Se compararmos o homem e os animais do ponto de vista da inteligência, a linha de demarcação parece difícil de estabelecer, porque alguns animais têm, nesse aspecto, uma superioridade notória

---

3 - Dionéia: planta carnívora própria de lugares úmidos (N. E.).
4 - Zoófito: espécie animal a qual pertencem os corais e as esponjas marinhas ou de água doce que têm formas semelhantes às das plantas (N. E.).
5 - Piloro: orifício na parte inferior do estômago que o liga com o duodeno. Possui uma válvula que regula o bolo alimentar para o intestino e impede a volta de material do intestino para o estômago (N. E.).

sobre alguns homens. Essa linha pode ser estabelecida de uma maneira precisa?

– Sobre esse ponto vossos filósofos não estão de acordo em quase nada: uns querem que o homem seja um animal e outros que o animal seja um homem; todos estão errados. O homem é um ser à parte que desce muito baixo algumas vezes, ou que pode se elevar bem alto. Fisicamente o homem é como os animais, e até menos dotado que muitos deles; a natureza deu aos animais tudo o que o homem é obrigado a inventar com sua inteligência para satisfazer suas necessidades e sua conservação. É verdade que seu corpo se destrói como o dos animais, mas seu Espírito tem uma destinação que somente ele pode compreender, porque apenas o homem é completamente livre. Pobres homens que vos rebaixais além da brutalidade! Não sabeis vos distinguir? Reconhecei o homem pelo sentimento que ele tem da existência de Deus.

593 Pode-se dizer que os animais agem apenas por instinto?
– Ainda assim é um sistema. É bem verdade que o instinto domina na maioria dos animais, mas não vedes que muitos agem com uma vontade determinada? É inteligência, porém limitada.

✦ *Além do instinto, não há como negar a alguns animais atos combinados que expressam uma vontade de agir num sentido determinado e de acordo com as circunstâncias. Há neles uma espécie de inteligência, cujo exercício é mais exclusivamente concentrado sobre os meios de satisfazerem suas necessidades físicas e proverem à sua conservação. Entre eles, não há nenhuma criação, nenhum melhoramento; qualquer que seja a arte com que executem seus trabalhos, fazem hoje o que faziam antigamente, nem melhor, nem pior, conforme formas e proporções constantes e invariáveis. O filhote, isolado da sua espécie, não deixa de construir seu ninho com o mesmo modelo sem ter recebido o ensinamento. Se alguns são suscetíveis[6] de uma certa educação, seu desenvolvimento intelectual, sempre restrito a limites estreitos, é motivado pela ação do homem sobre uma natureza flexível, uma vez que não fazem nenhum progresso próprio. Mesmo o que alcançam pela ação do homem é um progresso efêmero e puramente individual, já que o animal, entregue a si mesmo, não tarda a retornar aos limites que a Natureza lhe traçou.*

594 Os animais têm uma linguagem?
– Uma linguagem formada de palavras e de sílabas, não; mas de um meio de se comunicarem entre eles, sim. Dizem muito mais coisas do que acreditais; mas sua linguagem é limitada às suas necessidades, como suas idéias.

---

6 - Suscetível: sujeito a receber impressões, modificações ou adquirir qualidades (N. E.).

594 a Há animais que não têm voz; ao que parece esses não têm linguagem?

– Eles se compreendem por outros meios. Vós, homens, tendes apenas as palavras para se comunicarem? E os mudos, que dizeis deles? Os animais, sendo dotados da vida de relação, têm meios de se informar e de exprimir as suas sensações. Acreditais que os peixes não se entendem entre si? O homem não tem o privilégio exclusivo da linguagem; embora a dos animais seja instintiva e limitada ao círculo de suas necessidades e idéias, enquanto a do homem é passível de ser aperfeiçoada e se presta a todas as concepções de sua inteligência.

✦ *Os peixes, de fato, que emigram em massa, e as andorinhas, que obedecem ao guia que as conduz, devem ter meios de se informarem, se entenderem e se combinarem. Talvez por terem uma visão mais penetrante que lhes permita distinguir os sinais que fazem; talvez também a água seja um veículo que lhes transmita certas vibrações. O que quer que seja, é incontestável que têm um meio de se entenderem, ocorrendo o mesmo com todos os animais privados da voz e que fazem trabalhos em comum. Que estranheza pode causar, depois disso, que os Espíritos possam se comunicar entre si sem a ajuda da palavra articulada?* (Veja a questão 282.)

595 Os animais têm o livre-arbítrio de seus atos?

– Eles não são simples máquinas, como se pode supor; mas sua liberdade de ação é limitada às suas necessidades e não se pode comparar à do homem. Sendo muito inferiores ao homem, não têm os mesmos deveres. Sua liberdade é restrita aos atos da vida material.

596 De onde vem a aptidão de alguns animais em imitar a linguagem do homem e por que essa aptidão se encontra mais nos pássaros do que no macaco, por exemplo, cuja conformação tem mais semelhança com o homem?

– É pela conformação particular dos órgãos da voz, favorecida pelo instinto de imitação; o macaco imita os gestos, alguns pássaros imitam a voz.

597 Se os animais têm uma inteligência que lhes dá uma certa liberdade de ação, há neles um princípio independente da matéria?

– Sim, e que sobrevive ao corpo.

597 a Esse princípio é uma alma semelhante à do homem?

– É também uma alma, se quiserdes, depende do sentido que se dá a essa palavra; mas é inferior à do homem. Há entre a alma dos animais e a do homem tanta distância quanto há entre a alma do homem e Deus.

598 A alma dos animais conserva, após a morte, sua individualidade e a consciência de si mesma?

– Sua individualidade, sim, mas não a consciência de seu eu. A vida inteligente continua no estado latente[7].

599 A alma dos animais tem a escolha de encarnar em um animal em vez de outro?
– Não; ela não tem o livre-arbítrio.

600 A alma do animal, sobrevivendo ao corpo, estará, depois da morte, na erraticidade, como a do homem?
– É uma espécie de erraticidade, uma vez que não está mais unida ao corpo, mas não é um Espírito errante. O Espírito errante é um ser que pensa e age de acordo com sua livre vontade; o dos animais não tem a mesma faculdade. A consciência de si mesmo é o que constitui o atributo principal do Espírito. O espírito do animal é classificado após sua morte pelos Espíritos a quem compete essa tarefa e quase imediatamente utilizado; não há tempo de se colocar em relação com outras criaturas.

601 Os animais seguem uma lei progressiva, como os homens?
– Sim, por isso, nos mundos superiores, onde os homens são mais avançados, os animais também o são, tendo meios de comunicação mais desenvolvidos; mas são sempre inferiores e submissos ao homem, são para ele servidores inteligentes.

✦ *Não há nada de extraordinário nisso. Imaginemos nossos animais, os mais inteligentes, o cão, o elefante, o cavalo, com uma conformação apropriada aos trabalhos manuais. Que não poderiam fazer sob a direção do homem?*

602 Os animais progridem, como o homem, pela ação de sua vontade ou pela força das coisas?
– Pela força das coisas; é por isso que para eles não há expiação.

603 Nos mundos superiores, os animais conhecem Deus?
– Não; para eles o homem é um deus, como antigamente os Espíritos foram deuses para os homens.

604 Os animais, mesmo os aperfeiçoados nos mundos superiores, são sempre inferiores ao homem. Isso significa que Deus teria criado seres intelectuais perpetuamente destinados à inferioridade, o que parece estar em desacordo com a unidade de vistas e de progresso que se distingue em todas as suas obras.
– Tudo se encaixa na natureza pelos laços que não podeis ainda compreender, e as coisas mais desiguais na aparência têm pontos de contato que o homem nunca chegará a compreender na sua condição

---

7 - **Estado latente:** neste caso (fig.), oculto, não manifesto. Aguardando o momento propício para vir à luz (N. E.).

atual. Ele pode entrevê-los pelo esforço de sua inteligência, mas somente quando essa inteligência tiver adquirido todo desenvolvimento e estiver livre dos preconceitos do orgulho e da ignorância é que poderá ver claramente na obra de Deus. Enquanto isso não acontece, suas idéias limitadas lhe fazem ver as coisas sob um ponto de vista mesquinho e restrito. Sabei bem que Deus não pode se contradizer e que tudo, na natureza, se harmoniza pelas leis gerais que nunca se afastam da sublime sabedoria do Criador.

604 a A inteligência é, assim, uma propriedade comum, um ponto de contato entre a alma dos animais e a do homem?

– Sim, mas os animais têm apenas a inteligência da vida material; para o homem, a inteligência produz a manifestação da vida moral.

605 Se considerássemos todos os pontos de contato entre o homem e os animais, não poderíamos deduzir que o homem possui duas almas: a alma animal e a alma espírita e que, se não tivesse essa última, poderia viver como o animal? De outro modo, pode-se considerar que o animal é um ser semelhante ao homem, tendo menos alma espírita? Isso não significaria que os bons e os maus instintos do homem seriam o efeito da predominância de uma dessas duas almas?

– Não. O homem não tem duas almas; mas os corpos têm instintos que são o resultado da sensação dos órgãos. Há nele apenas uma dupla natureza: a natureza animal e a natureza espiritual. Pelo seu corpo, participa da natureza dos animais e seus instintos; pela sua alma, participa da natureza dos Espíritos.

605 a Assim, além de suas próprias imperfeições, das quais o Espírito deve se despojar, o homem tem ainda que lutar contra a influência da matéria?

– Sim, quanto mais é inferior mais os laços entre o Espírito e a matéria são unidos; não o vedes? O homem não tem duas almas; a alma é sempre única em cada ser. A alma do animal e a do homem são distintas uma da outra, de modo que a alma de um não pode animar o corpo criado para a outra. Mas, ainda que o homem não tenha alma animal que, por suas paixões, o nivele aos animais, tem o corpo que muitas vezes o rebaixa a eles, porque seu corpo é um ser dotado de vitalidade, que tem instintos, porém ininteligentes e limitados ao cuidado de sua conservação.

✦ *O Espírito, ao encarnar no corpo do homem, traz o princípio intelectual e moral que o torna superior aos animais. As duas naturezas que existem no homem dão às suas paixões duas origens diferentes: uma vem dos instintos da natureza animal, outra das impurezas do Espírito encarnado e que simpatiza mais ou menos com a grosseria dos apetites animais.*

CAPÍTULO 11 – OS TRÊS REINOS

Purificando-se, o Espírito se liberta pouco a pouco da influência da matéria. Submisso a essa influência, aproxima-se da brutalidade; despojado dela, eleva-se à sua verdadeira destinação.

606 De onde os animais tiram o princípio inteligente que constitui a espécie particular de alma, da qual são dotados?
– Do elemento inteligente universal.

606 a A inteligência do homem e a dos animais vêm de um princípio único?
– Sem dúvida. Mas no homem ela recebeu uma elaboração que o eleva acima do animal.

607 Foi dito que a alma do homem, em sua origem, está no estado semelhante ao da infância da vida corporal, que sua inteligência apenas desabrocha e ela ensaia para a vida. (Veja a questão 190.) Onde o Espírito cumpre essa primeira fase?
– Em uma série de existências anteriores ao período que chamais humanidade.

607 a Assim, pode-se considerar que a alma teria sido o princípio inteligente dos seres inferiores da Criação?
– Não dissemos que tudo se encadeia na natureza e tende à unidade? É nesses seres, que estais longe de conhecer inteiramente, que o princípio inteligente se elabora, individualiza-se pouco a pouco e ensaia para a vida, como já dissemos. É, de algum modo, um trabalho preparatório, como a germinação, em que o princípio inteligente sofre uma transformação e torna-se Espírito. É então que começa o período da humanização e com ela a consciência de seu futuro, a distinção entre o bem e o mal e a responsabilidade de seus atos. Assim como depois da infância vem a adolescência, depois a juventude e, enfim, a idade adulta. Não há, além disso, nessa origem nada que deva humilhar o homem. Será que os grandes gênios se sentirão humilhados por terem sido fetos em formação no seio de sua mãe? Se alguma coisa deve humilhá-lo é sua inferioridade perante Deus e sua impotência para sondar a profundidade dos seus desígnios e a sabedoria das leis que regem a harmonia do universo. Reconhecei a grandeza de Deus nessa harmonia admirável que faz com que tudo seja solidário na natureza. Acreditar que Deus pudesse fazer alguma coisa sem objetivo e ter criado seres inteligentes sem futuro seria blasfemar contra sua bondade, que se estende sobre todas as suas criaturas.

607 b Esse período de humanização começa na nossa Terra?
– A Terra não é o ponto de partida da primeira encarnação humana; o período de humanização começa, em geral, nos mundos ainda mais inferiores; entretanto, essa não é uma regra geral, e poderia acontecer que

um Espírito, desde o começo de sua humanização, estivesse apto a viver na Terra. Esse caso não é freqüente; é, antes, uma exceção.

608 O Espírito do homem, após a morte, tem consciência das existências anteriores ao seu período de humanidade?

– Não, porque não é nesse período que se inicia para ele sua vida de Espírito e é até mesmo difícil se lembrar de suas primeiras existências como homem, assim como o homem não se lembra mais dos primeiros tempos de sua infância e ainda menos do tempo que passou no seio de sua mãe. É por isso que os Espíritos dizem que não sabem como começaram. (Veja a questão 78.)

609 O Espírito, entrando no período de humanidade, conserva traços do que foi antes, do período que se poderia chamar pré-humano?

– Depende da distância que separa os dois períodos e o progresso realizado. Durante algumas gerações, pode ter sinais mais ou menos pronunciados do estado primitivo, porque nada na natureza se faz por transição brusca, sempre há anéis que ligam as extremidades das cadeias dos seres e acontecimentos; mas esses traços se apagam com o desenvolvimento do livre-arbítrio. Os primeiros progressos se realizam muito lentamente, porque ainda não estão alicerçados, determinados pela vontade; mas eles seguem uma progressão mais rápida à medida que o Espírito adquire uma consciência mais perfeita de si mesmo.

610 Os Espíritos que disseram que o homem é um ser à parte na ordem da Criação estão enganados?

– Não; mas a questão não foi explicada e, aliás, há coisas que só a seu tempo podem ser esclarecidas. O homem é, de fato, um ser à parte, uma vez que tem faculdades que o distinguem de todos os outros e tem outra destinação. A espécie humana é a que Deus escolheu para a encarnação dos seres *que podem conhecê-lo*.

METEMPSICOSE

611 O fato de ser comum a origem do princípio inteligente dos seres vivos não é a consagração da doutrina da metempsicose?

– Duas coisas podem ter a mesma origem e não se parecerem em nada mais tarde. Quem reconheceria a árvore, suas folhas, flores e frutos no germe sem forma contido na semente de onde saiu? A partir do momento que o princípio inteligente atinge o estágio necessário para ser Espírito e entrar no período de humanização, não tem mais relação com seu estado primitivo e não é mais a alma dos animais, como a árvore não é a semente. No homem, não há mais do animal senão o corpo e as paixões que nascem da influência do corpo e do instinto de conservação inerente à matéria. Não se pode, portanto, dizer que aquele homem é a

CAPÍTULO 11 – OS TRÊS REINOS

encarnação do Espírito de tal animal e, assim, a metempsicose, tal como se entende, não é exata.

612 O Espírito que animou o corpo de um homem poderia encarnar em um animal?

– Isso seria retroceder e o Espírito não retrocede. O rio não retorna à sua fonte. (Veja a questão 118.)

613 Por mais errada que seja a idéia ligada à metempsicose, não seria resultado do sentimento intuitivo das diferentes existências do homem? ✒

– Esse sentimento intuitivo se encontra nessa crença como em muitas outras; mas, como faz com a maioria de suas idéias intuitivas, o homem alterou sua natureza.

✦ *Seria verdadeira a idéia da metempsicose se ela definisse como sendo a progressão da alma de um estado inferior a um estado superior em que adquirisse desenvolvimentos que transformassem sua natureza. Porém, é falsa no sentido de transmigração direta do animal para o homem e vice-versa, o que dá idéia de um retrocesso ou de uma fusão; portanto, essa fusão não poderia acontecer entre seres corporais de duas espécies, porque seria indício de que estão em graus não-assimiláveis e deve acontecer o mesmo com os Espíritos que as animam. Se o mesmo Espírito pudesse animá-las alternativamente, haveria, conseqüentemente, uma identidade de natureza que se traduziria na possibilidade da reprodução física.*

A reencarnação ensinada pelos Espíritos está fundada, em contrário, sobre a marcha ascendente da natureza e a progressão do homem em sua própria espécie, o que não tira em nada sua dignidade. O que o rebaixa é o mau uso que faz das faculdades que Deus lhe deu para o seu adiantamento. Seja como for, a antiguidade e a universalidade da doutrina da metempsicose, assim como os homens eminentes que a professaram, provam que o princípio da reencarnação tem raízes na própria natureza; esses são, portanto, argumentos antes a seu favor do que contrários.

O ponto de partida dos Espíritos é uma dessas questões que se ligam ao princípio das coisas e que estão nos segredos de Deus. Não é permitido ao homem conhecê-lo de maneira absoluta, e ele somente pode fazer a esse respeito suposições, construir sistemas mais ou menos prováveis. Os próprios Espíritos estão longe de conhecer tudo; sobre o que não sabem podem também ter opiniões pessoais mais ou menos sensatas.

É assim, por exemplo, que nem todos pensam a mesma coisa a respeito das relações que existem entre o homem e os animais. Segundo alguns, o Espírito só alcança o período de humanidade após ter sido elaborado e individualizado nos diferentes graus dos seres inferiores da

---

✒ - Consulte Nota Explicativa no final do livro (N. E.).

Criação; segundo outros, o Espírito do homem teria sempre pertencido à raça humana, sem passar pela experiência animal.

O primeiro desses sistemas tem a vantagem de dar um objetivo ao futuro dos animais, que formariam assim os primeiros anéis da cadeia dos seres pensantes; o segundo está mais de acordo com a dignidade do homem e pode se resumir no seguinte modo:

As diferentes espécies de animais não procedem intelectualmente umas das outras pelo caminho da progressão; assim, o espírito da ostra não se torna sucessivamente o do peixe, do pássaro, do quadrúpede e do quadrúmano[8]. Cada espécie constitui um tipo absoluto, física e moralmente, e cada indivíduo tira na fonte universal a soma do princípio inteligente que lhe é necessário, segundo a perfeição de seus órgãos e a obra que deve cumprir nos fenômenos da natureza, e que, em sua morte, volta à fonte universal. As espécies de animais dos mundos mais avançados que o nosso (veja a questão 188) são igualmente raças distintas, apropriadas às necessidades desses mundos e ao grau de adiantamento dos homens de lá, dos quais são auxiliares, mas que não procedem daqueles da Terra, espiritualmente falando. Não ocorre o mesmo com o homem. Do ponto de vista físico, ele forma evidentemente um anel da cadeia dos seres vivos; mas, do ponto de vista moral, entre o animal e o homem há uma separação. O homem possui alma ou Espírito, a centelha divina que lhe dá o sentido moral e um valor intelectual que falta aos animais e é nele o ser principal, preexistindo e sobrevivendo ao corpo ao conservar sua individualidade. Qual é a origem do Espírito? Onde está seu ponto de partida? Forma-se a partir do princípio inteligente individualizado? Está aí um mistério que seria inútil tentar penetrar e sobre o qual, como já dissemos, não se pode construir mais do que sistemas. O que é constante e resulta ao mesmo tempo do raciocínio e da experiência é a sobrevivência do Espírito, a conservação de sua individualidade após a morte, sua faculdade progressiva, seu estado feliz ou infeliz de acordo com seu adiantamento no caminho do bem e todas as verdades morais que são a consequência desse princípio. Quanto às relações misteriosas que existem entre os homens e os animais, está aí, nós repetimos, o segredo de Deus, como muitas outras coisas cujo conhecimento atual não importa ao nosso adiantamento e sobre as quais seria inútil insistir.

---

8 - **Quadrúmano:** que tem quatro mãos; macaco (N. E.).

PARTE TERCEIRA

Leis Morais

CAPÍTULO

1

LEI DIVINA OU NATURAL

Características da lei natural –
Origem e conhecimento da lei natural –
O bem e o mal – Divisão da lei natural

CARACTERÍSTICAS DA LEI NATURAL

614 O que se deve entender por lei natural?
– A lei natural é a lei de Deus. É a única verdadeira para a felicidade do homem; ela lhe indica o que deve ou não fazer, e ele é infeliz somente quando se afasta dela.

615 A lei de Deus é eterna?
– Eterna e imutável como o próprio Deus.

616 Deus ordenou aos homens, numa época, o que lhes proibiu em outra?
– Deus não pode se enganar; são os homens que são obrigados a mudar suas leis, porque são imperfeitos; mas as leis de Deus são perfeitas. A harmonia que rege o universo material e o universo moral é fundada sobre as leis que Deus estabeleceu para toda a eternidade.

617 Que objetivos abrangem as leis divinas? Elas se referem a outra coisa além da conduta moral?
– Todas as leis da natureza são leis divinas, uma vez que Deus é o criador de todas as coisas. O sábio estuda as leis da matéria, o homem de bem estuda as da alma e as pratica.

617 a É permitido ao homem se aprofundar em ambas?
– Sim, mas uma única existência não basta.

✦ *Que são, de fato, alguns anos para adquirir tudo o que constitui o ser perfeito, se considerarmos apenas a distância que separa o selvagem do homem civilizado? A mais longa existência possível de imaginar é insuficiente e com maior razão quando é abreviada, como acontece com muitos. Entre as leis divinas, umas regem o movimento e as relações da matéria bruta: são as leis físicas, cujo estudo é do domínio da ciência. Outras dizem respeito especialmente ao homem em si mesmo e em suas relações com Deus e com seus semelhantes. Elas compreendem as regras da vida do corpo como também as da vida da alma: são as leis morais.*

618 As leis divinas são as mesmas para todos os mundos?
– A razão diz que devem ser apropriadas à natureza de cada mundo e proporcionais ao grau de adiantamento dos seres que os habitam.

ORIGEM E CONHECIMENTO DA LEI NATURAL

619 Deus deu a todos os homens meios de conhecer Sua lei?
– Todos podem conhecê-la, mas nem todos a compreendem; os que a compreendem melhor são os homens de bem e os que procuram pesquisá-la; entretanto, todos a compreenderão um dia, porque é preciso que o progresso se realize.

✦ *A justiça das diversas encarnações do homem é uma conseqüência desse princípio, uma vez que a cada nova existência sua inteligência é mais desenvolvida e compreende melhor o bem e o mal. Se tudo devesse se cumprir numa única existência, qual seria a sorte de tantos milhões de seres que morrem a cada dia no embrutecimento da selvageria ou nas trevas da ignorância, sem que tivesse dependido deles o esclarecimento?* (Veja as questões 171 e 222.)

620 A alma, antes de sua união com o corpo, compreende a lei de Deus melhor que depois de sua encarnação?
– Compreende-a conforme o grau de perfeição que atingiu e conserva disso a lembrança intuitiva depois de sua união com o corpo; contudo, os maus instintos do homem o fazem esquecer-se dela.

621 Onde está escrita a lei de Deus?
– Na consciência.

621 a Uma vez que o homem traz inscrita na consciência a lei de Deus, há necessidade que lhe seja revelada?
– Ele a esqueceu e a menosprezou; Deus quis que ela fosse lembrada.

622 Deus deu a alguns homens a missão de revelar Sua lei?
– Sim, certamente; em todos os tempos houve homens que receberam essa missão. São os Espíritos Superiores encarnados com o objetivo de fazer a humanidade avançar.

623 Aqueles que pretenderam instruir os homens na lei de Deus não estavam algumas vezes enganados e, freqüentemente, não fizeram com que se transviassem por meio de falsos princípios?
– Aqueles que não são inspirados por Deus e que, levados pela ambição, disseram-se portadores de uma missão que não tinham, certamente

puderam desviá-los. Entretanto, como eram de fato homens de gênio, mesmo no meio dos erros ensinados muitas vezes encontram-se grandes verdades.

624 Qual é o caráter do verdadeiro profeta?
– É um homem de bem, inspirado por Deus. Pode-se reconhecê-lo por suas palavras e ações. Deus não se serviria da boca de um mentiroso para ensinar a verdade.

625 Qual é o tipo mais perfeito que Deus ofereceu ao homem para lhe servir de guia e modelo?
– Jesus.

✦ *Jesus é para o homem o exemplo da perfeição moral a que pode pretender a humanidade na Terra. Deus nos oferece Jesus como o mais perfeito modelo, e a doutrina que ensinou é a mais pura expressão de sua lei, porque era o próprio Espírito Divino e foi o ser mais puro que apareceu na Terra.*

Se alguns daqueles que pretenderam instruir o homem na lei de Deus algumas vezes o desviaram, ensinando-lhe falsos princípios, foi por se deixarem dominar por sentimentos muito materiais e por ter confundido as leis que regem as condições da vida da alma com as do corpo. Muitos anunciaram como leis divinas o que eram apenas leis humanas criadas para servir às paixões e dominar os homens.

626 As leis divinas e naturais só foram reveladas aos homens por Jesus e, antes dele, tinham conhecimento delas apenas pela intuição?
– Não dissemos que elas foram escritas em todos os lugares? Todos os homens que meditaram sobre a sabedoria puderam compreendê-las e ensiná-las desde os séculos mais remotos. Com os seus ensinamentos, mesmo incompletos, eles prepararam o terreno para receber a semente. Estando as leis divinas escritas no livro da natureza, o homem pôde conhecê-las quando as quis procurar. Eis por que os preceitos que consagram foram proclamados em todos os tempos pelos homens de bem e é por isso, também, que se encontram seus elementos na doutrina moral de todos os povos saídos da barbárie, embora incompletos ou alterados pela ignorância e pela superstição.

627 Uma vez que Jesus ensinou as verdadeiras leis de Deus, qual é a utilidade do ensinamento dado pelos Espíritos? Terão a nos ensinar alguma coisa a mais?
– A palavra de Jesus era, muitas vezes, alegórica e em parábolas, porque falava de acordo com os tempos e os lugares. É preciso agora que a verdade seja inteligível para todo mundo. É preciso também explicar e desenvolver essas leis, uma vez que há tão poucas pessoas que as

compreendem e ainda menos as que as praticam. Nossa missão é de abrir os olhos e os ouvidos para confundir os orgulhosos e desmascarar os hipócritas: aqueles que tomam as aparências da virtude e da religião para ocultarem suas baixezas. O ensinamento dos Espíritos deve ser claro e inequívoco, a fim de que ninguém possa alegar ignorância e cada um possa julgá-lo e apreciá-lo com a razão. Estamos encarregados de preparar o reino do bem anunciado por Jesus; por isso, não é correto que cada um possa interpretar a lei de Deus ao capricho de suas paixões nem falsear o sentido de uma lei toda de amor e de caridade.

628 Por que a verdade nem sempre foi colocada ao alcance de todos?

– É preciso que cada coisa venha a seu tempo. A verdade é como a luz: é preciso se habituar a ela pouco a pouco; de outro modo, fica-se deslumbrado.

Nunca ocorreu que Deus permitisse ao homem receber comunicações tão completas e instrutivas como as que lhe é dado receber hoje. Havia, como sabeis, na Antiguidade, alguns indivíduos que estavam em poder do que consideravam uma ciência sagrada e da qual faziam mistério aos que, de acordo com o seu julgamento, eram profanos. Deveis compreender, com o que conheceis agora das leis que regem os fenômenos das comunicações dos Espíritos, que esses indivíduos recebiam apenas algumas verdades esparsas no meio de um conjunto equívoco e, a maior parte do tempo, simbólico. Entretanto, não há para o homem estudioso nenhum antigo sistema filosófico, nenhuma tradição, nenhuma religião a negligenciar, pois em tudo há os germes das grandes verdades que, ainda que pareçam contraditórias, esparsas que estão em meio a acessórios sem fundamento, são muito fáceis de entender, graças à chave que o Espiritismo dá para uma multidão de coisas que puderam, até aqui, parecer sem razão e que, hoje, a realidade vos demonstra de uma maneira irrecusável. Não deixeis, portanto, de tirar dessas matérias assuntos de estudo; elas são muito ricas e podem contribuir muito para a vossa instrução.

O BEM E O MAL

629 Que definição se pode dar à moral?

– A moral é a regra do bem proceder, ou seja, a que permite distinguir entre o bem e o mal. Ela é fundada sobre o cumprimento da lei de Deus. O homem procede bem quando faz tudo para o bem de todos porque, então, cumpre a lei de Deus.

630 Como se pode distinguir o bem e o mal?

– O bem é tudo o que está conforme a lei de Deus; o mal, tudo o que é contrário. Assim, fazer o bem é proceder conforme a lei de Deus; fazer o mal é infringir essa lei.

Capítulo 1 – Lei Divina ou Natural

631 O homem tem, por si mesmo, meios de distinguir o bem do mal?
– Sim, quando crê em Deus e de fato quer saber porque Deus lhe deu a inteligência para distinguir um do outro.

632 O homem, sujeito ao erro como está, não pode se enganar no julgamento do bem e do mal e acreditar que faz o bem quando, na realidade, faz o mal?
– Jesus disse: "o que quereis que os homens vos façam, fazei-o também vós a eles". Tudo está aí resumido. Vós não vos enganareis.

633 A regra do bem e do mal, que se poderia chamar de *reciprocidade* ou de *solidariedade*, não pode se aplicar à conduta pessoal do homem para consigo mesmo. Ele encontra na lei natural a regra dessa conduta e um guia seguro?
– Quando comeis em excesso, isso vos faz mal. Pois bem! Deus dá a medida daquilo que precisais. Quando a ultrapassais, sois punidos. Ocorre o mesmo com tudo. A lei natural traça para o homem o limite de suas necessidades; quando a ultrapassa, é punido pelo sofrimento. Se o homem escutasse, em todas as coisas, a voz que diz *basta*, evitaria a maior parte dos males de que acusa a natureza.

634 Por que o mal está na natureza das coisas? Eu falo do mal moral. Deus não poderia criar a humanidade em condições melhores?
– Já vos dissemos: os Espíritos foram criados simples e ignorantes. (Veja a questão 115.) Deus deixa ao homem a escolha do caminho. Tanto pior se tomar o mau: sua peregrinação será maior. Se não houvesse montanhas, o homem não compreenderia que se pode subir e descer, e, se não houvesse rochedos, não compreenderia que há corpos duros. É preciso que o Espírito adquira experiência e para isso é necessário que conheça o bem e o mal; é por essa razão que há a união do Espírito ao corpo. (Veja a questão 119.)

635 As diferentes posições sociais criam necessidades novas que não são as mesmas para todos os homens. A lei natural parece, assim, não ser uma regra uniforme?
– Essas diferentes posições estão na natureza da vida do homem e de conformidade com a lei do progresso. Isso não invalida a unidade da lei natural que se aplica a tudo.

✦ *As condições de existência do homem mudam de acordo com os tempos e os lugares, o que resulta para ele em necessidades diferentes e posições sociais apropriadas a essas necessidades. Porém, essa diversidade está na ordem das coisas, está conforme a lei de Deus e é una, quanto ao seu princípio. Cabe à razão distinguir as necessidades reais das necessidades artificiais ou convencionais.*

636 O bem e o mal são absolutos para todos os homens?
– A lei de Deus é a mesma para todos; mas o mal depende principalmente da vontade que se tem de o praticar. O bem é sempre o bem e o mal é sempre o mal, qualquer que seja a posição do homem; a diferença está no grau de responsabilidade.

637 O selvagem que cede ao instinto e se nutre da carne humana é culpado?
– Eu disse que o mal depende da vontade. Pois bem! O homem é mais culpado à medida que se torna mais consciente daquilo que faz.

✦ *As circunstâncias dão ao bem e ao mal uma gravidade relativa. O homem comete muitas faltas que por serem a conseqüência da posição em que a sociedade o colocou não são menos repreensíveis; mas a responsabilidade está na razão dos meios que tem de compreender o bem e o mal. É assim que o homem esclarecido que comete uma simples injustiça é mais culpado aos olhos de Deus do que o selvagem ignorante que é governado pelos instintos.*

638 O mal parece, algumas vezes, ser conseqüência da força das coisas. Por exemplo, em alguns casos, a necessidade de destruição, mesmo dos nossos semelhantes. Pode-se dizer que haja infração à lei de Deus?
– Não deixa de ser o mal, ainda que necessário; porém, essa necessidade desaparece à medida que a alma se depura, ao passar de uma existência para outra; e então, o homem se torna mais culpado quando o comete, porque melhor o compreende.

639 O mal que se comete não é, muitas vezes, o resultado da posição em que nos colocaram outros homens? E, nesse caso, quais são os mais culpados?
– O mal recai sobre aquele que o causou. Porém, o homem que é conduzido ao mal pela posição que exerce é menos culpado do que aqueles que o causaram; contudo, cada um será punido, não somente pelo mal que tiver feito, como também pelo que tiver provocado.

640 Aquele que não faz o mal, mas que se aproveita do mal feito por um outro, é culpado da mesma forma?
– É como se o cometesse; ao tirar proveito participa dele. Talvez não pratique a ação; mas se, ao encontrar tudo feito, faz uso disso, é porque a aprova, e ele mesmo o faria se pudesse, ou se ousasse.

641 O desejo do mal é tão repreensível quanto o próprio mal?
– Depende; há virtude em resistir voluntariamente ao mal que se deseja praticar, especialmente quando se tem a possibilidade de satisfazer esse desejo; mas se é apenas por falta de ocasião, há culpa.

CAPÍTULO 1 – LEI DIVINA OU NATURAL

642 Basta não fazer o mal para ser agradável a Deus e assegurar um futuro melhor?

– Não. É preciso fazer o bem no limite de suas forças, porque cada um responderá por todo o mal que resulte do bem que não tiver feito.

643 Há pessoas que, pela sua posição, não têm a possibilidade de fazer o bem?

– Não há ninguém que não possa fazer o bem; somente o egoísta nunca encontra ocasião. Bastam as relações sociais com outros homens para encontrar ocasião de fazer o bem, e cada dia de vida dá a oportunidade a quem não esteja cego pelo egoísmo; porque fazer o bem não é somente ser caridoso, é ser útil na medida de vosso poder todas as vezes que vossa ajuda se fizer necessária.

644 O meio onde alguns homens vivem não é para eles a causa primeira de muitos vícios e crimes?

– Sim, mas isso ainda é uma prova escolhida pelo Espírito no estado de liberdade. Ele quis se expor à tentação para ter o mérito da resistência.

645 Quando o homem está, de algum modo, mergulhado na atmosfera do vício, o mal não se torna um arrebatamento quase irresistível?

– Arrebatamento, sim; irresistível, não, porque, em meio à atmosfera do vício, encontrais, algumas vezes, grandes virtudes. São Espíritos que tiveram força de resistir e, ao mesmo tempo, a missão de exercer uma boa influência sobre seus semelhantes.

646 O mérito do bem depende de algumas condições ou há diferentes graus de mérito no bem?

– O mérito do bem está na dificuldade em praticá-lo; não há mérito em fazer o bem sem esforço e quando não custa nada. Deus tem mais em conta o pobre que partilha de seu único pedaço de pão do que o rico que dá apenas o supérfluo. Foi o que Jesus ensinou ao falar da esmola da viúva.

DIVISÃO DA LEI NATURAL

647 Toda a lei de Deus está contida no ensinamento de amor ao próximo ensinado por Jesus?

– Certamente esse ensinamento contém todos os deveres dos homens entre si; mas é preciso vos mostrar sua aplicação, senão deixareis de o cumprir como fazeis até hoje; aliás, a lei natural compreende todas as circunstâncias da vida e esse ensinamento é apenas uma parte da lei. Os homens necessitam de regras precisas. Os ensinamentos gerais e indefinidos, por serem muito vagos, possibilitam diversas interpretações.

648 Que pensais da divisão da lei natural em dez partes compreendendo as leis de *adoração*, *trabalho*, *reprodução*, *conservação*, *destruição, sociedade, progresso, igualdade, liberdade* e, por fim, a *de justiça, amor e caridade*?

– Essa divisão da lei de Deus em dez partes é a de Moisés e pode abranger todas as circunstâncias da vida, que é essencial. Podeis segui-la, embora ela nada tenha de absoluto, como não têm os outros sistemas de classificação que dependem do ponto de vista sob o qual se considere o que quer que seja. A última lei é a mais importante; é por ela que o homem pode avançar mais na vida espiritual, porque resume todas as outras.

Capítulo 2

LEI DE ADORAÇÃO

Objetivo da adoração – Adoração exterior –
Vida contemplativa – Prece – Politeísmo – Sacrifícios

OBJETIVO DA ADORAÇÃO

649 Em que consiste a adoração?
– É a elevação do pensamento a Deus. Pela adoração, a alma se aproxima d'Ele.

650 A adoração é para o homem resultado de um sentimento natural ou conseqüência de um ensinamento?
– É sentimento inato, como o da existência de Deus. A consciência de sua fraqueza leva o homem a se curvar diante d'Aquele que pode protegê-lo.

651 Houve povos desprovidos de todo sentimento de adoração?
– Não, nunca houve povos ateus. Todos compreendem que acima de tudo há um ser supremo.

652 Pode-se considerar a adoração como tendo origem na lei natural?
– Ela está na lei natural, pois é o resultado de um sentimento natural no homem. Eis por que se encontra entre todos os povos, ainda que sob formas diferentes.

ADORAÇÃO EXTERIOR

653 A adoração tem necessidade de manifestações exteriores?
– A verdadeira adoração é a do coração. Em todas as vossas ações, imaginai sempre que o Senhor está convosco.

653 a A adoração exterior é útil?
– Sim, se não for uma farsa, uma vã simulação. É sempre útil dar um bom exemplo; mas aqueles que o fazem de forma fingida ou por amor-próprio e cuja conduta desmente a piedade que aparentam dão um exemplo antes mau do que bom e fazem mais mal do que pensam.

654 Deus dá preferência aos que O adoram desse ou daquele modo?
– Deus prefere os que O adoram verdadeiramente com o coração, com sinceridade, fazendo o bem e evitando o mal, àqueles que acreditam

honrá-lo por cerimônias que não os tornam melhores para com seus semelhantes.

Todos os homens são irmãos e filhos de Deus; Ele chama para si todos que seguem Suas leis, qualquer que seja a forma em que se exprimam.

Quem tem apenas a piedade aparente é hipócrita; aquele em que a adoração é apenas fingimento e presunção, em contradição com sua conduta, dá um mau exemplo.

Aquele que faz da adoração do Cristo uma profissão e que é orgulhoso, invejoso e ciumento, que é duro e implacável para com os outros, ou ambicioso pelos bens deste mundo, eu vos digo que a religião está nos seus lábios e não no coração. Deus, que vê tudo, dirá: aquele que conhece a verdade é cem vezes mais culpado do mal que faz do que o ignorante selvagem que vive isolado e será tratado desse modo no dia da justiça. Se um cego vos derruba ao passar, o desculpareis; se é um homem que vê claramente, vos queixareis e tendes razão.

Não pergunteis, portanto, se há uma forma de adoração mais conveniente, porque isso seria perguntar se é mais agradável a Deus ser adorado antes em uma língua do que em outra. Eu vos digo ainda mais uma vez: os cânticos apenas chegam a Ele pela porta do coração.

655 É repreensível praticar uma religião em que não se acredita sinceramente, visando somente o respeito e para não escandalizar aqueles que pensam de outro modo?

– A intenção, nisso como em muitas outras coisas, constitui a regra. Aquele que respeita as crenças dos outros não procede mal; faz melhor do que aquele que as ridiculariza, porque falta à caridade; mas aquele que a pratica por interesse e por ambição é desprezível aos olhos de Deus e dos homens. A Deus não agradam os que aparentam se humilhar diante Dele apenas para desfrutar da aprovação dos homens.

656 A adoração coletiva é preferível à individual?

– Os homens reunidos numa comunhão de pensamentos e de sentimentos têm mais força para atrair os bons Espíritos. Ocorre o mesmo quando se reúnem para adorar a Deus. Mas não acrediteis, por isso, que a adoração particular seja de menos valor, porque cada um pode adorar a Deus ao pensar n'Ele.

VIDA CONTEMPLATIVA

657 Os homens que se entregam à vida contemplativa, não fazendo nenhum mal e pensando apenas em Deus, têm mérito perante Deus?

– Não, porque se não fazem o mal também não fazem o bem, e são inúteis; aliás, não fazer o bem já é um mal. Deus quer que se pense n'Ele, mas não que se pense apenas n'Ele, uma vez que deu ao homem deveres a cumprir na Terra. Aquele que consome seu tempo na meditação e na contemplação não faz nada de meritório aos olhos de Deus, porque a dedicação de sua vida é toda pessoal e inútil para a humanidade, e Deus lhe pedirá contas do bem que não tiver feito. (Veja a questão 640.)

PRECE

658 A prece é agradável a Deus?

– A prece é sempre agradável a Deus quando é do coração, porque a intenção é tudo e a prece do coração é preferível à que se pode ler, por mais bela que seja, se for lida mais com os lábios do que com o sentimento. A prece é agradável a Deus quando é dita com fé, fervor e sinceridade; mas não acrediteis que Ele seja tocado pela prece do homem fútil, orgulhoso e egoísta, a menos que signifique de sua parte um ato de sincero arrependimento e verdadeira humildade.

659 Qual é o caráter geral da prece?

– A prece é um ato de adoração. Orar a Deus é pensar n'Ele; é se aproximar d'Ele; é se colocar em comunicação com Ele. Pela prece, podem-se propor três coisas: louvar, pedir, agradecer.

660 A prece torna o homem melhor?

– Sim, quem ora com fervor e confiança é mais forte contra as tentações do mal, e Deus envia bons Espíritos para assisti-lo. É um socorro nunca recusado quando pedido com sinceridade.

660 a Por que algumas pessoas que oram muito têm, apesar disso, um caráter muito ruim, são invejosas, ciumentas, coléricas, não têm benevolência nem tolerância, podendo ser, algumas vezes, até mesmo viciosas?

– O essencial não é orar muito, mas orar bem. Essas pessoas acreditam que todo o mérito está no tamanho da prece e fecham os olhos para seus próprios defeitos. A prece é, para elas, uma ocupação, um emprego do tempo, não um estudo delas mesmas. Não é o remédio que é ineficaz, é a maneira como é empregado.

661 É válido orar a Deus para perdoar nossas faltas?

– Deus sabe discernir o bem e o mal; a prece não oculta as faltas. Aquele que a Deus pede perdão de suas faltas apenas o obtém ao mudar de conduta. As boas ações são as melhores preces, porque os atos valem mais do que as palavras.

662 É válido orar para outra pessoa?

– O Espírito daquele que ora age pela sua vontade de fazer o bem. Pela prece, atrai bons Espíritos que se associam ao bem que quer fazer.

✦ *Possuímos, em nós mesmos, pelo pensamento e pela vontade, um poder de ação que se estende além dos limites de nossa esfera corporal. A prece em favor de outras pessoas é um ato dessa vontade. Se for ardente e sincera, pode chamar os bons Espíritos para ajudar aquele por quem oramos, a fim de lhe sugerir bons pensamentos e lhe dar ao corpo e à alma a força de que tem necessidade. Mas a prece do coração é tudo, a dos lábios não é nada.*

663 As preces que fazemos por nós mesmos podem mudar nossas provas e desviar-lhes o curso?

– Vossas provas estão nas mãos de Deus e há algumas que devem ser suportadas até o fim, mas Deus tem sempre em conta a resignação. A prece traz para junto de vós os bons Espíritos que dão a força de suportá-las com coragem e fazem com que pareçam menos duras. Já dissemos, a prece nunca é inútil quando é bem-feita, porque dá força àquele que ora, o que já é um grande resultado. Ajudai-vos e o céu vos ajudará, sabeis disso. Aliás, Deus não pode mudar a ordem da natureza à vontade de cada um, porque aquilo que é um grande mal sob o vosso ponto de vista mesquinho e vossa vida efêmera é, muitas vezes, um grande bem na ordem geral do universo. Além de tudo, quantos males há dos quais o homem é o próprio autor por sua imprevidência ou por suas faltas! É punido naquilo que errou. Entretanto, os pedidos justos são muitas vezes atendidos mais vezes do que supondes. Acreditais que Deus não vos tem escutado, porque não fez um milagre por vós, enquanto vos assiste por meios tão naturais que parecem o efeito do acaso ou da força das coisas; muitas vezes também, muitas vezes mesmo, Ele vos suscita o pensamento necessário para, por vós mesmos, sairdes do problema.

664 É útil orar pelos mortos e pelos Espíritos sofredores? Nesse caso, como nossas preces podem levar alívio e abreviar seus sofrimentos? Têm elas o poder de fazer abrandar a justiça de Deus?

– A prece não pode ter por efeito mudar os desígnios de Deus, mas a alma para quem se ora experimenta alívio, porque é um testemunho de interesse que se lhe dá, e porque o infeliz sempre encontra alívio quando almas caridosas se compadecem de suas dores. De outro lado, pela prece, motiva-se ao arrependimento e ao desejo de fazer o que é preciso para ser feliz; é nesse sentido que se pode abreviar sua pena, se por seu lado ajudar com sua boa vontade. Esse desejo de melhorar, animado pela prece, atrai para junto do Espírito sofredor Espíritos melhores que vêm esclarecê-lo, consolá-lo e lhe dar esperança. Jesus orava pelas ovelhas desgarradas e mostra, dessa maneira, que seríeis culpados de não fazer o mesmo por aqueles que têm necessidade das vossas preces.

665 O que pensar da opinião que rejeita a prece pelos mortos em razão de não estar recomendada no Evangelho?

Capítulo 2 – Lei de Adoração

– O Cristo disse: "Amai-vos uns aos outros". Essa recomendação ensina que o homem deve empregar todos os meios possíveis para demonstrar afeição aos outros, sem entrar em detalhes sobre a maneira de atingir esse objetivo. Se é verdade que nada pode impedir o Criador de aplicar a justiça, da qual é a própria imagem, a todas as ações do Espírito, não é menos verdadeiro que a prece que Lhe dirigis em favor daquele que vos inspira afeição é um testemunho da lembrança que tendes dele, e apenas pode contribuir para aliviar seus sofrimentos e consolá-lo. A partir do momento em que ele sinta o menor arrependimento, é, então, socorrido; mas ele nunca ignora que uma alma simpática se ocupou dele e lhe deixa o doce pensamento que essa intercessão foi útil. Resulta disso, necessariamente, de sua parte, um sentimento de reconhecimento e afeição por aquele que lhe deu essa prova de amizade ou piedade. Dessa maneira, o amor que o Cristo recomendava aos homens apenas aproximou-os entre si; portanto, os dois obedeceram à lei de amor e de união de todos os seres, lei divina que deve conduzir à unidade, objetivo e finalidade do Espírito*.

666 Pode-se orar aos Espíritos?

– Pode-se orar aos bons Espíritos como mensageiros de Deus e executores de Seus desígnios; mas seu poder está na sua superioridade e depende sempre do Senhor de todas as coisas, pois sem sua permissão nada se faz; por isso, as preces que lhes dirigimos são somente eficazes se são agradáveis a Deus.

POLITEÍSMO

667 Por que o politeísmo é uma das crenças mais antigas e divulgadas, apesar de ser falsa?

– O pensamento de um Deus único só poderia ser, para o homem, resultado do desenvolvimento de suas idéias. Incapaz, em sua ignorância, de conceber um ser imaterial, sem forma determinada, agindo sobre a matéria, deu-lhe o homem as características da natureza corporal, ou seja, uma forma e uma figura. Desde então, tudo o que parecia ultrapassar as proporções da inteligência comum era uma divindade. Tudo que não compreendia devia ser obra de um poder sobrenatural, e daí estava a um passo de acreditar em tantos poderes diferentes quantos eram os efeitos que observava. Mas em todos os tempos houve homens esclarecidos que compreenderam que governar o mundo com essa multidão de poderes seria impossível sem uma direção superior e conceberam o pensamento de um Deus único.

---

* Resposta dada pelo Espírito de M. Monod, pastor protestante de Paris, falecido em abril de 1856. A resposta anterior, nº 664, é do Espírito São Luís (N. K.).

668 Os fenômenos espíritas, produzidos em todos os tempos e conhecidos desde as primeiras épocas do mundo, não concorreram para fazer acreditar na pluralidade dos deuses?

– Sem dúvida, como os homens chamavam deus a tudo o que era sobre-humano, os Espíritos eram para eles deuses, e é por isso que, quando um homem se distinguia entre os outros pelas suas ações, seu gênio ou por um poder oculto, incompreendido pelos demais, tornavam-no um deus e lhe rendiam culto após a morte. (Veja a questão 603.)

✦ *A palavra deus, entre os antigos, tinha uma significação muito ampla. Não era como nos nossos dias, uma personificação do senhor da natureza; era uma qualificação genérica dada a todo ser colocado além das condições da humanidade. Como as manifestações espíritas lhes havia revelado a existência de seres incorpóreos que agiam como potências da natureza, eles os chamaram deuses, como nós os chamamos Espíritos. Uma simples questão de palavras, com a diferença de que em sua ignorância, mantida de propósito por aqueles que nisso tinham interesse, ergueram templos e altares muito lucrativos, enquanto, para nós, eles são simples criaturas, como nós, mais ou menos perfeitas, simplesmente sem o seu corpo terrestre. Se estudarmos com cuidado os diversos atributos das divindades pagãs, reconheceremos, sem dificuldade, todos aqueles atributos que os nossos Espíritos também têm em todos os graus da escala espírita; o estado físico nos mundos superiores; todas as propriedades do perispírito e o papel que desempenham nas coisas da Terra.*

O Cristianismo, ao esclarecer o mundo com sua luz divina, não veio destruir uma coisa que está na natureza, mas orientar a adoração para aquele a quem é devida. Quanto aos Espíritos, sua lembrança se perpetuou sob diversos nomes, conforme os povos, e suas manifestações, que nunca deixaram de se produzir, foram diversamente interpretadas e muitas vezes exploradas sob o manto do mistério; enquanto a religião viu fenômenos miraculosos, os incrédulos viram mentiras. Hoje, graças aos estudos mais sérios, feitos a plena luz, o Espiritismo livra-os das idéias supersticiosas que os obscureceram durante séculos e nos revela um dos maiores e mais sublimes princípios da natureza.

SACRIFÍCIOS

669 O hábito de sacrifícios humanos vem da mais alta Antiguidade. Como o homem pôde ser levado a acreditar que tais coisas pudessem ser agradáveis a Deus?

– Primeiramente, porque não compreendia Deus como fonte da bondade. Entre os povos primitivos, a matéria domina o espírito; eles se entregam aos instintos animais, é por isso que são geralmente cruéis, porque o seu sentido moral ainda não se desenvolveu. Além disso, os homens primitivos deveriam acreditar, naturalmente, que uma criatura viva tinha muito mais valor aos olhos de Deus do que um morto. Foi isso que os levou a sacrificar primeiro os animais e em seguida os homens, uma vez que, seguindo sua falsa crença, pensavam que o valor do sacrifício estava diretamente ligado à importância da vítima. Na vida material, se ofereceis um presente a alguém, o escolheis de um valor tanto maior quanto quereis demonstrar à pessoa mais amizade e consideração. Devia ocorrer o mesmo com os homens ignorantes em relação a Deus.

669 a Assim, os sacrifícios de animais teriam precedido os sacrifícios humanos?

– Sim. Não há dúvida.

669 b Então, de acordo com essa explicação, os sacrifícios humanos não teriam sua origem num sentimento de crueldade?

– Não, mas numa idéia errônea de ser agradável a Deus. Vede o que ocorreu com Abraão[1]. Depois, os homens abusaram ao sacrificar seus inimigos. Porém, Deus nunca exigiu sacrifícios de animais nem de homens; Ele não pode ser honrado com a destruição inútil de sua própria criatura.

670 Os sacrifícios humanos feitos com intenção piedosa algumas vezes puderam ser agradáveis a Deus?

– Não, nunca. Mas Deus julga a intenção. Os homens, sendo ignorantes, podiam acreditar que faziam um ato louvável ao sacrificar um de seus semelhantes. Nesse caso, Deus apenas levava em conta o pensamento e não o fato. Os homens, ao se melhorarem, reconheceriam seu erro e reprovariam esses sacrifícios, que não deviam alcançar compreensão no pensamento dos Espíritos esclarecidos; digo esclarecidos porque os Espíritos estavam, então, envolvidos por um véu material, mas, pelo livre-arbítrio, podiam ter uma percepção de sua origem e finalidade, e muitos já compreendiam, por intuição, o mal que faziam, embora continuassem a fazê-lo para satisfazer suas paixões.

671 Que devemos pensar das chamadas guerras santas? O sentimento que leva pessoas fanáticas a exterminarem o máximo que puderem dos que não compartilham de suas crenças para serem agradáveis a Deus parece ter a mesma origem que os estimulava antigamente a sacrificar os seus semelhantes?

– Eles estão envolvidos pela ação de maus Espíritos e ao guerrearem com seus semelhantes contrariam a vontade de Deus, que diz que se deve

---

1 - Abraão: patriarca da Bíblia que se propôs a sacrificar Isaac, seu filho, a Deus, como prova de obediência, mas pela intervenção de um Espírito foi impedido de fazê-lo – Veja em *Gênese*, 22 (N. E.).

amar seu irmão como a si mesmo. Todas as religiões, ou melhor, todos os povos, adoraram um mesmo Deus, tenha um nome ou outro. Por que fazer uma guerra de extermínio apenas pelo fato de terem religiões diferentes ou não terem ainda alcançado o progresso dos povos esclarecidos? Os povos podem ser desculpados por não acreditarem na palavra daquele que era animado pelo Espírito de Deus e enviado por ele, principalmente quando não o viram e não foram testemunhas de seus atos; porém, como quereis que acreditem nessa palavra de paz, quando pretendeis impor essa palavra com a espada na mão? Devemos levar-lhes o esclarecimento e procurar fazer-lhes conhecer a doutrina do Salvador pela persuasão e pela doçura, não pela força e pelo sangue. Na maioria das vezes, não acreditais nas comunicações que temos com alguns mortais; como haveis de querer que estranhos acreditassem na vossa palavra, quando vossos atos desmentem a doutrina que pregais?

672 A oferenda dos frutos da terra, feita a Deus, tem mais mérito aos seus olhos do que o sacrifício de animais?

– Já vos respondi ao dizer que Deus julga a intenção e o fato tem pouca importância para ele. Seria evidentemente mais agradável oferecer a Deus frutos da terra do que o sangue das vítimas. Como já vos dissemos e repetimos sempre, a prece dita do fundo do coração é cem vezes mais agradável a Deus do que todas as oferendas que poderíeis lhe fazer. Repito que a intenção é tudo e o fato não é nada.

673 Não haveria um meio de tornar essas oferendas mais agradáveis a Deus se aliviassem as necessidades daqueles a quem falta o necessário; e, nesse caso, o sacrifício de animais, quando feito com um objetivo útil, não se tornaria meritório, embora fosse abusivo quando não servia para nada ou só tinha proveito apenas para as pessoas que não tinham necessidade de nada? Não haveria alguma coisa de verdadeiramente piedoso em consagrar aos pobres os primeiros frutos dos bens que Deus nos concedeu na Terra?

– Deus abençoa sempre aqueles que fazem o bem, e aliviar os pobres e aflitos é o melhor meio de honrá-Lo. Não quero dizer, entretanto, que Deus desaprova as cerimônias que fazeis por devoção, mas há muito dinheiro que poderia ser empregado mais utilmente e não é. Deus ama a simplicidade em todas as coisas. O homem que fundamenta sua crença nas exterioridades e não no coração é um Espírito com vistas estreitas. Julgai se Deus deve se importar mais com a forma do que com o conteúdo.

Capítulo 3

LEI DO TRABALHO

Necessidade do trabalho –
Limite do trabalho. Repouso

NECESSIDADE DO TRABALHO

674 A necessidade do trabalho é uma lei da natureza?
– O trabalho é uma lei natural, por isso mesmo é uma necessidade, e a civilização obriga o homem a trabalhar mais, porque aumenta suas necessidades e prazeres.

675 Devem-se entender por trabalho somente as ocupações materiais?
– Não; o Espírito também trabalha, assim como o corpo. Toda ocupação útil é trabalho.

676 Por que o trabalho é imposto ao homem?
– É uma conseqüência de sua natureza corporal. É uma expiação e ao mesmo tempo um meio de aperfeiçoar sua inteligência. Sem o trabalho, o homem permaneceria na infância da inteligência; por isso deve seu sustento, segurança e bem-estar apenas ao seu trabalho e à sua atividade. Àquele que tem o corpo muito fraco, Deus deu a inteligência como compensação; mas é sempre um trabalho.

677 Por que a própria natureza provê, por si mesma, a todas as necessidades dos animais?
– Tudo trabalha na natureza; os animais trabalham como vós, mas seu trabalho, como sua inteligência, é limitado ao cuidado de sua conservação. Eis por que entre eles o trabalho não gera o progresso, enquanto entre os homens há um duplo objetivo: a conservação do corpo e o desenvolvimento do pensamento, que é também uma necessidade que o eleva acima de si mesmo. Quando digo que o trabalho dos animais é limitado ao cuidado de sua conservação, refiro-me ao objetivo a que se propõem a trabalhar; mas, inconscientemente, ao prover suas necessidades materiais, constituem-se em agentes dos desígnios do Criador, e seu trabalho não concorre menos para o objetivo final da natureza, se bem que muitas vezes não percebeis o resultado de imediato.

678 Nos mundos mais aperfeiçoados, o homem está sujeito à mesma necessidade de trabalho?

– A natureza do trabalho é relativa à natureza das necessidades. Quanto menos as necessidades são materiais, menos o trabalho é material; mas não deveis crer, por isso, que o homem fica inativo e inútil: a ociosidade seria um suplício, em vez de ser um benefício.

679 O homem que possui bens suficientes para assegurar sua existência está livre da lei do trabalho?

– Do trabalho material, pode ser, mas não da obrigação de se tornar útil conforme seus meios, de aperfeiçoar sua inteligência ou a dos outros, o que é também um trabalho. Se o homem a quem Deus distribuiu bens suficientes não está obrigado a se sustentar com o suor de seu rosto, a obrigação de ser útil a seus semelhantes é tanto maior quanto as oportunidades que surjam para fazer o bem, com o adiantamento que Deus lhe fez em bens materiais.

680 Não há homens impossibilitados para trabalhar no que quer que seja e cuja existência é inútil?

– Deus é justo. Apenas desaprova aquele que voluntariamente tornou inútil sua existência, porque esse vive à custa do trabalho dos outros. Ele quer que cada um se torne útil conforme suas aptidões. (Veja a questão 643.)

681 A lei natural impõe aos filhos a obrigação de trabalhar por seus pais?

– Certamente, do mesmo modo que os pais devem trabalhar por seus filhos; é por isso que Deus fez do amor filial e do amor paternal um sentimento natural para que, por essa afeição recíproca, os membros de uma mesma família fossem levados a se ajudarem mutuamente, o que é freqüentemente esquecido em vossa sociedade atual. (Veja a questão 205.)

LIMITE DO TRABALHO. REPOUSO

682 O repouso, sendo uma necessidade após o trabalho, não é também uma lei natural?

– Sem dúvida. O repouso repara as forças do corpo e é também necessário para dar um pouco mais de liberdade à inteligência, para que se eleve acima da matéria.

683 Qual é o limite do trabalho?

– O limite das forças; entretanto, Deus deixa o homem livre.

684 O que pensar daqueles que abusam de sua autoridade para impor a seus inferiores excesso de trabalho?

– É uma das piores ações. Todo homem que tem o poder de comandar é responsável pelo excesso de trabalho que impõe a seus subordinados, porque transgride a lei de Deus. (Veja a questão 273.)

685 O homem tem direito ao repouso na velhice?

– Sim. Ao trabalho está obrigado apenas conforme suas forças.

685 a Mas que recurso tem o idoso necessitado de trabalhar para viver, se já não pode?

– O forte deve trabalhar pelo fraco e, na falta da família, a sociedade deve tomar o seu lugar: é a lei da caridade.

✦ *Não basta dizer ao homem que é seu dever trabalhar, é preciso ainda que aquele que tem de prover a existência com seu trabalho encontre com que se ocupar, o que nem sempre acontece. Quando a falta do trabalho se generaliza, toma proporções de um flagelo como a miséria. A ciência econômica procura o remédio no equilíbrio entre a produção e o consumo; mas esse equilíbrio, supondo-se que seja possível, não será contínuo, e nesses intervalos o trabalhador precisa viver. Há um elemento que não se costuma considerar, sem o qual a ciência econômica torna-se apenas uma teoria: é a educação. Não a educação intelectual, mas a educação moral; não ainda a educação moral pelos livros, mas a que consiste na arte de formar o caráter, que dá os hábitos: porque educação é o conjunto dos hábitos adquiridos. Quando se pensa na massa de indivíduos lançados a cada dia na torrente da população, sem princípios nem freios e entregues aos próprios instintos, devem causar espanto as conseqüências desastrosas que resultam disso? Quando essa arte for conhecida e praticada, o homem trará hábitos de ordem e de previdência para si e para os seus, de respeito pelo que é respeitável, hábitos que lhe permitirão atravessar menos angustiado os maus dias inevitáveis. A desordem e a imprevidência são duas chagas que uma educação bem conduzida pode curar; aí está o ponto de partida, o elemento real do bem-estar, a garantia da segurança de todos.*

CAPÍTULO

4

LEI DE REPRODUÇÃO

População do globo – Sucessão e aperfeiçoamento das raças – Obstáculos à reprodução – Casamento e celibato – Poligamia

POPULAÇÃO DO GLOBO

686 A reprodução dos seres vivos é uma lei da natureza?
– Isso é evidente; sem a reprodução, o mundo corporal acabaria.

687 Se a população seguir sempre a progressão crescente que vemos, chegará um momento em que será excessiva na Terra?
– Não; Deus a isso provê e mantém sempre o equilíbrio, não faz nada inútil; o homem que vê apenas um canto do quadro da natureza não pode julgar a harmonia do conjunto.

SUCESSÃO E APERFEIÇOAMENTO DAS RAÇAS

688 Há, presentemente, raças humanas que diminuem; chegará um momento em que desaparecerão da face da Terra? ✍
– É verdade, mas outras tomaram seu lugar, como outras tomarão o da vossa um dia.

689 Os homens atuais são uma criação nova ou descendentes aperfeiçoados dos seres primitivos? ✍
– São os mesmos Espíritos que vieram para se aperfeiçoar em novos corpos, mas que ainda estão longe da perfeição. Assim, a raça humana atual, pelo seu crescimento, tende a expandir-se sobre toda a Terra e substituir as raças que se extinguem, terá seu período de decrescimento e desaparecerá. Outras raças mais aperfeiçoadas a substituirão, descendendo da raça atual, como os homens civilizados de hoje descendem dos seres brutos e selvagens dos tempos primitivos.

690 Do ponto de vista puramente físico, os corpos da raça atual são uma criação especial ou vieram dos corpos primitivos pelo caminho da reprodução? ✍
– A origem das raças se perde no tempo; como todas pertencem à grande família humana, qualquer que seja a fonte primitiva de cada uma, elas puderam se juntar entre si e produzir tipos novos.

✍ - Consulte Nota Explicativa no final do livro (N. E.).

Capítulo 4 – Lei de Reprodução

691 Qual é, do ponto de vista físico, a característica distintiva e dominante das raças primitivas? ✍
– Desenvolvimento da força bruta em vez da intelectual. Atualmente ocorre o contrário: o homem faz mais pela inteligência do que pela força do corpo e, entretanto, faz cem vezes mais, porque soube aproveitar as forças da natureza, o que os animais não conseguem fazer.

692 O aperfeiçoamento genético das raças animais e dos vegetais, pela ciência, é contrária à lei natural? Estaria mais conforme com essa lei deixar as coisas seguirem seu curso normal?
– Deve-se fazer tudo para chegar à perfeição, e o próprio homem é um instrumento nas mãos de Deus, do qual Ele se serve para que tudo à sua volta atinja os objetivos aos quais se destina. A perfeição, sendo o objetivo para o qual tende a natureza, é de Deus favorecer essa perfeição.

692 a Mas o homem somente se esforça para o melhoramento dessas raças por interesse pessoal e, raramente, tem outro objetivo senão o aumento de seus prazeres; isso não diminui seu mérito?
– Que importa que seu mérito seja nulo, contanto que o progresso se faça? Cabe a ele tornar seu trabalho meritório pela intenção. Aliás, por meio desse trabalho, exerce e desenvolve sua inteligência e é sob esse aspecto que obtém maior proveito.

OBSTÁCULOS À REPRODUÇÃO

693 As leis e costumes humanos que criam obstáculos à reprodução são contrários à lei da natureza?
– Tudo o que dificulte a marcha da natureza é contrário à lei geral.

693 a Entretanto, há espécies de seres vivos, animais e plantas cuja reprodução indefinida seria prejudicial a outras espécies e o próprio homem se tornaria uma vítima; comete ele um ato repreensível ao impedir essa reprodução?
– Deus deu ao homem, sobre todos os seres vivos, um poder que deve usar para o bem, mas do qual não deve abusar. Pode-se regular a reprodução conforme as necessidades, mas do qual não deve dificultá-la sem razão. A ação inteligente do homem é um contrapeso estabelecido por Deus para equilibrar as forças da natureza, e é isso ainda que o distingue dos animais, porque o faz com conhecimento de causa. Mas os próprios animais também concorrem para esse equilíbrio, porque o instinto de destruição que lhes foi dado faz com que, ao terem de prover sua própria conservação, detenham o desenvolvimento excessivo e talvez perigoso das espécies animais e vegetais de que se nutrem.

✍ - Consulte Nota Explicativa no final do livro (N. E.).

694 Que pensar do controle da natalidade para impedir a reprodução e satisfazer a sensualidade?

– Isso prova a predominância do corpo sobre a alma e quanto o homem está materializado.

CASAMENTO E CELIBATO[1]

695 O casamento, ou a união permanente de dois seres, é contrária à lei natural?

– É um progresso na marcha da humanidade.

696 Qual seria o efeito da abolição do casamento para a sociedade humana?

– O retorno à vida animal.

✦ *A união livre e casual dos sexos é um estado natural. O casamento é um dos primeiros atos de progresso nas sociedades humanas, porque estabelece a solidariedade fraterna e aparece entre todos os povos, ainda que em condições diversas. A abolição do casamento seria o retorno à infância da humanidade e colocaria o homem até mesmo abaixo de alguns animais que dão exemplo de uniões constantes.*

697 A idéia de que o casamento não pode ser absolutamente dissolvido está na lei natural ou apenas na lei humana?

– É uma lei humana muito contrária à lei natural. Mas os homens podem mudar suas leis; as da natureza são as únicas imutáveis.

698 O celibato voluntário é meritório aos olhos de Deus?

– Não, e os que vivem assim por egoísmo desagradam a Deus e enganam a todos.

699 O celibato não é para algumas pessoas um sacrifício com a finalidade de se devotar mais inteiramente ao serviço da humanidade?

– Isso é bem diferente; eu disse: por egoísmo. Todo sacrifício pessoal é meritório quando é para o bem; quanto maior o sacrifício, maior o mérito.

✦ *Deus não pode se contradizer nem achar mau o que fez. Não pode haver mérito na violação de Sua lei; mas se o celibato, por si mesmo, não é meritório, não ocorre o mesmo quando é pela renúncia às alegrias da família, um sacrifício decidido em favor da humanidade. Todo sacrifício pessoal para o bem e sem o disfarce do egoísmo eleva o homem acima de sua condição material.*

POLIGAMIA

700 A igualdade numérica aproximada que existe entre homens e mulheres é um indício da proporção em que se devam unir?

---

1 - Celibato: estado de uma pessoa que se mantém solteira (N. E.).

— Sim, porque tudo tem uma finalidade na natureza.

701 Qual das duas, a poligamia ou a monogamia, está mais de acordo com a lei natural?
— A poligamia é uma lei humana cuja abolição marca um progresso social. O casamento, conforme os desígnios de Deus, deve estar fundado na afeição dos seres que se unem. Com a poligamia não há afeição real: há apenas sensualidade.

✦ *Se a poligamia estivesse de acordo com a lei natural, deveria ser universal, o que seria materialmente impossível por causa da igualdade numérica dos sexos.*

A poligamia deve ser considerada como um uso particular ou uma legislação especial, apropriada a alguns costumes, e que o aperfeiçoamento social faz pouco a pouco desaparecer.

CAPÍTULO

5

LEI DE CONSERVAÇÃO

Instinto de conservação – Meios de conservação –
Prazeres dos bens da terra – Necessário e supérfluo –
Privações voluntárias. Mortificações

INSTINTO DE CONSERVAÇÃO

702 O instinto de conservação é uma lei natural?
– Sem dúvida. Foi dado a todos os seres vivos, seja qual for o grau de inteligência. Para uns, é puramente mecânico; para outros, é racional.

703 Com que objetivo Deus deu a todos os seres vivos o instinto de conservação?
– Porque todos devem cumprir os desígnios da Providência; é por isso que Deus deu o instinto de conservação. Além disso, a vida é necessária ao aperfeiçoamento dos seres que têm instintivamente esse sentimento, sem se darem conta disso.

MEIOS DE CONSERVAÇÃO

704 Deus, dando ao homem a necessidade de viver, sempre lhe forneceu os meios para isso?
– Sim. Se não os encontra, é por falta de iniciativa. Deus não poderia dar ao homem a necessidade de viver sem lhe dar os meios, por isso faz a terra produzir e fornecer o necessário a todos, porque só o necessário é útil. O supérfluo nunca é.

705 Por que nem sempre a terra produz o suficiente para fornecer o necessário ao homem?
– O homem a negligencia por ingratidão e, no entanto, a terra continua sendo uma excelente mãe. Além disso, ele ainda acusa a natureza por sua própria imperícia ou imprevidência. A terra produziria sempre o necessário se o homem soubesse se contentar. Se o que produz não é bastante para todas as necessidades, é porque emprega no supérfluo o que deveria utilizar no necessário. Observai o árabe no deserto: encontra sempre com o que viver, porque não cria necessidades artificiais. Porém, quando a metade da produção é desperdiçada para satisfazer fantasias, deve o homem se espantar de não encontrar nada em seguida? E terá razão de se queixar por estar desprovido quando chega a época da

CAPÍTULO 5 – LEI DE CONSERVAÇÃO

escassez? Na verdade, não é a natureza que é imprevidente, é o homem que não sabe regrar sua vida.

706 Por bens da terra somente devemos entender os produtos do solo?

– O solo é a fonte primária de onde vêm todos os outros recursos, que são apenas uma transformação dos produtos do solo; por isso, é preciso entender por bens da terra tudo o que o homem pode desfrutar neste mundo.

707 Os meios de subsistência, muitas vezes, faltam a alguns, mesmo em meio à abundância que os cerca; por quê?

– É pelo egoísmo dos homens em geral e também, freqüentemente, por negligência deles mesmos. Buscai e achareis; essas palavras não querem dizer que basta olhar a terra para encontrar o que se deseja, mas que é preciso procurar com ardor e perseverança e não com fraqueza, sem se deixar desencorajar pelos obstáculos que, muitas vezes, são apenas meios de colocar à prova a vossa constância, paciência e firmeza. (Veja a questão 534.)

✦ *Se a civilização multiplica as necessidades, também multiplica as fontes de trabalho e os meios de vida; mas é preciso admitir que sob esse aspecto resta ainda muito a fazer. Quando a civilização terminar sua obra, ninguém poderá queixar-se de que lhe falta o necessário, senão por sua própria culpa. A infelicidade, para muitos, decorre de enveredarem por um caminho que não é o que a natureza traçou; é então que falta inteligência para terem êxito. Há lugar ao sol para todos, mas com a condição de cada um ter o seu, e não o dos outros. A natureza não pode ser responsável pelos vícios de organização social nem pelas conseqüências da ambição e do amor-próprio.*

Entretanto, seria preciso ser cego para não reconhecer o progresso que se realizou sob esse aspecto entre os povos mais avançados. Graças aos louváveis esforços que a filantropia e a ciência juntas não param de fazer para o melhoramento da condição material dos homens, e apesar do contínuo aumento das populações, a insuficiência da produção está atenuada em grande parte, pelo menos. Os anos mais calamitosos hoje nada têm de comparável aos de antigamente. A higiene pública, esse elemento tão essencial para o bem-estar e a saúde, desconhecida de nossos pais, é agora objeto de cuidados especiais; o infortúnio e o sofrimento encontram lugares de refúgio. Em toda parte a ciência contribui para aumentar o bem--estar. Pode-se dizer que já alcançou a perfeição? Certamente que não. Mas o que já se fez dá a medida do que se pode fazer com perseverança, se o homem é bastante sábio para procurar sua felicidade nas coisas positivas e sérias e não nas utopias que o fazem recuar em vez de progredir.

708 Não há situações em que os meios de subsistência não dependem de modo algum da vontade do homem, e a privação até daquilo que mais necessita é uma conseqüência das circunstâncias?

– É uma prova muitas vezes cruel que deve passar e à qual sabia que seria exposto. Seu mérito está em sua submissão à vontade de Deus, se sua inteligência não fornece nenhum meio de se livrar das dificuldades. Se a morte deve atingi-lo, deve se submeter sem reclamar e compreender que a hora da verdadeira libertação chegou e que *o desespero do último momento pode lhe fazer perder o fruto de sua resignação.*

709 Aqueles que, em certas posições críticas, se viram obrigados a sacrificar seus semelhantes para se alimentarem deles, cometeram um crime? Nesse caso, o crime pode ser atenuado pela necessidade de viver que lhes dá o instinto de conservação?

– Já respondi, ao dizer que há mais mérito em sofrer todas as provas da vida com coragem e abnegação. Nesse caso, há homicídio e crime de lesa-natureza, faltas que devem ser duplamente punidas.

710 Nos planetas onde o corpo é mais depurado, os seres vivos têm necessidade de alimentação?

– Sim, mas os alimentos estão de acordo com sua natureza. Esses alimentos não seriam muito substanciais para vossos estômagos grosseiros, do mesmo modo que, para eles, a vossa alimentação também não serviria.

PRAZERES DOS BENS DA TERRA

711 O uso dos bens da terra é um direito para todos os homens?

– Esse direito é a conseqüência da necessidade de viver. Deus não pode impor um dever sem dar o meio de satisfazê-lo.

712 Por que Deus colocou o atrativo do prazer na posse e uso dos bens materiais?

– Para estimular o homem ao cumprimento de sua missão e experimentá-lo por meio da tentação.

712 a Qual é o objetivo dessa tentação?

– Desenvolver sua razão, que deve preservá-lo dos excessos.

✦ *Se o homem tivesse considerado o uso dos bens da Terra somente pela utilidade que eles têm, sua indiferença poderia comprometer a harmonia do universo: Deus lhe deu o atrativo do prazer para o cumprimento dos seus desígnios. Mas pelo que possa representar esse atrativo quis, por outro lado, prová-lo por meio da tentação que o arrasta para o abuso do qual sua razão deve defendê-lo.*

713 Os prazeres têm limites traçados pela natureza?
– Sim, têm o limite do necessário; mas, pelos excessos, chegais ao extremo exagero e à repulsa e vos punis a vós mesmos.

714 O que pensar do homem que procura nos excessos de toda espécie um refinamento para seus prazeres?
– Pobre infeliz digno de lástima e não de inveja. Está bem próximo da morte!

714 a Da morte física ou moral?
– De ambas.

✦ *O homem que procura nos excessos de toda espécie um requinte de prazeres coloca-se abaixo do animal, porque o animal sabe deter-se na satisfação da sua necessidade. Despreza o homem a razão que Deus lhe deu por guia, e, quanto maiores os seus excessos, mais domínio exerce sua natureza primitiva sobre sua natureza espiritual. As doenças, a decadência, a morte prematura decorrentes dos abusos são a conseqüência da transgressão da lei divina.*

NECESSÁRIO E SUPÉRFLUO

715 Como o homem pode conhecer o limite do necessário?
– Aquele que é sensato o conhece pela intuição; muitos o conhecem pela experiência e à sua própria custa.

716 A natureza não traçou o limite de nossas necessidades em nossa estrutura orgânica?
– Sim, mas o homem é insaciável. A natureza traçou o limite às suas necessidades no seu próprio organismo, mas os vícios lhe alteraram a constituição e criaram necessidades que não são reais.

717 O que pensar dos que monopolizam os bens da terra para obter o supérfluo em prejuízo dos que precisam do necessário?
– Eles desconhecem a lei de Deus e terão que responder pelas privações que impuseram aos outros.

✦ *O limite entre o necessário e o supérfluo não tem nada de absoluto, de indiscutível. A civilização criou necessidades que o selvagem desconhece, e os Espíritos que ditaram esses ensinamentos não pretendem que o homem civilizado viva como o selvagem. Tudo é relativo e cabe à razão distinguir cada coisa. A civilização desenvolve o senso ético e ao mesmo tempo o sentimento de caridade, que leva os homens ao apoio mútuo. Os que vivem à custa das necessidades dos outros exploram os benefícios da civilização em seu proveito; têm da civilização apenas o verniz, como há pessoas que têm da religião apenas a máscara.*

PRIVAÇÕES VOLUNTÁRIAS. MORTIFICAÇÕES

718 A lei de conservação obriga o homem a prover as necessidades do corpo?
– Sim, sem força e saúde o trabalho é impossível.

719 É condenável ao homem procurar o seu bem-estar?
– O bem-estar é um desejo natural. Os abusos são condenáveis porque contrariam a lei de conservação. O bem-estar é condenável se foi adquirido à custa dos outros e se comprometeu o equilíbrio moral e físico do homem.

720 As privações voluntárias, que resultam numa expiação igualmente voluntária, têm algum mérito aos olhos de Deus?
– Quanto mais fazeis o bem aos outros mais mérito tereis.

720 a Há privações voluntárias que sejam meritórias?
– Sim, a renúncia aos prazeres inúteis, que liberta o homem da matéria e eleva sua alma. O meritório é resistir à tentação que o conduz aos excessos ou ao prazer das coisas inúteis; é tirar do que lhe é necessário para doar àqueles que não têm o suficiente. Se a privação é apenas fingimento, é uma zombaria.

721 A vida de mortificações ascéticas[1] dos devotos e dos místicos, praticada desde a Antiguidade e entre diferentes povos, é meritória sob algum ponto de vista?
– Perguntai para o que e a quem ela serve e tereis a resposta. Se serve apenas àquele que a pratica e o impede de fazer o bem, é egoísmo, qualquer que seja o pretexto com o qual se disfarce. Renegar-se a si mesmo e trabalhar para os outros é a verdadeira mortificação, conforme a caridade cristã.

722 A abstenção de alguns alimentos, regra entre diversos povos, é fundada na razão?
– Tudo aquilo com que o homem pode se alimentar sem prejuízo para a sua saúde é permitido. Porém, alguns legisladores resolveram proibir alguns alimentos com um objetivo útil e, para dar maior autoridade às suas leis, apresentaram-nas como se fossem vindas de Deus.

723 A alimentação animal é, para o homem, contrária à lei natural?
– Em vossa constituição física, a carne alimenta a carne; de outro modo, o homem enfraquece. A lei de conservação dá ao homem o dever de manter suas forças e sua saúde para cumprir a lei do trabalho. Ele deve, portanto, se alimentar conforme as exigências de seu organismo.

---

1 - Ascéticas: dedicadas à meditação com o fim de ser virtuoso (N. E.).

724 A abstenção de alimento animal ou outro, como purificação, é meritória?

– Sim, se essa abstenção for em benefício dos outros; mas Deus não pode ver uma mortificação quando não é séria e útil. Por isso dizemos que aqueles que se privam apenas na aparência são hipócritas. (Veja a questão 720.)

725 Que pensar das mutilações que se fazem no corpo do homem e dos animais?

– Por que tal questão? Perguntai, a vós mesmos, ainda uma vez e sempre, se uma coisa é útil. O que é inútil não pode ser agradável a Deus e o que é nocivo é sempre desagradável; porque, deveis saber, Deus só é sensível aos sentimentos daqueles que lhe elevam a alma; é praticando Sua Lei que podereis vos libertar da matéria terrestre, e não violando-a.

726 Se os sofrimentos deste mundo nos elevam pela maneira que os suportamos, elevam-nos também os que criamos voluntariamente?

– Os únicos sofrimentos que elevam são os sofrimentos naturais, porque vêm de Deus; os sofrimentos voluntários não servem para nada quando não contribuem para o bem dos outros. Por acaso acreditais que avançam no caminho do progresso os que abreviam sua vida nos rigores sobre-humanos, como fazem os bonzos[2], os faquires[3] e alguns fanáticos de muitas seitas? Por que não trabalham antes pelo bem de seus semelhantes? Que vistam o indigente; consolem o que chora; trabalhem por aquele que está enfermo; sofram necessidades para o alívio dos infelizes; então, sim, sua vida será útil e agradável a Deus. Quando os sofrimentos voluntários têm em vista apenas a si mesmo, é egoísmo; quando se sofre pelos outros, é caridade: são estes os preceitos do Cristo.

727 Se não devemos criar sofrimentos voluntários sem utilidade para os outros, devemo-nos preservar daqueles que prevemos ou que nos ameaçam?

– O instinto de conservação foi dado a todos contra os perigos e os sofrimentos. Mortificai o Espírito e não vosso corpo, exterminai o vosso orgulho, sufocai o vosso egoísmo, que parece uma serpente que vos tortura o coração, e fareis mais por vosso adiantamento do que por meio de rigores que não são mais deste século.

---

2 - **Bonzos:** monges do Budismo. São dados a martírios e suplícios (N. E.).
3 - **Faquires:** que se deixam mutilar ou se submetem a jejuns. Exibem-se para provar o domínio e a insensibilidade da dor sobre o corpo (N. E.).

CAPÍTULO

6

LEI DE DESTRUIÇÃO

Destruição necessária e destruição abusiva – Flagelos destruidores – Guerras – Assassinato – Crueldade – Duelo – Pena de morte

DESTRUIÇÃO NECESSÁRIA E DESTRUIÇÃO ABUSIVA

728 A destruição é uma lei natural?
– É preciso que tudo se destrua para renascer e se regenerar. O que chamais destruição é apenas transformação que tem por objetivo a renovação e o melhoramento dos seres vivos.

728 a O instinto de destruição teria sido dado aos seres vivos por desígnios providenciais?
– As criaturas são os instrumentos de que Deus se serve para atingir os seus objetivos. Para se alimentarem, os seres vivos se destroem entre si com um duplo objetivo: manter o equilíbrio na reprodução, que poderia tornar-se excessiva, e melhor utilização dos restos do corpo. Mas somente o corpo é destruído, porque é apenas o acessório, e não a parte essencial. O princípio inteligente é indestrutível e se elabora nas diferentes metamorfoses[1] que sofre.

729 Se a destruição é necessária para a regeneração dos seres, por que a natureza os cerca com meios de preservação e de conservação?
– Para que a destruição não ocorra antes do tempo preciso. Toda destruição antecipada dificulta o desenvolvimento do princípio inteligente; é por isso que Deus deu a cada ser a necessidade de viver e de se reproduzir.

730 Uma vez que a morte deve nos conduzir a uma vida melhor, que nos livra dos males desta, e, por isso, mais deveria ser desejada do que temida, por que o homem tem um horror instintivo que o faz temê-la?
– Já dissemos, o homem deve procurar prolongar a vida para cumprir sua tarefa; eis por que Deus lhe deu o instinto de conservação, que o sustenta nas provas; sem isso, muitas vezes se deixaria levar pelo desencorajamento. A voz secreta que o faz temer a morte lhe diz que ainda pode fazer alguma coisa para seu adiantamento. Quando um perigo o ameaça, é uma advertência para que aproveite o tempo e a moratória que Deus

---

1 - **Metamorfose:** mudança ou troca de forma. Transformação, modificação, alteração (N. E.).

CAPÍTULO 6 – LEI DE DESTRUIÇÃO

lhe concede. Mas, ingrato! Rende mais vezes graças à sua estrela do que ao seu Criador.

731 Por que, ao lado dos meios de conservação, a natureza colocou ao mesmo tempo os agentes destruidores?
– O remédio ao lado do mal, já dissemos, é para manter o equilíbrio e servir de contrapeso.

732 A necessidade de destruição é a mesma em todos os mundos?
– É proporcional ao estado mais ou menos material dos mundos e cessa quando os estados físico e moral estão mais depurados. Nos mundos mais avançados as condições de existência são completamente diferentes.

733 A necessidade da destruição existirá sempre entre os homens na Terra?
– A necessidade de destruição diminui e se reduz entre os homens à medida que o Espírito se sobrepõe à matéria; é por isso que se constata o horror à destruição crescer com o desenvolvimento intelectual e moral.

734 Em seu estado atual, o homem tem direito ilimitado de destruição sobre os animais?
– Esse direito é regido pela necessidade de prover a sua alimentação e segurança. O abuso nunca foi um direito.

735 O que pensar da destruição que ultrapassa os limites das necessidades e da segurança? Da caça, por exemplo, quando tem por objetivo apenas o prazer de destruir sem utilidade?
– Predominância dos maus instintos sobre a natureza espiritual. Toda destruição que ultrapassa os limites da necessidade é uma violação da lei de Deus. Os animais destroem apenas de acordo com suas necessidades; mas o homem, que tem o livre-arbítrio, destrói sem necessidade; ele deverá prestar contas do abuso da liberdade que lhe foi concedida, porque cede aos maus instintos.

736 Os povos que são muito escrupulosos com relação à destruição dos animais têm um mérito particular?
– É um excesso, mesmo sendo um sentimento louvável em si mesmo; se se torna abusivo, seu mérito é neutralizado pelos abusos de outras espécies. Há entre eles mais medo supersticioso do que a verdadeira bondade.

FLAGELOS DESTRUIDORES

737 Com que objetivo os flagelos destruidores atingem a humanidade?
– Para fazê-la progredir mais depressa. Não dissemos que a destruição é necessária para a regeneração moral dos Espíritos, que adquirem

em cada nova existência um novo grau de perfeição? É preciso ver o objetivo para apreciar os resultados dele. Vós os julgais somente do ponto de vista pessoal e os chamais de flagelos por causa do prejuízo que ocasionam; mas esses aborrecimentos são, na maior parte das vezes, necessários para fazer chegar mais rapidamente a uma ordem de coisas melhores e realizar em alguns anos o que exigiria séculos. (Veja a questão 744.)

738 A Providência não poderia empregar para o aperfeiçoamento da humanidade outros meios que não os flagelos destruidores?

– Sim, pode, e os emprega todos os dias, uma vez que deu a cada um os meios de progredir pelo conhecimento do bem e do mal. É o homem que não tira proveito disso; é preciso castigá-lo em seu orgulho e fazer-lhe sentir sua fraqueza.

738 a Mas nesses flagelos o homem de bem morre como o perverso; isso é justo?

– Durante a vida, o homem sujeita tudo ao seu corpo; mas, após a morte, pensa de outro modo e, como já dissemos, a vida do corpo é pouca coisa; um século de vosso mundo é um relâmpago na eternidade. Portanto, os sofrimentos que sentis por alguns meses ou alguns dias não são nada, são um ensinamento para vós e servirão no futuro. Os Espíritos, que preexistem e sobrevivem a tudo, compõem o mundo real. (Veja a questão 85.) Esses são filhos de Deus e objeto de toda a sua solicitude; os corpos são apenas trajes sob os quais aparecem no mundo. Nas grandes calamidades que destroem os homens, é como se um exército tivesse durante a guerra seus trajes estragados ou perdidos. O general tem mais cuidado com seus soldados do que com as roupas que usam.

738 b Mas nem por isso as vítimas desses flagelos são menos vítimas?

– Se considerásseis a vida como ela é, e quanto é insignificante em relação ao infinito, menos importância lhe daríeis. Essas vítimas encontrarão numa outra existência uma grande compensação para seus sofrimentos se souberem suportá-los sem se lamentar.

✦ *Quer a morte chegue por um flagelo quer por uma outra causa, não se pode escapar quando a hora é chegada; a única diferença é que, nos flagelos, parte um maior número ao mesmo tempo.*

Se pudéssemos nos elevar pelo pensamento, descortinando toda a humanidade de modo a abrangê-la inteiramente, esses flagelos tão terríveis não pareceriam mais do que tempestades passageiras no destino do mundo.

739 Os flagelos destruidores têm alguma utilidade do ponto de vista físico, apesar dos males que ocasionam?

CAPÍTULO 6 – LEI DE DESTRUIÇÃO

– Sim, eles mudam, muitas vezes, as condições de uma região; mas o bem que resulta disso somente é percebido pelas gerações futuras.

740 Os flagelos não seriam para o homem também provas morais que os submetem às mais duras necessidades?
– Os flagelos são provas que proporcionam ao homem a ocasião de exercitar sua inteligência, mostrar sua paciência e sua resignação à vontade da Providência, e até mesmo multiplicam neles os sentimentos de abnegação, de desinteresse e de amor ao próximo, se não é dominado pelo egoísmo.

741 É dado ao homem evitar os flagelos que o atormentam?
– Sim, em parte, embora não como se pensa geralmente. Muitos dos flagelos são a conseqüência de sua imprevidência; à medida que adquire conhecimentos e experiência, pode preveni-los se souber procurar suas causas. Porém, entre os males que afligem a humanidade, há os de caráter geral, que estão nos decretos da Providência, e dos quais cada indivíduo sente mais ou menos a repercussão. Sobre esses males, o homem pode apenas se resignar à vontade de Deus; e ainda esses males são, muitas vezes, agravados pela sua negligência.

✦ *Entre os flagelos destruidores, naturais e independentes do homem, é preciso colocar na primeira linha a peste, a fome, as inundações, as intempéries fatais à produção da terra. Mas o homem encontrou na ciência, nos trabalhos de arte, no aperfeiçoamento da agricultura, na rotatividade das culturas e nas irrigações, no estudo das condições higiênicas, os meios de neutralizar ou de pelo menos atenuar os desastres. Algumas regiões, antigamente assoladas por terríveis flagelos, não estão preservadas hoje? Que não fará, portanto, o homem pelo seu bem-estar material quando souber aproveitar todos os recursos de sua inteligência e quando, aos cuidados de sua conservação pessoal, souber aliar o sentimento da verdadeira caridade por seus semelhantes?* (Veja a questão 707.)

GUERRAS

742 Qual é a causa que leva o homem à guerra?
– Predominância da natureza selvagem sobre a espiritual e satisfação das paixões. No estado de barbárie, os povos conhecem apenas o direito do mais forte; é por isso que a guerra é para eles um estado normal. Contudo, à medida que o homem progride, ela se torna menos freqüente, porque evita as suas causas, e quando é inevitável sabe aliar à sua ação o sentimento de humanidade.

743 A guerra desaparecerá um dia da face da Terra?
– Sim, quando os homens compreenderem a justiça e praticarem a lei de Deus; então, todos os povos serão irmãos.

744 Qual o objetivo da Providência ao tornar a guerra necessária?
– A liberdade e o progresso.

744 a Se a guerra deve ter como efeito conduzir à liberdade, como se explica que tenha, muitas vezes, por objetivo e resultado a escravidão?
– Escravidão temporária para abater os povos, a fim de fazê-los progredir mais rápido.

745 O que pensar daquele que provoca a guerra em seu proveito?
– Esse é o verdadeiro culpado e precisará de muitas reencarnações para expiar todas as mortes que causou, porque responderá por todo homem cuja morte tenha causado para satisfazer à sua ambição.

ASSASSINATO

746 O assassinato é um crime aos olhos de Deus?
– Sim, um grande crime; porque aquele que tira a vida de seu semelhante corta uma vida de expiação ou de missão, e aí está o mal.

747 O assassinato tem sempre o mesmo grau de culpabilidade?
– Já o dissemos: Deus é justo, julga mais a intenção do que o fato.

748 Perante Deus há justificativa no assassinato em caso de legítima defesa?
– Somente a necessidade pode desculpá-lo. Mas se o agredido pode preservar sua vida sem atentar contra a do agressor, deve fazê-lo.

749 O homem é culpado pelos assassinatos que comete durante a guerra?
– Não, quando constrangido pela força, embora seja culpado pelas crueldades que comete. O sentimento de humanidade com que se portou será levado em conta.

750 Qual é mais culpado diante da lei de Deus, aquele que mata um pai ou aquele que mata uma criança?
– Ambos o são igualmente, porque todo crime é crime.

751 Como se explica que alguns povos, já avançados do ponto de vista intelectual, matem crianças e isso seja dos costumes e consagrado pela legislação?
– O desenvolvimento intelectual não pressupõe a necessidade do bem; um Espírito Superior em inteligência pode ser mau. É aquele que viveu muito sem se melhorar: apenas sabe.

CRUELDADE

752 Pode-se ligar o sentimento de crueldade ao instinto de destruição?

Capítulo 6 – Lei de Destruição

– É o instinto de destruição no que há de pior. Se a destruição é, às vezes, uma necessidade, a crueldade nunca é; é sempre o resultado de uma natureza má.

753 Como se explica que a crueldade seja a característica predominante dos povos primitivos?

– Entre os povos primitivos, como os chamais, a matéria prepondera sobre o Espírito; eles se abandonam aos instintos bárbaros e, como não têm outras necessidades além da vida corporal, pensam somente em sua conservação pessoal, e é isso que os torna geralmente cruéis. Além do mais, os povos cujo desenvolvimento é imperfeito estão sob o domínio de Espíritos igualmente imperfeitos que lhes são simpáticos, até que povos mais avançados venham destruir ou enfraquecer essa influência.

754 A crueldade não vem da ausência do senso moral?

– Diremos melhor, que o senso moral não está desenvolvido, mas não que esteja ausente, porque ele existe, como princípio, em todos os homens; é esse senso moral que os faz mais tarde serem bons e humanos. Ele existe, portanto, no selvagem, mas está como o princípio do perfume está no germe da flor antes de desabrochar.

✦ *Todas as faculdades existem no homem em condição rudimentar ou latente. Elas se desenvolvem conforme as circunstâncias lhes são mais ou menos favoráveis. O desenvolvimento excessivo de uma faz cessar ou neutraliza o das outras. A superexcitação dos instintos materiais sufoca, por assim dizer, o senso moral, como o desenvolvimento do senso moral enfraquece, pouco a pouco, as faculdades puramente selvagens.*

755 Como se explica existirem, no seio da civilização mais avançada, seres algumas vezes tão cruéis quanto os selvagens?

– Exatamente como numa árvore carregada de bons frutos há os que ainda não amadureceram, não atingiram o pleno desenvolvimento. São, se o quiserdes, selvagens que têm da civilização apenas o hábito, lobos extraviados no meio de ovelhas. Espíritos de ordem inferior e muito atrasados podem encarnar em meio a homens avançados na esperança de avançarem; mas, sendo a prova muito pesada, a natureza primitiva os domina.

756 A sociedade dos homens de bem estará um dia livre dos malfeitores?

– A humanidade progride; esses homens dominados pelo instinto do mal que se acham deslocados entre as pessoas de bem desaparecerão pouco a pouco, como o mau grão é separado do bom depois de selecionado. Então renascerão sob um outro corpo e, como terão mais experiência, compreenderão melhor o bem e o mal. Tendes um exemplo disso nas plantas e nos animais que o homem conseguiu aperfeiçoar e nos quais desenvolveu qualidades novas. Pois bem! É somente depois de muitas gerações que o aperfeiçoamento se torna completo. É a imagem das diferentes existências do homem.

DUELO

757 O duelo pode ser considerado como legítima defesa?
– Não; é um assassinato e um costume absurdo, digno de bárbaros. Com uma civilização mais adiantada e moralizada, o homem compreenderá que o duelo é tão ridículo quanto os combates que se consideraram antigamente como o juízo de Deus.

758 O duelo pode ser considerado como um assassinato por parte daquele que, conhecendo sua própria fraqueza, está quase certo de que vai morrer?
– É um suicida.

758 a E quando as probabilidades são iguais, é um assassinato ou um suicídio?
– Ambos.

✦ *Em todos os casos, mesmo naqueles em que as probabilidades são iguais, o duelista é culpado, primeiramente, porque ele atenta friamente e de propósito deliberado contra a vida de seu semelhante, e depois porque expõe sua própria vida inutilmente e sem proveito para ninguém.*

759 Qual é o valor do que se chama *ponto de honra* em matéria de duelo?
– Orgulho e vaidade: duas chagas da humanidade.

759 a Mas não há casos em que a honra se encontra verdadeiramente ofendida e um recuo seria covardia?
– Isso depende dos costumes e dos usos; cada país e cada século tem sobre isso uma visão diferente; quando os homens forem melhores e mais adiantados em moral compreenderão que o verdadeiro ponto de honra está acima das paixões terrenas e não é nem matando nem deixando-se matar que se repara um erro.

✦ *Há mais grandeza e verdadeira honra em se confessar culpado, quando errou, ou em perdoar, quando se tem razão e, em todos os casos, em desprezar os insultos, que não o podem atingir.*

PENA DE MORTE

760 A pena de morte desaparecerá um dia da legislação humana?
– A pena de morte desaparecerá incontestavelmente e sua supressão marcará um progresso na humanidade. Quando os homens estiverem mais esclarecidos, a pena de morte será completamente abolida da Terra,

Capítulo 6 – Lei de Destruição

os homens não terão mais necessidade de serem julgados pelos homens. Falo de um tempo que ainda está muito distante de vós.

✦ *O progresso social deixa, sem dúvida, ainda muito a desejar, mas seria injusto com a sociedade atual se não se reconhecesse um progresso nas restrições feitas à pena de morte entre os povos mais avançados e quanto à natureza dos crimes aos quais se limita a sua aplicação. Se compararmos as garantias com que a justiça, entre esses mesmos povos, se empenha para cercar o acusado e a forma humanitária com que o trata, ainda mesmo que seja reconhecidamente culpado, com o que se praticava nos tempos que ainda não estão muito distantes, não se pode negar o avanço no caminho progressivo em que marcha a humanidade.*

761 A lei de conservação assegura ao homem o direito de preservar sua própria vida; não usa desse direito quando elimina da sociedade um membro perigoso?

– Há outros meios de se preservar do perigo sem precisar matar. É necessário, aliás, abrir ao criminoso a porta do arrependimento, e não fechá-la.

762 Se a pena de morte pode ser banida das sociedades civilizadas, não foi uma necessidade nas épocas menos avançadas?

– Necessidade não é bem a palavra. O homem acha sempre uma coisa necessária quando não encontra justificativa melhor; mas, à medida que se esclarece, compreende mais acertadamente o que é justo ou injusto e repudia os excessos cometidos nos tempos de ignorância, em nome da justiça.

763 A restrição dos casos em que se aplica a pena de morte é um indício de progresso na civilização?

– Podeis duvidar disso? Vosso Espírito não se revolta ao ler a narrativa das carnificinas humanas de antigamente em nome da justiça e em honra da Divindade? Das torturas que sofria o condenado, e mesmo um simples suspeito, para lhe arrancar, pelo excesso dos sofrimentos, a confissão de um crime que muitas vezes não cometeu? Pois bem! Se tivésseis vivido naquele tempo, teríeis achado isso muito natural e talvez, se juízes fôsseis, teríeis feito o mesmo. É assim que o justo de uma época parece bárbaro em outra. As leis divinas são as únicas eternas; as leis humanas mudam com o progresso e ainda mudarão até que sejam colocadas em harmonia com as leis divinas.

764 Jesus ensinou: "Quem matou pela espada morrerá pela espada". Essas palavras não são a consagração da pena de talião[2] e a morte aplicada ao homicida não é a aplicação dessa pena?

---

2 - **Pena de talião:** punição imposta na Antiguidade, pela qual se vingava o delito infligindo ao delinquente o mesmo dano ou mal que ele praticara (N. E.).

– Tomai cuidado! Tendes vos enganado sobre essas palavras como sobre muitas outras. A pena de talião é a justiça de Deus; é Ele que a aplica. Todos vós sofreis a cada instante essa penalidade, porque sois punidos pelos erros que cometeis, nessa vida ou em outra; aquele que fez sofrer seus semelhantes estará numa posição em que ele mesmo sofrerá o que tiver causado. Esse é o sentido dessas palavras de Jesus, que também disse: "Perdoai aos vossos inimigos", e ensinou a pedir a Deus para perdoar vossas ofensas como vós mesmos tiverdes perdoado, ou seja, na mesma proporção em que perdoardes. Deveis compreender bem isso.

765 O que pensar da pena de morte aplicada em nome de Deus?

– É tomar o lugar de Deus na justiça. Os que agem assim estão longe de compreender Deus e ainda têm muito a expiar. A pena de morte é também um crime quando aplicada em nome de Deus, e os que a ordenam são responsáveis por assassinato.

Capítulo 7

LEI DE SOCIEDADE

Necessidade da vida social – Vida de isolamento.
Voto de silêncio – Laços de família

NECESSIDADE DA VIDA SOCIAL

766 A vida social é uma obrigação natural?
– Certamente. Deus fez o homem para viver em sociedade. Deus deu-lhe a palavra e todas as demais faculdades necessárias ao relacionamento.

767 O isolamento absoluto é contrário à lei natural?
– Sim, uma vez que os homens procuram por instinto a sociedade, para que todos possam concorrer para o progresso ao se ajudarem mutuamente.

768 O homem, ao procurar viver em sociedade, apenas obedece a um sentimento pessoal, ou há um objetivo providencial mais geral?
– O homem deve progredir, mas não pode fazer isso sozinho porque não dispõe de todas as faculdades; eis por que precisa se relacionar com outros homens. No isolamento, se embrutece e se enfraquece.

✦ *Nenhum homem possui todos os conhecimentos. Pelas relações sociais é que se completam uns aos outros para assegurar seu bem-estar e progredir: é por isso que, tendo necessidade uns dos outros, são feitos para viver em sociedade e não isolados.*

VIDA DE ISOLAMENTO. VOTO DE SILÊNCIO

769 Compreende-se, como princípio geral, que a vida social faça parte na natureza; mas, como todos os gostos estão também na natureza, por que o gosto pelo isolamento absoluto seria condenável se o homem encontra nele sua satisfação?
– Satisfação de egoísta. Há também homens que encontram satisfação em se embriagar; vós os aprovais? Deus não pode ter por agradável uma vida em que o homem se condena a não ser útil a ninguém.

770 O que pensar dos homens que escolhem viver em reclusão absoluta para fugir do contato nocivo do mundo?
– Duplo egoísmo.

770 a Mas se esse retiro tiver por objetivo uma expiação ao lhe impor uma privação pesarosa, não é meritório?
— Fazer antes o bem do que o mal é a melhor expiação. Ao evitarem um mal, caem em outro, uma vez que se esquecem da lei de amor e de caridade.

771 O que pensar daqueles que fogem do mundo para se devotar ao alívio dos sofredores?
— Esses se elevam ao se rebaixarem. Têm duplo mérito por se colocarem acima dos prazeres materiais e por fazerem o bem cumprindo a lei do trabalho.

771 a E aqueles que procuram no retiro a tranqüilidade de que precisam para alguns trabalhos?
— Esse não é absolutamente um retiro egoísta. Eles não se isolam da sociedade, uma vez que trabalham para ela.

772 O que pensar do voto de silêncio determinado por certas seitas desde a Antiguidade?
— Perguntai antes se a palavra é um dom natural e porque Deus a concedeu ao homem. Deus reprova o abuso e não o uso das faculdades que concedeu. Entretanto, há momentos em que o silêncio pode ser útil. No silêncio vos concentrais; vosso Espírito torna-se mais livre e pode então entrar em comunicação conosco. Mas voto de silêncio é uma tolice. Sem dúvida, os que consideram essas privações voluntárias como atos de virtude têm uma boa intenção, mas se enganam porque não compreendem verdadeiramente o alcance das leis de Deus.

✦ *O voto de silêncio absoluto, como o de isolamento, impede o homem das relações sociais que proporcionam ocasiões de fazer o bem e cumprir a lei do progresso.*

LAÇOS DE FAMÍLIA

773 Por que, entre os animais, pais e filhos deixam de se reconhecer assim que os filhos não necessitam mais de cuidados?
— Os animais vivem vida material e não moral. A ternura da mãe com seus filhotes tem origem no instinto de conservação de suas crias; quando eles podem cuidar de si mesmos, sua tarefa está cumprida, a natureza não exige deles mais nada; por isso os abandona, para se ocupar com os outros recém-chegados.

774 Há pessoas que deduzem, do abandono dos pequenos animais por seus pais, que entre os homens os laços de família são apenas resultado dos costumes sociais e não uma lei natural; que devemos pensar disso?

Capítulo 7 – Lei de Sociedade

– O homem tem destinação diferente dos animais; por que, então, querer se parecer com eles? Para o homem, há outra coisa além das necessidades físicas: a necessidade do progresso. Os laços sociais são necessários ao progresso e os de família estreitam os sociais: eis por que fazem parte da lei natural. Deus quis que os homens aprendessem assim, a se amar como irmãos. (Veja a questão 205.)

775 Qual seria, para a sociedade, o resultado do relaxamento dos laços de família?

– Um agravamento do egoísmo.

Capítulo 8

LEI DO PROGRESSO

Estado natural – Marcha do progresso – Povos degenerados – Civilização – Progresso da legislação humana – Influência do Espiritismo sobre o progresso

ESTADO NATURAL

776 O estado natural e a lei natural são a mesma coisa?
– Não. O estado natural é o estado primitivo. A civilização é incompatível com o estado natural, enquanto a lei natural contribui para o progresso da humanidade.

✦ *O estado natural é a infância da humanidade, é o ponto de partida de seu desenvolvimento intelectual e moral. O homem, tendendo à perfeição e tendo em si o germe de seu aperfeiçoamento, não está destinado a viver perpetuamente no estado natural, como não foi destinado a viver perpetuamente na infância. O estado natural é transitório, o homem liberta-se dele pelo progresso e pela civilização. A lei natural, ao contrário, rege a humanidade inteira e o homem se aperfeiçoa à medida que melhor compreende e pratica essa lei.*

777 No estado natural, o homem, por ter menos necessidades, não tem todos os tormentos que cria para si mesmo num estado mais avançado; o que pensar da opinião que considera esse estado como a mais perfeita felicidade sobre a Terra?
– Que quereis! É a felicidade do bruto; há pessoas que não a compreendem de outro modo. É ser feliz à maneira dos bárbaros. Também as crianças são mais felizes do que os adultos.

778 O homem pode regredir para o estado natural?
– Não; o homem deve progredir sempre e não pode retornar à infância. Se progride, é porque Deus assim quer; pensar que possa regredir à sua condição primitiva seria negar a lei do progresso.

MARCHA DO PROGRESSO

779 O homem traz em si o impulso de progredir ou o progresso é apenas fruto de um ensinamento?
– O homem se desenvolve naturalmente, mas nem todos progridem ao mesmo tempo e do mesmo modo; é assim que os mais avançados ajudam pelo contato social o progresso dos outros.

Capítulo 8 – Lei do Progresso

780 O progresso moral é sempre acompanhado do intelectual?
– É sua conseqüência, mas nem sempre o segue imediatamente. (Veja as questões 192 e 365.)

780 a Como o avanço intelectual pode gerar o progresso moral?
– Ao fazer compreender o bem e o mal; o homem, então, pode escolher. O desenvolvimento do livre-arbítrio segue o da inteligência e aumenta a responsabilidade dos seus atos.

780 b Por que os povos mais esclarecidos são, muitas vezes, os mais pervertidos?
– O progresso completo é a meta; mas os povos, como os indivíduos, o alcançam apenas passo a passo. Enquanto o sentido moral não estiver plenamente desenvolvido, eles se servem de sua inteligência para fazer o mal. O moral e a inteligência são duas forças que se equilibram apenas com o tempo. (Veja as questões 365 e 751.)

781 O homem pode deter a marcha do progresso?
– Não; mas pode impedi-lo algumas vezes.

781 a O que pensar dos homens que tentam deter essa marcha e fazer retroceder a humanidade?
– Pobres seres que serão punidos por suas próprias ações. Serão arrastados pela torrente que querem deter.

✦ *Sendo o progresso uma condição da natureza humana, ninguém tem o poder de se opor a ele. É uma força viva que as más leis podem retardar, mas não sufocar. Quando essas leis se tornam incompatíveis com a sua marcha, ele as destrói e a todos que tentam mantê-las. Será assim até que o homem coloque suas leis em concordância com a justiça e com o bem de todos, e não leis feitas pelo forte em prejuízo do fraco.*

782 Não há homens que impedem o progresso com sua boa-fé, pensando favorecê-lo porque o vêem sob seu ponto de vista e, muitas vezes, onde ele não está?
– São como uma pequena pedra colocada sob a roda de um grande carro e que não o impede de avançar.

783 O aperfeiçoamento da humanidade segue sempre uma marcha progressiva e lenta?
– Há o progresso regular e lento que resulta da força das coisas; mas quando um povo não avança rápido o suficiente a Providência provoca, de tempos em tempos, um abalo físico ou moral que o transforma.

✦ *O homem não pode permanecer perpetuamente na ignorância, porque tem de atingir o objetivo marcado pela Providência; ele se esclarece pela força das coisas. As revoluções morais, como as sociais, se infiltram pouco a pouco nas idéias, germinam durante séculos, explodem de repente* e fazem desabar o edifício apodrecido do passado, que não está mais em harmonia com as novas necessidades e aspirações.

Muitas vezes, o homem percebe nessas transformações apenas a desordem e a confusão momentâneas que atingem seus interesses materiais. Porém, aquele que eleva o pensamento acima dos interesses pessoais admira os desígnios da Providência, que do mal faz surgir o bem. É a tempestade e a agitação que purificam a atmosfera após a perturbação.

784 A perversidade do homem é muito grande. Não parece recuar em vez de avançar, pelo menos do ponto de vista moral?

– Engano vosso. Observai bem o conjunto e vereis que o homem avança, uma vez que compreende melhor o que é o mal e a cada dia corrige abusos. É preciso o mal chegar a extremos para fazer compreender a necessidade do bem e das reformas.

785 Qual é o maior obstáculo ao progresso?

– O orgulho e o egoísmo; quero falar do progresso moral, uma vez que o progresso intelectual avança sempre e parece, aliás, à primeira vista, dar ao egoísmo e ao orgulho força duplicada ao desenvolver a ambição e o amor às riquezas, que, por sua vez, estimulam o homem às pesquisas que esclarecem seu Espírito. É assim que tudo se relaciona no mundo moral como no físico e que do próprio mal pode sair o bem; mas essa situação não durará muito tempo, mudará à medida que o homem compreender melhor que além dos prazeres terrestres há uma felicidade infinitamente mais durável. (Veja *"O Egoísmo"*, Parte Terceira, cap. 12.)

✦ *Há duas espécies de progresso que se apóiam mutuamente e que, entretanto, não marcham lado a lado: é o progresso intelectual e o progresso moral. Entre os povos civilizados, o progresso intelectual recebeu, neste século, todos os incentivos possíveis e atingiu um grau desconhecido até os nossos dias. Falta algo ao progresso moral para que esteja no mesmo nível, e, entretanto, comparando os costumes sociais de hoje aos de alguns séculos atrás, seria preciso ser cego para negar que houve progresso moral. Por que razão deve a marcha ascendente do progresso moral atrasar-se em relação ao da inteligência? Por que duvidar que entre o século 19º e o século 24º não ocorrerá tanto avanço, como houve no progresso intelectual entre os séculos 14º e 19º? Duvidar dessa possibilidade será pretender que a humanidade tenha atingido o auge da perfeição. Seria um absurdo. Ou que ela é moralmente incapaz de se aperfeiçoar, o que é desmentido pela experiência.*

POVOS DEGENERADOS

786 A história nos mostra muitos povos que, após os abalos que sofreram, caíram na barbárie; onde está o progresso nesse caso?

Capítulo 8 – Lei do Progresso

– Quando vossa casa ameaça desabar a derrubais para reconstruir uma mais sólida e mais cômoda; mas, até que esteja reconstruída, há problemas e confusão na vossa casa.

Compreendei o seguinte: éreis pobres e habitáveis um casebre; tornais-vos rico e o deixais para habitar um palácio. Depois, um pobre diabo, como vós, vem tomar vosso lugar no casebre e ainda fica muito contente, porque antes não tinha abrigo. Pois bem! Aprendei que os Espíritos encarnados nesse povo degenerado não são aqueles que o compuseram no tempo de seu esplendor; os de então, que avançaram, foram para habitações mais perfeitas, progrediram, enquanto outros menos avançados vieram e tomaram o lugar, que também, por sua vez, deixarão.

787 Não há raças que por sua natureza são rebeldes ao progresso?
– Sim, mas estas se destroem, corporalmente, a cada dia.

787 a Qual será a sorte futura das almas que animam essas raças?
– Elas chegarão como todas à perfeição ao passar por outras existências: Deus não deserda ninguém.

787 b Assim, os homens mais civilizados podem ter sido selvagens e antropófagos?
– Vós mesmo o fostes, mais de uma vez, antes de ser o que sois.

788 Os povos são individualidades coletivas que, como os indivíduos, passam pela infância, idade adulta e velhice; essa verdade constatada pela história não nos faz concluir que os mais adiantados deste século terão seu declínio e fim, como os da Antiguidade?
– Os povos materialistas, que vivem somente a vida do corpo, aqueles cuja grandeza é fundada apenas sobre a força e a extensão territorial, nascem, crescem e morrem, porque a força de um povo se esgota como a de um homem. Aqueles cujas leis egoístas retardam o progresso das luzes e da caridade morrem, porque a luz mata as trevas e a caridade mata o egoísmo; mas há para os povos, como para os indivíduos, a vida da alma. Aqueles, porém, cujas leis se harmonizam com as leis eternas do Criador viverão e serão o farol dos outros povos.

789 O progresso reunirá um dia todos os povos da Terra numa única nação?
– Não numa única nação, isso é impossível, uma vez que da diversidade dos climas nascem costumes e necessidades diferentes que constituem as nacionalidades; é por isso que sempre precisarão de leis apropriadas a esses costumes e necessidades. Mas a caridade não conhece diferenças nem faz distinção entre os homens pela cor. Quando a lei de Deus for a base da lei humana em todos os lugares, os povos

praticarão a caridade entre si, como os indivíduos, de homem para homem; então, viverão felizes e em paz, porque ninguém fará mal a seu vizinho, nem viverão à custa uns dos outros.

✦ *A humanidade progride por meio dos indivíduos que se aperfeiçoam pouco a pouco e se esclarecem; então, quando eles prevalecem em número, tomam a frente e conduzem os outros. De tempos em tempos surgem homens de gênio que lhe dão um impulso, depois surgem homens com autoridade, instrumentos de Deus, que em alguns anos fazem a humanidade avançar muitos séculos. O progresso dos povos também evidencia a justiça da reencarnação. Os homens de bem praticam louváveis esforços para fazer avançar uma nação moral e intelectualmente; os integrantes da nação transformada serão mais felizes neste mundo e no outro; mas, durante sua marcha lenta através dos séculos, milhares de indivíduos morrem a cada dia. Qual é o destino de todos que morrem no caminho? Sua inferioridade relativa os priva da felicidade reservada aos que chegam por último? Ou melhor, sua felicidade é relativa? A justiça divina não poderia consagrar semelhante injustiça. Pela pluralidade das existências, o direito à felicidade é o mesmo para todos, porque ninguém é deserdado do progresso. Aqueles que viveram no tempo da barbárie podem voltar no tempo da civilização no mesmo povo ou em outro, resultando disso que todos tiram proveito da marcha ascendente.*

Mas o sistema da unicidade das existências apresenta ainda outra dificuldade. De acordo com esse sistema, a alma é criada no momento do nascimento; é claro que, se um homem é mais avançado que outro, é porque Deus criou para ele uma alma mais avançada. Por que esse favor? Que mérito tem ele que não viveu mais nem menos que um outro para ser dotado de uma alma superior? Mas não é só essa a principal dificuldade. Uma nação passa, em mil anos, da barbárie à civilização. Se os homens vivessem ali mil anos seria possível entender que nesse período tivessem tempo de progredir; mas todos os dias eles morrem, e em todas as idades, e se renovam sem parar, de modo que a cada dia vêem-se multidões aparecer e desaparecer. Decorridos os mil anos, não há mais traços dos antigos habitantes e a nação, de bárbara, torna-se civilizada. O que progrediu? Foram os indivíduos antigamente bárbaros? Mas eles estão mortos há muito tempo. São os recém-chegados? Mas se sua alma é criada no momento do nascimento, essas almas não existiam na época da barbárie, e então é preciso admitir que os esforços que se fazem para civilizar um povo têm o poder não de melhorar almas imperfeitas, mas de fazer com que Deus crie almas mais perfeitas.

Comparemos essa teoria do progresso com a que é dada pelos Espíritos. As almas vindas na época da civilização tiveram sua infância, como todas as outras, mas já tinham vivido, e, ao reencarnar, vêm adiantadas por um progresso anterior; vêm atraídas a um meio que lhes é simpático e em relação com seu estado atual. Assim, os cuidados dados à civilização de um povo não têm por objetivo criar no futuro almas mais perfeitas, mas atrair aquelas que já progrediram, seja as que já tenham vivido nesse mesmo povo na época da barbárie ou as que possam vir de outro lugar. Aqui está a chave para entender o progresso de toda a humanidade. Quando todos os povos atingirem o mesmo padrão no sentimento do bem, a Terra será o ponto de encontro apenas dos bons Espíritos, que viverão uma união fraterna. Os maus, se encontrando rejeitados, irão procurar nos mundos inferiores o meio que lhes convém, até que sejam dignos de virem ao nosso meio, transformados.

Essa teoria tem ainda por conseqüência que os trabalhos de aperfeiçoamento social só resultam em proveito para as gerações presentes e futuras, e que é nulo para as gerações passadas, qualquer que seja o progresso feito, já que cometeram o erro de encarnar, muito cedo, e que são como são porque estão carregadas de seus atos de barbárie.

De acordo com a Doutrina dos Espíritos, os progressos contínuos e sucessivos servem igualmente a essas gerações passadas que reencarnam em condições melhores e podem, assim, se aperfeiçoar no meio da civilização. (Veja a questão 222.)

CIVILIZAÇÃO

790 A civilização é um progresso ou, conforme alguns filósofos, uma decadência da humanidade?

– Progresso incompleto; o homem não passa subitamente da infância à idade adulta.

790 a É racional condenar a civilização?

– Primeiramente condenai aqueles que abusam dela e não a obra de Deus.

791 A civilização se depurará um dia de modo a fazer desaparecer os males que tenha produzido?

– Sim, quando a moral também estiver tão desenvolvida quanto a inteligência. O fruto não pode vir antes da flor.

792 Por que a civilização não realiza imediatamente todo o bem que poderia produzir?

– Porque os homens ainda não estão prontos nem dispostos a obter esse bem.

792 a Não seria também porque, ao criar novas necessidades, ela superexcita novas paixões?

– Sim, e porque nem todas as faculdades do Espírito progridem a um só tempo; é preciso tempo para tudo. Não podeis esperar frutos perfeitos de uma civilização incompleta. (Veja as questões 751 e 780.)

793 Com que sinais se pode reconhecer uma civilização completa?
– Vós a reconhecereis pelo desenvolvimento moral. Acreditais estar bem avançados, pelas grandes descobertas e invenções maravilhosas, e estais melhor alojados e vestidos do que os selvagens. Mas apenas tereis verdadeiramente o direito de vos dizer civilizados quando tiverdes banido da sociedade os vícios que a desonram e viverdes como irmãos praticando a caridade cristã. Até lá, sois somente povos esclarecidos, que percorreram apenas a primeira fase da civilização.

✦ *A civilização tem seus graus como todas as coisas. Uma civilização incompleta é um estado de transição que origina males específicos, próprios dela, desconhecidos do homem no seu estado primitivo; mas isso não constitui senão um progresso natural, necessário, que já traz em si mesmo o remédio para o mal que provoca.*

À medida que a civilização se aperfeiçoa, faz cessar alguns males que gerou, e esses males desaparecerão completamente com o progresso moral.

De dois povos chegados ao topo da escala social, o único que pode se dizer civilizado, na verdadeira acepção da palavra, é aquele em que não se encontra egoísmo, cobiça e orgulho; em que os hábitos são mais intelectuais e morais do que materiais; em que a inteligência pode se desenvolver com mais liberdade; em que há mais bondade, boa fé, benevolência e generosidade recíprocas; em que os preconceitos de casta e de nascimento são menos enraizados, porque são incompatíveis com o verdadeiro amor ao próximo; em que as leis não consagram nenhum privilégio e são as mesmas para o último como para o primeiro; em que a justiça é exercida com imparcialidade; em que o fraco encontra sempre apoio contra o forte; em que a vida do homem, suas crenças e opiniões são respeitadas; em que há menos infelizes e, enfim, em que todo homem de boa vontade esteja sempre seguro de não lhe faltar o necessário.

PROGRESSO DA LEGISLAÇÃO HUMANA

794 A sociedade poderia ser regida só pelas leis naturais sem a colaboração das leis humanas?
– Poderia se as compreendesse bem, se o homem tivesse vontade suficiente para praticá-las; mas a sociedade tem suas exigências e precisa de leis particulares.

795 Qual a causa da instabilidade das leis humanas?
– Nos tempos da barbárie, são os mais fortes que fazem as leis, e as fazem para se beneficiarem. Foi preciso modificá-las muito, à medida que os homens compreenderam melhor a justiça. As leis humanas são mais estáveis quanto mais se aproximam da verdadeira justiça, isto é,

conforme sejam as mesmas e iguais para todos e se identifiquem com a lei natural.

✦ *A civilização criou para o homem novas necessidades, relativas à posição social em que vive. Devem-se regular os direitos e os deveres dessa posição por leis humanas. Mas sob a influência de suas paixões, freqüentemente, criou direitos e deveres imaginários que a lei natural condena e que os povos apagam de seus códigos à medida que progridem. A lei natural é imutável, é a mesma para todos; a lei humana é variável e progressiva; somente pôde consagrar, na infância das sociedades, o direito do mais forte.*

796 A severidade das leis penais não é uma necessidade no estado atual da sociedade?
– Uma sociedade depravada certamente tem necessidade de leis mais severas. Infelizmente, essas leis mais se destinam a punir o mal depois de feito em vez de secar a fonte do mal. Só a educação pode reformar os homens, que então não terão mais necessidade de leis tão rigorosas.

797 Como o homem poderia ser levado a reformar suas leis?
– Isso ocorre naturalmente pela força das coisas e a influência dos homens de bem que o conduzem no caminho do progresso. Já se reformaram muitas e se reformarão outras. Esperai!

INFLUÊNCIA DO ESPIRITISMO SOBRE O PROGRESSO

798 O Espiritismo será para todos ou permanecerá como privilégio de algumas pessoas? ✎
– Certamente, ele se tornará uma convicção íntima de todos e marcará uma nova era na história da humanidade, porque está na ordem natural das coisas, na natureza, e é chegado o tempo de ocupar o seu lugar entre os conhecimentos humanos.

Entretanto, haverá grandes lutas a sustentar, mais contra os interesses do que contra a convicção, porque não podemos desconhecer que há pessoas interessadas em combatê-lo, uns por amor-próprio, outros por interesses materiais. Mas os opositores, ao se encontrarem cada vez mais isolados, serão forçados a pensar como todo o mundo, sob pena de se tornarem ridículos.

✦ *As idéias somente se transformam ao longo do tempo e não subitamente. De geração a geração vão se enfraquecendo e acabam por desaparecer pouco a pouco junto com seus seguidores, substituídos por outros indivíduos inspirados por novos princípios, como ocorre com as idéias políticas. Observai o paganismo; não há ninguém que atualmente aceite suas idéias religiosas; entretanto, muitos séculos após o surgimento*

✎ - Consulte Nota Explicativa no final do livro (N. E.).

do Cristianismo, ainda há traços do paganismo que somente a completa renovação das raças pode apagar. Ocorrerá o mesmo com o Espiritismo; ele fez muito progresso, mas haverá ainda, durante duas ou três gerações, um fermento de incredulidade que apenas o tempo destruirá. Todavia, sua marcha será mais rápida que a do Cristianismo, porque o próprio Cristianismo é quem lhe abre os caminhos e está nele apoiado. O Cristianismo tinha o que destruir; o Espiritismo só tem que edificar.

799 De que maneira o Espiritismo pode contribuir para o progresso?

– Destruindo o materialismo, que é uma das chagas da sociedade, e fazendo os homens compreenderem onde está seu verdadeiro interesse. A vida futura, não estando mais encoberta pela dúvida, fará o homem compreender melhor que pode, desde agora, no presente, preparar seu futuro. Ao destruir os preconceitos de seitas, de castas e de raças, ensina aos homens a grande solidariedade que deve uni-los como irmãos.

800 Não é de temer que o Espiritismo não possa vencer a indiferença dos homens e seu apego às coisas materiais?

– Seria conhecer pouco os homens, se pensássemos que uma causa qualquer pudesse transformá-los como por encantamento. As idéias se modificam pouco a pouco, de acordo com os indivíduos, e são necessárias gerações para apagar completamente os traços dos velhos hábitos. A transformação só pode, portanto, se operar a longo prazo, gradualmente, passo a passo. A cada geração uma parte do véu se dissipa. O Espiritismo veio rasgá-lo de uma vez e, conseguindo corrigir no homem um único defeito que seja, já o terá habilitado a dar um grande passo que representa, para ele, um grande bem, porque facilitará os outros que terá que dar.

801 Por que os Espíritos não ensinaram em todos os tempos o que ensinam hoje?

– Não ensinais às crianças o que ensinais aos adultos e não se pode dar ao recém-nascido um alimento que não poderá digerir. Cada coisa tem seu tempo. Eles ensinaram muitas coisas que os homens não compreenderam ou adulteraram, mas que podem compreender agora. Com o seu ensinamento, mesmo incompleto, prepararam o terreno para receber a semente que vai frutificar agora.

802 Uma vez que o Espiritismo deve marcar um progresso na humanidade, por que os Espíritos não aceleram esse progresso com manifestações tão generalizadas e evidentes que convençam até os mais descrentes?

– Quereis ver milagres; mas Deus espalha milagres a mãos cheias diante dos vossos olhos e, ainda assim, há homens que O renegam.

Por acaso o próprio Cristo convenceu seus contemporâneos com os prodígios que realizou? Não vedes hoje homens negarem os fatos mais evidentes que se passam sob seus olhos? Não há os que dizem que não acreditariam mesmo se vissem? Não; não é por prodígios que Deus quer encaminhar os homens. Em sua bondade, quer deixar o mérito de se convencerem pela razão.

Capítulo 9

LEI DE IGUALDADE

Igualdade natural – Desigualdade das aptidões – Desigualdades sociais – Desigualdade das riquezas – Provas de riqueza e de miséria – Igualdade dos direitos do homem e da mulher – Igualdade diante do túmulo

IGUALDADE NATURAL

803 Todos os homens são iguais diante de Deus?

– Sim, todos tendem ao mesmo objetivo e Deus fez suas leis para todos. Muitas vezes, dizeis: "O Sol nasce para todos" e dizeis aí uma verdade maior e mais geral do que pensais.

✦ *Todos os homens são submissos às mesmas leis da natureza; todos nascem com a mesma fraqueza, sujeitos às mesmas dores, e o corpo do rico se destrói como o do pobre. Portanto, Deus não deu a nenhum homem superioridade natural nem pelo nascimento, nem pela morte: todos são iguais diante de Deus.*

DESIGUALDADE DAS APTIDÕES

804 Por que Deus não deu as mesmas aptidões a todos os homens?

– Deus criou todos os Espíritos iguais; mas, como cada um viveu mais ou menos, conseqüentemente, adquiriu maior ou menor experiência; a diferença está na experiência e na vontade, que é o livre-arbítrio. Daí uns se aperfeiçoarem mais rapidamente do que outros, o que lhes dá aptidões diversas. A variedade dessas aptidões é necessária, para que cada um possa concorrer com os desígnios da Providência no limite do desenvolvimento de suas forças físicas e intelectuais. O que um não pode ou não sabe fazer o outro faz; é assim que cada um tem o seu papel útil. Depois, todos os mundos sendo solidários uns com os outros, é natural que habitantes de mundos superiores, na sua maioria criados antes do vosso, venham aqui habitar para dar o exemplo. (Veja a questão 361.)

805 Ao passar de um mundo superior a outro inferior, o Espírito conserva a integridade das faculdades adquiridas?

– Sim, já dissemos, o Espírito que progrediu não regride; pode escolher, no estado de Espírito, um corpo mais grosseiro ou uma posição

CAPÍTULO 9 – LEI DE IGUALDADE

mais precária do que a anterior, mas tudo isso deve sempre lhe servir de ensinamento e ajudá-lo a progredir. (Veja a questão 180.)

✦ *Assim, a diversidade das aptidões entre os homens não tem relação com a natureza íntima de sua criação, mas do grau de aperfeiçoamento que tenha alcançado como Espírito, durante as várias encarnações. Deus, portanto, não criou a desigualdade das faculdades ou aptidões, mas permitiu que Espíritos de diferentes graus de desenvolvimento mantivessem permanente contato, a fim de que os mais avançados pudessem ajudar o progresso dos mais atrasados e também para que os homens, tendo necessidade uns dos outros, praticassem a lei de caridade que deve uni-los.*

DESIGUALDADES SOCIAIS

806 A desigualdade das condições sociais é uma lei da natureza?
– Não. É obra do homem e não de Deus.

806 a Essa desigualdade desaparecerá um dia?
– Apenas as Leis de Deus são eternas. Vós não vedes essa desigualdade se apagar pouco a pouco todos os dias? Desaparecerá juntamente com o predomínio do orgulho e do egoísmo, apenas restará a diferença do merecimento. Chegará o dia em que os membros da grande família dos filhos de Deus não se olharão como de sangue mais ou menos puro, porque apenas o Espírito é mais ou menos puro, e isso não depende da posição social.

807 O que pensar dos que abusam da superioridade de sua posição social para oprimir o fraco em seu proveito?
– Esses se lamentarão: infelizes deles! Serão por sua vez oprimidos: renascerão numa existência em que suportarão tudo o que fizeram os outros suportar. (Veja as questões 273 e 684.)

DESIGUALDADE DAS RIQUEZAS

808 A desigualdade das riquezas não tem origem na desigualdade das aptidões, que dá a uns maiores meios de aquisição do que a outros?
– Sim e não; e da astúcia e do roubo, que me dizeis vós?

808 a Mas a riqueza herdada, portanto, não é fruto das más paixões?
– Que sabeis disso? Voltai à origem dela e vereis que nem sempre é pura. Sabeis lá se no princípio não foi fruto de roubo ou de injustiça? Porém, além da origem, que pode não ser boa, acreditais que a cobiça da riqueza, mesmo da bem adquirida, os desejos secretos que se concebem para possuí-la o mais rapidamente possível sejam sentimentos louváveis? É isso que Deus julga e vos asseguro que esse julgamento é mais severo do que o dos homens.

809 Se uma riqueza foi mal adquirida, os que a herdam mais tarde são responsáveis por isso?

– Sem dúvida, eles não são responsáveis pelo mal que outros fizeram, principalmente porque ignoram o fato; mas convém saber que a riqueza, muitas vezes, chega às mãos de um homem apenas para lhe favorecer a ocasião de reparar uma injustiça. Felizes os que compreenderem isso! Ao fazer justiça em nome daquele que cometeu a injustiça, a reparação será levada em conta para ambos, porque, muitas vezes, quem cometeu a injustiça é que inspira essa ação aos herdeiros.

810 Sem se afastar da legalidade, qualquer um pode dispor de seus bens de uma maneira mais ou menos justa. É responsável, depois de sua morte, pelas disposições que haja feito?

– Toda ação tem seus frutos; os frutos das boas ações são doces; os outros são sempre amargos. Entendei bem isso, sempre.

811 A igualdade absoluta das riquezas é possível e alguma vez já existiu?

– Não, ela não é possível. A diversidade das faculdades e do caráter entre os homens se opõe a essa igualdade.

811 a Entretanto, há homens que acreditam que aí está o remédio para os males da sociedade; que dizeis disso?

– São posições sistemáticas ou ambições ciumentas; eles não compreendem que a igualdade com que sonham seria logo rompida pela força das coisas. Combatei o egoísmo, que é a vossa praga social, e não procureis fantasias.

812 Se a igualdade das riquezas não é possível, ocorre o mesmo com o bem-estar?

– Não, porque o bem-estar é relativo e cada um poderia dele desfrutar, se o entendesse bem, já que o verdadeiro bem-estar é empregar o tempo ao seu gosto e não em trabalhos para os quais não se sente nenhum prazer; e como cada um tem aptidões diferentes, não haveria nenhum trabalho útil por fazer. O equilíbrio existe em tudo, é o homem que quer alterá-lo.

812 a Os homens poderão se entender?

– Os homens se entenderão quando praticarem a lei da justiça.

813 Há pessoas que passam privação e miséria por sua culpa; a sociedade pode ser responsável por isso?

– Sim, já o dissemos: ela é muitas vezes a principal causa dessas situações; aliás, não é de sua responsabilidade cuidar da educação moral dos seus membros? É, muitas vezes, a má-educação que os levou a falsear o julgamento em vez de sufocar neles as tendências nocivas. (Veja a questão 685.)

PROVAS DE RIQUEZA E DE MISÉRIA

814 Por que Deus deu a uns riquezas e poder e a outros a miséria?
– Para experimentar cada um de maneiras diferentes. Aliás, vós já o sabeis, essas provas foram os próprios Espíritos que escolheram e, muitas vezes, nelas fracassam.

815 Qual das duas provas é a mais terrível para o homem, a miséria ou a riqueza?
– Tanto uma como outra; a miséria provoca a lamentação contra a Providência; a riqueza estimula todos os excessos.

816 Se o rico tem mais tentações, não tem também mais meios de fazer o bem?
– É justamente o que nem sempre faz; torna-se egoísta, orgulhoso e insaciável. Suas necessidades aumentam com a riqueza e ele acredita nunca ter o suficiente.

✦ *Neste mundo tanto as posições de destaque quanto a autoridade sobre seus semelhantes são provas tão arriscadas e difíceis para o Espírito quanto a miséria. Quanto mais se é rico e poderoso, mais se tem obrigações a cumprir e maiores são as possibilidades de fazer o bem e o mal. Deus experimenta o pobre pela resignação e o rico pelo uso que faz de seus bens e de seu poder.*

A riqueza e o poder despertam todas as paixões que nos ligam à matéria e nos afastam da perfeição espiritual; é por isso que Jesus ensinou: "Em verdade vos digo que é mais fácil um camelo[1] passar pelo buraco de uma agulha do que um rico entrar no reino dos céus". (Veja a questão 266.)

IGUALDADE DOS DIREITOS DO HOMEM E DA MULHER

817 O homem e a mulher são iguais diante de Deus e têm os mesmos direitos?
– Sim; Deus deu a ambos a compreensão do bem e do mal e a capacidade de progredir.

818 De onde vem a inferioridade moral da mulher em alguns países?
– Do domínio injusto e cruel que o homem impôs sobre ela. É um resultado das instituições sociais e do abuso da força sobre a fraqueza. Para os homens pouco avançados, do ponto de vista moral, a força faz o direito.

---

1 - **Camelo:** ao tempo de Jesus, as cordas de amarrar navios eram feitas de pêlos de camelo e eram conhecidas como *camelo* (N. E.).

819 Com que objetivo a mulher é mais fraca fisicamente do que o homem?
– Para assinalar suas funções diferenciadas e particulares. Ao homem cabem os trabalhos rudes, por ser mais forte; à mulher, os trabalhos mais leves, e ambos devem se ajudar mutuamente nas provas da vida.

820 A fraqueza física da mulher não a coloca naturalmente sob a dependência do homem?
– Deus deu a uns a força para proteger o fraco, e não para que lhes imponham seu domínio.

✦ *Deus apropriou a organização de cada ser às funções que deve realizar. Se deu à mulher menos força física, dotou-a, ao mesmo tempo, de uma maior sensibilidade em relação à delicadeza das funções maternais e a fraqueza dos seres confiados aos seus cuidados.*

821 As funções às quais a mulher é destinada pela natureza têm importância tão grande quanto as do homem?
– Sim, e até maiores; é ela quem dá ao homem as primeiras noções da vida.

822 Ambos, sendo iguais diante da lei de Deus, devem ser também diante da lei dos homens?
– É o primeiro princípio de justiça: não façais aos outros o que não quereis que vos façam.

822 a Assim, uma legislação, para ser perfeitamente justa, deve consagrar a igualdade dos direitos entre o homem e a mulher?
– De direitos, sim; de funções, não. É preciso que cada um esteja no seu devido lugar; que o homem se ocupe do exterior e a mulher do interior, cada um de acordo com sua aptidão. A lei humana, para ser justa, deve consagrar a igualdade dos direitos entre o homem e a mulher; todo privilégio concedido a um ou a outro é contrário à justiça. *A emancipação da mulher segue o progresso da civilização*, sua subjugação marcha com a barbárie. Os sexos, aliás, existem apenas no corpo físico; uma vez que os Espíritos podem encarnar em um ou outro, não há diferença entre eles nesse aspecto e, conseqüentemente, devem desfrutar dos mesmos direitos.

IGUALDADE DIANTE DO TÚMULO

823 De onde vem o desejo do homem de perpetuar sua memória com monumentos fúnebres?
– Último ato de orgulho.

823 a Mas a suntuosidade dos monumentos fúnebres, muitas vezes, não é feita pelos parentes que desejam honrar a memória do falecido e não pelo próprio falecido?

– Orgulho dos parentes que desejam glorificar a si mesmos. Nem sempre é pelo morto que se fazem todas essas demonstrações: é por amor-próprio, pelo mundo e para ostentar riqueza. Acreditais que a lembrança de um ser querido seja menos durável no coração do pobre, porque só pode colocar uma flor no túmulo do seu parente? Acreditais que o mármore salva do esquecimento aquele que foi inútil na Terra?

824 Reprovais de modo absoluto a pompa dos funerais?
– Não; quando honram a memória de um homem de bem, é justa e um bom exemplo.

✦ *O túmulo é o local de encontro de todos os homens; ali terminam definitivamente todas as distinções humanas. É em vão que o rico tenta perpetuar sua memória nos monumentos grandiosos; o tempo os destruirá, como o corpo. Assim quer a natureza. A lembrança de suas boas e más ações será mais duradoura do que seu túmulo; a pompa dos funerais não o limpará de suas torpezas e não o fará subir um só degrau na hierarquia espiritual.* (Veja a questão 320 e seguintes.)

CAPÍTULO

10

LEI DE LIBERDADE

Liberdade natural – Escravidão – Liberdade de pensar – Liberdade de consciência – Livre-arbítrio – Fatalidade – Conhecimento do futuro – Resumo teórico da motivação das ações do homem

LIBERDADE NATURAL

825 Há posições no mundo em que o homem pode se vangloriar de desfrutar de liberdade absoluta?
– Não, porque todos necessitam uns dos outros, tanto os pequenos quanto os grandes.

826 Em que condição o homem poderia desfrutar de liberdade absoluta?
– Na de eremita no deserto. Desde que haja dois homens juntos, há direitos a respeitar e nenhum deles tem mais liberdade absoluta.

827 A obrigação de respeitar os direitos dos outros tira do homem o direito de ser senhor de si?
– De jeito nenhum, porque esse é um direito que a natureza lhe concede.

828 Como conciliar as opiniões liberais de certos homens com a tirania que, muitas vezes, eles mesmos praticam no lar e com os seus subordinados?
– Eles têm da lei natural só a compreensão, porém contrabalançada pelo orgulho e egoísmo. Quando esses princípios não são uma comédia calculadamente representada, o homem tem a perfeita noção de como deveria agir, mas não o faz.

828 a Como serão considerados na vida espiritual os que procederam assim neste mundo?
– Quanto mais inteligência tenha um homem para compreender um princípio, menos é desculpável por não aplicá-lo a si mesmo. Eu vos digo, em verdade, que o homem simples, mas sincero, está mais avançado no caminho de Deus do que aquele que quer parecer o que não é.

ESCRAVIDÃO

829 Há homens que são, por natureza, destinados a ser propriedades de outros homens?

– Toda sujeição absoluta de um homem a outro é contrária à lei de Deus. A escravidão é um abuso da força e desaparecerá com o progresso, como desaparecerão pouco a pouco todos os abusos.

✦ *A lei humana que consagra a escravidão é contra a natureza, uma vez que iguala o homem ao irracional e o degrada moral e fisicamente.*

830 Quando a escravidão faz parte dos costumes de um povo, os que dela se aproveitam são condenáveis, por agirem seguindo um procedimento que parece natural?

– O mal é sempre o mal e todos os sofismas não farão com que uma má ação se torne boa. Mas a responsabilidade do mal é relativa aos meios de que se dispõe para compreendê-la. Aquele que tira proveito da lei da escravidão é sempre culpado da violação da lei natural; mas, nisso, como em todas as coisas, a culpa é relativa. A escravidão, tendo se firmado nos costumes de alguns povos, tornou possível ao homem aproveitar-se dela de boa-fé, como de uma coisa que parecia natural; mas a partir do momento que sua razão se mostrou mais desenvolvida e, acima de tudo, esclarecida pelas luzes do Cristianismo, demonstrando que o escravo é um ser igual diante de Deus, não há mais desculpa que justifique a escravidão.

831 A desigualdade natural das aptidões não coloca algumas raças humanas sob a dependência de outras mais inteligentes? ✎

– Sim, mas para erguê-las e não para embrutecê-las ainda mais pela escravidão. Os homens têm considerado durante muito tempo algumas raças humanas como animais de braços e mãos e se julgaram no direito de vendê-los como animais de carga. Eles acreditam possuir um sangue mais puro, insensatos que vêem apenas a matéria! Não é o sangue que é mais ou menos puro, mas o Espírito. (Veja as questões 361 e 803.)

832 Há homens que tratam seus escravos com humanidade, que não lhes deixam faltar nada e pensam que a liberdade até os exporia a piores privações; o que dizeis deles?

– Digo que esses cuidam melhor de seus interesses. Têm também muito cuidado com seus bois e cavalos, para tirar mais proveito deles no mercado. Não são tão culpados quanto os que os maltratam, mas dispõem deles como de uma mercadoria ao impedir o direito de serem livres.

LIBERDADE DE PENSAR

833 Há no homem alguma coisa livre de qualquer constrangimento e da qual desfruta de uma liberdade absoluta?

– É pelo pensamento que o homem desfruta de uma liberdade sem limites, porque o pensamento desconhece obstáculos. Pode-se deter seu vôo, mas não aniquilá-lo.

✎ - Consulte Nota Explicativa no final do livro (N. E.).

834 O homem é responsável por seu pensamento?
– É responsável diante de Deus; somente Deus, podendo conhecê-lo, o condena ou o absolve segundo Sua justiça.

LIBERDADE DE CONSCIÊNCIA

835 A liberdade de consciência é uma conseqüência da de pensar?
– A consciência é um pensamento íntimo que pertence ao homem, como todos os outros pensamentos.

836 O homem tem direito de colocar obstáculos à liberdade de consciência?
– Não, nem à liberdade de pensar. Pertence apenas a Deus o direito de julgar a consciência. Se os homens regulam por suas leis as relações de homem para homem, Deus, pelas leis da natureza, regula as relações do homem com Deus.

837 Qual o resultado dos obstáculos postos à liberdade de consciência?
– Constranger os homens a agir de modo diferente do que pensam, torná-los hipócritas. A liberdade de consciência é uma das características da verdadeira civilização e do progresso.

838 Toda crença é respeitável mesmo que seja notoriamente falsa?
– Toda crença é respeitável quando é sincera e conduz à prática do bem. As crenças condenáveis são as que conduzem ao mal.

839 É repreensível escandalizar na sua crença aquele que não pensa como nós?
– É falta de caridade e ofende a liberdade de pensamento.

840 Será atentar contra a liberdade de consciência impor restrições às crenças que provocam problemas à sociedade?
– Podem-se reprimir os atos, mas a crença íntima é inacessível.

✦ *Reprimir os atos exteriores de uma crença quando ela ocasiona um prejuízo qualquer aos outros não é atentar contra a liberdade de consciência, porque a repressão não impede a pessoa de manter a crença.*

841 Deve-se, em respeito à liberdade de consciência, deixar que se propaguem doutrinas nocivas e pode-se, sem prejudicar essa liberdade, procurar trazer de volta ao caminho da verdade aqueles que se perderam ao admitir falsos princípios?
– Certamente que sim; e até mesmo se deve. Mas ensinai a exemplo de Jesus, pela doçura e persuasão, e não pela força, o que seria pior que a crença daquele a quem se quer convencer. Se há algo que seja permitido impor é o bem e a fraternidade. Mas não acreditamos que o meio de levá-los a admitir seja agindo com violência: a convicção não se impõe.

842 Todas as doutrinas têm a pretensão de ser a única expressão da verdade; como se pode reconhecer a que tem o direito de se posicionar assim?

– Será aquela que faz mais homens de bem e menos hipócritas, ou seja, pela prática da lei de amor e de caridade em sua maior pureza e sua aplicação mais abrangente. A esse sinal reconheceis que uma doutrina é boa, já que toda doutrina que semear a desunião e estabelecer uma demarcação entre os filhos de Deus só pode ser falsa e nociva.

LIVRE-ARBÍTRIO

843 O homem tem sempre o livre-arbítrio?

– Uma vez que tem a liberdade de pensar, tem a de agir. Sem o livre-arbítrio o homem seria como uma máquina.

844 O homem desfruta de seu livre-arbítrio desde seu nascimento?

– Há liberdade de agir desde que haja a liberdade de fazer. Nos primeiros tempos da vida a liberdade é quase nula; ela vai evoluindo e seus objetivos mudam de acordo com o desenvolvimento das faculdades. A criança, tendo pensamentos relacionados com as necessidades de sua idade, aplica seu livre-arbítrio às escolhas que lhe são necessárias.

845 As predisposições instintivas que o homem traz ao nascer não são um obstáculo ao exercício do livre-arbítrio?

– As predisposições instintivas são do Espírito antes de sua encarnação; conforme é mais ou menos adiantado, podem levá-lo a praticar atos condenáveis, e ele será auxiliado nisso pelos Espíritos com essas mesmas tendências, mas não há arrebatamento irresistível quando se tem a vontade de resistir. Lembrai-vos de que querer é poder. (Veja a questão 361.)

846 O organismo tem influência sobre os atos da vida? E se tem, ela não acaba anulando o livre-arbítrio?

– O Espírito está certamente influenciado pela matéria que o pode entravar em suas manifestações; eis por que, nos mundos onde os corpos são menos materiais, as faculdades se desenvolvem com mais liberdade. Porém, não é o instrumento que dá as faculdades. Além disso, é preciso separar aqui as faculdades morais das intelectuais; se um homem tem o instinto assassino, é seguramente seu próprio Espírito que o possui e o transmite, e não seus órgãos. Aquele que canaliza o pensamento para a vida da matéria torna-se semelhante ao irracional e, pior ainda, porque não pensa mais em se prevenir contra o mal, e é nisso que é culpado, uma vez que age assim por sua vontade. (Veja a questão 367 e seguintes – "Influência do organismo".)

847 A anormalidade das faculdades tira do homem o livre-arbítrio?
– Aquele cuja inteligência é perturbada por uma causa qualquer não é mais senhor de seu pensamento e assim não tem mais liberdade. Essa anormalidade é, muitas vezes, uma punição para o Espírito que, numa outra encarnação, pode ter sido fútil e orgulhoso e ter feito mau uso de suas faculdades. Ele pode renascer no corpo de um deficiente mental, como o escravizador no corpo de um escravo e o mau rico no de um mendigo. Porém, o Espírito sofreu esse constrangimento com perfeita consciência. Está aí a ação da matéria. (Veja a questão 371 e seguintes)

848 Os desatinos das faculdades intelectuais causadas pela embriaguez é desculpa para atos condenáveis?
– Não, porque o bêbado voluntariamente se privou de sua razão para satisfazer paixões brutais; em vez de uma falta, comete duas.

849 No homem primitivo, a faculdade dominante é o instinto ou o livre-arbítrio?
– É o instinto, o que não o impede de agir com total liberdade em certas circunstâncias; como a criança, ele aplica essa liberdade às suas necessidades e ela se desenvolve com a inteligência. Porém, como vós sois mais esclarecidos do que um selvagem, sois também mais responsáveis pelo que fazeis.

850 A posição social não é, algumas vezes, um obstáculo à total liberdade dos atos?
– O mundo tem, sem dúvida, suas exigências. Deus é justo e tudo leva em conta, mas vos deixa a responsabilidade do pouco esforço que fazeis para superar os obstáculos.

FATALIDADE

851 Haverá fatalidade nos acontecimentos da vida, conforme o sentido que se dá a essa palavra, ou seja, todos os acontecimentos são predeterminados? Nesse caso, como fica o livre-arbítrio?
– A fatalidade existe apenas na escolha que o Espírito fez ao encarnar e suportar esta ou aquela prova. E da escolha resulta uma espécie de destino, que é a própria conseqüência da posição que ele próprio escolheu e em que se acha. Falo das provas de natureza física, porque, quanto às de natureza moral e às tentações, o Espírito, ao conservar seu livre-arbítrio quanto ao bem e ao mal, é sempre senhor para ceder ou resistir. Um bom Espírito, ao vê-lo fraquejar, pode vir em sua ajuda, mas não pode influir de modo a dominar sua vontade. Um Espírito mau, ao lhe mostrar de forma exagerada um perigo físico, pode abalá-lo e assustá-lo. Porém, a vontade do Espírito encarnado está constantemente livre para decidir.

Capítulo 10 – Lei de Liberdade

852 Há pessoas que parecem ser perseguidas por uma fatalidade, independentemente de seu modo de agir; a infelicidade não é um destino?

– São, talvez, provas que devem suportar e que escolheram. Mas definitivamente não deveis acusar o destino pelo que, freqüentemente, é apenas a conseqüência de vossas próprias faltas. Nos males que vos afligem, esforçais-vos para que vossa consciência esteja pura, e já vos sentireis bastante consolados.

✦ *As idéias justas ou falsas que fazemos das coisas nos fazem vencer ou fracassar de acordo com nosso caráter e posição social. Achamos mais simples e menos humilhante para o nosso amor-próprio atribuir nossos fracassos à sorte ou ao destino, e não à nossa própria falta. Se a influência dos Espíritos contribui para isso algumas vezes, podemos sempre nos defender dessa influência afastando as idéias que nos sugerem, quando são más.*

853 Algumas pessoas mal escapam de um perigo mortal para logo cair em outro; parece que não teriam como escapar à morte. Não há fatalidade nisso?

– A fatalidade só existe, no verdadeiro sentido da palavra, apenas no instante da morte. Quando esse momento chega, seja por um meio seja por outro, não o podeis evitar.

853 a Assim, qualquer que seja o perigo que nos ameace, não morreremos se a hora não é chegada?

– Não, não morrereis, e sobre isso há milhares de exemplos; mas quando a hora chegar, nada poderá impedir. Deus sabe por antecipação qual o gênero de morte que terás na Terra e, muitas vezes, vosso Espírito também sabe, porque isso foi revelado quando fez a escolha desta ou daquela existência.

854 Por causa da inevitável hora da morte, as precauções que se tomam para evitá-la são inúteis?

– Não. As precauções que tomais são sugeridas para evitar a morte que vos ameaça, são meios para que ela não ocorra.

855 Qual é o objetivo da Providência ao nos fazer correr dos perigos que não têm conseqüências?

– Quando vossa vida é colocada em perigo, é uma advertência que vós mesmo desejastes, a fim de vos desviardes do mal e vos tornardes melhor. Quando escapais desse perigo, ainda sob a influência do risco que passastes, refletis seriamente, conforme a ação mais ou menos forte dos bons Espíritos sobre vós para vos melhorardes. O mau Espírito, voltando a tentação (digo mau subentendendo o mal que ainda existe nele), pensa que escapará do mesmo modo a outros perigos e novamente deixa se dominar pelas paixões. Pelos perigos que correis, Deus vos lembra de vossa fraqueza e a fragilidade de vossa existência. Se examinardes a causa e a natureza do perigo, vereis que, muitas vezes, as conseqüências são a punição de uma falta cometida ou de um dever não cumprido. Deus vos adverte assim para vos recolherdes em vós mesmos e vos corrigirdes. (Veja as questões 526 e 532.)

856 O Espírito sabe por antecipação como desencarnará?

– Sabe que o gênero de vida escolhido o expõe a desencarnar mais de uma maneira do que de outra. Sabe igualmente quais as lutas que terá de enfrentar para evitá-la e, se Deus o permitir, não fracassará.

857 Há homens que enfrentam os perigos dos combates com a convicção de que sua hora não chegou; há algum fundamento nessa confiança?

– Freqüentemente, o homem tem o pressentimento de seu fim, como pode ter o de que não morrerá ainda. Esse pressentimento vem por meio dos seus protetores, que querem adverti-lo para estar pronto para partir, ou estimulam sua coragem nos momentos em que é mais necessária. Pode vir ainda pela intuição que tem da existência escolhida, ou da missão que aceitou e sabe que deve cumprir. (Veja as questões 411 e 522.)

858 Por que os que pressentem a morte a temem menos que os outros?

– É o homem que teme a morte e não o Espírito; aquele que a pressente pensa mais como Espírito do que como homem: ele a compreende como sua libertação e a espera.

859 Se a morte não pode ser evitada, ocorre o mesmo com todos os acidentes que nos atingem no decorrer da vida?

– Freqüentemente esses acidentes são pequenas coisas para as quais podemos vos prevenir e, algumas vezes, fazer com que as eviteis, dirigindo vosso pensamento, porque não gostamos de vos ver sofrer; mas isso é de pouca importância para a vida que escolhestes. A fatalidade, verdadeiramente, consiste apenas na hora em que deveis nascer e morrer.

859 a Há fatos que, forçosamente, devam acontecer e que a vontade dos Espíritos não podem afastar?

– Sim, mas vós, antes de encarnar, vistes e pressentistes quando fizestes vossa escolha. Entretanto, não acrediteis que tudo o que acontece está escrito, como se diz. Um acontecimento é, muitas vezes, a conseqüência de um ato que praticastes por livre vontade, caso contrário o acontecimento não teria ocorrido. Se queimais o dedo, é conseqüência de vossa imprudência e ação sobre a matéria. Apenas as grandes dores, os acontecimentos importantes que podem influir na evolução moral, são previstos por Deus, já que são úteis para a vossa depuração e instrução.

Capítulo 10 – Lei de Liberdade

860 O homem, por sua vontade e ações, pode fazer com que os acontecimentos que deveriam ocorrer não ocorram, e vice-versa?
– Pode, desde que esse desvio aparente caiba na ordem geral da vida que escolheu. Depois, para fazer o bem, como é seu dever e único objetivo da vida, ele pode impedir o mal, especialmente aquele que poderia contribuir para um mal maior.

861 O homem que comete um homicídio sabe, ao escolher sua existência, que se tornará um assassino?
– Não. Sabe que, escolhendo uma determinada espécie de vida, poderá ter a possibilidade de matar um de seus semelhantes, mas não sabe se o fará porque há nele, quase sempre, uma decisão antes de cometer qualquer ação; portanto, aquele que delibera sobre uma coisa é sempre livre para fazê-la ou não. Se o Espírito soubesse antecipadamente que, como homem, deveria cometer um assassinato, é porque isso estava predestinado. Sabei que ninguém foi predestinado ao crime e todo crime, como todo e qualquer ato, é sempre o resultado da vontade e do livre-arbítrio.

Além disso, confundis sempre duas coisas bem distintas: os acontecimentos materiais da vida e os atos da vida moral. Se algumas vezes existe fatalidade, é nos acontecimentos materiais cuja causa está fora de vós e são independentes de vossa vontade. Quanto aos atos da vida moral, esses emanam sempre do próprio homem, que sempre tem, conseqüentemente, a liberdade de escolha. Para esses atos, nunca existe fatalidade.

862 Existem pessoas para as quais nada sai bem e que um mau gênio parece perseguir em todas as suas ações; não está aí o que podemos chamar de fatalidade?
– É uma fatalidade, se quiserdes chamar assim, mas é decorrente da escolha que essa pessoa fez para a presente existência, porque há pessoas que quiseram ser provadas por uma vida de decepção, para exercitar sua paciência e sua resignação. Não acrediteis, entretanto, que essa fatalidade seja absoluta; muitas vezes é o resultado do falso caminho que tomaram e que nada têm a ver com sua inteligência e suas aptidões. Aquele que deseja atravessar um rio a nado sem saber nadar tem grande probabilidade de se afogar; assim é com a maioria dos acontecimentos da vida. Se o homem somente empreendesse coisas compatíveis e de acordo com suas capacidades, quase sempre teria êxito. O que faz com que se perca é seu amor-próprio e sua ambição, que o fazem sair de seu caminho e o induzem a considerar como vocação o desejo de satisfazer certas paixões. Ele fracassa e é por sua culpa; mas, em vez de admiti-la espontaneamente, prefere acusar sua estrela. Seria melhor ter sido um bom trabalhador e ganho honestamente a vida do que ser um mau poeta

e morrer de fome. Haveria lugar para todos, se cada um soubesse se colocar em seu lugar.

863 Os costumes sociais não obrigam o homem a seguir determinado caminho em vez de outro, e ele não está submetido ao controle da opinião geral na escolha de suas ocupações? O que se chama de respeito humano não é um obstáculo ao exercício do livre-arbítrio?

– São os homens que fazem os costumes sociais e não Deus. Se a eles se submetem, é porque lhes convêm, e isso é ainda um ato de seu livre-arbítrio, uma vez que, se quisessem, poderiam libertar-se deles; então, por que se lamentar? Não são os costumes sociais que devem acusar, mas seu tolo amor-próprio, que os leva a preferir morrer de fome a abandoná-lo. Ninguém levará em conta esse sacrifício feito à opinião pública, enquanto Deus levará em conta o sacrifício que fizerem à sua vaidade. Isso não quer dizer que seja preciso afrontar essa opinião sem necessidade, como fazem algumas pessoas que têm mais originalidade do que verdadeira filosofia. Há tanto desatino em alguém se fazer objeto de crítica ou parecer um animal selvagem quanto existe sabedoria em descer voluntariamente e sem reclamar, quando não se pode permanecer no topo da escala.

864 Existem pessoas para as quais a sorte é contrária, outras parecem favorecidas, pois tudo lhes sai bem; a que se deve isso?

– Freqüentemente porque elas sabem orientar-se melhor; mas isso pode ser também um gênero de prova. O sucesso as embriaga; elas confiam em seu destino e freqüentemente acabam pagando mais tarde esses mesmos sucessos com cruéis revezes, que poderiam ter evitado com a prudência.

865 Como explicar a sorte que favorece certas pessoas nas circunstâncias em que nem a vontade nem a inteligência interferem? O jogo, por exemplo?

– Alguns Espíritos escolheram antecipadamente certas espécies de prazer; a sorte que os favorece é uma tentação. Quem ganha como homem perde como Espírito; é uma prova para seu orgulho e sua cobiça.

866 A fatalidade que parece marcar os destinos materiais de nossa vida seria, também, o efeito de nosso livre-arbítrio?

– Vós mesmos escolhestes vossa prova; quanto mais for rude e melhor a suportardes, mais vos elevareis. Aqueles que passam a vida na abundância e na felicidade humana são Espíritos fracos, que permanecem estacionários. Assim, o número de desafortunados ultrapassa em muito o dos felizes neste mundo, já que os Espíritos procuram, na maior parte, a prova que será mais proveitosa. Eles vêm muito bem a futilidade de vossas grandezas e prazeres. Aliás, a vida mais feliz é sempre agitada, sempre inquieta, apesar da ausência da dor. (Veja a questão 525 e seguintes.)

867 De onde vem a expressão *nascer sob uma boa estrela*?
– Velha superstição que ligava as estrelas ao destino de cada homem. É uma simbologia que algumas pessoas fazem a tolice de levar a sério.

CONHECIMENTO DO FUTURO

868 O futuro pode ser revelado ao homem?
– Em princípio, o futuro é desconhecido e apenas em casos raros ou excepcionais Deus permite que seja revelado.

869 Com que objetivo o futuro é oculto ao homem?
– Se conhecesse o futuro, negligenciaria o presente e não agiria com a mesma liberdade, porque seria dominado pelo pensamento de que, se uma coisa deve acontecer, não tem por que se preocupar, ou procuraria dificultar o acontecimento. Deus quis que assim fosse, para que cada um cooperasse no cumprimento das coisas, até mesmo daquelas a que gostaria de se opor. Assim, preparais, vós mesmos, freqüentemente sem desconfiar disso, os acontecimentos que sucederão no curso de vossa vida.

870 Mas se é útil que o futuro seja oculto, por que Deus permite algumas vezes sua revelação?
– Permite, quando esse conhecimento prévio deva facilitar o cumprimento de algo em vez de dificultá-lo, ficando obrigado o homem a agir de modo diferente do que faria sem esse conhecimento. Além disso, é, freqüentemente, uma prova. A perspectiva de um acontecimento pode despertar pensamentos bons ou maus. Se um homem souber, por exemplo, que receberá uma herança com que não contava, pode ser que essa revelação desperte nele a cobiça, pela expectativa de aumentar seus prazeres terrestres, pelo desejo de se apossar de imediato da herança, desejando, talvez, a morte daquele que lhe deve deixar a fortuna. Ou, então, essa perspectiva pode despertar-lhe bons sentimentos e pensamentos generosos. Se a predição não se cumpre, sofrerá uma outra prova: a decepção. Mas ele não deixará de ter, por isso, o mérito ou o demérito pelos pensamentos bons ou maus que a expectativa do acontecimento ocasionou.

871 Uma vez que Deus sabe tudo, sabe, igualmente, se um homem deve fracassar ou não numa prova? Nesse caso, qual é a necessidade dessa prova, que nada acrescentará ao que Deus já sabe a respeito desse homem?
– É o mesmo que perguntar por que Deus não criou o homem perfeito e realizado. (Veja a questão 119.) Por que o homem passa pela infância

antes de atingir a idade adulta. (Veja a questão 379.) A prova não tem a finalidade de esclarecer a Deus sobre o mérito dessa pessoa, visto que sabe perfeitamente para que a prova lhe serve, mas, sim, para a deixar com toda a responsabilidade de sua ação, uma vez que é livre para fazer ou não. Tendo o homem a escolha entre o bem e o mal, a prova tem a finalidade de colocá-lo em luta com a tentação do mal e lhe deixar todo o mérito da resistência. Embora saiba muito bem, antecipadamente, se triunfará ou não, Deus não pode, em Sua justiça, puni-lo nem recompensá-lo por um ato que ainda não foi praticado. (Veja a questão 258.)

✦ *Assim acontece entre os homens. Por mais capaz que seja um estudante, qualquer certeza que se tenha de vê-lo triunfar, não se confere a ele nenhum grau sem exame, ou seja, sem prova; do mesmo modo, o juiz não condena um acusado senão por um ato consumado e não por prever que ele possa consumar esse ato.*

Quanto mais se examinam as conseqüências que resultariam para o homem se tivesse o conhecimento do futuro, mais se vê quanto a Providência foi sábia em ocultá-lo. A certeza de um acontecimento feliz o mergulharia na inércia; a de um acontecimento infeliz, no desencorajamento; tanto em um quanto em outro, suas forças estariam paralisadas. Por isso o futuro é apenas mostrado ao homem como um objetivo que deve atingir por seus esforços, mas sem conhecer o processo pelo qual deve passar para atingi-lo. O conhecimento de todos os incidentes do caminho lhe diminuiria a iniciativa e o uso de seu livre-arbítrio; ele se deixaria levar pela fatalidade dos acontecimentos, sem exercer suas aptidões. Quando o sucesso de uma coisa é assegurado, ninguém se preocupa mais com ela.

RESUMO TEÓRICO DA MOTIVAÇÃO DAS AÇÕES DO HOMEM

872 A questão de ter a vontade livre, isto é, o livre-arbítrio, pode se resumir assim: a criatura humana não é fatalmente conduzida ao mal; os atos que pratica não estavam antecipadamente determinados; os crimes que comete não resultam de uma sentença do destino. Ele pode, como prova e expiação, escolher uma existência em que terá a sedução para o crime, seja pelo meio em que se encontre ou pelos atos em que tomará parte, mas está constantemente livre para agir ou não. Assim, o livre-arbítrio existe no estado de Espírito, com a escolha da existência e das provas, e no estado corporal, na disposição de ceder ou de resistir aos arrastamentos a que estamos voluntariamente submetidos. Cabe à educação combater essas más tendências; ela o fará utilmente quando estiver baseada no estudo aprofundado da natureza moral do homem. Pelo conhecimento das leis que regem essa natureza moral será possível modificá-la, como

Capítulo 10 – Lei de Liberdade

se modifica a inteligência pela instrução, e como a higiene, que preserva a saúde e previne as doenças, modifica o temperamento. O Espírito livre da matéria, no intervalo das encarnações, faz a escolha de suas existências corporais futuras, de acordo com o grau de perfeição que atingiu, e nisso, como dissemos, consiste principalmente o seu livre-arbítrio. Essa liberdade não é anulada pela encarnação. Se cede à influência da matéria é porque fracassa nas próprias provas que escolheu, e para ajudá-lo a superá--las pode evocar a assistência de Deus e dos bons Espíritos. (Veja a questão 337.)

Sem o livre-arbítrio o homem não teria nem culpa na prática do mal, nem mérito no bem; e isso é igualmente reconhecido no mundo, onde sempre se faz censura ou elogio à intenção, ou seja, à vontade; portanto, quem diz vontade diz liberdade. Eis por que o homem não pode justificar ou desculpar suas faltas atribuindo-as ao seu corpo sem abdicar da razão e da condição de ser humano para se igualar ao irracional. Se o corpo humano fosse responsável pela ação para o mal, o seria igualmente na ação para o bem. Entretanto, quando o homem faz o bem, tem grande cuidado para evidenciar o fato em seu favor, como mérito seu, e não exalta ou gratifica seus órgãos. Isso prova que, instintivamente, ele não renuncia, apesar da opinião de alguns filósofos sistemáticos, ao mais belo dos privilégios de sua espécie: a liberdade de pensar.

A fatalidade, como se entende geralmente, faz supor que todos os acontecimentos da vida estejam prévia e irrevogavelmente decididos, e estão na ordem das coisas, seja qual for sua importância. Se assim fosse, o homem seria uma máquina sem vontade. Para que serviria sua inteligência, uma vez que em todos os atos seria invariavelmente dominado pelo poder do destino? Uma doutrina assim, se fosse verdadeira, teria em si a destruição de toda liberdade moral; não haveria mais responsabilidade para o homem e, conseqüentemente, nem bem, nem mal, nem crimes, nem virtudes. Deus, soberanamente justo, não poderia castigar suas criaturas por faltas que não dependeram delas nem recompensá-las pelas virtudes das quais não teriam o mérito. Uma lei assim seria, além disso, a negação da lei do progresso, porque o homem que esperasse tudo do destino nada tentaria para melhorar sua posição, já que não conseguiria mudá-la nem para melhor nem para pior.

A fatalidade não é, entretanto, uma idéia vã; ela existe na posição que o homem ocupa na Terra e nas funções que aí cumpre, por conseqüência do gênero de existência que seu Espírito escolheu como *prova, expiação* ou *missão*. Ele sofre, fatalmente, todas as alternâncias dessa existência e todas as tendências, boas ou más, que lhe são próprias; porém, termina aí a fatalidade, porque depende de sua vontade ceder ou não a essas tendências. *O detalhe dos acontecimentos depende das circunstâncias que ele mesmo provoca por seus atos* e sobre as quais os Espíritos podem influenciar pelos pensamentos que sugerem. (Veja a questão 459.)

A fatalidade está, portanto, para o homem, nos acontecimentos que se apresentam, uma vez que são a conseqüência da escolha da existência que o Espírito fez. Pode deixar de ocorrer a fatalidade no resultado dos acontecimentos, quando o homem, usando de prudência, modifica-lhes o curso. *Nunca há fatalidade nos atos da vida moral.*

É na morte que o homem está submetido, de uma maneira absoluta, a implacável lei da fatalidade, porque não pode escapar da sentença que fixa o fim de sua existência, nem do gênero de morte que deve interrompê-la.

De acordo com a opinião geral, o homem possuiria todos os seus instintos em si mesmo; eles procederiam de seu próprio corpo, pelos quais não poderia ser responsável, ou de sua própria natureza, na qual pode encontrar uma desculpa, para si mesmo, dizendo que não é sua culpa, uma vez que foi criado assim.

A Doutrina Espírita é evidentemente muito mais moral: admite no homem o livre-arbítrio em toda sua plenitude e, ao lhe dizer que, se faz o mal, cede a uma má sugestão exterior, deixa-lhe toda a responsabilidade, uma vez que reconhece seu poder de resistir, o que é evidentemente mais fácil do que lutar contra sua própria natureza. Assim, de acordo com a Doutrina Espírita, não há sedução irresistível: o homem pode sempre fechar os ouvidos à voz oculta do obsessor que o induz ao mal em seu íntimo, assim como pode fechá-los quando alguém lhe fala; pode fazer isso por sua vontade, ao pedir a Deus a força necessária e rogando a assistência dos bons Espíritos. É o que Jesus nos ensina na sublime prece do Pai Nosso: "Não nos deixeis cair em tentação, mas livrai-nos do mal".

Essa teoria que mostra a causa determinante dos nossos atos ressalta evidentemente de todo o ensinamento dado pelos Espíritos. Não é apenas sublime em moralidade, mas acrescentaremos que eleva o homem a seus próprios olhos. Mostra-o livre para repelir um domínio obsessor, como pode fechar sua casa aos importunos. Não é mais uma máquina que age por um impulso independente de sua vontade; é um ser racional, que escuta, julga e escolhe livremente um entre dois conselhos. Apesar disso, o homem não está impedido de agir por sua iniciativa, por impulso próprio, já que, definitivamente, é apenas um Espírito encarnado que conserva, sob o corpo, as qualidades e os defeitos que tinha como Espírito. As faltas que cometemos têm, portanto, sua origem na imperfeição de nosso próprio Espírito, que ainda não atingiu a superioridade moral que terá um dia, mas que nem por isso tem seu livre-arbítrio limitado. A vida encarnada lhe é dada para se depurar de suas imperfeições pelas provas que passa, e são precisamente essas imperfeições que o tornam mais fraco e acessível às

Capítulo 10 – Lei de Liberdade

sugestões de outros Espíritos imperfeitos, que aproveitam para se empenhar em fazê-lo fracassar na luta. Se sai vencedor, eleva-se; se desperdiça a oportunidade e fracassa, permanece o que era, nem pior, nem melhor: é uma prova que terá de recomeçar, e isso pode durar muito tempo. Quanto mais se depura, mais seus pontos fracos diminuem e menos se expõe àqueles que procuram incitá-lo ao mal; sua força moral cresce em razão de sua elevação e os maus Espíritos se afastam dele.

A raça humana é constituída tanto de Espíritos bons quanto de maus, que estão encarnados neste planeta, e como a Terra é um dos mundos menos avançados, nela se encontram mais Espíritos maus do que bons; por isso há tanta perversidade aqui.

Façamos, portanto, todos os esforços para não voltarmos aqui após essa existência e merecermos ser admitidos num mundo melhor, num desses mundos privilegiados onde o bem reina absoluto, e lembraremos de nossa passagem pela Terra apenas como um exílio temporário.

CAPÍTULO

11

LEI DE JUSTIÇA, AMOR E CARIDADE

Justiça e direitos naturais – Direito de propriedade.
Roubo – Caridade e amor ao próximo –
Amor maternal e filial

JUSTIÇA E DIREITOS NATURAIS

873 O sentimento de justiça é natural ou é resultado de idéias adquiridas?

– É tão natural que vos revoltais com o pensamento de uma injustiça. O progresso moral desenvolve, sem dúvida, esse sentimento, mas não o dá: Deus o colocou no coração do homem; por isso encontrareis, muitas vezes, nos homens simples e primitivos noções mais exatas de justiça do que naqueles que têm muito conhecimento.

874 Se a justiça é uma lei natural, por que os homens a entendem de maneiras diferentes, e que um considere justo o que parece injusto a outro?

– É que à Lei se misturam freqüentemente paixões que alteram esse sentimento, como acontece com a maior parte dos outros sentimentos naturais, e fazem o homem ver as coisas sob um falso ponto de vista.

875 Como se pode definir a justiça?

– A justiça consiste no respeito aos direitos de cada um.

875 a O que determina esses direitos?

– São determinados por duas coisas: a lei humana e a lei natural. Tendo os homens feito leis apropriadas aos seus costumes e caráter, essas leis estabeleceram direitos que variaram com o progresso dos conhecimentos. Observai que as vossas leis atuais, sem serem perfeitas, já não consagram os mesmos direitos da Idade Média. No entanto, esses direitos antiquados, que vos parecem monstruosos, pareciam justos e naturais naquela época. O direito estabelecido pelos homens nem sempre, portanto, está de acordo com a justiça. Regula apenas algumas relações sociais, enquanto, na vida particular, há uma imensidão de atos unicamente inerentes à consciência de cada um.

876 Fora do direito consagrado pela lei humana, qual é a base da justiça fundada sobre a lei natural?

– O Cristo disse: "Não façais aos outros o que não quereis que vos façam". Deus colocou no coração do homem a regra de toda a verdadeira justiça pelo desejo que cada um tem de ver respeitados os seus direitos. Na incerteza do que fazer em relação ao semelhante numa determinada circunstância, o homem deve perguntar-se como desejaria que se fizesse com ele na mesma circunstância: Deus não poderia lhe dar um guia mais seguro do que a própria consciência.

✦ *O critério da verdadeira justiça é, de fato, desejar aos outros o que se deseja para si mesmo, e não desejar para si o que se desejaria para os outros, o que não é a mesma coisa. Como não é natural desejar o mal para si, se tomarmos o desejo pessoal como norma e ponto de partida, estaremos sempre certos de apenas desejar o bem para o próximo. Em todos os tempos e todas as crenças, o homem tem sempre procurado fazer prevalecer seu direito pessoal. A sublimidade da religião cristã foi tomar o direito pessoal por base do direito do próximo.*

877 A necessidade para o homem de viver em sociedade lhe impõe obrigações particulares?
– Sim, e a primeira de todas é a de respeitar os direitos dos semelhantes. Aquele que respeitar esses direitos sempre será justo. Em vosso mundo, onde tantos homens não praticam a lei da justiça, cada um usa de represálias, e isso gera perturbação e confusão em vossa sociedade. A vida social dá direitos e impõe deveres recíprocos.

878 Podendo o homem se enganar sobre a extensão de seu direito, quem pode fazê-lo conhecer esse limite?
– O limite do direito será sempre o de dar aos seus semelhantes o mesmo que quer para si, em circunstâncias iguais e reciprocamente.

878 a Mas se cada um conceder a si mesmo os direitos de seu semelhante, em que se torna a subordinação em relação aos superiores? Não causará a anarquia de todos os poderes?
– Os direitos naturais são os mesmos para todos, desde o menor até o maior; Deus não fez uns mais puros que outros, e todos são iguais diante d'Ele. Esses direitos são eternos. Porém, os direitos que o homem estabeleceu desaparecem com suas instituições. Cada um percebe bem sua força ou fraqueza e saberá sempre ter uma certa consideração com aquele que a mereça por sua virtude e sabedoria. É importante destacar isso, para que os que se julgam superiores conheçam seus deveres e mereçam essa consideração. A subordinação não será comprometida quando a autoridade for exercida com sabedoria.

879 Qual deve ser o caráter do homem que praticasse a justiça em toda a sua pureza?
– Do verdadeiro justo, a exemplo de Jesus, porque praticaria também o amor ao próximo e a caridade, sem os quais não há verdadeira justiça.

DIREITO DE PROPRIEDADE. ROUBO

880 Qual o primeiro de todos os direitos naturais do homem?
– O de viver. Ninguém tem o direito de atentar contra a vida de seu semelhante nem fazer o que possa comprometer sua existência física.

881 O direito de viver dá ao homem o direito de juntar o necessário para viver e repousar, quando não puder mais trabalhar?
– Sim, mas deve fazê-lo socialmente, como a abelha, por um trabalho honesto, e não juntar como um egoísta. Até mesmo certos animais lhe dão o exemplo do que é previdência.

882 O homem tem o direito de defender o que juntou pelo seu trabalho?
– A lei de Deus diz: "Não roubarás"; e Jesus: "É preciso dar a César o que é de César".

✦ *O que o homem junta por um trabalho honesto é uma propriedade legítima que tem o direito de defender, porque a propriedade que é fruto do trabalho é um direito natural tão sagrado quanto o de trabalhar e viver.*

883 O desejo de possuir é natural?
– Sim, mas quando é apenas para si e para satisfação pessoal é egoísmo.

883 a Será legítimo o desejo de possuir, para não se tornar peso para ninguém?
– Existem homens insaciáveis que acumulam bens sem proveito para ninguém, só para satisfazer as paixões. Acreditais que isso seja bem visto por Deus? Aquele que, ao contrário, junta por seu trabalho para ajudar seus semelhantes pratica a lei de amor e caridade e seu trabalho é abençoado por Deus.

884 O que é uma propriedade legítima?
– Só é propriedade legítima a que foi adquirida sem prejudicar ninguém. (Veja a questão 808.)

✦ *A lei de amor e de justiça, ao ensinar que devemos fazer aos outros o que quereríamos que nos fizessem, condena, por isso mesmo, todo meio de ganho contrário a essa lei.*

885 O direito de propriedade é ilimitado?
– Sem dúvida, tudo o que é adquirido de forma legítima é uma propriedade. Porém, como dissemos, a legislação dos homens, sendo imperfeita, consagra freqüentemente direitos que a justiça natural reprova. É por essa razão que os homens reformam suas leis à medida que o progresso se realiza e compreendem melhor a justiça. O que parece perfeito num século é bárbaro no seguinte. (Veja a questão 795.)

CARIDADE E AMOR AO PRÓXIMO

886 Qual é o verdadeiro sentido da palavra caridade como a entendia Jesus?

– Benevolência com todos, indulgência com as imperfeições dos outros, perdão das ofensas.

✦ *O amor e a caridade são o complemento da lei de justiça, porque amar ao próximo é fazer todo o bem que está ao nosso alcance e que gostaríamos que nos fosse feito. Esse é o sentido das palavras de Jesus: "Amai-vos uns aos outros como irmãos".*

A caridade, para Jesus, não se limita à esmola. Ela abrange todas as relações com nossos semelhantes, sejam inferiores, iguais ou superiores. Ensina a indulgência, porque temos necessidade dela, e não nos permite humilhar os outros, ao contrário do que muitas vezes se faz. Se uma pessoa rica nos procura, temos por ela mil atenções, mil amabilidades; se é pobre, parece não haver necessidade de nos incomodar. Porém, quanto mais lastimável sua posição, mais se deve respeitar, sem nunca aumentar sua infelicidade pela humilhação. O homem verdadeiramente bom procura elevar o inferior aos seus próprios olhos, diminuindo a distância entre ambos.

887 Jesus também disse: "Amai até mesmo os inimigos". Porém, o amor aos inimigos não é contrário às nossas tendências naturais? A inimizade não provém da falta de simpatia entre os Espíritos?

– Sem dúvida, não se pode ter pelos inimigos um amor terno e apaixonado; não foi o que Jesus quis dizer. Amar aos inimigos é perdoar e pagar o mal com o bem. Agindo assim nos tornamos superiores a eles; pela vingança, colocamo-nos abaixo deles.

888 O que pensar da esmola?

– O homem reduzido a pedir esmola se degrada moral e fisicamente: ele se embrutece. Numa sociedade baseada na lei de Deus e na justiça, deve-se prover a vida do fraco sem humilhação e garantir a existência daqueles que não podem trabalhar sem deixar sua vida sujeita ao acaso e à boa vontade.

888 a Vós reprovais a esmola?

– Não; não é a esmola que é reprovável, é muitas vezes a maneira como é dada. O homem de bem que compreende a caridade, como Jesus, vai até o infeliz sem esperar que ele estenda a mão.

A verdadeira caridade é sempre boa e benevolente, tanto no ato quanto na forma. Um serviço que nos é oferecido com delicadeza tem seu valor aumentado; mas se é feito com ostentação, a necessidade pode fazer com que seja aceito, porém o coração não se sente tocado.

Lembrai-vos também que a ostentação tira, aos olhos de Deus, o mérito do benefício. Jesus ensinou: "Que a mão esquerda não saiba o que faz a direita", ensinando a não ofuscar a caridade com o orgulho.

É preciso distinguir a esmola propriamente dita da beneficência. O mais necessitado nem sempre é aquele que pede; o temor da humilhação tolhe o verdadeiro pobre, que sofre sem se lamentar; é a esse que o homem verdadeiramente humano deve procurar sem ostentação.

Amai-vos uns aos outros, eis toda a lei. Lei divina pela qual Deus governa os mundos. O amor é a lei de atração para os seres vivos e organizados; a atração é a lei de amor para a matéria inorgânica.

Nunca vos esqueçais de que o Espírito, seja qual for seu grau de adiantamento, sua situação como reencarnado ou no mundo espiritual, está sempre colocado entre um superior que o guia e aperfeiçoa e um inferior diante do qual tem esses mesmos deveres a cumprir.

Sede caridosos, praticando não apenas a caridade que tira do bolso a esmola que dais friamente àquele que ousa pedir, mas a que vos leve ao encontro das misérias ocultas. Sede indulgentes para com os defeitos de vossos semelhantes. Em vez de desprezar a ignorância e o vício, instruí-os e moralizai-os. Sede doces e benevolentes para todos que são inferiores; sede doces e benevolentes mesmo em relação aos seres mais insignificantes da criação e tereis obedecido à lei de Deus.

São Vicente de Paulo

889 Não existem homens reduzidos a mendigos por sua própria culpa?

– Sem dúvida; mas se uma boa educação moral lhes ensinasse a praticar a lei de Deus, não cairiam nos excessos que causam sua perdição; é daí, especialmente, que depende o melhoramento de vosso globo. (Veja a questão 707.)

AMOR MATERNO E FILIAL

890 O amor materno é uma virtude ou um sentimento instintivo comum aos humanos e animais?

– Tanto um quanto outro. A natureza deu à mãe o amor pelos filhos no interesse de sua conservação; mas no animal esse amor está limitado às necessidades materiais e termina quando os cuidados tornam-se inúteis. No homem, ele persiste por toda a vida e comporta um devotamento e um desinteresse que são virtudes. Sobrevive até mesmo à morte e prossegue no mundo espiritual. Observai bem que há nele outra coisa a mais que no animal. (Veja as questões 205 e 385.)

891 Uma vez que o amor materno está na natureza, por que há mães que odeiam seus filhos desde o nascimento?

– É algumas vezes uma prova escolhida pelo Espírito da criança, ou uma expiação, se ele mesmo foi um mau pai, mãe ou um mau filho em uma outra existência. (Veja a questão 392.) Em todos os casos, a mãe ruim só pode ser animada por um mau Espírito que se empenha em dificultar a existência do filho para que ele fracasse nas provas que aceitou. Mas essa violação das leis da natureza não ficará impune e o Espírito da criança será recompensado pelos obstáculos que tenha superado.

892 Quando os pais têm filhos que causam desgostos, não são perdoáveis por não terem a mesma ternura que teriam em caso contrário?

– Não, porque é um encargo a eles confiado e é sua missão fazer todos os esforços para reconduzi-los ao bem. (Veja as questões 582 e 583.) Além disso, esses desgostos são freqüentemente o resultado dos maus costumes que foram dados desde o berço: eles então colhem o que semearam.

Capítulo

12

PERFEIÇÃO MORAL

As virtudes e os vícios – Paixões – Egoísmo –
Características do homem de bem –
Conhecimento de si mesmo

AS VIRTUDES E OS VÍCIOS

893 Qual a mais meritória de todas as virtudes?

– Todas as virtudes têm seu mérito, porque indicam progresso no caminho do bem. Há virtude sempre que há resistência voluntária ao arrastamento das más tendências; mas a sublimidade da virtude é o sacrifício do interesse pessoal pelo bem de seu próximo, sem segundas intenções. A mais merecedora das virtudes nasce da mais desinteressada caridade.

894 Há pessoas que fazem o bem de maneira espontânea, sem precisar vencer nenhum sentimento contrário; têm tanto mérito quanto as que têm de lutar contra sua própria natureza e que a superam?

– As que não têm de lutar é porque nelas o progresso está realizado. Lutaram antes e venceram. Para estas os bons sentimentos não custam nenhum esforço e suas ações parecem todas naturais: para elas o bem tornou-se um hábito. Deve-se honrá-las como a velhos guerreiros que conquistaram respeito.

Como ainda estais bem longe da perfeição, esses exemplos espantam pelo contraste e são mais admirados por serem raros; mas sabei que, nos mundos mais avançados, o que aqui é exceção lá é a regra. O sentimento do bem é espontâneo por toda parte, porque são habitados só por bons Espíritos, e uma única má intenção seria para eles uma exceção monstruosa. Por isso nesses mundos os homens são felizes. E assim será na Terra quando a humanidade se transformar, compreender e praticar a caridade em seu verdadeiro sentido.

895 Além dos defeitos e vícios sobre os quais ninguém se enganaria, qual o sinal mais característico da imperfeição?

– O interesse pessoal. As qualidades morais são, freqüentemente, como banho de ouro sobre um objeto de cobre que não resiste à pedra de toque[1]. Um homem pode ter qualidades reais que fazem dele, diante

---

1 - **Pedra de toque:** cristal duro que serve para os ourives verificarem a pureza de um metal (N. E.).

de todos, um homem de bem. Mas essas qualidades, ainda que sejam um progresso, nem sempre resistem a certas provas, e basta tocar no interesse pessoal para colocar o fundo a descoberto. O verdadeiro desinteresse é coisa tão rara na Terra que é admirado como um fenômeno quando se apresenta.

O apego às coisas materiais é um sinal notório de inferioridade, porque quanto mais o homem se prende aos bens deste mundo menos compreende sua destinação. Pelo desinteresse, ao contrário, prova que vê o futuro sob um ponto de vista mais elevado.

896 Existem pessoas desinteressadas e sem discernimento, que esbanjam seus bens sem proveito real por falta de um uso criterioso. Terão, por isso, algum mérito?

– Elas têm o mérito do desinteresse, mas não do bem que poderiam fazer. Se o desinteresse é uma virtude, a extravagância é sempre, pelo menos, falta de senso. A riqueza não é dada a alguns para ser jogada ao vento, nem a outros para ser trancada numa caixa-forte. É um depósito ou um empréstimo de que deverão prestar contas, porque terão de responder por todo bem que poderiam ter feito e não fizeram, e por todas as lágrimas que poderiam secar com o dinheiro que deram aos que não tinham necessidade.

897 É repreensível aquele que faz o bem, sem visar recompensa na Terra, mas na esperança de ser recompensado na outra vida, para que lá sua posição seja melhor? Esse pensamento prejudica seu progresso?

– É preciso fazer o bem pela caridade, com desinteresse.

897 a Entretanto, cada um tem o desejo natural de progredir, para sair do estado aflitivo desta vida; os próprios Espíritos nos ensinam a praticar o bem com esse objetivo; será, então, um mal ao pensar que fazendo o bem podemos esperar mais do que na Terra?

– Certamente que não; mas aquele que faz o bem sem segundas intenções e pelo único prazer de ser agradável a Deus e ao próximo já está num certo grau de adiantamento que lhe permitirá atingir muito mais cedo a felicidade do que seu irmão que, mais positivo, faz o bem calculadamente e não por uma ação espontânea e natural de seu coração. (Veja a questão 894.)

897 b Não há aqui uma distinção a fazer entre o bem que se pode fazer ao próximo e o esforço que se faz para corrigir as próprias faltas? Concebemos que fazer o bem com o pensamento de que será levado em conta em outra vida é pouco meritório. Mas corrigir-se, vencer as paixões, melhorar o caráter para se aproximar dos bons Espíritos e se elevar será igualmente um sinal de inferioridade?

– Não, não. Quando dizemos fazer o bem, queremos dizer ser caridoso. Aquele que calcula o que cada boa ação pode lhe render na vida futura, assim como na terrestre, age como egoísta. Porém, não há nenhum egoísmo em desejar se melhorar para se aproximar de Deus, porque esse deve ser o objetivo para o qual cada um de nós deve se dirigir.

898 Uma vez que a vida no corpo é temporária e que nosso futuro deve ser a principal preocupação, é útil o esforço para adquirir conhecimentos científicos referentes apenas às coisas e às necessidades materiais?
– Sem dúvida. Inicialmente isso fará aliviar vossos irmãos; depois, vosso Espírito se elevará mais rápido se já progrediu em inteligência; no intervalo das encarnações, aprendereis em uma hora o que levaria anos na Terra. Todo conhecimento é útil; todos contribuem para o progresso, porque o Espírito para chegar à perfeição deve saber de tudo. Como o progresso tem de se realizar em todos os sentidos, todas as idéias adquiridas contribuem para o desenvolvimento do Espírito.

899 Dois homens são ricos: um nasceu na riqueza e nunca conheceu a necessidade; o outro deve sua riqueza ao trabalho. Tanto um quanto outro a empregam para satisfação pessoal. Qual o mais culpável?
– Aquele que conheceu os sofrimentos. Ele sabe o que é sofrer. Conhece a dor mas não a alivia nos outros porque muito freqüentemente nem se lembra dela.

900 Para quem acumula sem cessar e sem fazer o bem a ninguém será válida como desculpa a idéia de que acumula para deixar mais aos herdeiros?
– É um compromisso de má consciência.

901 Há dois avarentos: o primeiro priva-se do necessário e morre sobre seu tesouro; o segundo é somente avarento para os outros; mas pródigo para si mesmo, enquanto recua diante do mais breve sacrifício para prestar um serviço ou fazer uma coisa útil, nenhum custo é demasiado para satisfazer seus gostos e paixões. Peça-lhe um favor, e ele sempre é difícil; mas quando quer realizar uma fantasia, tem sempre o bastante. Qual é o mais culpável e qual deles ficará em pior situação no mundo dos Espíritos?
– Aquele que desfruta das coisas; ele é mais egoísta do que avarento: o outro já vive uma parte de sua punição.

902 É errado desejar a riqueza para fazer o bem?
– O sentimento é louvável, sem dúvida, quando é puro; mas será esse desejo desinteressado e não esconderá nenhuma segunda intenção

Capítulo 12 – Perfeição Moral

pessoal? A primeira pessoa à qual se deseja fazer o bem não é freqüentemente a si mesmo?

903 É errado estudar os defeitos dos outros?

– Se é para divulgação e crítica há grande erro, porque é faltar com a caridade. Porém, se a análise resultar em seu proveito pessoal evitando-os para si mesmo, isso pode algumas vezes ser útil. Mas é preciso não esquecer que a indulgência com os defeitos dos outros é uma das virtudes contidas na caridade. Antes de censurar os outros pelas imperfeições, vede se não se pode dizer o mesmo de vós. Empenhai-vos em ter as qualidades opostas aos defeitos que criticais nos outros, esse é o meio de vos tornardes superiores; se os censurais por serem mesquinhos, sede generosos; por serem orgulhosos, sede humildes e modestos; por serem duros, sede dóceis; por agirem com baixeza, sede grandes em todas as ações. Em uma palavra, fazei de maneira que não se possa aplicar a vós estas palavras de Jesus: "Vê um cisco no olho de seu vizinho e não vê uma trave no seu".

904 É errado investigar e revelar os males da sociedade?

– Depende do sentimento com que se faz; se o escritor quer apenas produzir escândalo, é um prazer pessoal que procura, apresentando quadros que mostram antes um mau do que bom exemplo. Apesar de ter feito uma avaliação, como Espírito, pode ser punido por essa espécie de prazer que tem em revelar o mal.

904 a Como, nesse caso, julgar a pureza das intenções e a sinceridade do escritor?

– Isso nem sempre é útil mas, se escreve coisas boas, aproveitai-as. Se forem más, ignorai-as. É uma questão de consciência dele. Afinal, se deseja provar sua sinceridade, deve apoiar o que escreve com seu próprio exemplo.

905 Certos autores publicaram obras belíssimas, de elevada moral, que ajudam o progresso da humanidade, mas eles mesmos não tiram delas nenhum proveito; como Espíritos, será levado em conta o bem que fizeram com essas obras?

– A moral sem as ações é a semente sem trabalho. De que serve a semente se não é multiplicada para vos alimentar? Esses homens são mais culpáveis, porque tiveram a inteligência para compreender. Não praticando os ensinamentos que deram aos outros, renunciaram a colher seus próprios frutos.

906 É errado, ao fazer o bem, ter consciência disso e reconhecê-lo?

– Tendo consciência do mal que faz, deve o homem também ter consciência do bem e saber se age bem ou mal. Ponderando suas ações diante das leis divinas, e principalmente na lei de justiça, amor e caridade, é que poderá dizer se elas são boas ou más, aprová-las ou não. Ele não estará errado quando reconhecer que venceu suas más tendências e fica satisfeito, desde que não se envaideça, porque então cairá em outra falta. (Veja a questão 919.)

PAIXÕES

907 O princípio das paixões, sendo natural, é mau em si mesmo?
– Não. A paixão está no excesso acrescentado à vontade, já que o princípio foi dado ao homem para o bem, e as paixões podem levá-lo a realizar grandes coisas. É no seu abuso que está a causa do mal.

908 Como definir o limite em que as paixões deixam de ser boas ou más?
– As paixões são semelhantes a um cavalo, que é útil quando é dominado e perigoso quando domina. Reconhecei que uma paixão torna-se perigosa no momento em que deixais de governá-la e resultar qualquer prejuízo para vós ou para os outros.

✦ *As paixões são como alavancas que aumentam dez vezes mais as forças do homem e o ajudam na realização dos objetivos da Providência; mas se ao invés de dirigi-las o homem se deixa dirigir por elas, cai no excesso e até mesmo a força que em sua mão poderia fazer o bem volta-se sobre ele e o esmaga.*

Todas as paixões têm seu princípio num sentimento ou necessidade natural. O princípio das paixões não é, portanto, um mal, uma vez que repousa sobre uma das condições providenciais de nossa existência. A paixão, propriamente dita, conforme habitualmente se entende, é o exagero de uma necessidade ou de um sentimento. Está no excesso e não na causa; e esse excesso torna-se mau quando tem por conseqüência um mal qualquer.

Toda paixão que aproxima a pessoa da natureza primitiva a afasta de sua natureza espiritual.

Todo sentimento que eleva a pessoa acima da natureza primitiva revela a predominância do Espírito sobre a matéria e a aproxima da perfeição.

909 O homem poderia sempre vencer suas más tendências pelos seus esforços?
– Sim, e algumas vezes com pouco esforço; é a vontade que lhe falta. Como são poucos dentre vós os que se esforçam!

910 O homem pode encontrar nos Espíritos uma assistência eficaz para superar suas paixões?
– Se ele orar a Deus e a seu protetor com sinceridade, os bons Espíritos certamente virão em sua ajuda, porque é missão deles. (Veja a questão 459.)

CAPÍTULO 12 – PERFEIÇÃO MORAL

911 Não existem paixões tão vivas e irresistíveis que a vontade não tenha o poder de superá-las?
– Há muitas pessoas que dizem: *Eu quero*, mas a vontade está apenas nos lábios. Querem, mas estão bem satisfeitas que assim não seja. Quando o homem não acredita poder vencer suas paixões, é que seu Espírito se satisfaz nisso por conseqüência de sua inferioridade. Aquele que procura reprimi-las compreende sua natureza espiritual; vencê-las é, para ele, uma vitória do Espírito sobre a matéria.

912 Qual o meio mais eficaz de combater a predominância da natureza corporal?
– Praticar o desprendimento.

EGOÍSMO

913 Entre os vícios, qual se pode considerar o pior?
– Já dissemos várias vezes: é o egoísmo; dele deriva todo mal. Estudai todos os vícios e vereis que no fundo de todos existe egoísmo. Vós os combatereis inutilmente e não conseguireis arrancá-los enquanto não tiverdes atacado o mal pela raiz, enquanto não tiverdes destruído a causa. Que todos os vossos esforços tendam para esse objetivo, porque aí está a verdadeira chaga da sociedade. Aquele que deseja se aproximar, já nesta vida, da perfeição moral, deve arrancar de seu coração todo sentimento de egoísmo, por ser incompatível com a justiça, o amor e a caridade: ele neutraliza todas as outras qualidades.

914 Como o egoísmo é um sentimento fundado no interesse pessoal, parece bem difícil que consigamos extirpá-lo completamente do coração do homem; chegaremos a alcançar isso?
– À medida que os homens se esclarecem sobre as coisas espirituais, dão menos valor às materiais. É preciso reformar as instituições humanas que estimulam e mantêm o egoísmo. Isso depende da educação.

915 O egoísmo, sendo próprio da espécie humana, não será sempre um obstáculo para que reine o bem absoluto na Terra?
– É certo que o egoísmo é o maior mal, mas ele se prende à inferioridade dos Espíritos encarnados na Terra, e não à humanidade em si mesma; os Espíritos, ao se depurarem nas sucessivas encarnações, perdem o egoísmo como perdem outras impurezas. Não tendes na Terra algum homem desprovido de egoísmo e praticando a caridade? Há mais do que imaginais, porém pouco os conheceis, porque a virtude não se põe em evidência; se há um, por que não haveria dez? Se há dez, por que não haveria mil e assim por diante?

916 O egoísmo, longe de diminuir, aumenta com a civilização, que parece excitá-lo e mantê-lo; como a causa poderá destruir o efeito?

— Quanto maior o mal, mais se torna horrível. Será preciso que o egoísmo cause muito mal para fazer compreender a necessidade de extingui-lo. Quando os homens tiverem se libertado do egoísmo que os domina, viverão como irmãos, não se fazendo nenhum mal, ajudando-se mutuamente pelo sentimento natural da solidariedade; então o forte será o apoio e não opressor do fraco, e não se verão mais homens desprovidos do indispensável para viver, porque todos praticarão a lei da justiça. É o reino do bem que os Espíritos estão encarregados de preparar. (Veja a questão 784.)

917 Qual o meio de destruir o egoísmo?

— De todas as imperfeições humanas, a mais difícil de extinguir é o egoísmo, porque se liga à influência da matéria da qual o homem, ainda muito próximo de sua origem, não se pode libertar. Tudo concorre para manter essa influência: suas leis, sua organização social, sua educação. O egoísmo se enfraquecerá com a predominância da vida moral sobre a material, e principalmente com a compreensão que o Espiritismo vos dá do futuro real, e não desnaturado pelas ficções alegóricas. O Espiritismo bem compreendido, quando estiver identificado com os costumes e as crenças, transformará os hábitos, os usos, as relações sociais. O egoísmo está fundado sobre a importância da personalidade; portanto, o Espiritismo bem compreendido, repito, mostra as coisas de tão alto que o sentimento da personalidade desaparece, de alguma forma, perante a imensidão. Ao destruir essa importância, ou pelo menos ao fazer vê-la como é, combate necessariamente o egoísmo.

É o choque que o homem experimenta do egoísmo dos outros que o torna freqüentemente egoísta por si mesmo, porque ele sente a necessidade de se colocar na defensiva. Ao ver que os outros pensam só em si mesmos e não nos demais, é conduzido a se ocupar de si mais do que dos outros. Que o princípio da caridade e da fraternidade seja a base das instituições sociais, das relações legais de povo para povo e de homem para homem, e o homem pensará menos em sua pessoa quando vir que outros pensam nisso; ele sofrerá a influência moralizadora do exemplo e do contato. Em face da atual intensidade do egoísmo humano, é preciso uma verdadeira virtude para se desprender de sua personalidade em favor dos outros, que freqüentemente não sabem agradecer. É principalmente para os que possuem essa virtude que o reino dos céus está aberto; é especialmente para eles que está reservada a felicidade dos eleitos, porque eu vos digo em verdade que, no dia da justiça, quem tiver apenas pensado em si mesmo será colocado de lado e sofrerá no seu abandono. (Veja a questão 785.)

Fénelon

Capítulo 12 – Perfeição Moral

✦ *Sem dúvida, louváveis esforços são feitos para que a humanidade avance; encorajam-se, estimulam-se, honram-se os bons sentimentos mais do que em qualquer outra época e, entretanto, o verme roedor do egoísmo continua sendo sempre a chaga social. É um mal real que recai sobre todo o mundo, do qual cada um é mais ou menos vítima. É preciso combatê-lo como se combate uma doença epidêmica. Para isso, deve-se proceder à maneira dos médicos: ir à origem. Que se procurem, então, em todas as partes da organização social, desde a família até os povos, desde a cabana até os palácios, todas as causas, todas as influências evidentes ou escondidas que excitam, mantêm e desenvolvem o sentimento do egoísmo; uma vez conhecidas as causas, o remédio se mostrará por si mesmo. Restará somente combatê-las, senão todas de uma vez, pelo menos parcialmente e, pouco a pouco, o veneno será eliminado. A cura poderá ser demorada, porque as causas são numerosas, mas não é impossível. Isso só acontecerá se o mal for atacado pela raiz, ou seja, pela educação; não pela educação que tende a fazer homens instruídos, mas a que tende a fazer homens de bem. A educação, bem entendida, é a chave do progresso moral; quando se conhecerem a arte de manejar os caracteres, o conjunto de qualidades do homem, como se conhece a de manejar as inteligências, será possível endireitá-los, como se endireitam plantas novas; mas essa arte exige muito tato, muita experiência e uma profunda observação. É um grave erro acreditar que basta ter o conhecimento da ciência para exercê-la com proveito. Todo aquele que acompanha o filho do rico ou do pobre, desde o nascimento e observa todas as influências más que atuam sobre eles por conseqüência da fraqueza, do desleixo e da ignorância daqueles que os dirigem, quando, freqüentemente, os meios que se utilizam para moralizá-lo falham, não se pode espantar em encontrar no mundo tantos defeitos. Que se faça pela moral tanto quanto se faz pela inteligência e se verá que, se existem naturezas refratárias, que se recusam a aceitá-las, há, mais do que se pensa, as que exigem apenas uma boa cultura para produzir bons frutos.* (Veja a questão 872.)

O homem deseja ser feliz e esse sentimento é natural; por isso trabalha sem parar para melhorar sua posição na Terra; ele procura a causa de seus males a fim de remediá-los. Quando compreender que o egoísmo é uma dessas causas, responsável pelo orgulho, ambição, cobiça, inveja, ódio, ciúme, que o magoam a cada instante, que provoca a perturbação e as desavenças em todas as relações sociais e destrói a confiança, que o obriga a se manter constantemente na defensiva, e que, enfim, do amigo faz um inimigo, então compreenderá também que esse vício é incompatível com sua própria felicidade e até mesmo com sua própria segurança. E quanto mais sofre com isso, mais sentirá a necessidade de combatê-lo, assim como combate a peste, os animais nocivos e os outros flagelos; ele será levado a agir assim por seu próprio interesse. (Veja a questão 784.)

O egoísmo é a fonte de todos os vícios, assim como a caridade é de todas as virtudes; destruir um, desenvolver o outro, esse deve ser o objetivo de todos os esforços do homem, se quiser assegurar sua felicidade aqui na Terra e, futuramente, no mundo espiritual.

CARACTERÍSTICAS DO HOMEM DE BEM

918 Por que sinais pode-se reconhecer num homem o progresso real que deve elevar seu Espírito na hierarquia espírita?◆

– O Espírito prova sua elevação quando todos os atos de sua vida são a prática da lei de Deus e quando compreende por antecipação a vida espiritual.

◆ *O verdadeiro homem de bem é aquele que pratica a lei de justiça, amor e caridade em sua maior pureza. Se interroga sua consciência sobre os atos realizados, perguntará se não violou essa lei, se não praticou o mal, se fez todo o bem que pôde, se ninguém tem nada a se queixar dele, enfim, se fez aos outros o que gostaria que os outros fizessem por ele.*

O homem cheio do sentimento de caridade e amor ao próximo faz o bem pelo bem, sem esperar retorno, e sacrifica seu interesse à justiça. É bom, humano e benevolente para com todos, porque vê irmãos em todos os homens, sem exceção de raças nem de crenças.

Se Deus lhe deu poder e riqueza, vê essas coisas como um depósito do qual deve fazer uso para o bem. Não tira disso nenhuma vantagem, porque sabe que Deus, que os deu, pode tirá-los. Se a ordem social colocou homens sob sua dependência, trata-os com bondade e benevolência, por serem seus iguais diante de Deus; usa de sua autoridade para elevar-lhes o moral, e não para esmagá-los com seu orgulho.

É indulgente para com as fraquezas dos outros, por saber que ele mesmo tem necessidade de indulgência, e se lembra dessas palavras do Cristo: "Que aquele que não tiver pecado atire a primeira pedra".

Não é vingativo. A exemplo de Jesus, perdoa as ofensas para se lembrar apenas dos benefícios, porque sabe que será perdoado como ele próprio tiver perdoado.

Respeita em seus semelhantes todos os direitos que as leis da natureza lhes concedem, assim como gosta que respeitem os seus.

CONHECIMENTO DE SI MESMO

919 Qual o meio prático mais eficaz para se melhorar nesta vida e resistir aos arrastamentos do mal?

◆ - Consulte Nota Explicativa no final do livro (N. E.).

Capítulo 12 – Perfeição Moral

– Um sábio da Antiguidade vos disse: "Conhece-te a ti mesmo".

919 a Concebemos toda sabedoria desse ensinamento, mas a dificuldade está precisamente em conhecer-se a si mesmo; qual é o meio de conseguir isso?

– Fazei o que eu fazia quando estava na Terra: no fim do dia, interrogava minha consciência, passava em revista o que havia feito e me perguntava se não havia faltado com o dever, se ninguém tinha do que se queixar de mim. Foi assim que consegui me conhecer e ver o que havia para reformar em mim. Aquele que, a cada noite, se lembrasse de todas as suas ações do dia e se perguntasse o que fez de bom ou de mau, orando a Deus e ao seu anjo de guarda para esclarecê-lo, adquiriria uma grande força para se aperfeiçoar porque, acreditai em mim, Deus o assistiria. Interrogai-vos sobre essas questões e perguntai o que fizestes e com que objetivo agistes em determinada circunstância, se fizestes qualquer coisa que censuraríeis em outras pessoas, se fizestes uma ação que não ousaríeis confessar. Perguntai-vos ainda isso: se agradasse a Deus me chamar nesse momento, teria eu, ao entrar no mundo dos Espíritos, onde nada é oculto, o que temer diante de alguém? Examinai o que podeis ter feito contra Deus, depois contra vosso próximo e, por fim, contra vós mesmos. As respostas serão um repouso para vossa consciência ou a indicação de um mal que é preciso curar.

O conhecimento de si mesmo é, portanto, a chave do melhoramento individual. Mas, direis, como proceder a esse julgamento? Não se tem a ilusão do amor-próprio que ameniza as faltas e as desculpas? O avaro acredita ser simplesmente econômico e previdente; o orgulhoso acredita somente ter dignidade. Isso não deixa de ser verdade, mas tendes um meio de controle que não pode vos enganar. Quando estiverdes indecisos sobre o valor de uma de vossas ações, perguntai-vos como a qualificaríeis se fosse feita por outra pessoa; se a censurais nos outros, não poderá ser mais legítima em vós, porque Deus não tem duas medidas para a justiça. Procurai, assim, saber o que os outros pensam, e não negligencieis a opinião dos opositores, porque estes não têm nenhum interesse em dissimular a verdade e, muitas vezes, Deus os coloca ao vosso lado como um espelho, para vos advertir com mais franqueza do que faria um amigo. Que aquele que tem a vontade séria de se melhorar sonde sua consciência, a fim de arrancar de si as más tendências, como arranca as más ervas de seu jardim. Que faça o balanço de sua jornada moral, como o mercador faz a de suas perdas e lucros, e eu vos asseguro que isso resultará em seu benefício. Se puder dizer a si mesmo que seu dia foi bom, pode dormir em paz e esperar sem temor o despertar na outra vida.

Submetei à análise questões claras e precisas e não temeis multiplicá-las: pode-se muito bem dedicar alguns minutos para conquistar uma felicidade eterna. Não trabalhais todos os dias visando a juntar o que vos dê repouso na velhice? Esse repouso não é objeto de todos os vossos desejos, o objetivo que vos faz suportar fadigas e privações momentâneas? Pois bem! O que é esse repouso de alguns dias, perturbado pelas enfermidades do corpo, ao lado daquele que espera o homem de bem? Não vale a pena fazer algum esforço? Sei que muitos dizem que o presente é positivo e o futuro incerto; portanto, eis aí, precisamente, o pensamento de que estamos encarregados de destruir em vós, porque desejamos que compreendais esse futuro de maneira que não possa deixar nenhuma dúvida na vossa alma. Eis por que chamamos inicialmente vossa atenção para os fenômenos que impressionavam os vossos sentidos e depois vos demos as instruções que cada um está encarregado de divulgar. Foi com esse objetivo que ditamos *O Livro dos Espíritos*.

Santo Agostinho

✦ *Muitas faltas que cometemos passam despercebidas por nós; se, de fato, seguindo o conselho de Santo Agostinho, interrogarmos mais freqüentemente nossa consciência, veremos quantas vezes falhamos sem perceber, por não examinar a natureza e a motivação de nossos atos. A forma interrogativa tem alguma coisa de mais preciso do que o ensinamento do "conhece-te a ti mesmo", que freqüentemente não se aplica a nós mesmos. Ela exige respostas categóricas, por um sim ou um não, que não deixam alternativa; são igualmente argumentos pessoais, e pela soma das respostas pode-se calcular a soma do bem e do mal que está em nós.*

PARTE QUARTA
Esperanças e Consolações

Capítulo

1

PENALIDADES E PRAZERES TERRENOS

Felicidade e infelicidade relativas – Perda de pessoas amadas – Decepção. Ingratidão. Afeições destruídas – Uniões antipáticas – Medo da morte – Desgosto da vida. Suicídio

FELICIDADE E INFELICIDADE RELATIVAS

920 O homem pode desfrutar na Terra de uma felicidade completa?

– Não, uma vez que a vida lhe foi dada como prova ou expiação; mas depende dele amenizar esses males e ser tão feliz quanto se pode ser na Terra.

921 Concebe-se que o homem será feliz na Terra quando a humanidade estiver transformada. Mas, enquanto isso, cada um pode garantir para si uma felicidade relativa?

– O homem é quase sempre o agente de sua própria infelicidade. Ao praticar a lei de Deus, se pouparia dos males e desfrutaria de uma felicidade tão grande quanto o comporta sua existência grosseira.

✦ *O homem bem compenetrado de sua destinação futura vê na vida corporal apenas uma estação temporária. É como uma estada passageira numa hospedaria; ele se consola facilmente de alguns desgostos passageiros de uma viagem que deve conduzi-lo a uma posição tanto melhor quanto melhor tenha se preparado.*

Somos punidos, já nesta vida, pelas infrações às leis da existência corporal, pelos males que são a conseqüência dessa infração e de nosso próprio excesso. Se voltarmos gradativamente à origem do que chamamos de nossas infelicidades terrenas, as veremos, na maioria das vezes, como conseqüência de um primeiro desvio do caminho reto. Por esse desvio, entramos no mau caminho e, de conseqüência em conseqüência, caímos na infelicidade.

922 A felicidade terrena é relativa à posição de cada um; o que basta à felicidade de um faz a infelicidade de outro. Existe, entretanto, uma medida de felicidade comum a todos os homens?

– Para a vida material, é a posse do necessário; para a vida moral, a pureza da consciência e a fé no futuro.

923 O que é supérfluo para uns não se torna necessário para outros e, reciprocamente, conforme suas posições na sociedade?

– Sim, de acordo com vossas idéias materiais, preconceitos e ambição, e todos os caprichos ridículos aos quais o futuro fará justiça quando compreenderdes a verdade. Sem dúvida, aquele que tinha um valor de cinqüenta mil de renda e que agora só tem dez acredita ser bem infeliz, porque não pode mais ter uma grande soma, ter o que chama de sua posição, seus cavalos, criados, satisfazer todas as suas paixões etc. Acredita não ter o necessário; mas, francamente, achais que ele tem direito de se lamentar, quando ao seu lado há quem morre de fome e frio e não tem um abrigo para repousar a cabeça? O homem sábio, para ser feliz, olha abaixo de si e nunca acima, a não ser para elevar sua alma ao infinito. (Veja a questão 715.)

924 Existem males que independem da maneira de agir e que atingem até o homem mais justo; tem ele algum meio de se preservar deles?

– Ele deve se resignar e suportá-los sem lamentações, se quiser progredir; mas sempre possui uma consolação na sua consciência que lhe dá a esperança de um futuro melhor, se faz o que é preciso para obtê-lo.

925 Por que Deus favorece com os dons da riqueza certos homens que não parecem merecê-los?

– É um favor que se apresenta aos olhos daqueles que vêem apenas o presente; mas, sabei bem, a riqueza é uma prova freqüentemente mais perigosa do que a pobreza. (Veja a questão 814 e seguintes.)

926 A civilização, ao criar novas necessidades, não é a fonte de novas aflições?

– Os males desse mundo ocorrem em razão das necessidades falsas que criais. Aquele que sabe limitar seus desejos e vê sem inveja o que está acima de si poupa-se das decepções nessa vida. O mais rico dos homens é aquele que tem menos necessidades.

Invejais os prazeres daqueles que parecem os mais felizes do mundo; mas sabeis o que lhes está reservado? Se desfrutam desses prazeres somente para si, são egoístas, então virá o reverso. De preferência, lastimai-os. Deus permite algumas vezes que o mau prospere, mas essa felicidade não é para ser invejada, porque a pagará com lágrimas amargas. Se o justo é infeliz, é uma prova que lhe será levada em conta, se a suporta com coragem; lembrai-vos dessas palavras de Jesus: "Felizes os que sofrem pois serão consolados".

Capítulo 1 – Penalidades e Prazeres Terrenos

927 O supérfluo não é certamente indispensável à felicidade, mas o mesmo não acontece com o necessário. Não é real a infelicidade daqueles que não têm o necessário?

– O homem só é verdadeiramente infeliz quando sofre com a falta do que é necessário à vida e à saúde do corpo. Essa carência talvez ocorra por sua própria culpa; então, deve queixar-se somente de si mesmo. Se for causada por outros, a responsabilidade recai sobre aquele que a causar.

928 Pela especialidade das aptidões naturais, Deus indica evidentemente nossa vocação neste mundo. Muitos males não surgem por não seguirmos essa vocação?

– É verdade, e são freqüentemente os pais que, por orgulho ou vaidade, fazem seus filhos saírem do caminho traçado pela natureza e, por causa desse deslocamento, comprometem sua felicidade. Serão responsabilizados por isso.

928 a Assim, acharíeis justo que um filho de um homem bem posicionado na sociedade fizesse tamancos, por exemplo, se for essa sua aptidão?

– Não é preciso cair no absurdo nem exagerar. A civilização tem suas necessidades. Por que o filho de um homem bem posicionado, como dizeis, faria tamancos, se pode fazer outra coisa? Ele poderá sempre se tornar útil na medida de suas aptidões, se não as contrariar. Assim, por exemplo, em vez de ser um mau advogado, poderia talvez tornar-se um bom mecânico etc.

✦ *O deslocamento dos homens para fora de sua esfera intelectual é certamente uma das causas mais freqüentes de suas decepções. A falta de aptidão à carreira abraçada é uma fonte perene de reveses; depois, o amor-próprio, vindo juntar-se a isso, impede o homem fracassado de procurar recursos numa profissão mais humilde e lhe mostra o suicídio como remédio para escapar do que acredita ser uma humilhação. Se uma educação moral o tivesse elevado acima dos tolos preconceitos do orgulho, ele nunca seria apanhado de surpresa.*

929 Existem pessoas que, sentindo-se carentes de todos os recursos, mesmo que a abundância reine ao seu redor, têm somente a morte como perspectiva; nesse caso o que devem fazer? Devem se deixar morrer de fome?

– Não se deve nunca ter a idéia de se deixar morrer de fome porque sempre encontrará um meio de se alimentar, se o orgulho não se colocar entre a necessidade e o trabalho. Diz-se freqüentemente: não há nenhuma profissão humilhante, nenhum trabalho desonra; diz-se para os outros e não para si.

930 É evidente que, isento dos preconceitos sociais pelos quais se deixa dominar, o homem sempre encontrará um trabalho qualquer que o ajude a viver, mesmo deslocado de sua posição; mas entre as pessoas que não têm preconceitos ou que os colocam de lado não existem aquelas que estão na impossibilidade de prover às suas necessidades em conseqüência de doenças ou outras causas independentes de sua vontade?

– Numa sociedade organizada de acordo com a lei do Cristo ninguém deve morrer de fome.

✦ *Com uma organização social sábia e previdente, o homem pode carecer do necessário apenas por sua culpa, mas mesmo essas suas faltas são geralmente o resultado do meio onde vive. Quando o homem praticar a lei de Deus, terá uma ordem social fundada na justiça e na solidariedade, e ele mesmo também será melhor. (Veja a questão 793.)*

931 Por que, na sociedade, as classes sofredoras são mais numerosas do que as felizes?

– Nenhuma é perfeitamente feliz, e o que se acredita ser felicidade esconde freqüentemente grandes aflições. O sofrimento está por toda parte. Entretanto, para responder ao vosso pensamento, direi que as classes que chamais de sofredoras são mais numerosas, porque a Terra é um lugar de expiação. Quando o homem fizer dela sua morada do bem e dos bons Espíritos, não mais será infeliz e viverá no paraíso terrestre.

932 Por que, no mundo, os maus têm geralmente maior influência sobre os bons?

– É pela fraqueza dos bons; os maus são intrigantes e audaciosos, os bons são tímidos; quando estes últimos quiserem, dominarão.

933 Se muitas vezes o homem é o causador de seus sofrimentos materiais, também será dos morais?

– Mais ainda, porque os sofrimentos materiais são algumas vezes independentes da vontade; mas o orgulho ferido, a ambição frustrada, a ansiedade da avareza, a inveja, o ciúme, todas as paixões, enfim, são torturas da alma.

A inveja e o ciúme! Felizes aqueles que não conhecem esses dois vermes roedores! Com a inveja e o ciúme não há calma nem repouso possível para aquele que está atacado desses males: os objetos de sua cobiça, seu ódio, seu despeito se dirigem a ele como fantasmas que não lhes dão nenhuma trégua e o perseguem até durante o sono. O invejoso e o ciumento vivem num estado de febre contínua. Será essa uma situação desejável, e não compreendeis que com suas paixões o homem criou para si suplícios voluntários, e que a Terra torna-se para ele um verdadeiro inferno?

Capítulo 1 – Penalidades e Prazeres Terrenos

✦ *Várias expressões refletem energicamente os efeitos de certas paixões; diz-se: estar inchado de orgulho, morrer de inveja, secar de ciúme ou de despeito, por ciúmes perder o apetite etc.; esse quadro não deixa de ser verdadeiro. Algumas vezes o próprio ciúme não tem objetivo determinado. Existem pessoas naturalmente ciumentas de tudo que se eleva e sai do comum, mesmo que não tenham nenhum interesse direto nisso, mas unicamente porque não o podem atingir. Tudo o que parece estar acima do horizonte as ofusca, e se estivessem em maioria na sociedade desejariam reconduzir tudo a seu nível. É o ciúme aliado à mediocridade.*

O homem é, muitas vezes, infeliz apenas pela importância que dá às coisas deste mundo; é a vaidade, a ambição e a cobiça frustradas que fazem sua infelicidade. Se ele se coloca acima do círculo estreito da vida material, se eleva seus pensamentos ao infinito, que é a sua destinação, as contingências da humanidade lhe parecem, então, mesquinhas e fúteis, como as tristezas de uma criança que se aflige com a perda de um brinquedo que representava sua felicidade suprema.

Aquele que vê felicidade apenas na satisfação do orgulho e dos apetites grosseiros fica infeliz quando não pode satisfazê-los; no entanto, aquele que não se interessa pelo supérfluo fica feliz com o que tem e que os outros considerariam uma grande desgraça, uma insignificância.

Falamos do homem civilizado porque o selvagem, por ter necessidades mais limitadas, não tem os mesmos motivos de cobiça e de angústias: sua maneira de ver as coisas é completamente diferente. Civilizado, o homem raciocina sobre sua infelicidade e a analisa; é por isso que se sente mais afetado por ela; mas também pode raciocinar e analisar os meios de consolação. Essa consolação está no sentimento cristão, que dá a esperança de um futuro melhor, e no Espiritismo, que dá a certeza desse futuro.

PERDA DE PESSOAS AMADAS

934 Por que a perda das pessoas queridas nos causa um desgosto tanto mais legítimo quanto irreparável e independente de nossa vontade?

– Esse motivo de desgosto atinge tanto o rico quanto o pobre: é uma prova ou uma expiação, é a lei comum. Mas é uma consolação poder se comunicar com os amigos pelos meios que tendes, enquanto esperais outros mais diretos e mais acessíveis aos vossos sentidos.

935 O que pensar das pessoas que vêem as comunicações dos Espíritos como uma profanação?

– Não pode haver nisso profanação quando há recolhimento e quando a evocação é feita com respeito e dignidade. O que prova isso é que os Espíritos que se afeiçoam a vós vêm com prazer, ficam felizes com vossa lembrança e por se comunicarem convosco. Haveria profanação se fizessem disso uma leviandade.

✦ A possibilidade de entrar em comunicação com os Espíritos é uma consolação bem doce, uma vez que nos proporciona o meio de conversarmos com nossos parentes e amigos que deixaram a Terra antes de nós. Pela evocação, os aproximamos de nós, e eles ficam do nosso lado, nos ouvem e respondem; não há, por assim dizer, mais separação entre eles e nós.

Ajudam-nos com seus conselhos, demonstrando sua afeição e o contentamento que têm por nossa lembrança. É para nós uma satisfação saber que estão felizes, aprender com eles mesmos os detalhes de sua nova existência e adquirir a certeza de que, por nossa vez, nós nos reuniremos a eles.

936 Como as dores inconsoláveis dos encarnados afetam os Espíritos que partiram?

– O Espírito é sensível à lembrança e aos lamentos daqueles que amou, mas uma dor incessante e irracional o afeta dolorosamente, porque vê nessa dor excessiva uma falta de fé no futuro e de confiança em Deus e um obstáculo ao adiantamento dos que choram e, talvez, ao reencontro entre todos.

✦ Estando o Espírito mais feliz no espaço do que na Terra, lamentar que tenha deixado esta vida é lamentar que seja feliz. Dois amigos são prisioneiros e estão encerrados na mesma cela; tanto um quanto o outro devem obter um dia a liberdade, mas um deles a obtém antes. Seria caridoso, para aquele que fica, sentir-se infeliz por seu amigo ter sido libertado antes dele? Não seria mais egoísmo do que afeição de sua parte querer que o outro compartilhasse do seu cativeiro e sofrimentos por tanto tempo quanto ele? O mesmo acontece com dois seres que se amam na Terra; aquele que parte primeiro é o primeiro a se libertar, e nós devemos felicitá-lo por isso, aguardando com paciência o momento em que lá estaremos por nossa vez.

Faremos, sobre este assunto, uma outra comparação. Tendes um amigo numa situação muito lastimável, sua saúde ou seu interesse exige que vá a um outro país onde ficará melhor sob todos os aspectos. Não estará mais perto de vós momentaneamente, mas sempre estareis em comunicação com ele: a separação será apenas material. Ficaríeis descontentes com seu afastamento, ainda que seja para seu bem?

Pelas provas evidentes que apresenta da vida futura, da presença ao nosso redor daqueles que amamos e da continuidade de sua afeição e dedicação por nós, pelas relações que nos permitem ter com eles, a Doutrina Espírita nos oferece uma suprema consolação para uma das causas mais legítimas da dor. Com o Espiritismo não há mais solidão, não *há mais abandono; o homem mais isolado tem sempre amigos perto de si com os quais pode se comunicar.*

Suportamos impacientemente as aflições da vida, e elas nos parecem tão intoleráveis que julgamos não poder suportá-las; entretanto, se as suportarmos com coragem, se soubermos silenciar nossos lamentos, ficaremos felizes com isso quando estivermos fora desta prisão terrestre, como o paciente que sofre fica feliz quando é curado, por ter se submetido a um tratamento doloroso.

DECEPÇÃO. INGRATIDÃO. AFEIÇÕES DESTRUÍDAS

937 As decepções causadas pela ingratidão e a fragilidade da amizade também não são para o homem de coração uma fonte de amargura?

– Sim; mas já vos ensinamos a lastimar os ingratos e amigos infiéis: eles serão mais infelizes que vós. A ingratidão é filha do egoísmo, e o egoísta encontrará mais tarde corações insensíveis, como ele mesmo foi. Pensai em todos que fizeram mais o bem do que vós, que valeram muito mais do que vós, e que foram pagos com ingratidão. Pensai que o próprio Jesus foi zombado e desprezado quando na Terra, tratado de velhaco e de impostor, e não vos espanteis que o mesmo possa acontecer convosco. Que o bem que fizestes seja vossa recompensa neste mundo, e não vos preocupeis com o que dizem aqueles que o receberam. A ingratidão é uma prova para vossa persistência em fazer o bem e será levada em conta. Os ingratos serão tanto mais punidos quanto maior tiver sido a sua ingratidão.

938 As decepções causadas pela ingratidão não predispõe a endurecer o coração e fechá-lo à sensibilidade?

– Isso seria um erro, porque o homem de coração, como dizeis, está sempre feliz com o bem que faz. Ele sabe que se pelo bem que faz não o reconhecerem nesta vida, na outra o farão, e que ao ingrato restará a vergonha e o remorso.

938 a Esse pensamento não impede seu coração de ser magoado; portanto, isso não poderia originar a idéia de que seria mais feliz se fosse menos sensível?

– Sim, se preferir a felicidade do egoísta, que é muito triste! Que ele saiba que os amigos ingratos que o abandonam não são dignos de sua amizade e que se enganou sobre eles; portanto, não deve lamentar sua perda. Mais tarde, encontrará outros que o compreenderão melhor. Lamentai aqueles que têm para convosco um comportamento ingrato que não merecestes, porque terão amarga recompensa, um triste retorno; e também não vos aflijais com isso: é o meio de vos colocar acima deles.

✦ *A natureza deu ao homem a necessidade de amar e de ser amado. Um dos maiores prazeres concedidos na Terra é o de encontrar corações* que simpatizam com o seu, o que é indício de uma felicidade que lhe está reservada no mundo dos Espíritos perfeitos, onde tudo é amor e benevolência; é um prazer recusado ao egoísta.

UNIÕES ANTIPÁTICAS

939 Se os Espíritos simpáticos são levados a se unir, como é que, entre os encarnados, a afeição seja freqüente apenas de um lado, e que o amor mais sincero seja muitas vezes acolhido com indiferença e até mesmo com repulsa? Como, além disso, a mais viva afeição de dois seres pode se transformar em antipatia e ódio?

– Vós não compreendeis, porque é uma punição passageira. Aliás, quantos não há que acreditam amar perdidamente, porque julgam apenas pelas aparências, e quando são obrigados a viver com as pessoas amadas, não tardam a reconhecer que é apenas uma atração física! Não basta estar apaixonado por uma pessoa que vos agrada e que tem muitas qualidades; é na convivência real que podereis apreciá-la. Quantas uniões há que, de início, parecem não ser simpáticas; porém, depois de um e outro se conhecerem e se estudarem bem terminam por se amar com um amor terno e durável, porque se baseia na estima! Não se pode esquecer que é o Espírito que ama, e não o corpo, e quando a ilusão material se dissipa, o Espírito vê a realidade.

Há duas espécies de afeição: a do corpo e da alma, e toma-se freqüentemente uma pela outra. A afeição da alma, quando é pura e simpática, é durável; a do corpo é passageira. Eis por que muitas vezes os que pensavam se amar com um amor eterno se odeiam quando acaba a ilusão.

940 A falta de simpatia entre os seres que têm de viver juntos não é igualmente uma fonte de desgostos amarga e que envenena toda a existência?

– Muito amarga, de fato; mas é uma dessas infelicidades de que, freqüentemente, sois os principais responsáveis. Primeiro, são vossas leis que estão erradas. Por que acreditais que Deus obriga a ficar com aqueles que vos desagradam? E depois, nessas uniões, procurais muitas vezes mais a satisfação do orgulho e da ambição do que a felicidade de uma afeição mútua. Então suportais a conseqüência de vossos preconceitos.

940 a Mas, nesse caso, não existe quase sempre uma vítima inocente?

– Sim, e é para ela uma dura expiação. Mas a responsabilidade de sua infelicidade recairá sobre quem a causou. Se a luz da verdade já penetrou sua alma, terá consolação em sua fé no futuro; além disso, à medida que os preconceitos forem enfraquecendo, as causas dessas infelicidades íntimas também desaparecerão.

MEDO DA MORTE

941 O medo da morte é para muitas pessoas um motivo de perplexidade; de onde vem esse medo, se têm o futuro diante de si?
– É um erro terem esse medo. Mas o que quereis! Procura-se convencê-las desde crianças de que existe um inferno e um paraíso, e que é mais certo irem para o inferno, porque lhe dizem que ao agirem de acordo com a natureza cometem um pecado mortal para a alma: então, quando se tornam adultas, se têm algum discernimento, não podem admitir isso, e tornam-se ateus ou materialistas. É assim que se conduzem as pessoas a crer que além da vida presente não há mais nada, e as que persistiram em suas crenças de infância temem esse fogo eterno que deve queimá-las sem destruí-las.

A morte, entretanto, não inspira ao justo nenhum temor, porque, com a fé, tem a certeza do futuro; a esperança lhe faz esperar uma vida melhor, e a caridade que praticou dá-lhe a certeza de que não encontrará no mundo para onde vai nenhum ser do qual deva temer o olhar. (Veja a questão 730.)

✦ *Aquele que é mais ligado à vida material do que à espiritual tem, na Terra, penalidades e prazeres materiais; sua felicidade resume-se à satisfação ilusória de todos os desejos. Sua alma, constantemente preocupada e afetada pelas contingências da vida, permanece numa ansiedade e numa tortura perpétuas. A morte o assusta, por duvidar do seu futuro e acreditar que deixa na Terra todas as suas afeições e esperanças.*

Aquele que se eleva acima das necessidades artificiais criadas pelas paixões tem, já aqui na Terra, prazeres desconhecidos ao materialista. A moderação de seus desejos dá ao Espírito calma e serenidade. Feliz pelo bem que faz, não há para ele decepções, e as contrariedades deslizam sobre sua alma sem causar nenhuma impressão dolorosa.

942 Certas pessoas não acharão esses conselhos banais para serem felizes na Terra? Não verão o que chamam de lugares-comuns, verdades repetidas? E não dirão que, definitivamente, o segredo para ser feliz é saber suportar sua infelicidade?
– Há os que dirão isso, e serão muitos. Mas ocorre o mesmo com certos doentes a quem o médico prescreve a dieta: gostariam de ser curados sem remédios e continuar a se predispor às indigestões.

DESGOSTO DA VIDA. SUICÍDIO

943 De onde vem o desgosto pela vida que se apodera de certos indivíduos sem motivos razoáveis?
– Efeito da ociosidade, da falta de fé e freqüentemente da satisfação plena de seus apetites e vontades, do tédio. Para aquele que exerce suas atividades com um objetivo útil *e de acordo com suas aptidões naturais*, o

trabalho não tem nada de árido, e a vida escoa mais rapidamente. Suporta as contingências da vida com mais paciência e resignação quanto age tendo em vista uma felicidade mais sólida e mais durável que o espera.

944 O homem tem o direito de dispor de sua própria vida?
– Não, apenas Deus tem esse direito. O suicídio voluntário é uma transgressão dessa lei.

944 a O suicídio não é sempre voluntário?
– O louco que se mata não sabe o que faz.

945 O que pensar do suicídio que tem como causa o desgosto da vida?
– Insensatos! Por que não trabalhavam? A existência não lhes teria sido pesada!

946 O que pensar do suicida que tem por objetivo escapar das misérias e decepções deste mundo?
– Pobres Espíritos, que não têm coragem de suportar as misérias da existência! Deus ajuda aqueles que sofrem, e não aos que não têm força nem coragem. As aflições da vida são provas ou expiações; felizes aqueles que as suportam sem queixas, porque serão recompensados! Infelizes, ao contrário, os que esperam sua salvação do que, na incredulidade deles, chamam de acaso ou sorte! O acaso ou a sorte, para me servir da vossa linguagem, podem, de fato, favorecê-los transitoriamente, mas é para fazê-los sentir mais tarde e mais cruelmente o vazio dessas palavras.

946 a Aqueles que conduziram um infeliz a esse ato de desespero sofrerão as conseqüências disso?
– Como são infelizes! Pois responderão por homicídio.

947 O homem que na necessidade se deixa morrer de desespero pode ser considerado um suicida?
– É um suicida; mas os que o levaram a isso ou que poderiam impedi-lo são mais culpados que ele, e a indulgência o espera. Entretanto, não acrediteis que seja inteiramente absolvido se lhe faltaram firmeza e perseverança e se não usou sua inteligência para superar as dificuldades. Infeliz dele, principalmente se seu desespero se originou do orgulho; quero dizer, se é desses homens a quem o orgulho paralisa os recursos da inteligência, que se envergonham por depender do trabalho de suas mãos e que preferem morrer de fome a renunciar ao que eles chamam de posição social! Não haverá cem vezes mais grandeza e dignidade em lutar contra a adversidade do que enfrentar a crítica de um mundo fútil e egoísta, que tem boa vontade apenas para com aqueles a quem nada falta, e vos dá as costas quando tendes necessidade dele? Sacrificar a

vida em consideração a esse mundo é uma coisa estúpida, porque para esse mundo isso não tem valor.

948 O suicídio que tem por objetivo escapar da vergonha de uma má ação é tão condenável quanto aquele que é causado por desespero?

– O suicídio nesse caso não apaga o erro; pelo contrário, haverá dois em vez de um. Quando se teve a coragem de fazer o mal, é preciso ter a coragem de suportar as conseqüências. A Providência a tudo julga e, de acordo com a causa, pode, algumas vezes, diminuir seus rigores.

949 O suicídio pode ser desculpável quando tem por objetivo impedir que a vergonha recaia sobre filhos ou sobre a família?

– Aquele que age desse modo não procede bem, embora acredite que o faça. A Providência leva isso em conta, porque é uma expiação que se impõe a si mesmo. Ele atenua seu erro pela intenção, mas não deixa de cometer um erro. Portanto, eliminai os abusos da sociedade e os vossos preconceitos e não tereis mais suicídios.

✦ *Aquele que tira a própria vida para escapar da vergonha de uma má ação prova que tem mais estima aos homens do que a Deus, porque vai entrar na vida espiritual carregado de suas maldades, tendo-se privado dos meios de repará-las durante a vida. Porém, sendo a Providência divina mais benévola do que os homens na sua justiça, perdoa pelo arrependimento sincero e leva em conta nossa reparação. Mas o suicídio nada repara.*

950 O que pensar daquele que tira a própria vida na esperança de atingir mais cedo uma vida melhor?

– Outra loucura! Se fizer o bem a atingirá mais cedo. Pelo suicídio retarda sua entrada num mundo melhor, e ele mesmo pedirá para vir terminar essa vida que encurtou por uma falsa idéia. Um erro, seja qual for, nunca abre o santuário dos eleitos.

951 O sacrifício da vida não é algumas vezes meritório, quando tem por objetivo salvar a de outras pessoas ou ser útil aos seus semelhantes?

– Isso é sublime, de acordo com a intenção, e nesse caso não é um suicídio. Mas será um sacrifício inútil e está fora dos desígnios divinos se é manchado pelo orgulho. Só o desinteresse torna meritório o sacrifício da vida. Algumas vezes, porém, esse sacrifício esconde uma segunda intenção, que lhe diminui o valor aos olhos de Deus.

✦ *Todo sacrifício do homem à custa de sua própria felicidade é um ato soberanamente meritório perante Deus, porque é a prática da lei de caridade. Portanto, sendo a vida o bem terreno ao qual o homem atribui maior apreço, aquele que renuncia a isso pelo bem de seus semelhantes não comete nenhum atentado: é um sacrifício que realiza. Mas, antes de realizá-lo, deve refletir se sua vida não será mais útil que sua morte.*

952 O homem que morre vitimado pelo abuso de paixões que sabia apressariam o seu fim, mas às quais não tem mais o poder de resistir por ter se habituado a fazer delas verdadeiras necessidades físicas, comete suicídio?

– É um suicídio moral. Deveis compreender que o homem é duplamente culpado nesse caso. Nele há, além da falta de coragem, a ignorância e, acima de tudo, o esquecimento de Deus.

952 a Ele é mais ou menos culpado do que aquele que tira a própria vida por desespero?

– É mais culpado, por ter tido tempo de reconhecer seu suicídio. Naquele que o comete de súbito existe algumas vezes uma espécie de alucinação obsessiva próxima à loucura; o outro será punido com mais rigor, porque as penalidades são sempre proporcionais à consciência que se tem dos erros cometidos.

953 Quando uma pessoa vê diante de si uma morte inevitável e terrível, é culpada por abreviar em alguns instantes seus sofrimentos por uma morte voluntária?

– Sempre se é culpado por não aguardar o termo fixado por Deus. Quem poderá assegurar, aliás, se o fim chegou, apesar das aparências, e que não se pode receber um socorro inesperado no último momento?

953 a Concebe-se que em circunstâncias comuns o suicídio seja condenável, mas suponhamos o caso em que a morte é inevitável e a vida seja abreviada apenas por alguns instantes.

– É sempre uma falta de resignação e submissão à vontade do Criador.

953 b Quais são, nesse caso, as conseqüências dessa ação?

– Uma expiação proporcional à gravidade do erro, de acordo com as circunstâncias, como sempre.

954 Uma imprudência que compromete a vida sem necessidade é repreensível?

– Não existe culpabilidade se não há intenção ou consciência positiva de fazer o mal.

955 As mulheres que, em certos países, se fazem queimar nas piras cinerárias[1] voluntariamente com o cadáver do marido podem ser consideradas suicidas, e sofrem as conseqüências disso?

– Elas obedecem a um preconceito e muitas vezes mais pela força do que por vontade própria. Acreditam cumprir um dever, e aí não se caracteriza o suicídio. São desculpáveis pelo pouco desenvolvimento moral

---

1 - Pira cinerária: fogueira onde se queimavam cadáveres (N. E.).

da maioria delas e pela ignorância. Esses costumes bárbaros e estúpidos desaparecem com a civilização.

956 **Aqueles que, não podendo suportar a perda das pessoas queridas, se matam na esperança de reencontrá-las, atingem seu objetivo?**

– O resultado é completamente diferente do que esperam: em vez de se unirem às pessoas de sua afeição, afastam-se delas por mais tempo, porque Deus não pode recompensar um ato de covardia e o insulto que é feito ao duvidarem de Sua Providência. Eles pagarão esse instante de loucura com desgostos maiores que os que acreditam abreviar e não terão mais para recompensá-los a satisfação que esperavam. (Veja a questão 934 e seguintes.)

957 **Quais são, em geral, as conseqüências do suicídio sobre o Espírito?**

– As conseqüências do suicídio são muito diversas: não existem penalidades fixas e, em todos os casos, são sempre relativas às causas que o provocaram; mas uma conseqüência da qual o suicida não pode escapar é o desapontamento. Além disso, a sorte não é a mesma para todos: depende das circunstâncias. Alguns expiam sua falta imediatamente; outros, em nova existência, que será pior do que aquela cujo curso interromperam.

✦ *A observação mostra, de fato, que as conseqüências do suicídio nem sempre são as mesmas; mas existem as que são comuns a todos os casos de morte violenta, pela interrupção brusca da vida. Primeiramente há a persistência mais prolongada e insistente do laço que une o Espírito ao corpo, porque esse laço está quase sempre na plenitude de sua força no momento em que é quebrado, enquanto na morte natural ele se enfraqueceu gradualmente, e muitas vezes se rompe antes que a vida seja completamente extinta. As conseqüências dessa situação são o prolongamento da perturbação espiritual e a ilusão que, durante um certo tempo mais ou menos longo, faz o Espírito acreditar que ainda está entre os vivos. (Veja as questões 155 e 165.)*

A afinidade que persiste entre o Espírito e o corpo produz, em alguns suicidas, uma espécie de repercussão do estado do corpo sobre o Espírito, que sente, assim, o desprazer dos efeitos da decomposição do corpo e passa por uma sensação cheia de angústias e de horror, e esse estado pode persistir tanto tempo quanto devia durar a vida que eles interromperam. Esse efeito não é geral; mas, em nenhum caso, o suicida está livre das conseqüências de sua falta de coragem e, cedo ou tarde, reparará sua falta de uma maneira ou de outra. É assim que alguns Espíritos, que haviam sido infelizes na Terra, disseram ser suicidas na existência anterior e se submeteram, voluntariamente, a novas provas para tentar suportá-las com mais resignação. Em outros há uma espécie de ligação à matéria da qual procuram em vão se desapegar, para atingir mundos melhores, mas cujo acesso lhes é proibido. Na maioria, é o remorso por terem feito uma coisa inútil, uma vez que só colheram decepção. A religião, a moral, todas as filosofias condenam o suicídio como algo contrário à lei da natureza; todos nos dizem, em princípio, que ninguém tem o direito de abreviar voluntariamente sua vida; mas por que não se tem esse direito? Por que não se é livre para colocar um fim aos seus sofrimentos? Estava reservado ao Espiritismo demonstrar, pelo exemplo daqueles que o praticaram, que não é apenas um erro como infração a uma lei moral, consideração que pouco importa para certos indivíduos, mas que também é um ato estúpido, uma vez que, ao contrário do que pensam, nada ganha quem o pratica. O Espiritismo nos ensina isso não de forma teórica, mas pelos fatos que coloca diante de nossos olhos.

Capítulo 2

PENALIDADES E PRAZERES FUTUROS

O nada. Vida futura – Intuição das penalidades e prazeres futuros – Intervenção de Deus nas penalidades e recompensas – Natureza das penalidades e prazeres futuros – Penalidades temporais – Expiação e arrependimento – Duração das penalidades futuras – Ressurreição da carne – Paraíso, inferno e purgatório

O NADA. VIDA FUTURA

958 Por que o homem tem instintivamente horror ao nada?
– Porque o nada não existe.

959 De onde vem para o homem o sentimento instintivo da vida futura?
– Já dissemos: antes de sua encarnação, o Espírito conhecia todas as coisas, e a alma guarda uma vaga lembrança do que sabia e do que viu em seu estado espiritual. (Veja a questão 393.)

✦ *Em todos os tempos, o homem se preocupou com seu futuro após a morte, e isso é bastante natural. Qualquer que seja a importância que dê à vida presente, não pode deixar de considerar quanto a vida é curta e, acima de tudo, precária, porque pode ser cortada a qualquer instante, e o homem nunca está seguro do dia de amanhã. Que será dele após o instante fatal? A questão é grave, porque não se trata de alguns anos, e sim da eternidade. Uma pessoa que deve passar longos anos num país estrangeiro se preocupa com a situação com que se defrontará. Portanto, como não nos devemos preocupar com a vida que teremos ao deixar este mundo, uma vez que é para sempre?*

A idéia do nada tem algo contrário à razão. O homem que foi o mais despreocupado durante a vida, quando chega o momento supremo, pergunta-se em que vai se tornar e, involuntariamente, fica esperançoso.

Acreditar em Deus sem admitir a vida futura seria um contra-senso. O sentimento de uma existência melhor está no íntimo de cada homem; Deus não o colocou aí em vão.

A vida futura significa a conservação de nossa individualidade após a morte; o que nos importaria, de fato, sobreviver ao nosso corpo, se nossa essência moral tivesse de se perder no oceano do infinito? As conseqüências para nós seriam as mesmas que sumir no nada.

INTUIÇÃO DAS PENALIDADES E PRAZERES FUTUROS

960 De onde vem a crença que se encontra em todos os povos das penalidades e recompensas futuras?

– É sempre a mesma coisa: pressentimento da realidade trazida ao homem pelo Espírito nele encarnado. Porque, sabei-o, não é em vão que uma voz interior vos fala; o erro está em não escutá-la com bastante atenção. Se pensásseis bem nisso e mais freqüentemente, melhores vos tornaríeis.

961 No momento da morte, qual é o sentimento que domina a maioria dos homens? A dúvida, o medo ou a esperança?

– A dúvida para os descrentes endurecidos, o medo para os culpados, a esperança para os homens de bem.

962 Por que existem descrentes, uma vez que a alma traz ao homem o sentimento das coisas espirituais?

– Existem menos do que se acredita; muitos se fazem espíritos fortes durante a vida por orgulho, mas no momento da morte não são tão fanfarrões.

✦ *A conseqüência da vida futura decorre da responsabilidade de nossos atos. A razão e a justiça nos dizem que, na partilha da felicidade a que todo homem aspira, os bons e os maus não podem ser confundidos. Deus não pode querer que uns, sem esforço, desfrutem dos bens que outros alcançam com esforço e perseverança.*

A idéia que Deus nos dá de sua justiça e bondade pela sabedoria de suas leis não nos permite acreditar que o justo e o mau estejam no mesmo plano aos seus olhos, nem duvidar que receberão um dia a recompensa ou a punição pelo bem ou mal que fizeram. É por isso que o sentimento natural que temos da justiça nos dá a intuição das penalidades e das recompensas futuras.

INTERVENÇÃO DE DEUS NAS PENALIDADES E RECOMPENSAS

963 Deus se ocupa pessoalmente de cada homem? Ele não é muito grande e nós muito pequenos para que cada indivíduo em particular tenha alguma importância aos seus olhos?

– Deus se ocupa de todos os seres que criou, por menores que sejam; nada é muito pequeno para sua bondade.

964 Deus tem necessidade de se ocupar de cada um de nossos atos para nos recompensar ou punir, e a maioria desses atos não são insignificantes para ele?

— Deus tem Suas leis que regem todas as vossas ações. Quando há violação da lei, a falta é vossa. Sem dúvida, quando um homem comete um excesso, Deus não pronuncia um julgamento contra ele, para dizer, por exemplo: "Foste guloso, vou te punir". Porém, traçou um limite; as doenças e, freqüentemente, a morte, são conseqüências dos excessos: eis a punição; ela é o resultado da infração à lei. O mesmo acontece com todas as coisas.

✦ *Todas as nossas ações estão submetidas às leis de Deus; não há nenhuma, por mais insignificante que pareça, que não possa ser uma violação. Ao sofrermos as conseqüências dessa violação, não devemos nos queixar senão de nós mesmos, que nos fazemos, assim, os próprios autores de nossa felicidade ou infelicidade futura.*

Essa verdade torna-se clara pelo seguinte exemplo:

"Um pai dá a seu filho educação e instrução, ou seja, os meios de saber se conduzir. Dá-lhe também um campo para cultivar e diz: 'Eis a regra a seguir e todos os instrumentos necessários para tornar este campo fértil e assegurar tua existência. Eu te dei a instrução para compreender esta regra; se a seguires, teu campo produzirá muito e te proporcionará o repouso para teus dias de velhice; caso contrário, não produzirá nada e morrerás de fome'. Dito isso, deixa-o agir por sua vontade, livremente."

Não é verdade que esse campo produzirá de acordo com os cuidados dados à cultura e toda negligência será em prejuízo da colheita? O filho será, portanto, em sua velhice, feliz ou infeliz conforme tenha seguido ou não a regra traçada por seu pai. Deus é ainda mais previdente, porque nos adverte a cada instante se fazemos o bem ou o mal. Envia os Espíritos para nos inspirar, mas nós não os escutamos. Existe ainda a diferença de que Deus sempre dá ao homem um recurso nas suas novas existências para reparar seus erros passados, enquanto o filho de quem falamos não conta mais com isso se empregou mal seu tempo.

NATUREZA DAS PENALIDADES E PRAZERES FUTUROS

965 As penalidades e os prazeres da alma após a morte têm algo de material?

— Elas não podem ser materiais, porque a alma não é matéria: o bom senso o diz. Essas penalidades e prazeres nada têm de carnal e, entretanto, são mil vezes mais intensos que aqueles que experimentais na Terra, porque o Espírito, uma vez liberto do corpo, é mais impressionável; a matéria não enfraquece mais suas sensações. (Veja as questões 237 e 257.)

966 Por que o homem faz das penalidades e dos prazeres da vida futura uma idéia freqüentemente tão grosseira e absurda?

– É porque sua inteligência ainda não se desenvolveu bastante. A criança compreende como o adulto? Aliás, também depende daquilo que lhe ensinaram: eis aí por que há a necessidade de uma reforma.

Vossa linguagem é muito incompleta para exprimir o que existe além do vosso entendimento; por isso, foi necessário fazer comparações, e são essas imagens e figuras que tomastes pela realidade; mas, à medida que o homem se esclarece, seu pensamento compreende as coisas que sua linguagem não pode exprimir.

967 Em que consiste a felicidade dos bons Espíritos?

– Consiste em conhecer todas as coisas; não ter ódio, ciúme, inveja, ambição e nenhuma das paixões que fazem a infelicidade dos homens. O amor que os une é a fonte de uma suprema felicidade. Eles não experimentam as necessidades e sofrimentos nem as angústias da vida material; ficam felizes com o bem que fazem. Porém, a felicidade dos Espíritos é sempre proporcional à sua elevação. Só os Espíritos puros desfrutam, é bem verdade, da felicidade suprema, mas todos os outros são também felizes. Entre os maus e os perfeitos existe uma infinidade de graus em que os prazeres são relativos à condição moral. Aqueles que estão bastante adiantados compreendem a felicidade dos mais avançados e desejam igualmente alcançá-la, o que é para eles um motivo de estímulo e não de ciúme. Sabem que depende deles consegui-la e trabalham para esse fim, mas com a calma da boa consciência, e são felizes por não sofrerem como os maus.

968 Colocais a ausência das necessidades materiais entre as condições de felicidade para os bons Espíritos; mas a satisfação dessas necessidades não é, para o homem, uma fonte de prazeres?

– Sim, de prazeres selvagens; e quando não podeis satisfazer essas necessidades, é uma tortura.

969 O que devemos entender quando se diz que os Espíritos puros estão reunidos no seio de Deus e ocupados em cantar louvores?

– É um modo de dizer, uma simbologia, para fazer entender a compreensão que eles têm das perfeições de Deus, já que O vêem e O compreendem, mas não a deveis tomar ao pé da letra como fazeis com muitas outras. Tudo na natureza, desde o grão de areia, canta, ou seja, proclama o poder, a sabedoria e a bondade de Deus. Não acrediteis que os Espíritos bem-aventurados vivam em contemplação por toda a eternidade; seria uma felicidade estúpida e monótona e seria ainda mais, uma felicidade egoísta, uma vez que sua existência seria uma inutilidade sem fim. Eles não têm mais as aflições da existência corporal: isso já é um prazer. Aliás, como já dissemos, conhecem e sabem todas as coisas;

empregam útil e proveitosamente a inteligência que adquiriram para ajudar no progresso dos outros Espíritos: é sua ocupação e ao mesmo tempo um prazer.

970 Como são os sofrimentos dos Espíritos inferiores?

– São tão variados quanto as causas que os produziram e proporcionais ao grau de inferioridade, como os prazeres o são para os graus de superioridade. Podem resumir-se assim: invejar tudo o que lhes falta para serem felizes e não poderem obtê-lo; ver a felicidade e não poder atingi-la; desgosto, ciúme, raiva, desespero daquilo que os impede de ser felizes; remorso, ansiedade moral indefinível. Têm o desejo de todos os prazeres e não podem satisfazê-los, é o que os tortura.

971 A influência que os Espíritos exercem uns sobre os outros é sempre boa?

– Sempre boa da parte dos Espíritos bons, sem dúvida. Mas os Espíritos perversos procuram desviar do caminho do bem e do arrependimento aqueles que observam ser mais sujeitos de se deixar influenciar e que, muitas vezes, eles mesmos desviaram para o mal durante a vida corpórea.

971 a Assim, a morte não nos livra da tentação?

– Não; mas a ação que os maus Espíritos exercem sobre os outros Espíritos é muito menor do que sobre os homens, porque eles não têm mais o incentivo das paixões materiais. (Veja a questão 996.)

972 Como os maus Espíritos fazem para tentar outros Espíritos, uma vez que não possuem o auxílio das paixões?

– Se as paixões não existem materialmente, existem no pensamento dos Espíritos atrasados. Os maus alimentam os pensamentos deles arrastando suas vítimas para os lugares onde têm o espetáculo dessas paixões e tudo que pode excitá-las.

972 a Mas por que estimulam essas paixões, uma vez que não têm mais objetivo real?

– É precisamente para provocar o suplício: o avaro vê o ouro que não pode possuir; o libertino, orgias das quais não pode fazer parte; o orgulhoso, honras que inveja e de que não pode desfrutar.

973 Quais são os maiores sofrimentos que podem suportar os maus Espíritos?

– Não existe descrição possível das torturas morais que são a punição de certos crimes. Mesmo os que as sofrem teriam dificuldades para dar uma idéia delas; mas, certamente, a mais horrível é o fato de pensarem estar condenados para sempre. (Veja a questão 101.)

✦ *O homem faz, dos desgostos e dos prazeres da alma após a morte, uma idéia mais ou menos elevada, de acordo com sua inteligência, que, quanto mais desenvolvida for, mais essa idéia se depura e mais se desprende da matéria; compreende as coisas sob um ponto de vista mais racional, em vez de tomar ao pé da letra imagens de uma linguagem figurada. A razão mais esclarecida, ao nos ensinar que a alma é um ser todo espiritual, nos diz, por isso mesmo, que ela não pode ser afetada pelas impressões que agem sobre a matéria, embora não esteja livre de sofrimentos nem de receber a punição de suas faltas. (Veja a questão 237.)*

As comunicações espíritas têm o propósito de nos mostrar o estado futuro da alma, não como uma teoria, mas como uma realidade, ao colocar sob nossos olhos todas as ocorrências da vida após a morte, mostrando-as ao mesmo tempo como conseqüências perfeitamente lógicas da vida terrestre. E embora livre das idéias fantasiosas criadas pela imaginação dos homens, essas conseqüências não são menos angustiantes para aqueles que fizeram um mau uso de suas vontades e aptidões. A diversidade dessas conseqüências é infinita, mas pode-se dizer, de modo geral: cada um é corrigido pelas faltas que cometeu. É assim que uns são punidos pela visão incessante do mal que fizeram; outros, pelos desgostos, o medo, a vergonha, a dúvida, o isolamento, as trevas e pela separação dos seres que lhe são queridos etc.

974 De onde vem a doutrina do fogo eterno?

– É uma imagem, assim como tantas outras tomadas como realidade.

974 a Esse medo não pode resultar em algo bom?

– Reparai que ele não serve de freio nem mesmo para aqueles que o ensinam. Se ensinais coisas que a razão rejeita mais tarde, fareis surgir uma situação que não será nem durável nem salutar.

✦ *O homem, não podendo exprimir por sua linguagem a natureza daqueles sofrimentos, não encontrou comparação mais enérgica que a do fogo, porque, para ele, o fogo é a espécie de suplício mais cruel e o símbolo da ação mais enérgica; por isso a crença no fogo eterno remonta à mais alta Antiguidade, e os povos modernos a herdaram dos povos antigos. É por isso que, em sua linguagem figurada, diz: o fogo das paixões; arder de amor, de ciúme etc.*

975 Os Espíritos inferiores compreendem a felicidade do justo?

– Sim, é o que faz seu suplício; porque compreendem que são privados dela por sua culpa e por essa razão o Espírito, livre da matéria, deseja ardentemente uma nova existência corporal, porque cada existência pode abreviar a duração desse suplício, se for bem empregada. É então que faz a escolha das provas pelas quais poderá reparar suas faltas; porque, sabei, o Espírito sofre por todo mal que praticou ou de que foi causa voluntária, por todo bem que poderia ter feito e não fez e pelo mal que resulta do bem que deixou de fazer. O Espírito no mundo espiritual não tem mais o véu da matéria. Como se tivesse saído do nevoeiro, ele vê o que causa o seu afastamento da felicidade; então, sofre mais, porque compreende quanto foi culpado. Não há mais ilusão: ele vê a realidade das coisas.

✦ *O Espírito, no mundo espiritual, toma conhecimento, por um lado, de todas as suas existências passadas e, por outro, vê o futuro prometido e avalia o que falta para o atingir. Como um viajante que chega ao alto de uma montanha, vê o caminho já percorrido e o que falta percorrer para atingir seu objetivo.*

976 Os bons Espíritos se afligem e sofrem ao ver a situação dos maus e, nesse caso, como fica sua felicidade se for perturbada?
– Não sentem nenhuma aflição, uma vez que sabem que o mal terá fim. Eles auxiliam os maus a se melhorarem e estendem-lhes a mão: aí está sua ocupação e o seu prazer, quando têm êxito.

976 a Isso acontece em relação a Espíritos estranhos ou indiferentes; mas a visão dos pesares e sofrimentos daqueles a quem amaram na Terra não perturba sua felicidade?
– Como já dissemos, os Espíritos vêem o que querem, e porque não lhes sois estranhos é que vêem e se importam com os vossos sofrimentos depois da morte. Porém, consideram essas aflições sob um outro ponto de vista, porque sabem que esse sofrimento é útil ao vosso adiantamento se o suportardes sem lamentações. Mas se afligem muito mais com a falta de coragem do que com os sofrimentos que sabem ser apenas passageiros.

977 Os Espíritos, não podendo esconder os pensamentos uns dos outros e sendo todos os atos da vida conhecidos, significa que o culpado esteja na presença perpétua de sua vítima?
– Isso não pode ser de outro modo, o bom senso o diz.

977 a Essa divulgação de todos os nossos atos condenáveis e a presença constante das vítimas são um castigo para o culpado?
– Maior do que se pensa; mas apenas até que tenha reparado suas faltas, como Espírito ou como homem em novas existências corporais.

✦ *Quando estivermos no mundo dos Espíritos e nosso passado se mostrar a descoberto, o bem e o mal que fizemos serão igualmente conhecidos. Em vão aquele que fez o mal tentará escapar à visão de suas vítimas: sua presença inevitável será um castigo e um remorso incessante até que tenha reparado seus erros, enquanto o homem de bem, pelo contrário, só encontrará em toda parte olhares amigos e benevolentes. Para o mau não existe maior tormento na Terra do que a presença de suas vítimas; é por isso que as evita sem cessar. O que será dele quando, dissipada a ilusão das paixões e tendo compreendido o mal que fez, vir seus atos mais secretos revelados, sua hipocrisia desmascarada e não puder fugir à visão desses fatos?*

Enquanto a alma do homem perverso está atormentada pela vergonha, o desgosto e remorso, a do justo desfruta de uma serenidade perfeita.

978 A lembrança das faltas que a alma cometeu, quando era imperfeita, não perturba sua felicidade, mesmo após estar depurada?

– Não, porque resgatou suas faltas e saiu vitoriosa das provas a que se submeteu com esse objetivo.

979 As provas que restam a suportar para terminar a purificação não são para a alma uma apreensão pesarosa que perturba sua felicidade?

– Para a alma que ainda está impura, sim; por isso não pode desfrutar de uma felicidade perfeita senão quando estiver completamente pura; mas para a alma que já se elevou, o pensamento das provas que restam a suportar não tem nada de pesaroso.

✦ *A alma que atingiu certo grau de pureza já desfruta da felicidade. Um sentimento de doce satisfação a penetra e fica feliz com tudo que vê, com tudo que a cerca; ergue-se para ela o véu que encobria os mistérios, e as maravilhas da Criação e as perfeições divinas se mostram em todo o seu esplendor.*

980 O laço de simpatia que une os Espíritos da mesma ordem é para eles uma fonte de felicidade?

– A união dos Espíritos que simpatizam com o bem é, para eles, um dos maiores prazeres, porque não temem ver essa união perturbada pelo egoísmo. Eles formam, no mundo espiritual, famílias com o mesmo sentimento, e nisso consiste a felicidade espiritual, assim como na Terra vos agrupais por categorias e sentis um certo prazer quando estais reunidos. A afeição pura e sincera que sentem e da qual são os agentes é uma fonte de felicidade, porque lá não há falsos amigos nem hipócritas.

✦ *O homem sente as primícias[1] dessa felicidade na Terra quando encontra as almas com as quais pode juntar-se numa união pura e santa. Em uma vida mais depurada, esse prazer será extasiante e sem limites, porque só encontrará almas simpáticas livres do egoísmo. Porque tudo é amor na natureza; é o egoísmo que o mata.*

---

1 - **Primícias:** primeiros frutos; início; primeiros resultados (N. E.).

Capítulo 2 – Penalidades e Prazeres Futuros

981 Existe para a condição futura do Espírito uma diferença entre aquele que durante a vida temia a morte e outro que a encarava com indiferença e até mesmo com alegria?

– A diferença pode ser muito grande; entretanto, acaba freqüentemente diante das causas que geram esse medo ou esse desejo. Tanto quem a teme quanto quem a deseja pode estar movido por sentimentos muito diferentes e são esses sentimentos que influem na condição do Espírito. É evidente, por exemplo, naquele que deseja a morte unicamente por que vê nela o fim de suas aflições, revelar-se uma espécie de revolta contra a Providência e contra as provas que deve suportar.

982 É necessário crer no Espiritismo e nas manifestações dos Espíritos para assegurar nosso bom êxito na vida futura?

– Se assim fosse, todos os que não crêem ou que não tiveram a oportunidade de se esclarecer seriam deserdados, o que seria absurdo. Só a prática do bem assegura o bom êxito no futuro. Portanto, o bem é sempre o bem, seja qual for o caminho que a ele conduz. (Veja as questões 165 e 799.)

✦ *A compreensão do Espiritismo ajuda o homem a se melhorar, ao comprovar as idéias sobre certos pontos do futuro; apressa o adiantamento dos indivíduos e das massas, porque permite conhecer o que seremos um dia; é um ponto de apoio, uma luz que nos guia. O Espiritismo ensina o homem a suportar as provas com paciência e resignação; desvia-o dos atos que podem retardar sua felicidade futura. É assim que contribui para essa felicidade, mas não diz que só por ele se pode alcançá-la.*

PENALIDADES TEMPORAIS

983 Se o Espírito que repara suas faltas numa nova existência passa por sofrimentos materiais, é certo dizer que após a morte a alma tem apenas sofrimentos morais?

– É bem verdade que a alma, quando está reencarnada, considera as aflições da vida um sofrimento, mas é apenas o corpo que sofre materialmente.

Dizeis, freqüentemente, daquele que está morto, que não sofre mais; porém, isso nem sempre é verdade. Como Espírito, não tem dores físicas; mas, de acordo com as faltas que cometeu, pode ter dores morais mais torturantes e, numa nova existência, pode ser ainda mais infeliz. O mau rico pedirá esmola e será vítima de todas as privações da miséria, e o orgulhoso passará todas as humilhações; aquele que abusa de sua autoridade e trata seus subordinados com desprezo e dureza será forçado a obedecer a um senhor mais duro do que ele foi. Todos os sofrimentos e aflições da vida são a expiação das faltas de uma outra existência, quando já não são a conseqüência das faltas da vida atual. Quando tiverdes saído daqui, compreendereis isso muito bem. (Veja as questões 273, 393 e 399.)

O homem que pensa ser feliz na Terra por satisfazer suas paixões é o que menores esforços faz para se melhorar. Muitas vezes repara já nessa vida, apesar dessa felicidade efêmera, mas certamente a expiará em uma outra existência, também toda material.

984 As dificuldades da vida terrena são sempre resultantes das faltas da existência atual?

– Não; já dissemos: são provas concedidas pela Providência ou escolhidas por vós mesmos em Espírito antes dessa encarnação, para reparar as faltas cometidas numa existência anterior; porque toda transgressão às leis de Deus, especialmente à lei de justiça, deve ser compensada por um esforço equivalente de correção, no presente ou no futuro.

A justeza da justiça é própria da lei: conseqüentemente, quando uma pessoa boa e justa, aos vossos olhos, vive em dificuldades, está submetida a uma correção de seus próprios erros do passado. (Veja a questão 393.)

985 A reencarnação da alma num mundo mais elevado é uma recompensa?

– É a conseqüência de sua depuração; porque, à medida que os Espíritos se depuram, encarnam em mundos cada vez mais perfeitos, até que se tenham libertado de toda a matéria e se livrado de todas as impurezas, para desfrutar eternamente a felicidade dos Espíritos puros na presença de Deus.

✦ *Nos mundos onde a existência é menos material do que na Terra, as necessidades são menos grosseiras e todos os sofrimentos físicos são de menor intensidade. Os homens não conhecem mais as más paixões que nos mundos inferiores os fazem inimigos uns dos outros. Não tendo nenhum motivo de ódio nem de ciúme, vivem entre si em paz, porque praticam a lei de justiça, amor e caridade. Não conhecem as mágoas e as angústias que nascem da inveja, do orgulho e do egoísmo, que fazem de nossa existência terrena um verdadeiro tormento.* (Veja as questões 172 e 182.)

986 O Espírito que progrediu em sua existência terrena pode algumas vezes reencarnar no mesmo mundo?

– Sim; se não pôde levar ao fim sua missão, ele mesmo pode pedir para completá-la numa nova existência, que não será mais para ele uma expiação. (Veja a questão 173.)

987 Que será da pessoa que, sem fazer o mal, também nada faz para libertar-se da influência da matéria?

– Uma vez que não dá nenhum passo para se melhorar, deve recomeçar uma existência igual à que deixou; permanece estacionário e, dessa forma, pode prolongar os sofrimentos da reparação.

988 Existem pessoas cuja vida flui numa calma perfeita; que, não tendo necessidade de fazer nada por si mesmas, são livres de preocupações. Essa existência feliz é uma prova de que não têm nada para reparar de uma existência anterior?
– Conheceis muitas dessas pessoas? Se achais que sim, é um engano. Muitas vezes, a calma é apenas aparente. Elas podem ter escolhido essa existência, mas, quando a deixam, percebem que ela não as ajudou a progredir; e, então, como o preguiçoso, lamentam o tempo perdido. Sabei que o Espírito pode apenas adquirir conhecimentos e se elevar pela atividade; se ele se entrega à preguiça, não avança. É semelhante àquele que tem necessidade, de acordo com vossos costumes, de trabalhar, e vai passear ou se deitar, com a intenção de não fazer nada. Sabei também que cada um prestará contas da inutilidade voluntária de sua existência; essa inutilidade é sempre fatal à felicidade futura. A felicidade futura está para o homem em razão da soma do bem que faz; a da infelicidade em razão do mal praticado e das infelicidades que tenham feito.

989 Existem pessoas que, sem serem completamente más, tornam infelizes, pelo seu temperamento, as que com elas convivem; qual é a conseqüência disso para elas?
– Essas pessoas, seguramente, não são boas. Reparação suas faltas tendo sempre presentes na visão a imagem dos que fez infelizes. Isso será para elas uma reprovação; depois, em outra existência, sofrerão o que fizeram sofrer.

EXPIAÇÃO E ARREPENDIMENTO

990 O arrependimento se dá na vida física ou na espiritual?
– Na vida espiritual; mas também pode ocorrer na física, quando chegais a compreender a diferença entre o bem e o mal.

991 Qual a conseqüência do arrependimento na vida espiritual?
– O desejo de uma nova encarnação para se purificar. O Espírito compreende as imperfeições que o impedem de ser feliz e por isso anseia por uma nova existência em que poderá reparar suas faltas. (Veja as questões 332 e 975.)

992 E o arrependimento ainda na vida física?
– É um começo de progresso, já na vida presente, se houver tempo de reparar suas faltas. Quando a consciência aponta um erro e mostra uma imperfeição, sempre se pode melhorar.

993 Não existem pessoas que só têm o instinto do mal e são inacessíveis ao arrependimento?

– Já vos disse que o Espírito deve progredir sem parar. Aquele que nesta vida tem apenas o instinto do mal terá o do bem numa outra, e é para isso que renasce muitas vezes, porque é preciso que todos avancem e atinjam o objetivo. Apenas uns o alcançam num tempo mais curto; outros, num tempo mais longo, de acordo com a sua vontade. Aquele que tem apenas o instinto do bem já está depurado, mas pode ter tido o do mal numa existência anterior. (Veja a questão 804.)

994 A pessoa que não reconheceu suas faltas durante a vida sempre as reconhece depois da morte?

– Sim, sempre as reconhece, e então sofre mais, porque sente todo o mal que fez ou de que foi causa voluntária. Entretanto, o arrependimento nem sempre é imediato. Há Espíritos que teimam nas inclinações negativas, apesar dos seus sofrimentos; mas, cedo ou tarde, reconhecerão o caminho falso, e o arrependimento virá. É para esclarecê-los que trabalham os bons Espíritos, e vós também podeis trabalhar nesse sentido.

995 Existem Espíritos que, sem serem maus, são indiferentes à sua sorte?

– Existem Espíritos que não se ocupam com nada de útil: estão sempre na expectativa; mas é uma situação de sofrimento. Como em tudo deve haver progresso, esse progresso se manifesta neles pela dor.

995 a Eles não têm o desejo de abreviar seus sofrimentos?

– Eles o têm, sem dúvida, mas não têm vontade suficiente para querer o que poderia aliviá-los. Quantas pessoas há dentre vós que preferem morrer de fome a trabalhar?

996 Uma vez que os Espíritos vêem o mal causado pelas suas imperfeições, como se explica que existam os que agravam essa situação e prolongam sua condição de inferioridade fazendo o mal como Espíritos, afastando os homens do bom caminho?

– Espíritos que agem assim são aqueles em que o arrependimento é tardio. O Espírito que se arrepende pode se deixar arrastar de novo pelas tendências inferiores, por outros Espíritos ainda mais atrasados. (Veja a questão 971.)

997 Vemos Espíritos de uma inferioridade notória acessíveis aos bons sentimentos e tocados pelas preces feitas para eles. Como se explica que outros Espíritos, aparentemente mais esclarecidos, mostrem um endurecimento e cinismo completos?

– A prece apenas tem efeito em favor do Espírito que se arrepende. Para aquele que, possuído pelo orgulho, revolta-se contra Deus e persiste nos seus desatinos, exagerando-os ainda mais, como fazem os Espíritos infelizes, a prece nada pode e nada poderá, até o dia em que uma luz de arrependimento o esclareça. (Veja a questão 664.)

✦ *Não se deve esquecer que o Espírito, após a morte do corpo, não está subitamente transformado. Se sua vida foi reprovável, é porque foi imperfeito; portanto, a morte não o torna imediatamente perfeito. Pode persistir em seus erros, suas falsas opiniões e preconceitos até que seja esclarecido pelo estudo, reflexão e sofrimento.*

998 A reparação ocorre na vida corporal ou na espiritual?
– A reparação ocorre durante a vida física pelas provas a que o Espírito é submetido, e na vida espiritual pelos sofrimentos morais ligados à inferioridade do Espírito.

999 O arrependimento sincero durante a vida basta para apagar as faltas e merecer a graça de Deus?
– O arrependimento ajuda no adiantamento do Espírito, mas o passado deve ser reparado.

999 a De acordo com isso, se um criminoso dissesse que, tendo de reparar seu passado, não tem necessidade de se arrepender, o que isso resultaria para ele?
– Se teima e persiste no pensamento do mal, sua expiação será mais longa e mais dolorosa.

1000 Podemos, ainda na vida física, resgatar nossas faltas?
– Sim, reparando-as; mas não penseis resgatá-las por algumas renúncias infantis ou fazendo a caridade após a morte, quando não tiverdes mais necessidade de nada. Deus não dá valor ao arrependimento estéril, sempre fácil, e que custa apenas o esforço de se bater com a mão no peito. A perda de um dedo mínimo, no trabalho, apaga mais faltas que o suplício do corpo suportado durante anos, sem outro objetivo além do bem de si mesmo. (Veja a questão 726.) O mal apenas é reparado pelo bem, e a reparação não tem nenhum mérito se não atingir a pessoa no seu orgulho, nos seus interesses materiais.

De que vale, para sua justificação, restituir, após a morte, os bens irregularmente adquiridos, dos quais tirou proveito durante a vida, e que agora para nada servem? De que adianta renunciar a alguns prazeres fúteis e a coisas supérfluas, se a falta que cometeu com os outros permanece a mesma? De que serve, enfim, se humilhar perante Deus, se conserva seu orgulho diante dos homens? (Veja as questões 720 e 721.)

1001 Não haverá nenhum mérito em assegurar, após a morte, um emprego útil dos bens que possuímos?

— Nenhum mérito não é o termo. Isso sempre é melhor do que nada; mas o mal é que aquele que doa seus bens depois da morte freqüentemente é mais egoísta do que generoso; quer ter a honra do bem, mas não o trabalho de o fazer. Quando renuncia em favor de outros, durante sua vida, tem duplo proveito: o mérito do sacrifício e o prazer de ver felizes aqueles que lhe devem a felicidade. Mas o egoísmo está presente quando lhe diz: "O que tu dás tiras de teus prazeres"; e como o egoísmo fala mais alto que o desinteresse e a caridade, ele guarda o que possui a pretexto de suas necessidades pessoais e das exigências de sua posição. Lastimai aquele que não conhece o prazer de dar; este é verdadeiramente deserdado de um dos mais puros e mais delicados prazeres. Deus, ao submetê-lo à prova da riqueza, tão escorregadia e perigosa para seu futuro, quis lhe dar como compensação a felicidade de ser generoso, da qual pode desfrutar já aqui na Terra. (Veja a questão 814.)

1002 O que deve fazer aquele que, no último momento da vida, reconhece suas faltas, mas não tem tempo de repará-las? Basta, nesse caso, arrepender-se?

— O arrependimento apressa a reabilitação, mas não o absolve. Não tem diante de si o futuro que nunca se fecha?

DURAÇÃO DAS PENALIDADES FUTURAS

1003 A duração dos sofrimentos para um culpado, numa vida futura, é sem regras ou segue uma lei?

— Deus não age por capricho, e tudo no universo é regido por leis que revelam sua sabedoria e bondade.

1004 O que determina a duração dos sofrimentos para o culpado?

— O tempo necessário ao seu melhoramento. A condição de sofrimento ou felicidade, sendo proporcional ao grau de depuração do Espírito, faz com que a duração e a natureza dos sofrimentos dependam do tempo que leva para se melhorar. À medida que progride e seus sentimentos se depuram, seus sofrimentos diminuem e mudam de natureza.

São Luís

1005 Para o Espírito sofredor, o tempo parece ser mais ou menos longo do que quando estava encarnado?

— Parece mais longo: o sono não existe para ele. Só para os Espíritos que atingiram um certo grau de depuração o tempo se funde, por assim dizer, diante do infinito. (Veja a questão 240.)

1006 A duração dos sofrimentos do Espírito pode ser eterna?

– Sem dúvida, se ele fosse eternamente mau, isto é, se nunca se melhorasse nem se arrependesse sofreria eternamente. Mas Deus não criou seres para serem voltados perpetuamente ao mal; apenas os criou simples e ignorantes, e todos devem progredir num tempo mais ou menos longo, de acordo com a vontade de cada um. A vontade pode ser mais ou menos tardia, assim como existem crianças mais ou menos precoces, mas se manifestará cedo ou tarde pela irresistível necessidade que o Espírito sente de sair de sua inferioridade e ser feliz. A lei que rege a duração dos sofrimentos é, portanto, eminentemente sábia e benevolente, uma vez que subordina a sua duração aos esforços do Espírito para se melhorar. Nunca interfere no seu livre-arbítrio: se faz mau uso, dele sofre as conseqüências.

São Luís

1007 Existem Espíritos que nunca se arrependem?
– Existem aqueles em que o arrependimento é muito tardio; mas afirmar que nunca se melhorarão seria negar a lei do progresso, como afirmar que a criança não pode se tornar adulta.

São Luís

1008 A duração dos sofrimentos depende sempre da vontade do Espírito, ou existem aqueles que são impostos por um tempo determinado?
– Sim, os sofrimentos podem ser impostos por um tempo; mas Deus, que deseja apenas o bem de suas criaturas, sempre acolhe o arrependimento, e o desejo de se melhorar nunca é inútil.

São Luís

1009 Desse modo, os sofrimentos impostos nunca serão por toda a eternidade?
– Interrogai o bom senso, a razão, e perguntai-vos se uma condenação perpétua por causa de alguns momentos de erro não seria a negação da bondade de Deus. O que é, de fato, a duração da vida, mesmo de cem anos, em relação à eternidade? Eternidade! Compreendei bem essa palavra? Sofrimentos, torturas sem fim, sem esperança, por algumas faltas! Vossa razão não rejeita uma idéia dessa? É compreensível que os antigos tenham visto no Senhor do universo um Deus terrível, ciumento e vingativo. Em sua ignorância, atribuíam à Divindade as paixões dos homens. Porém, esse não é o Deus que o Cristo nos revelou, que coloca como virtudes primordiais o amor, a caridade, a misericórdia e o esquecimento das ofensas.

Poderia Ele próprio não ter as qualidades das quais faz um dever? Não há contradição em atribuir ao Criador a bondade infinita e a vingança também infinita? Ensinai, antes de mais nada, que Ele é justo em Sua perfeição e que o homem não compreende Sua justiça. Mas a justiça não exclui a bondade, e Ele não seria bom se condenasse aos mais horríveis e perpétuos sofrimentos a maior parte de suas criaturas. Teria o direito de fazer da justiça uma obrigação para seus filhos, se não lhes tivesse dado os meios de compreendê-la? Aliás, a sublimidade da justiça, unida à bondade, está em fazer com que a duração dos sofrimentos dependa dos esforços que o transgressor faça para se melhorar. Eis a verdade destas palavras: "A cada um segundo suas obras".

Santo Agostinho

Esforçai-vos, por todos os meios ao vosso alcance, em combater, destruir a idéia dos castigos eternos, pensamento blasfemo, ultrajante para com a justiça de Deus. Esse pensamento é a fonte mais fecunda da incredulidade, do materialismo e da indiferença que invadiu as massas humanas desde que sua inteligência começou a se desenvolver. O Espírito, prestes a se esclarecer, ou apenas saído da ignorância, logo compreende a monstruosa injustiça; sua razão a rejeita e, então, freqüentemente, sente a mesma rejeição ao sofrimento que o revolta e a Deus, a quem o atribui; daí os males inumeráveis que vieram se unir aos vossos e para os quais viemos trazer remédio. A tarefa que apontamos será tão mais fácil quanto é certo que as autoridades sobre as quais se apóiam os defensores dessa crença têm todas evitado de se pronunciar sobre elas formalmente. Nem os concílios[2], nem os Pais da Igreja[3] resolveram essa questão. Mesmo de acordo com os próprios evangelistas, e tomando ao pé da letra as palavras simbólicas do Cristo em que Ele ameaça os culpados com um fogo que não se apaga, com um fogo eterno, não há absolutamente nada nessas palavras que prove que Ele os condenou eternamente.

Pobres ovelhas desgarradas, sabei deixar vir até vós o bom Pastor que, longe de vos banir para sempre de sua presença, vem ao vosso encontro para vos reconduzir ao aprisco[4]. Filhos pródigos, deixai o exílio voluntário; dirigi vossos passos à morada paternal: o Pai estende os braços e se mostra sempre pronto a festejar vosso retorno à família.

Lammenais

---

2 - **Concílios:** reuniões da Igreja Romana em que se discutem propostas de reforma de conceitos doutrinários (N. E.).
3 - **Pais da Igreja:** padres da Igreja Romana de grande cultura, como Santo Agostinho e São Tomás de Aquino (N. E.).
4 - **Aprisco:** abrigo, particularmente o que se destina às ovelhas (N. E.).

Capítulo 2 – Penalidades e Prazeres Futuros

Guerras de palavras! Guerras de palavras! Já não fizestes derramar sangue suficiente? Será ainda preciso reacender as fogueiras? Discutem-se os temas: eternidade das penalidades, eternidade dos castigos; deveis compreender que o que entendeis hoje por eternidade não é o mesmo que entendiam os antigos.

Se o teólogo consultar as fontes, descobrirá, como vós, que o texto hebreu não dava às palavras *penas sem fim* e *irremissíveis* o mesmo significado dado pelos gregos, os latinos e os modernos nas suas traduções. Eternidade dos castigos corresponde à eternidade do mal. Sim, enquanto o mal existir entre os homens, os sofrimentos subsistirão; é em sentido relativo que se devem interpretar os textos sagrados. A eternidade dos sofrimentos é, portanto, apenas relativa, e não absoluta. Quando chegar o dia em que todos os homens, pelo arrependimento, se revestirem da túnica da inocência, não haverá mais gemidos nem ranger de dentes. A razão humana é limitada, é bem verdade, mas mesmo assim é um presente de Deus. Assim, com a ajuda da razão, não existe uma única pessoa de boa-fé que não seja capaz de compreender a natureza relativa da noção de castigos eternos! Castigos eternos! Como? Seria preciso, então, admitir que o mal é eterno! Somente Deus é eterno e não poderia ter criado o mal eterno, porque assim seria preciso lhe tirar o mais magnífico de seus atributos: o poder soberano, porque não seria soberanamente poderoso aquele que criasse um elemento destruidor de suas próprias obras. Humanidade! Humanidade! Não mergulhes mais tristes olhares nas profundezas da Terra para lá procurar os castigos. Chora, espera, arrepende-te, repara os erros e refugia-te no pensamento de um Deus infinitamente amoroso, absolutamente poderoso, essencialmente justo.

Platão

Gravitar para a unidade divina, esta é a meta da humanidade. Para atingi-la, três coisas são necessárias: a justiça, o amor e a ciência; três coisas lhe são opostas e contrárias: a ignorância, o ódio e a injustiça. Pois bem! Eu vos digo, em verdade, que falseais esses princípios fundamentais, comprometendo a idéia de Deus ao exagerar uma severidade que Ele não tem. Vós a comprometeis mais ainda incutindo no espírito da criatura a idéia de que ela mesmo possui mais clemência, bondade, amor e verdadeira justiça do que o Criador. Vós destruís até mesmo a idéia de inferno ao torná-lo ridículo e inadmissível às vossas crenças, como é para vossos corações o horrendo espetáculo das execuções, fogueiras e torturas da Idade Média! Mas, como? Será que agora, quando a era das represálias foi banida pela legislação humana, é que esperais mantê-la viva? Acreditai em mim, irmãos em Deus e em Jesus Cristo, acreditai em mim, ou resignai-vos a deixar morrer em vossas mãos todos os dogmas, em vez de os modificar, ou, então, vivificai-os, abrindo-os às idéias puras que os bons Espíritos derramam neles neste momento. A idéia de inferno, com suas fornalhas ardentes, suas caldeiras fervilhantes, pode ser tolerada, num século de ferro; mas atualmente não é mais que um fantasma, quando muito para amedrontar criancinhas, e no qual elas mesmas não acreditam mais quando crescem. Insistir nessa mitologia assustadora é incentivar a incredulidade, mãe de toda desorganização social. Tremo ao ver toda uma ordem social abalada e a ruir sobre suas bases, por falta de sanção penal condizente. Homens de fé ardente e viva, vanguardeiros do dia da luz, mãos à obra! Não para manter fábulas ultrapassadas que perderam o crédito, mas para reavivar, restaurar o verdadeiro sentido da sanção penal, de forma que estejam de acordo com os costumes, sentimentos e as luzes de vossa época.

Quem é, de fato, o culpado? É aquele que, por um desvio, por um falso movimento da alma, se afasta do objetivo da Criação, que consiste no culto harmonioso do belo, do bem, idealizados pelo arquétipo[5] humano, pelo Homem-Deus, por Jesus Cristo.

Que é o castigo? A conseqüência natural, derivada desse falso movimento; uma soma de dores necessárias para fazê-lo desgostar, detestar a sua deformidade, pela prova do sofrimento. O castigo é o aguilhão que estimula a alma, pela amargura, a se curvar sobre si mesma e retornar ao caminho da salvação. O objetivo do castigo é apenas a reabilitação, a redenção. Querer que o castigo seja eterno, por uma falta que não é eterna, é negar toda a sua razão de ser.

Eu vos digo em verdade, basta, chega de colocar em paralelo na eternidade o bem, essência do Criador, com o mal, essência da criatura; isso seria criar uma penalidade injustificável. Afirmai, ao contrário, o amortecimento gradual dos castigos e das penalidades pelas reencarnações sucessivas e consagrai, com a razão unida ao sentimento, a unidade divina.

Paulo, Apóstolo

✦ *Procura-se estimular o homem ao bem e desviá-lo do mal por meio do atrativo das recompensas e medo dos castigos. Mas se esses castigos são apresentados de maneira que a razão se recuse a acreditar neles, não terão nenhuma influência. Longe disso, rejeitará tudo: a forma e o fundo. Que se apresente, ao contrário, o futuro, de uma maneira lógica, e então o homem não mais o rejeitará. O Espiritismo lhe dá essa explicação.*

---

5 - **Arquétipo:** exemplo, modelo, padrão, protótipo (N. E.).

Capítulo 2 – Penalidades e Prazeres Futuros

 A doutrina da eternidade dos castigos, no sentido absoluto, faz do ser supremo um Deus implacável. Seria lógico dizer de um soberano que ele é muito bom, benevolente, indulgente, que deseja apenas a felicidade daqueles que o cercam, mas ao mesmo tempo que é ciumento, vingativo, inflexível em seu rigor, e que pune, com extremo castigo, a maioria de seus súditos por uma ofensa ou infração às suas leis, mesmo aqueles que erraram por não ter conhecimento? Isso não seria uma contradição? Portanto, pode Deus ser menos bom do que seria um homem?

 Uma outra contradição se apresenta aqui. Uma vez que Deus sabe tudo, sabia que ao criar uma alma ela falharia; ela foi, portanto, desde sua formação, destinada à infelicidade eterna: isso é possível, é racional? Com a doutrina das penalidades relativas, tudo se justifica. Deus sabia, sem dúvida, que ela falharia, mas lhe dá os meios de se esclarecer por sua própria experiência, mediante suas próprias faltas. É necessário que repare seus erros para melhor se firmar no bem, mas a porta da esperança não lhe é fechada para sempre, e Deus faz com que sua liberdade dependa dos esforços que faça para atingir o objetivo. Isso todos podem compreender e a lógica mais meticulosa pode admitir. Se as penalidades futuras tivessem sido apresentadas sob esse ponto de vista, haveria bem menos descrentes.

 A palavra eterno é freqüentemente empregada, na linguagem comum, com uma significação figurada, para designar uma coisa de longa duração e da qual não se prevê o fim, embora se saiba muito bem que esse fim existe.

 Dizemos, por exemplo, os gelos eternos das altas montanhas, dos pólos, embora saibamos, de um lado, que o mundo físico pode ter um fim, e, de outro, que o estado dessas regiões pode mudar por causa do deslocamento normal do eixo da Terra ou por um cataclismo. A palavra eterno, nesse caso, não quer dizer perpétuo até o infinito. Quando sofremos com uma longa doença, dizemos que nosso mal é eterno. O que há, portanto, de estranho que esses Espíritos, ao sofrerem como sofrem, há anos, há séculos, até mesmo há milhares de anos, o digam dessa mesma forma e se expressem assim? É preciso lembrar, principalmente, que sua inferioridade não lhes permite ver a extremidade do caminho, acreditam sofrer sempre, e isso é para eles uma punição.

 Afinal, a doutrina do fogo, das fornalhas e torturas, copiadas do Tártaro[6], do paganismo, foi hoje completamente abandonada pela alta teologia, e só nas escolas esses pavorosos quadros alegóricos ainda são apresentados como verdades positivas por certos homens, mais zelosos que esclarecidos, e isso é um grave erro, porque as imaginações juvenis,

---

6 - **Tártaro:** na mitologia, o lugar mais profundo dos Infernos, onde eram jogados os maiores pecadores (N. E.).

libertando-se de seus terrores, poderão aumentar o número de incrédulos. A teologia reconhece hoje que a palavra fogo é usada no sentido figurado na Bíblia e deve ser entendida como um estado mental, um fogo moral. (Veja a questão 974.) Aqueles que, como nós, acompanham as ocorrências da vida e os sofrimentos após a morte pelas comunicações espíritas, puderam se convencer de que, por não ter nada de material, não são menos dolorosos. Com relação à sua duração, certos teólogos começam a admiti-las no sentido restrito indicado acima e pensam que, de fato, a palavra eterno pode se referir aos castigos, em si mesmos, como conseqüência de uma lei imutável, e não à sua aplicação a cada indivíduo. No dia em que a religião admitir essa interpretação, assim como algumas outras que são igualmente a conseqüência do progresso das luzes, reunirá muitas ovelhas desgarradas.

RESSURREIÇÃO DA CARNE

1010 O dogma da ressurreição da carne é a consagração da reencarnação ensinada pelos Espíritos?

– Como quereis que fosse de outro modo? Como acontece com outras palavras, estas apenas parecem despropositadas aos olhos de certas pessoas quando são tomadas ao pé da letra. É por isso que levam à incredulidade. Mas dai-lhes uma interpretação lógica, e aqueles que chamais livres-pensadores a admitirão sem dificuldade, precisamente porque raciocinam. Não vos enganeis, os livres-pensadores anseiam e desejam crer. Eles têm, como os outros, e até mais, sede de futuro, mas não podem admitir o que a ciência desmente. A doutrina da pluralidade das existências está de acordo com a justiça de Deus, apenas ela pode explicar o inexplicável; como querer que o seu princípio não esteja na própria religião?

1011 Assim a Igreja, pelo dogma da ressurreição da carne, ensina a doutrina da reencarnação?

– É evidente. Essa doutrina é, aliás, a conseqüência de muitas coisas que passaram despercebidas e dentro em pouco serão, nesse sentido, reconhecidas. Em breve, se reconhecerá aquilo que o Espiritismo ressalta a cada passo, até mesmo do texto das Escrituras sagradas. Os Espíritos não vêm, portanto, subverter a religião, como alguns pretendem; vêm, ao contrário, confirmá-la, sancioná-la por provas irrecusáveis; mas, como chegou o tempo de não mais empregar a linguagem figurada, exprimem-se sem alegoria e dão às coisas um sentido claro e preciso, que não possa estar sujeito a nenhuma interpretação falsa. Eis por que, daqui a algum tempo, tereis mais pessoas sinceramente religiosas e crentes do que tendes hoje.

São Luís

CAPÍTULO 2 – PENALIDADES E PRAZERES FUTUROS

✦ *A ciência, de fato, demonstra a impossibilidade da ressurreição de acordo com a idéia que se faz dela. Se os despojos do corpo humano permanecessem homogêneos, embora dispersos e reduzidos a pó, ainda se conceberia sua união em um determinado tempo; mas as coisas não se passam assim. O corpo é formado de diversos elementos: oxigênio, hidrogênio, azoto, carbono etc. Pela decomposição, esses elementos se dispersam e vão servir à formação de novos corpos, de modo que a mesma molécula, de carbono, por exemplo, terá entrado na composição de muitos milhares de corpos diferentes (falamos apenas dos corpos humanos, sem contar os dos animais). É possível que determinado indivíduo tenha, talvez, em seu corpo moléculas que pertenceram aos homens das idades primitivas; que essas mesmas moléculas orgânicas que absorveis em vosso alimento provenham talvez do corpo de um indivíduo que conhecestes, e assim por diante. Estando a matéria em quantidade definida e suas transformações em quantidades indefinidas, como cada um desses corpos poderia se reconstituir dos mesmos elementos? Existe aqui uma impossibilidade material. Não se pode, portanto, admitir racionalmente a ressurreição da carne a não ser como uma figura que simboliza o fenômeno da reencarnação, e então não há nada mais em choque com a razão, nada que esteja em contradição com os dados da ciência.*

É verdade que, segundo o dogma, essa ressurreição deve acontecer apenas no fim dos tempos, enquanto, de acordo com a Doutrina Espírita, acontece todos os dias. Porém, ainda não existe nesse quadro do julgamento final uma bela e grande figura que esconde, sob o véu da alegoria, uma dessas verdades imutáveis que não encontrará mais incrédulos, desde que lhes seja restituída a verdadeira significação? Que as pessoas sejam dignas de meditar a teoria espírita sobre o futuro das almas e sua destinação, em relação às diferentes provas que lhes cabe suportar, e se verá que, com exceção da simultaneidade, o julgamento em que serão condenadas ou absolvidas não é uma ficção, assim como pensam os incrédulos. Destaquemos ainda que aquela teoria é a conseqüência natural da pluralidade dos mundos, hoje perfeitamente admitida, enquanto, conforme a doutrina do juízo final, a Terra passa a ser o único mundo habitado.

PARAÍSO, INFERNO E PURGATÓRIO

1012 Haverá lugares determinados no universo destinados às penalidades e aos prazeres dos Espíritos, conforme seus méritos?

– Já respondemos a essa questão. As penalidades e os prazeres são inerentes ao grau de perfeição dos Espíritos; cada um tira de si mesmo o princípio de sua própria felicidade ou infelicidade; e como estão por toda parte, nenhum lugar localizado nem fechado está destinado a um ou a outro. Quanto aos Espíritos encarnados, eles são mais ou menos felizes ou infelizes conforme o mundo que habitem seja mais ou menos avançado.

1012 a Em vista disso, o inferno e o paraíso não existiriam como o homem os representa?
– São apenas figuras: existem Espíritos felizes e infelizes por toda parte. Entretanto, como também dissemos, os Espíritos da mesma ordem se reúnem por simpatia; mas podem se reunir onde quiserem quando são perfeitos.

A localização exata dos lugares de penalidades e recompensas existe apenas na imaginação do homem e provém da tendência de *materializar* e *circunscrever* as coisas das quais eles não podem compreender a essência infinita.

1013 O que se deve entender por *purgatório*?
– Dores físicas e morais: é o tempo de expiação. É quase sempre na Terra que fazeis vosso purgatório e onde sois obrigados a expiar vossas faltas.

✦ *O que o homem chama de purgatório é igualmente uma figura pela qual se deve entender não como um lugar qualquer determinado, mas como o estado dos Espíritos imperfeitos, que estão em expiação até a purificação completa que deve elevá-los ao plano dos Espíritos bem--aventurados. Essa purificação, operando-se nas diversas encarnações, faz com que o purgatório consista nas provas da vida corporal.*

1014 Como se explica que Espíritos, que pela sua linguagem revelam superioridade, tenham respondido a pessoas muito sérias a respeito do inferno e do purgatório, de acordo com a idéia corrente que se faz desses lugares?
– Eles falam uma linguagem que possa ser compreendida pelas pessoas que os interrogam, e quando essas pessoas se mostram convictas de certas idéias evitam chocá-las bruscamente para não ferir suas convicções. Se um Espírito quisesse dizer, sem precauções oratórias, a um muçulmano que Maomé não foi profeta, seria muito mal compreendido.

1014 a Concebe-se que assim possa ser com a maioria dos Espíritos que desejam nos instruir; mas como se explica que Espíritos interrogados sobre sua situação tenham respondido que sofriam torturas do inferno ou do purgatório?
– Quando são inferiores e ainda não completamente desmaterializados, conservam parte de suas idéias terrenas e transmitem suas impressões se servindo de termos que lhes são familiares. Eles se encontram num meio que lhes permite sondar o futuro apenas imperfeitamente, e é por isso que freqüentemente Espíritos errantes, ou recém-desencarnados,

CAPÍTULO 2 – PENALIDADES E PRAZERES FUTUROS

falarão como se estivessem encarnados. Inferno pode se traduzir por uma vida de provações extremamente dolorosa, com a incerteza de haver outra melhor. Purgatório, por uma vida também de provações, mas com consciência de um futuro melhor. Quando passais por uma grande dor, não dizeis que sofreis como um condenado? São apenas palavras, e sempre no sentido figurado.

1015 O que se deve entender por uma alma penada?

– Um Espírito errante e sofredor, incerto de seu futuro, e a quem podeis proporcionar o alívio que, muitas vezes, solicita ao se comunicar convosco. (Veja a questão 664.)

1016 Em que sentido se deve entender a palavra céu?

– Acreditais que seja um lugar, como os Campos Elíseos[7] dos antigos, onde todos os bons Espíritos estão indistintamente aglomerados com a única preocupação de desfrutar, durante a eternidade, de uma felicidade passiva? Não. É o espaço universal; são os planetas, as estrelas e todos os mundos superiores onde os Espíritos desfrutam de todas as suas qualidades sem os tormentos da vida material nem as angústias próprias à inferioridade.

1017 Alguns Espíritos disseram estar habitando o quarto, o quinto céu etc.; o que quiseram dizer com isso?

– Se lhes perguntais qual céu habitam é porque tendes uma idéia de muitos céus sobrepostos, como os andares de uma casa. Então, eles respondem conforme vossa linguagem. Mas, para eles, essas palavras, quarto e quinto céu, exprimem diferentes graus de depuração e, conseqüentemente, de felicidade. É exatamente como quando se pergunta a um Espírito se ele está no inferno; se é infeliz, dirá que sim, porque para ele inferno é sinônimo de sofrimento; porém, ele sabe muito bem que não é uma fornalha. Se fosse um pagão diria que estava no Tártaro.

✦ *O mesmo acontece com muitas outras expressões semelhantes, como: cidade das flores, cidade dos eleitos, primeira, segunda ou terceira esfera etc., que não passam de expressões usadas por certos Espíritos, quer como figuras, quer algumas vezes por ignorância da realidade das coisas e até mesmo das mais simples noções científicas.*

De acordo com a idéia restrita que se fazia antigamente dos lugares de sofrimentos e recompensas, e principalmente com a opinião de que a Terra era o centro do universo, de que o céu formava uma abóbada e que havia uma região de estrelas, colocava-se o céu em cima e o inferno embaixo. Daí as expressões: subir ao céu, estar no mais alto dos céus, estar

---

7 - **Campos Elíseos:** na Mitologia, lugar onde se encontravam, após a morte, as almas dos heróis e dos justos (N. E.).

precipitado no inferno. Hoje a ciência demonstra que a Terra não passa de um dos menores planetas, sem importância especial. Entre milhões de outros, traçou a história de sua formação e descreveu sua constituição; provou que o espaço é infinito, que não há nem alto nem baixo no universo, e assim impôs a rejeição à idéia de situar o céu acima das nuvens e o inferno nos lugares baixos. Quanto ao purgatório, nenhum lugar lhe fora designado. Estava reservado ao Espiritismo dar sobre todas essas coisas a explicação mais racional, grandiosa e, ao mesmo tempo, mais consoladora para a humanidade. Assim, pode-se dizer que levamos em nós mesmos nosso inferno e nosso paraíso e, quanto ao purgatório, nós o encontramos em nossa encarnação, em nossas vidas físicas.

1018 Em que sentido é preciso entender estas palavras do Cristo: "Meu reino não é deste mundo?".

– O Cristo, ao responder assim, falava num sentido figurado. Ele queria dizer que apenas reina nos corações puros e desinteressados. Ele está por todos os lugares onde domina o amor ao bem, mas os homens ávidos das coisas deste mundo e ligados aos bens da Terra não estão com ele.

1019 O reino do bem poderá um dia realizar-se na Terra?

– O bem reinará na Terra quando, entre os Espíritos que vêm habitá-la, os bons predominarem sobre os maus; então eles farão reinar na Terra o amor e a justiça, que são a fonte do bem e da felicidade. Pelo progresso moral e praticando as leis de Deus é que o homem atrairá para a Terra os bons Espíritos e afastará os maus; mas os maus só a deixarão quando o homem tiver expulsado de si o orgulho e o egoísmo.

A transformação da humanidade foi anunciada e é chegado o tempo em que todos os homens amantes do progresso se apresentam e se apressam, porque essa transformação se fará pela encarnação dos Espíritos melhores, que formarão sobre a Terra uma nova ordem. Então, os Espíritos maus, que a morte vai retirando a cada dia, e aqueles que tentam deter a marcha das coisas serão excluídos da Terra porque estariam deslocados entre os homens de bem dos quais perturbariam a felicidade.

Eles irão para mundos novos, menos avançados, desempenhar missões punitivas para seu próprio adiantamento e de seus irmãos ainda mais atrasados. Nessa exclusão de Espíritos da Terra transformada não percebeis a sublime figura do paraíso perdido? E a chegada à Terra do homem em semelhantes condições, trazendo em si o gérmen de suas paixões e os traços de sua inferioridade primitiva, a figura não menos sublime do *pecado original*? O *pecado original*, sob esse ponto de vista, se refere à natureza ainda imperfeita do homem, que é, assim, responsável por si mesmo e por suas próprias faltas e não pelas faltas de seus pais.

Capítulo 2 – Penalidades e Prazeres Futuros

Todos vós, homens de fé e boa vontade, trabalhai com zelo e coragem na grande obra da regeneração, porque recolhereis cem vezes mais o grão que tiverdes semeado. Infelizes aqueles que fecham os olhos à luz. Preparam para si longos séculos de trevas e decepções; infelizes os que colocam todas as suas alegrias nos bens deste mundo, porque sofrerão mais privações do que os prazeres de que desfrutaram; infelizes, principalmente, os egoístas, porque não encontrarão ninguém para ajudá-los a carregar o fardo de suas misérias.

São Luís

Conclusão

1

Aquele que do magnetismo terrestre conhece apenas o brinquedo dos patinhos imantados, que se movimentam numa bacia com água sob a ação do ímã, dificilmente poderá compreender que ali está o segredo do mecanismo do universo e dos movimentos dos planetas.

O mesmo acontece com quem conhece do Espiritismo somente o fenômeno das mesas girantes[1]; vê apenas um divertimento, um passatempo da sociedade, e não compreende que esse fenômeno tão simples e comum, conhecido da Antiguidade e até mesmo dos povos semi-selvagens, possa ter alguma ligação com as questões da maior importância para a sociedade humana. Para o observador comum, de fato, que relação a simplicidade de uma mesa que se move pode ter com a moral e o futuro da humanidade? Mas aquele que ponderar há de se lembrar que da simples panela que ferve e ergue a tampa com a pressão do vapor, fato que também ocorre desde toda a Antiguidade, saiu o poderoso motor com que o homem transpõe o espaço e supera as distâncias. Pois bem! Vós, que não credes em nada fora do mundo material, sabei que da mesa que se move e provoca vossos sorrisos desdenhosos saiu uma ciência e a solução de problemas que nenhuma filosofia pudera ainda resolver. Apelo para todos os adversários de boa-fé e os desafio a dizer se se deram ao trabalho de estudar o que criticam; porque, em boa lógica, a crítica só tem valor quando o crítico conhece aquilo que critica. Zombar de uma coisa que não se conhece, que não se pesquisou com o critério do observador consciencioso, não é criticar, é dar prova de leviandade e dar uma pobre idéia de sua capacidade de julgamento. Certamente, se tivéssemos apresentado esta filosofia como obra de um cérebro humano, ela teria encontrado menos desprezo e receberia as honras do exame daqueles que pretendem dirigir a opinião pública; mas ela vem dos Espíritos! Que absurdo! É com muito custo que lhe dispensam um de seus olhares; julgam apenas pelo título, como o macaco da fábula julgou a noz pela casca. Ignorai, se quiserdes, sua origem: suponde que este livro seja obra de um homem e dizei, conscientemente, se, após uma leitura séria, encontrais nele motivo para zombaria.

---

1 - **Fenômeno das mesas girantes:** na Introdução, capítulo 3, Allan Kardec se refere "à série progressiva dos fenômenos", a história que acabaria por originar esta obra. Entre eles está a das mesas falantes ou girantes (N. E.).

2

O Espiritismo é o antagonista mais terrível do materialismo! Não é de admirar que tenha os materialistas como adversários. Mas como o materialismo é uma doutrina que poucos se atrevem a confessar abertamente (prova de que não estão seguros de suas convicções e são dominados por essa insegurança), eles se defendem com o manto da razão e da ciência, e, o que é estranho, os mais descrentes até mesmo falam em nome da religião, que também não conhecem e não compreendem, como o Espiritismo. Seu ponto de ataque se concentra principalmente no *maravilhoso* e no *sobrenatural*, que não admitem. De acordo com eles, o Espiritismo, estando fundado no maravilhoso, não passa de uma suposição ridícula. Eles não pensam que ao condenar, sem restrição, o processo do maravilhoso e do sobrenatural, condenam a religião. De fato, a religião está fundada na revelação e nos milagres; portanto, o que é a revelação senão comunicações extra-humanas? Todos os autores sagrados, desde Moisés, falaram desses gêneros de comunicações. O que são os milagres senão fatos maravilhosos e sobrenaturais por excelência, uma vez que são, no sentido litúrgico[2], uma anulação das leis da natureza? Portanto, ao rejeitar o maravilhoso e o sobrenatural, rejeitam as próprias bases de toda religião. Mas não é sob esse ponto de vista que devemos encarar a questão. O Espiritismo não tem de examinar se existem ou não milagres. Se Deus pôde, em certos casos, alterar as leis eternas que regem o universo, o Espiritismo deixa, em relação a isso, toda a liberdade de crença. Diz e prova que os fenômenos em que se apóia nada têm de sobrenatural, a não ser na aparência. Esses fenômenos não parecem naturais aos olhos de certas pessoas, porque estão fora do comum e diferentes dos fatos conhecidos. Mas não são mais sobrenaturais do que todos os fenômenos dos quais a ciência nos dá hoje a solução e que pareciam maravilhosos antes, em uma outra época. Todos os fenômenos espíritas, sem exceção, são conseqüência de leis gerais. Revelam-nos um dos poderes da natureza, poder desconhecido, ou melhor, incompreendido até aqui, mas que a observação demonstra estar na ordem das coisas. O Espiritismo se fundamenta menos no maravilhoso e no sobrenatural do que a própria religião; aqueles que o atacam sob esse aspecto é porque não o conhecem, e ainda que fossem os homens mais sábios, nós lhes diríamos: se a ciência, que vos ensinou tanta coisa, não ensinou que o domínio da natureza é infinito, sois apenas meio sábios.

---

2 - **Litúrgico**: referente à liturgia, que é o culto público e oficial instituído por uma igreja; ritual (N. E.).

3

Conforme dizeis, desejais curar o século dessa mania de credulidade que ameaça invadir o mundo. Gostaríeis que o mundo fosse dominado pela incredulidade que procurais propagar? Não é por causa da ausência de toda crença que se deve atribuir o relaxamento dos laços de família e a maior parte das desordens que minam a sociedade? Ao demonstrar a existência e a imortalidade da alma, o Espiritismo reaviva a fé no futuro, levanta os ânimos abatidos, faz suportar com resignação as contingências da vida. Ousaríeis chamar a isso um mal? Duas doutrinas se defrontam: uma que nega o futuro, a outra que o proclama e o prova; uma que nada explica, a outra que explica tudo e por isso mesmo se dirige à razão; uma é a confirmação do egoísmo, a outra dá uma base à justiça, à caridade e ao amor de seus semelhantes. A primeira mostra apenas o presente e aniquila toda esperança, a segunda consola e mostra o vasto campo do futuro; qual é a mais nociva?

Certas pessoas, dentre as mais descrentes, se fazem apóstolos da fraternidade e do progresso; mas a fraternidade pressupõe o desinteresse, a renúncia da personalidade. Portanto, para a verdadeira fraternidade o orgulho é uma aberração. Com que direito se impõe um sacrifício àquele a quem dizeis que quando morrer tudo estará acabado; que amanhã talvez não será nada mais do que uma velha máquina desmantelada e jogada fora? Que razão terá ele para si mesmo impor uma renúncia qualquer? Não é mais natural que durante os breves instantes que lhe concedeis ele trate de viver o melhor possível? Daí vem o desejo de possuir muito para melhor desfrutar. Desse desejo nasce a inveja contra os que possuem mais que ele; e dessa inveja para a vontade de se apossar do que é dos outros basta apenas um passo. O que o detém? A lei? Mas a lei não abrange todos os casos. Direis que é a consciência, o sentimento do dever? Mas sobre o que baseais o sentimento do dever? Restará a esse sentimento uma razão de ser se estiver ligado à crença de que tudo termina com a vida? Com essa crença apenas uma doutrina é racional: cada um por si. As idéias de fraternidade, consciência, dever, humanidade e até mesmo de progresso são apenas palavras vãs. Vós que proclamais semelhantes doutrinas não sabeis todo o mal que fazeis à sociedade, nem por quantos crimes assumis a responsabilidade! Mas o que falo sobre responsabilidade? Para o descrente isso não existe, ele presta homenagem apenas à matéria.

4

O progresso da humanidade tem seu princípio na aplicação da lei de justiça, amor e caridade. ✒ Essa lei está fundada na certeza do futuro; se

---

✒ - Consulte Nota Explicativa no final do livro (N. E.).

lhe tirais essa certeza, tirais sua pedra fundamental. Dessa lei derivam todas as outras, porque ela encerra todas as condições da felicidade do homem. Apenas ela pode curar as chagas da sociedade, e o homem pode julgar, comparando as idades e os povos, quanto sua condição melhora à medida que essa lei é mais bem compreendida e praticada. Note-se que se sua aplicação parcial e incompleta produz um bem real, o que não acontecerá quando ela for a base de todas as suas instituições sociais! Isso é possível? Sim, porque se ele já deu dez passos pode dar vinte, e assim por diante. Pode-se, portanto, julgar o futuro pelo passado. Já vimos pouco a pouco se extinguirem as antipatias de povo a povo; as barreiras que os separam diminuem com a civilização; eles se dão as mãos de um extremo a outro do mundo; uma justiça maior regula as leis internacionais; as guerras tornam-se cada vez mais raras e não excluem os sentimentos humanitários; a uniformidade se estabelece nas relações; as discriminações de raças e de castas acabam, e os homens de crenças diferentes fazem calar os preconceitos de seitas para se confundirem na adoração de um único Deus. Falamos dos povos que marcham à frente da civilização. (Veja as questões 789 e 793.)

Apesar de todos esses aspectos, ainda estamos longe da perfeição, e ainda existem muitos resíduos antigos para ser destruídos até que tenham desaparecido os últimos vestígios da barbárie. Mas esses resíduos poderão continuar contra a força irresistível do progresso, essa força viva que é, ela mesma, uma lei da natureza? Se a presente geração é mais avançada do que a passada, por que a seguinte não será mais avançada do que a nossa? Ela o será pela força das coisas; inicialmente porque com as gerações se extinguem dia a dia alguns campeões dos velhos abusos, e assim a sociedade se forma pouco a pouco de elementos novos que se libertaram dos velhos preconceitos. Em segundo lugar, porque o homem, desejando o progresso, estuda os obstáculos e se aplica em removê-los. Uma vez que o movimento progressivo é evidente, o progresso futuro não pode ser posto em dúvida. O homem quer ser feliz, e é natural esse desejo; portanto, ele procura o progresso apenas para aumentar sua felicidade, sem o que o progresso não teria sentido, em nada o serviria, se não melhorasse sua posição. Mas, quando tiver desfrutado o máximo de todos os prazeres que o progresso intelectual pode proporcionar, perceberá que não tem a felicidade completa; reconhecerá que essa felicidade sem a segurança das relações sociais é irrealizável, é impossível. Essa segurança ele só encontrará no progresso moral. Então, pela força das coisas ele mesmo conduzirá o progresso nesse sentido, e o Espiritismo será a mais poderosa alavanca para atingir esse objetivo.

5

Os que dizem que as crenças espíritas ameaçam invadir o mundo proclamam, desse modo, a força do Espiritismo, porque uma idéia sem fundamento e destituída de lógica não poderia se tornar universal. Assim, se o Espiritismo se implanta por toda parte, se tem como seguidores principalmente pessoas esclarecidas, como se pode constatar, é que tem um fundo de verdade. Contra essa tendência, todos os esforços de seus detratores[3] serão inúteis, e a prova é que até mesmo o ridículo com que procuram cobri-lo, longe de amortecer sua marcha, parece lhe ter dado uma nova vida. Esse resultado justifica plenamente o que dizem repetidas vezes os Espíritos: "Não vos inquieteis com a oposição; tudo o que se fizer contra se tornará a favor, e os maiores adversários servirão à causa sem querer. Contra a vontade de Deus a má vontade dos homens não prevalece".

Com o Espiritismo, a humanidade deve entrar numa nova fase, a do progresso moral, que é sua conseqüência inevitável. Parai, portanto, de vos espantar com a rapidez com que se propagam as idéias espíritas; a causa disso está na satisfação que elas proporcionam a todos os que nelas se aprofundam e que nelas vêem algo mais do que um fútil passatempo; portanto, como o homem quer sua felicidade acima de tudo, não é de estranhar que se apegue a uma idéia que faz as pessoas felizes.

O desenvolvimento dessas idéias apresenta três períodos distintos: o primeiro é o da curiosidade provocada pela estranheza dos fenômenos que se produziram; o segundo, do raciocínio e da filosofia; o terceiro, da aplicação e das conseqüências. O período da curiosidade passou. A curiosidade dura pouco; uma vez satisfeita, esquece-se o objeto para passar a um outro. O mesmo não acontece com o que recorre ao raciocínio sério e ao julgamento.

O segundo período começou, e o terceiro se seguirá inevitavelmente. O Espiritismo progrediu especialmente depois de ter sido mais bem compreendido na sua essência, desde que perceberam seu alcance, porque ele toca no ponto mais sensível do homem: o de sua felicidade, até mesmo neste mundo; aí está a causa de sua propagação, o segredo da força que o fará triunfar. Ele torna felizes aqueles que o compreendem, enquanto sua influência vai se ampliando sobre as massas. Até mesmo aquele que nunca testemunhou nenhum fenômeno das manifestações diz: "Além desses fenômenos, existe a filosofia; essa filosofia me explica o que NENHUMA outra havia me explicado; nela encontro, somente pelo

---

3 - **Detrator:** aquele que deprecia ou difama o mérito ou a reputação de alguma coisa (N. E.).

raciocínio, uma demonstração racional dos problemas que interessam no mais alto grau ao meu futuro; ele me proporciona a calma, a segurança, a confiança; livra-me do tormento da incerteza e, além disso, a questão dos fatos materiais passa a ser secundária". Todos vós que atacais o Espiritismo quereis um meio de combatê-lo com sucesso? Aqui está. Trocai-o por algo melhor; indicai uma solução MAIS FILOSÓFICA a todas as questões que ele resolveu; dai ao homem uma OUTRA CERTEZA que o torne mais feliz e compreendei bem o alcance desta palavra *certeza*, já que o homem aceita como certo o que lhe parece lógico; não vos contenteis em dizer: "Isto não é assim"; é muito fácil fazer uma afirmativa dessas. Provai, não por uma negação, mas por meio de fatos, que isso não é real, nunca foi e NÃO PODE ser; se não é, dizei o que em seu lugar pode ser; provai, enfim, que as conseqüências do Espiritismo não tornam os homens melhores e, portanto, mais felizes, pela prática da mais pura moral evangélica, moral que muito é louvada, mas pouco praticada. Quando tiverdes feito isso, tereis o direito de o atacar. O Espiritismo é forte porque se apóia nas próprias bases da religião: Deus, a alma, os sofrimentos e as recompensas futuras; principalmente porque mostra esses sofrimentos e recompensas como conseqüências naturais da vida terrestre, e que nada, no quadro que oferece do futuro, pode ser recusado pela razão mais exigente. Vós, cuja doutrina é a negação do futuro, que compensação ofereceis aos sofrimentos aqui da Terra? Vós vos apoiais na incredulidade, o Espiritismo se apóia na confiança em Deus; enquanto ele convida os homens à felicidade, à esperança, à verdadeira fraternidade, vós ofereceis o NADA por perspectiva e o EGOÍSMO por consolação. Ele explica tudo, vós não explicais nada; ele prova pelos fatos e vós não provais nada. Como quereis que as pessoas duvidem entre as duas doutrinas?

6

Seria fazer uma idéia muito falsa do Espiritismo acreditar que sua força vem das manifestações materiais e que, impedindo essas manifestações, pode-se miná-lo em sua base. Sua força está na filosofia, no apelo que faz à razão, ao bom senso. Na Antiguidade, era objeto de estudos misteriosos, cuidadosamente escondidos do povo. Hoje, não tem segredos para ninguém; fala uma linguagem clara, sem equívocos. Nele não há nada de místico, nada de alegorias passíveis de falsas interpretações; quer ser compreendido por todos, porque chegou o tempo de as pessoas conhecerem a verdade; longe de se opor à difusão da luz, ele a revela para todas as pessoas. Não exige uma crença cega, quer que se saiba por que se crê; ao se apoiar na razão, será sempre mais forte do que aqueles que se apóiam no nada. Os obstáculos que tentassem antepor à liberdade das manifestações poderiam lhe dar fim? Não, porque só produziriam o efeito de todas as perseguições: o de estimular a curiosidade e o desejo de conhecer o que é proibido. Por outro lado, se as manifestações espíritas fossem privilégio de um único homem, ninguém duvida que, pondo esse homem de lado, as manifestações acabariam. Infelizmente, para os adversários, elas estão ao alcance de todos, desde o simples até o sábio, desde o palácio até ao mais humilde casebre; qualquer um pode a elas recorrer. Pode-se proibir que sejam feitas em público; mas sabe-se precisamente que não é em público que elas se produzem melhor, e sim reservadamente. Portanto, como cada um pode ser médium, quem pode impedir uma família no seu lar, um indivíduo no silêncio de seu gabinete, o prisioneiro na cela, de ter comunicação com os Espíritos, apesar da proibição dos seus opositores e mesmo na presença deles?

Se as proíbem em um país poderão impedi-las nos países vizinhos, no mundo inteiro, uma vez que não há um país, em qualquer dos continentes, onde não haja médiuns? Para prender todos os médiuns seria preciso prender a metade da população humana; se até mesmo chegassem, o que não seria muito fácil, a queimar todos os livros espíritas, estariam reproduzidos no dia seguinte, porque sua fonte é inatacável, e não se podem prender nem queimar os Espíritos, que são seus verdadeiros autores.

O Espiritismo não é obra de um homem; ninguém se pode dizer seu criador, porque ele é tão antigo quanto a Criação; encontra-se por toda parte, em todas as religiões e na religião Católica ainda mais, e com mais autoridade do que em qualquer outra, porque nela se encontram os mesmos princípios: os Espíritos de todos os graus, suas relações ocultas e patentes com os homens, os anjos de guarda, a reencarnação, a emancipação da alma durante a vida, a dupla vista, as visões, as manifestações de todos os gêneros, as aparições e até mesmo as aparições tangíveis, isto é, as materializações. Com relação aos demônios, não passam de maus Espíritos e, salvo a crença de que foram destinados ao mal por toda a eternidade, enquanto o caminho do progresso está livre para os outros existe entre eles apenas a diferença de nome.

O que faz a ciência espírita moderna? Ela reúne num corpo de doutrina o que estava esparso; explica em termos próprios o que estava somente em linguagem alegórica; elimina o que a superstição e a ignorância produziram para deixar apenas a realidade e o positivo: eis seu papel; mas o de fundadora não lhe cabe. A Doutrina Espírita mostra o que é, coordena, mas não cria nada, por isso suas bases são de todos os tempos e de todos os lugares. Quem, pois, ousaria se acreditar forte o suficiente para abafá-la com sarcasmos e até mesmo com a perseguição? Se a proibirem num lugar, renasce em outros, no próprio terreno de onde a expulsaram, porque está na natureza e não é dado ao homem anular uma força da natureza nem opor seu *veto* aos decretos de Deus.

Afinal, que interesse haveria em entravar a propagação das idéias espíritas? Essas idéias, é bem verdade, se opõem aos abusos que nascem do orgulho e do egoísmo. Porém, esses abusos de que alguns se aproveitam prejudicam a coletividade humana que, portanto, será favorável às idéias espíritas, que terão como adversários sérios apenas aqueles que são interessados em manter esses abusos. Por sua influência, ao contrário, essas idéias, tornando os homens melhores uns para com os outros, menos ávidos dos interesses materiais e mais resignados aos decretos da Providência, são uma certeza de ordem e de tranqüilidade.

7

O Espiritismo se apresenta sob três aspectos diferentes: as manifestações, os princípios de filosofia e de moral que delas decorrem e a aplicação desses princípios; daí, três classes, ou três graus, entre os espíritas:

1ª) aqueles que acreditam nas manifestações e se limitam em constatá-las: para eles, o Espiritismo é uma ciência experimental;

2ª) aqueles que compreendem suas conseqüências morais;

3ª) aqueles que praticam ou se esforçam para praticar essa moral.

Seja qual for o ponto de vista, científico ou moral, sob o qual se considerem esses fenômenos, cada um deles significa que é uma ordem totalmente nova de idéias que surge, cujas conseqüências resultarão numa profunda modificação na humanidade, e também compreende que essa modificação pode apenas acontecer no sentido do bem.

Quanto aos adversários, pode-se também classificá-los em três categorias: 1ª) aqueles que negam sistematicamente tudo o que é novo ou que não vem deles e que falam disso sem conhecimento de causa. A essa classe pertencem os que não admitem nada fora da evidência dos sentidos; não viram nada, nada querem ver e ainda menos se aprofundar. Ficariam até mesmo aborrecidos se vissem as coisas muito claramente, com medo de serem forçados a admitir que não têm razão. Para eles, o Espiritismo é uma fantasia, uma loucura, uma utopia; ele não existe: está dito tudo. São os incrédulos de propósito. Ao lado deles, pode-se colocar aqueles que não se dignam em dar aos fatos a mínima atenção, nem por desencargo de consciência, e poderem dizer: quis ver e nada vi. Não compreendem que seja preciso mais de meia hora para se dar conta de toda uma ciência. 2ª) Aqueles que, sabendo muito bem o que pensar da realidade dos fatos, os combatem, todavia, por motivos de interesse pessoal. Para eles, o Espiritismo existe, mas têm medo de suas conseqüências; atacam-no como a um inimigo. 3ª) aqueles que encontram na moral espírita uma censura muito severa aos seus atos e às suas tendências. O Espiritismo, levado a sério, os incomodaria; eles nem o rejeitam nem o aprovam: preferem fechar os olhos. Os primeiros são dominados pelo orgulho e pela presunção; os segundos, pela ambição; os terceiros, pelo egoísmo. Compreende-se que essas causas de oposição, não tendo nada de sólido, devem desaparecer com o tempo, porque procuraríamos em vão uma quarta classe de antagonistas, opositores que se apoiassem em provas contrárias, concretas, e apresentassem um estudo contestador mais bem claro da questão. Todos apenas opõem a negação, nenhum oferece demonstração séria e irrefutável.

Seria esperar demais da natureza humana acreditar que ela possa se transformar subitamente pelas idéias espíritas. A ação da idéia espírita não é claramente nem a mesma, nem no mesmo grau em todos aqueles que as professam. Mas, seja qual for o resultado, por pequeno que seja, é sempre um melhoramento, bastará apenas provar a existência de um mundo extracorpóreo, o que implica a negação das doutrinas materialistas. Isso é a própria conseqüência da observação dos fatos. Porém, para os que compreendem o Espiritismo filosófico e nele vêem além dos fenômenos mais ou menos curiosos, os efeitos são outros. O primeiro, e mais geral, é de desenvolver o sentimento religioso até mesmo naquele que, sem ser materialista, sente apenas indiferença pelas coisas espirituais. Disso resultará para ele a serenidade perante a morte; porém, em vez de desprezar ou desejar a morte, o espírita defenderá sua vida como outro qualquer, mas tranqüilamente aceita, sem lamentos, uma morte inevitável como uma coisa mais feliz do que temível, pela certeza que tem do que lhe acontecerá. O segundo efeito, quase tão geral quanto o primeiro, é a resignação nas alternâncias da vida. O Espiritismo faz ver as coisas de tão alto que a vida terrestre passa a ter a sua verdadeira importância e o homem não se aflige tanto com os tormentos que o acompanham: daí, quanto mais coragem nas aflições, mais moderação nos desejos; daí também o afastamento do pensamento de abreviar seus dias, porque a ciência espírita ensina que, pelo suicídio, perde-se sempre o que se queria ganhar. A certeza de um futuro que depende de nós mesmos tornar feliz, a possibilidade de estabelecer relações com seres que nos são queridos oferecem ao espírita uma consolação suprema. Seu horizonte se amplia até ao infinito pelo espetáculo incessante que tem da vida além da morte, da qual pode sondar os mistérios profundos. O terceiro efeito é estimular no homem o perdão e a tolerância para com os defeitos dos outros. Mas é preciso ficar claro que o princípio egoísta e tudo que dele decorre são o que existe de mais obstinado no homem e, conseqüentemente, o mais difícil de arrancar pela raiz. Fazemos sacrifícios voluntariamente, contanto que nada custem e de nada nos privem. O dinheiro ainda é, para o maior número de pessoas, um atrativo irresistível, e bem poucos compreendem a palavra supérfluo, quando se trata de sua pessoa. Assim a renúncia da personalidade é sinal do mais eminente progresso.

8

Os Espíritos, perguntam certas pessoas, nos ensinam uma moral nova, superior à que ensinou o Cristo? Se essa moral é a do Evangelho, para que serve o Espiritismo? Esse raciocínio assemelha-se ao do califa Omar, referindo-se à biblioteca de Alexandria: "Se ela contém, dizia ele, apenas o que existe no Alcorão, é inútil; portanto, deve ser queimada. Se contém outra coisa, é má; portanto, ainda é preciso queimá-la". Não, o Espiritismo não ensina uma moral diferente da de Jesus; mas perguntaremos: Antes de Cristo os homens não tinham a lei dada por Deus a Moisés? Sua doutrina não se encontra no Decálogo? Por isso, se dirá que a moral de Jesus era inútil? Perguntaremos ainda àqueles que negam a utilidade da moral espírita: por que a do Cristo é tão pouco praticada e porque os que lhe proclamam com justiça a sublimidade são os primeiros a violar a primeira de suas leis: *a caridade universal*? Os Espíritos vêm não apenas confirmá-la, mas mostram sua utilidade prática; tornam inteligíveis e claras verdades que tinham sido ensinadas apenas sob forma alegórica; e, ao lado da moral, vêm definir os problemas mais profundos da psicologia.

Jesus veio mostrar aos homens o caminho do verdadeiro bem; porque Deus, que o enviou para fazer lembrar sua lei desprezada, não enviaria hoje Espíritos para lhes lembrar de novo e com mais precisão, quando a esquecem para tudo sacrificar ao orgulho e à cobiça? Quem ousaria impor limites ao poder de Deus e Lhe traçar normas? Quem nos diz que, como afirmam os Espíritos, não são chegados os tempos preditos e que não chegamos ao tempo em que as verdades mal compreendidas ou falsamente interpretadas devam ser abertamente reveladas à humanidade para apressar seu adiantamento? Não há algo de providencial nessas manifestações que se produzem simultaneamente em todos os pontos do globo? Não é apenas um único homem, ou um profeta, que vem nos advertir. A luz surge de todas as partes. É um mundo totalmente novo que se desdobra aos nossos olhos. Assim como a invenção do microscópio nos mostrou o mundo dos infinitamente pequenos que desconhecíamos que existissem e o telescópio nos mostrou milhares de sóis e planetas que também desconhecíamos, as comunicações espíritas revelam o mundo invisível que nos cerca, cujos habitantes se acotovelam conosco constantemente e, contra nossa vontade, tomam parte em tudo que fazemos. Mais algum tempo e a existência desse mundo, que nos espera, também será tão incontestável quanto o mundo microscópico e dos sóis e planetas que giram no espaço. De nada, então, nos valerá nos terem feito conhecer todo um mundo? De nos ter iniciado nos mistérios da vida além-morte? É verdade que essas descobertas, se assim podemos chamar, contrariam de certo modo certas idéias pré-estabelecidas. Mas todas as grandes descobertas científicas não modificaram igualmente, e até mesmo derrubaram, as idéias de maior crédito? E não foi preciso que nosso amor-próprio se curvasse diante da evidência?

O mesmo acontecerá com relação ao Espiritismo e, em pouco tempo, ele terá o direito de ser citado entre os conhecimentos humanos.

As comunicações com os seres desencarnados deram por resultado nos fazer compreender a vida futura, fazendo com que a vejamos, preparando-nos para os sofrimentos e prazeres que nos esperam segundo nossos méritos e por isso mesmo encaminhar para o *espiritualismo* aqueles que viam nos homens apenas a matéria, a máquina organizada. Também tivemos razão em dizer que o Espiritismo matou o materialismo pelos fatos. Se tivesse produzido apenas esse resultado, já bastante gratidão lhe deveria a sociedade; porém, faz mais: mostra os inevitáveis efeitos do mal e, conseqüentemente, a necessidade do bem. O número daqueles a quem proporcionou sentimentos melhores, neutralizou as más tendências e desviou do mal é maior do que se pode pensar e aumenta todos os dias. É que para estes o futuro deixou de ser uma coisa imprecisa, vaga; não é mais uma simples esperança, é uma verdade que se compreende, que se explica, quando se *vêem* e *ouvem* aqueles que vêm até nós se lamentar ou se felicitar pelo que fizeram na Terra. Todo aquele que é testemunha disso se põe a refletir e sente a necessidade de se conhecer, de se julgar e de se modificar.

9

Os adversários do Espiritismo não se esqueceram de se armar contra ele com algumas divergências de opiniões sobre certos pontos da Doutrina. Não deveria causar estranheza nem é de admirar que, no início de uma ciência, quando as observações ainda são incompletas e cada um a considera sob seu ponto de vista, sistemas contraditórios tenham oportunidade de aparecer. Mas, hoje, a grande maioria desses sistemas já caiu diante de um estudo mais aprofundado, a começar pelo que atribuía todas as comunicações ao Espírito do mal, como se fosse impossível a Deus enviar aos homens bons Espíritos; doutrina absurda, pois é desmentida pelos fatos; incrédula, porque é a negação do poder e da bondade do Criador. Os Espíritos sempre nos aconselharam a não nos inquietarmos com essas divergências e que a unidade se daria. A unidade já está firmada na maioria dos pontos, e as divergências tendem cada dia a desaparecer.

Com relação a essa questão perguntou-se aos Espíritos: enquanto se aguarda a união, sobre o que pode o homem imparcial e desinteressado basear-se para formar um julgamento? Eis a resposta:

"A luz mais pura não é obscurecida por nenhuma nuvem; o diamante puro tem mais valor; julgai, portanto, os Espíritos, de acordo com a pureza de seus ensinamentos. Não esqueçais que entre os Espíritos existem aqueles que ainda não se livraram das idéias da vida terrestre; sabei distingui-los por sua linguagem; julgai-os pelo conjunto do que dizem; vede se existe encadeamento lógico em suas idéias; se nelas nada revela ignorância, orgulho ou malevolência; em resumo, se suas palavras trazem sempre o cunho da sabedoria que manifesta a verdadeira superioridade. Se vosso mundo fosse inacessível ao erro, seria perfeito, e ele está longe disso. Ainda estais nele para aprender a distinguir o erro da verdade; faltam as lições da experiência para exercer vosso julgamento e vos fazer avançar. A unidade se produzirá do lado em que o bem nunca foi misturado com o mal; é desse lado que os homens se unirão pela força das coisas, porque reconhecerão que aí está a verdade.

Que importam, aliás, algumas divergências que estão mais na forma do que no fundo! Notai que os princípios fundamentais são por toda parte os mesmos e devem vos unir por um pensamento comum: o amor de Deus e a prática do bem. Seja qual for, assim, o modo de progresso que se supõe ou as condições normais de existência futura, o objetivo final é o mesmo: fazer o bem; portanto, não existem duas maneiras de fazê-lo.

Se, entre os adeptos do Espiritismo, existem aqueles que diferem de opinião sobre alguns pontos da teoria, todos concordam sobre os pontos fundamentais. Há, portanto, unidade, exceto da parte dos que, em número muito reduzido, não admitem ainda a intervenção dos Espíritos nas manifestações e as atribuem ou a causas puramente físicas, o que é contrário a esta máxima: "Todo efeito inteligente deve ter uma causa inteligente", ou a um reflexo do próprio pensamento[4] dos homens, o que é desmentido pelos fatos. Os outros pontos são apenas secundários e não comprometem em nada as bases fundamentais. Pode, portanto, haver escolas que procuram se esclarecer sobre as partes ainda controvertidas da ciência, mas não devem ser rivais entre si. A contradição apenas deve existir entre aqueles que querem o bem e aqueles que fariam ou desejariam o mal. Ora, não existe um espírita sincero e compenetrado nos grandes ensinamentos morais ensinados pelos Espíritos que possa querer o mal nem desejar o mal de seu próximo sem distinção de opinião. Se uma dessas escolas está no erro, a luz, cedo ou tarde, se fará para ela, desde que haja boa-fé e ausência de prevenção. Enquanto isso, todas têm um

---

4 - No item 16 da Introdução, Kardec faz uma reflexão e um estudo sobre a questão (N. E.).

laço comum que deve uni-las em um mesmo pensamento; todas têm um mesmo objetivo. Pouco importa o caminho, uma vez que conduza a essa meta. Nenhuma deve se impor pelo constrangimento material ou moral, e estaria no caminho falso apenas aquela que condenasse ou reprovasse a outra, porque agiria evidentemente sob a influência de maus Espíritos. A razão deve ser o supremo argumento e a moderação assegurará melhor o triunfo da verdade do que as críticas envenenadas pela inveja e pelo ciúme. Os bons Espíritos ensinam apenas a união e o amor ao próximo. Nunca um pensamento mau ou contrário à caridade pode provir de uma fonte pura. Estudemos sobre este assunto e, para terminar, os conselhos do Espírito de Santo Agostinho:

"Por muito tempo, os homens se estraçalharam e se amaldiçoaram em nome de um Deus de paz e de misericórdia, ofendendo-O com semelhante sacrilégio. O Espiritismo é o laço que os unirá um dia, porque mostrará onde está a verdade e onde está o erro. Mas haverá ainda por muito tempo escribas e fariseus[5] que o negarão, como negaram o Cristo. Quereis saber sob a influência de que Espíritos estão as diversas seitas que dividiram entre si o mundo? Julgai-as por suas obras e princípios. Nunca os bons Espíritos foram os instigadores do mal; nunca aconselharam nem legitimaram o assassinato e a violência; nunca excitaram os ódios dos partidos, nem a sede das riquezas e das honras, nem a avidez dos bens da Terra. Somente aqueles que são bons, humanos e benevolentes para com todos são seus preferidos e são também os preferidos de Jesus, porque seguem o caminho indicado para chegar até Ele."

Santo Agostinho

---

5 - **Escribas e fariseus:** figuras do Evangelho. Neste caso, gente falsa, fingida, pérfida, traiçoeira (N. E.).

NOTA EXPLICATIVA

"Hoje crêem e sua fé é inabalável, porque assentada na evidência e na demonstração, e porque satisfaz à razão. (...). Tal é a fé dos espíritas, e a prova de sua força é que se esforçam por se tornarem melhores, domarem suas inclinações más e porem em prática as máximas do Cristo, olhando todos os homens como irmãos, sem acepção de raças, de castas, nem de seitas, perdoando aos seus inimigos, retribuindo o mal com o bem, a exemplo do divino modelo." (KARDEC, Allan. Revista Espírita de 1868. 1ª ed. Rio de Janeiro: FEB, 2005. p. 28, janeiro de 1868.)

A investigação rigorosamente racional e científica de fatos que revelavam a comunicação dos homens com os Espíritos, realizada por Allan Kardec, resultou na estruturação da Doutrina Espírita, sistematizada sob os aspectos científico, filosófico e religioso.

A partir de 1854 até seu falecimento, em 1869, seu trabalho foi constituído de cinco obras básicas: *O Livro dos Espíritos* (1857), *O Livro dos Médiuns* (1861), *O Evangelho Segundo o Espiritismo* (1864), *O Céu e o Inferno* (1865), *A Gênese* (1868), além da obra *O Que é o Espiritismo* (1859), de uma série de opúsculos e 136 edições da *Revista Espírita* (de janeiro de 1858 a abril de 1869). Após sua morte, foi editado o livro *Obras Póstumas* (1890).

O estudo meticuloso e isento dessas obras permite-nos extrair conclusões básicas: a) todos os seres humanos são Espíritos imortais criados por Deus em igualdade de condições, sujeitos às mesmas leis naturais de progresso que levam todos, gradativamente, à perfeição; b) o progresso ocorre através de sucessivas experiências, em inúmeras reencarnações, vivenciando necessariamente todos os segmentos sociais, única forma de o Espírito acumular o aprendizado necessário ao seu desenvolvimento; c) no período entre as reencarnações o Espírito permanece no mundo espiritual, podendo comunicar-se com os homens; d) o progresso obedece às leis morais ensinadas e vivenciadas por Jesus, nosso guia e modelo, referência para todos os homens que desejam desenvolver-se de forma consciente e voluntária.

Em diversos pontos de sua obra, o codificador se refere aos Espíritos encarnados em tribos incultas e selvagens, então existentes em algumas regiões do planeta, e que, em contato com outros pólos de civilização, vinham sofrendo inúmeras transformações, muitas com evidente benefício para os seus membros, decorrentes do progresso geral ao qual estão sujeitas todas as etnias, independentemente da coloração de sua pele.

Na época de Allan Kardec, as idéias frenológicas de Gall, e as da fisiognomonia de Lavater, eram aceitas por eminentes homens de ciência, assim como provocou enorme agitação nos meios de comunicação e junto à intelectualidade e à população em geral, a publicação, em 1859 – dois anos depois do lançamento de O Livro dos Espíritos – do livro sobre a Evolução das Espécies, de Charles Darwin, com as naturais incorreções e incompreensões que toda ciência nova apresenta. Ademais, a crença de que os traços da fisionomia revelam o caráter da pessoa é muito antiga, pretendendo-se haver aparentes relações entre o físico e o aspecto moral.

O codificador não concordava com diversos aspectos apresentados por essas assim chamadas ciências. Desse modo, procurou avaliar as conclusões desses eminentes pesquisadores à luz da revelação dos Espíritos, trazendo ao debate o elemento espiritual como fator decisivo no equacionamento das questões da diversidade e desigualdade humanas.

Allan Kardec encontrou, nos princípios da Doutrina Espírita, explicações que apontam para leis sábias e supremas, razão pela qual afirmou que o Espiritismo permite "resolver os milhares de problemas históricos, arqueológicos, antropológicos, teológicos, psicológicos, morais, sociais etc." (*Revista Espírita*, 1862, p. 401). De fato, as leis universais do amor, da caridade, da imortalidade da alma, da reencarnação, da evolução constituem novos parâmetros para a compreensão do desenvolvimento dos grupos humanos, nas diversas regiões do orbe.

Essa compreensão das leis divinas permite a Allan Kardec afirmar que:

"O corpo deriva do corpo, mas o Espírito não procede do Espírito. Entre os descendentes das raças apenas há consangüinidade." (O Livro dos Espíritos, *item 207, p. 176.)*

"(...) o Espiritismo, restituindo ao Espírito o seu verdadeiro papel na criação, constatando a superioridade da inteligência sobre a matéria, faz com que desapareçam, naturalmente, todas as distinções estabelecidas entre os homens, conforme as vantagens corporais e mundanas, sobre as quais só o orgulho fundou as castas e os estúpidos preconceitos de cor." (Revista Espírita, *1861, p. 432.)*

"Os privilégios de raças têm sua origem na abstração que os homens geralmente fazem do princípio espiritual, para considerar apenas o ser material exterior. Da força ou da fraqueza constitucional de uns, de uma diferença de cor em outros, do nascimento na opulência ou na miséria, da filiação consangüínea nobre ou plebéia, concluíram por uma superioridade ou uma inferioridade natural. Foi sobre este dado que estabeleceram sua leis sociais e os privilégios de raças. Deste ponto de vista circunscrito, são conseqüentes consigo mesmos, porquanto, não considerando senão a vida material, certas classes parecem pertencer, e realmente pertencem,

a raças diferentes. Mas se se tomar seu ponto de vista do ser espiritual, do ser essencial e progressivo, numa palavra, do Espírito, preexistente e sobrevivente a tudo, cujo corpo não passa de um invólucro temporário, variando, como a roupa, de forma e de cor; se, além disso, do estudo dos seres espirituais ressalta a prova de que esses seres são de natureza e de origem idênticas, que seu destino é o mesmo, que todos partem do mesmo ponto e tendem para o mesmo objetivo; que a vida corporal não passa de um incidente, uma das fases da vida do Espírito, necessária ao seu adiantamento intelectual e moral; que em vista desse avanço o Espírito pode sucessivamente revestir envoltórios diversos, nascer em posições diferentes, chega-se à conseqüência capital da igualdade de natureza e, a partir daí, à igualdade dos direitos sociais de todas as criaturas humanas e à abolição dos privilégios de raças. Eis o que ensina o Espiritismo. Vós que negais a existência do Espírito para considerar apenas o homem corporal, a perpetuidade do ser inteligente para só encarar a vida presente, repudiais o único princípio sobre o qual é fundada, com razão, a igualdade de direitos que reclamais para vós mesmos e para os vossos semelhantes." (Revista Espírita, 1867, p. 231.)

"Com a reencarnação, desaparecem os preconceitos de raças e de castas, pois o mesmo Espírito pode tornar a nascer rico ou pobre, capitalista ou proletário, chefe ou subordinado, livre ou escravo, homem ou mulher. De todos os argumentos invocados contra a injustiça da servidão e da escravidão, contra a sujeição da mulher à lei do mais forte, nenhum há que prime, em lógica, ao fato material da reencarnação. Se, pois, a reencarnação funda numa lei da natureza o princípio da fraternidade universal, também funda na mesma lei o da igualdade dos direitos sociais e, por conseguinte, o da liberdade." (A Gênese, cap. I, item 36, p. 42-43. Vide também Revista Espírita, 1867, p. 373.)

Na época, Allan Kardec sabia apenas o que vários autores contavam a respeito dos selvagens africanos, sempre reduzidos ao embrutecimento quase total, quando não escravizados impiedosamente.

É baseado nesses informes "científicos" da época que o codificador repete, com outras palavras, o que os pesquisadores europeus descreviam quando de volta das viagens que faziam à África negra. Todavia, é peremptório ao abordar a questão do preconceito racial:

"Nós trabalhamos para dar a fé aos que em nada crêem; para espalhar uma crença que os torna melhores uns para os outros, que lhes ensina a perdoar aos inimigos, a se olharem como irmãos, sem distinção de raça, casta, seita, cor, opinião política ou religiosa; numa palavra, uma crença que

faz nascer o verdadeiro sentimento de caridade, de fraternidade e deveres sociais." (KARDEC, Allan. Revista Espírita de 1863. 1ª ed. Rio de Janeiro: FEB, 2005. janeiro de 1863.)

*"O homem de bem é bom, humano e benevolente para com todos, sem distinção de raças, nem de crenças, porque em todos os homens vê irmãos seus." (*O Evangelho Segundo o Espiritismo, cap. XVII, item 3, p. 348.)

É importante compreender, também, que os textos publicados por Allan Kardec na Revista Espírita tinham por finalidade submeter à avaliação geral as comunicações recebidas dos Espíritos, bem como aferir a correspondência desses ensinos com teorias e sistemas de pensamento vigentes à época. Em Nota ao Capítulo XI, item 43, do livro A Gênese, o codificador explica essa metodologia:

"Quando, na Revista Espírita *de janeiro de 1862, publicamos um artigo sobre a 'interpretação da doutrina dos anjos decaídos', apresentamos essa teoria como simples hipótese, sem outra autoridade afora a de uma opinião pessoal controversível, porque nos faltavam então elementos bastantes para uma afirmação peremptória. Expusemo-la a título de ensaio, tendo em vista provocar o exame da questão, decidido, porém, a abandoná-la ou modificá-la, se fosse preciso. Presentemente, essa teoria já passou pela prova do controle universal. Não só foi bem aceita pela maioria dos espíritas como a mais racional e a mais concorde com a soberana justiça de Deus, mas também foi confirmada pela generalidade das instruções que os Espíritos deram sobre o assunto. O mesmo se verificou com a que concerne à origem da raça adâmica." (A* Gênese, *cap. XI, item 43, Nota, p. 292.)*

Por fim, urge reconhecer que o escopo principal da Doutrina Espírita reside no aperfeiçoamento moral do ser humano, motivo pelo qual as indagações e perquirições científicas e/ou filosóficas ocupam posição secundária, conquanto importantes, haja vista o seu caráter provisório decorrente do progresso e do aperfeiçoamento geral. Nesse sentido, é justa a advertência do codificador:

"É verdade que esta e outras questões se afastam do ponto de vista moral, que é a meta essencial do Espiritismo. Eis por que seria um equívoco fazê-las objeto de preocupações constantes. Sabemos, aliás, no que respeita ao princípio das coisas, que os Espíritos, por não saberem tudo, só dizem o que sabem ou o que pensam saber. Mas como há pessoas que poderiam tirar da divergência desses sistemas uma indução contra a unidade do Espiritismo, precisamente porque são formulados pelos Espíritos, é útil

poder comparar as razões pró e contra, no interesse da própria doutrina, e apoiar no assentimento da maioria o julgamento que se pode fazer do valor de certas comunicações." (Revista Espírita, 1862, p. 38.)

Feitas essas considerações, é lícito concluir que na Doutrina Espírita vigora o mais absoluto respeito à diversidade humana, cabendo ao espírita o dever de cooperar para o progresso da humanidade, exercendo a caridade no seu sentido mais abrangente (*"benevolência para com todos, indulgência para as imperfeições dos outros e perdão das ofensas"*), tal como a entendia Jesus, nosso guia e modelo, sem preconceitos de nenhuma espécie: de cor, etnia, sexo, crença ou condição econômica, social ou moral.

A Editora

Glossário

Alma: dizemos do espírito quando está no corpo, encarnado.

Anatomista: profissional que estuda a forma e a estrutura dos órgãos do corpo humano.

Atributo: qualidade de um ser, aquilo que lhe é próprio.

Axioma: princípio evidente que é aceito como universalmente verdadeiro, sem exigência de demonstração.

Cataclismo: transformação brusca da Terra, abrangendo grande área da crosta; dilúvio, inundação.

Catalepsia: estado caracterizado pela rigidez dos músculos e imobilidade; pode ser provocado por afecções nervosas ou induzidas, como, por exemplo, pelo hipnotismo.

Celibato: estado de uma pessoa que se mantém solteira.

Centelha anímica: princípio da vida espiritual; corpo espiritual; o Espírito.

Cético: que duvida de tudo, descrente.

Crisálida: estado intermediário entre lagarta e borboleta. No contexto, significa a transformação, o vir a ser.

Dionéia: planta carnívora própria de lugares úmidos.

Dogma: essa palavra adquiriu de forma genérica o significado de um princípio, um ponto de doutrina infalível e indiscutível. Porém, o seu verdadeiro sentido não é esse. A Doutrina Espírita não é dogmática no sentido que se conhece em alguns credos religiosos que adotam o princípio de filosofia (fideísmo) em que a fé se sobrepõe à razão para acomodar e justificar suas posições de crença.
A palavra dogma está aqui com o seu significado, isto é, a união de um fundamento, um princípio divino, com a experiência humana. Allan Kardec a emprega aqui e nas demais obras da Codificação Espírita com esse sentido, e igualmente os Espíritos se referiram ao dogma da reencarnação com essa significação.

Eletricidade: o telégrafo, o telefone etc. A resposta dos Espíritos se refere ao telégrafo, mas se aplica hoje ao telefone e às telecomunicações em geral.

Estado latente: período entre um estímulo e a reação por ele provocada, em que há falta de atividade. Espécie de dormência dos elementos.

GLOSSÁRIO

Expiação: nova oportunidade de reparar as faltas e os erros de vidas passadas. Pela expiação geralmente passamos pelas mesmas situações, dores, sofrimentos etc, que impusemos aos outros. É a Lei de Causa e Efeito.

Faculdade: dom, capacidade, aptidão.

Fisiologista: profissional que estuda o funcionamento das atividades vitais do corpo humano: crescimento, respiração, pensamento etc.

Gravidade: lei da Física, atração que os planetas e os corpos celestes exercem uns sobre os outros.

Hotentote: natural ou habitante da Hotentótia, África; raça negra, primitiva.

Letargia: estado caracterizado por sono profundo e demorado, causado por distúrbios cerebrais ou por perda momentânea do controle cerebral.

Lineu, Jussieu e Tournefort: naturalistas e botânicos, sendo o primeiro sueco e os outros dois franceses.

Materialismo: doutrina que nega a existência de Deus e da alma. É a oposição ao espiritualismo.

Metafísica: é parte da filosofia, é um conjunto de conhecimentos racionais (e não de conhecimentos revelados) em que se procura determinar as regras fundamentais do pensamento, e que nos dá a chave do conhecimento do real em oposição à aparência.

Metempsicose: doutrina segundo a qual a mesma alma pode animar, em vidas sucessivas, corpos diversos: vegetais, animais ou homens.

Moléculas: agrupamento de um ou mais átomos que forma uma substância; a menor quantidade de matéria.

Moral (a): o conjunto das virtudes; a vergonha; o brio.

Moral (o): estado de ânimo.

Obsessão: influência de um espírito desencarnado, malévolo, sobre um encarnado. Pode haver obsessão também entre: encarnado para encarnado, encarnado para desencarnado e desencarnado para encarnado. (Veja *O Livro dos Médiuns*, cap. 23, Obsessão.)

Panteísmo: doutrina filosófica segundo a qual só Deus é real. Tudo o que existe é a manifestação de Deus, que por sua vez é a soma de tudo o que existe.

Pena de talião: punição imposta na Antiguidade, pela qual se vingava o delito infligindo ao delinqüente o mesmo dano ou mal que ele praticara.

Perisperma: revestimento fino que envolve a parte da semente da qual se formará a planta.

Proteu: aquele que muda constantemente de opinião ou de sistema.

Quarta classe: a do homem; a terceira é a dos animais irracionais.

Robert Fulton: mecânico norte-americano que inventou a propulsão, o motor a vapor.

Sensitiva: planta também conhecida como dormideira, que se fecha ao contato com a mão.

Sofisma: argumento falso, enganoso, feito de propósito para induzir ao erro.

Suscetível: sujeito a receber impressões, modificações ou adquirir qualidades.

Tártaro: na mitologia, o lugar mais profundo dos infernos, onde eram jogados os maiores pecadores.

Teologia: estudo das questões referentes ao conhecimento da divindade e suas relações com os homens; estudo dos dogmas e dos textos sagrados.

Transmigração: passagem da alma de um corpo para outro.

Allan Kardec

O Evangelho Segundo o Espiritismo
O livro espírita mais vendido agora disponível em moderna tradução: linguagem acessível a todos, leitura fácil e agradável, notas explicativas.

Disponível em três versões:
- **Brochura** (edição normal)
- **Espiral** (prático, facilita seu estudo)
- **Bolso** (fácil de carregar)

O Livro dos Espíritos
Agora, estudar o Espiritismo ficou muito mais fácil. Nova e moderna tradução, linguagem simples e atualizada, fácil leitura, notas explicativas.

Disponível em três versões:
- **Brochura** (edição normal)
- **Espiral** (prático, facilita seu estudo)
- **Bolso** (fácil de carregar)

O Livro dos Médiuns
Guia indispensável para entender os fenômenos mediúnicos, sua prática e desenvolvimento, tradução atualizada. Explicações racionais, fácil entendimento, estudo detalhado.

Disponível em duas versões:
- **Brochura** (edição normal)
- **Espiral** (prático, facilita seu estudo)

Coletânea de Preces Espíritas
Verdadeiro manual da prece. Orações para todas as ocasiões: para pedir, louvar e agradecer a Deus. Incluindo explicações e orientações espirituais.
- **Edição de Bolso**

Leia e recomende!
À venda nas boas livrarias espíritas e não espíritas.

Levamos o livro espírita cada vez mais longe

boanova editora   petit editora

📍 Av. Porto Ferreira, 1031 | Parque Iracema
CEP 15809-020 | Catanduva-SP

🌐 www.**petit**.com.br
www.**boanova**.net

✉️ petit@petit.com.br
boanova@boanova.net

📞 17 3531.4444

🟢 17 99777.7413

Siga-nos em nossas redes sociais.

f 📷   ♪ ▶
@boanovaed   boanovaeditora

CURTA, COMENTE, COMPARTILHE E SALVE.
utilize #boanovaeditora

Acesse nossa loja   **Fale pelo whatsapp**